PAPERBACK
1166

Verlag Kiepenheuer & Witsch GmbH & Co. KG,
Bahnhofsvorplatz 1, 50667 Köln

Kontaktadresse nach EU-Produktsicherheitsverordnung:
produktsicherheit@kiwi-verlag.de

Das Buch

An seinem 38. Geburtstag beschließt der Musikkritiker Eric Pfeil nicht nur, die »Band für Afrika« wieder zusammenzubringen, sondern beginnt auch ein popkulturelles Tagebuch, in dem er der Frage nachgeht, wie man als jemand, der die 40 im Visier hat, seine Liebe zur Popmusik lebendig halten kann.

Eric Pfeil sucht die Glückseligkeit, er findet Freude und Schönheit in der Popmusik – und verzweifelt genauso oft an ihr. »Komm, wir werfen ein Schlagzeug in den Schnee« ist ein lustvolles, verrücktes, kluges Buch über richtige Götter und falsche Heilserwartungen, über die ewige Suche nach dem, was uns antreibt, über eine Liebe, die niemals endet. Verfasst von einem der aufregendsten Musikkritiker deutscher Sprache. So klingt Musik, wenn sie Literatur wird.

Der Autor

Eric Pfeil, wurde 1969 in Bergisch Gladbach geboren. Von 1999 bis 2003 war er Producer der Musiksendung »Fast Forward«. In den Folgejahren konzipierte er weitere popkulturell geprägte TV-Formate, schrieb für Magazine wie *Spex* und *Musikexpress* und diverse Tageszeitungen. Seit 2006 ist er freier Autor vor allem für die *Frankfurter Allgemeine Zeitung*.

Eric Pfeil

Komm, wir werfen ein Schlagzeug in den Schnee

Die Pop-Tagebücher

Kiepenheuer
& Witsch

Ein Teil der Texte ist in abgewandelter Form schon erschienen in der
Frankfurter Allgemeinen Zeitung, Spiegel online und *Musikexpress.*

© 2010 by Verlag Kiepenheuer & Witsch GmbH & Co. KG, Köln
Alle Rechte vorbehalten. Kein Teil des Werkes darf in irgendeiner Form
(durch Fotografie, Mi kro film oder ein an de res Verfahren) ohne schrift-
liche Genehmigung des Verlages reproduziert oder unter Verwendung
elektronischer Systeme verarbeitet, vervielfältigt oder verbreitet werden.
Umschlaggestaltung: Barbara Thoben, Köln
Umschlagmotiv: © fotolia / p!xel 66
Autorenfoto: © Alfred Jansen
Gesetzt aus der Fairfield
Satz: Buch-Werkstatt GmbH, Bad Aibling
Printed in Germany
ISBN 978-3-462-04218-4

Für August Karl Maria Pfeil

2007

»Do You Realize??« von meiner Lieblingsband, den Flaming Lips, kann ich immer hören. Heute muss ich es hören, denn es ist mein Abend. Ich habe Geburtstag. Ich werde 38.

Ich fühle mich unfassbar gebrechlich. Ich mache inzwischen dieselben ächzenden Geräusche, die mein Vater von sich gab, wenn er mühsam aus dem Auto aussteigen musste. Bloß mache ich diese Geräusche schon, wenn ich einfach nur rumsitze und die Wand angucke.

Lange geht das alles nicht mehr gut. Knockin' On Heaven's Door.

Und der Soundtrack zu dieser akuten Zerfallsfurcht ist diese wunderschöne, grell überstrahlte Popode an das Glück des Daseins:

Do You realize
That you have the most beautiful face?
Do you realize
We're floating in space?
Do you realize
That happiness makes you cry?
Do you realize
That everyone you know some day will die?

Ich feiere meinen Geburtstag in meiner Kölner Stammkneipe, dem Elektra. Ich glaube, Menschen, die mit 38 noch von »Stammkneipen« sprechen, haben mit ähnlichen Problemen zu kämpfen wie solche, die noch immer über »Lieblingsbands« verfügen. Bei mir ist beides der Fall, ich gehöre womöglich ins Heim.

Ich feiere aus zwei Gründen auswärts. Erstens, weil ich das Elektra so gerne mag, und zweitens, weil ich keine Lust habe, meine Wohnung durch eine Party in einen Zustand zu überführen, der an ein gemeinsam von Mötley Crüe und vier weiblichen Porno-Ikonen bewohntes Hotelzimmer erinnert. Das kann man wahnsinnig »un-rock 'n' rollig« finden, aber ich empfinde das stundenlange Schrubben von Böden und Zusammenfegen zerdepperter Platten durchaus nicht als »Rock'n'Roll«. Überhaupt verwende ich diese Bezeichnung nicht, denn »Rock'n'Roll« sind für mich vor allem immer noch Männer mit öligen Haartollen, die in flatternden Hosen auf Klavieren tanzen.

Ich stoße mit allen an, immer wieder, mit wechselnden Getränken, und wir versuchen unseren Blicken etwas Tiefes, Vielsagendes und Schweres zu verleihen – dieses »Gut, dass wir da sind«, dieses »Immerhin haben wir uns noch« und dieses »Mann, Mann, Mann, Jungejungejunge«.

Es sind tatsächlich alle gekommen: mein Freund F., der allen Ernstes noch mit 42 Take That als seine Lieblingsband bezeichnet, und mein Freund R., der F., wenn dieser nicht dabei ist, gerne als »Hirni« bezeichnet; auch meine wiedergefundene Jugendfreundin S. ist da und erzählt gerade irgendjemandem, was für Haare ich früher hatte, als ich noch Haare hatte. Dann natürlich meine gute Freundin, die Reggae-Fachfrau mit dem Faible für Feminismus und Zigaretten; der alte Autorenkamerad, mit dem ich einst zeitgleich als Rezensionenschreiber für die hiesige Tageszeitung anfing; der Thekenveteran, der vor Kurzem, mit über 50, seine erste Band gegründet hat; meine Exfreundin, die mir immer noch nicht so richtig erklären kann, warum sie nicht mehr meine Freundin, sondern nur noch meine Exfreundin ist; der Maler mit dem Neil Young-Fimmel, die Grafikdesignerin mit dem Tango-Fimmel; meine alten Band-Kollegen … Und allen schwappen die Getränke nur so aus Gläsern und Münden, dass man meinen könnte, sie hätten Spaß.

Zwei junge Frauen, von denen ich nicht recht weiß, warum ich sie überhaupt eingeladen habe, kommen zu mir, um Anstoß an der Musik zu nehmen. »Dazu kann man ja gar nicht tanzen«, plärren sie. »Tanzen könnt ihr, wenn ich tot bin«, sage ich und wende mich ab. Und meinem besten Freund Stietenroth zu, der versucht, mit zwei meiner Bob Dylan-Freunde eine besoffene Konversation aufrechtzuerhalten, die aufgrund der Tatsache, dass meine Bob Dylan-Freunde über kaum etwas anderes als Bob Dylan zu sprechen in der Lage sind, knifflig zu werden droht. Leider kann ich ihn gerade nicht retten, weil die fantastische Auflegedame soeben den Ween-Song »What Deaner Was Talking

About« spielt, eins der schönsten beknackten Stücke der Popgeschichte.

Ich greife in meine mit Konfetti gefüllte Jacketttasche und
werfe eine Handvoll in die Runde; irgendwer hat zwei Leute mit
einer Rolle Klopapier zu einer albernen Installation der Doofheit
verpackt. Ich glaube, es wird Zeit, meinen Körper von innen mit
einem weiteren Gin Tonic zu massieren.

Es läuft tatsächlich »Do you realize??«, aber ich habe mich gegen das Feiern meines Geburtstags entschieden. Ich entscheide
mich fast jedes Jahr gegen das Feiern meines Geburtstags, weil
mich pünktlich zum Novembereinbruch stets eine leichte Depri-
miertheit einlullt, die ich nur ungern unter die Menschen trage.
Dafür habe ich mich entschlossen, an diesem, meinem 38. Geburtstag ein popkulturelles Tagebuch zu beginnen. Was hiermit
geschehen ist.

Meinen nächsten Geburtstag, den 39., plane ich übrigens groß
zu feiern. Es ist mein Ansinnen, an diesem Tag die Band für Afrika wiederzuvereinen.

13.11.2007

Mein 16-jähriger Neffe war zu Besuch.

Da ich vor Jahren die Patenschaft über den holden Knaben
übernommen habe, nehme ich die Besuche meines Neffen und
die damit verbundenen Gespräche durchaus ernst. Gegenwärtig ist das nicht einfach, denn mein 16-jähriger Neffe lebt seine
16-Jährigkeit mit begeistert geöffneten Poren und dem ganzen frei
wuchernden Irrsinn des heranreifenden Knaben aus. Der Junge
ist gerade die Pubertät auf Stelzen; er trinkt mit großen Kellen
aus dem Bottich der Adoleszenz. Dies sieht man beispielsweise
deutlich an den Schwankungen seiner kulturellen Präferenzen:
Glaubte ich zuletzt noch, er sei dem Hip-Hop erfolgreich von
der Schippe gefallen und geradewegs in den Klammergriff des
Indie-Rock geraten, predigt er nun unter seiner seltsam schief
auf dem Kopf sitzenden Kappe hervor schon wieder von den Ver-
heißungen der Rap-Kultur. Ach, er müsste eigentlich gar nichts
erzählen, man sieht ihm den verkifften Hip-Hop-Jugendlichen

13

schon aus zwanzig Metern Entfernung an. Es muss gesagt sein: Mein Neffe ist für den hippiesken Teil der Hip-Hop-Bewegung entflammt und sucht sein Heil eher in unangeschnallten Marihuana-Experimenten und illegalen Sprüharbeiten, statt für seine »bitches« diamantenbesetzte Luxus-Autos mit Champagner-Sprenkleranlage zu sammeln und nebenbei eine mittelständische Pornoproduktionsfirma zu unterhalten. Mein Neffe ist ein Old-School-Mann.

Gleichzeitig ist mein Neffe fasziniert von den Umtrieben des linksradikalen sogenannten »Schwarzen Blocks« und sagt unentwegt Sachen wie »Bullenstaat«. Es ist hier sicherlich wichtig festzuhalten, dass er den Spaßfaktor des Links-Radikalismus der tatsächlichen politischen Programmatik voranstellt. Gleiches gilt meiner Meinung nach im Übrigen für den gesamten »Schwarzen Block«, dem ich deshalb nur mit einem Gemisch aus Besserwisserei und Rührung begegnen kann.

Am verstörendsten war heute sicherlich aber jener Moment, als mein Neffe auf meine äußerst patenonkelige Frage, welchen Beruf er denn zu ergreifen gedenke, ohne viel nachzudenken antwortete: »Zuhälter.« Nachdem ich mich wieder gefasst hatte, versuchte ich ihm den Widerspruch zwischen den Aktivitäten des »Schwarzen Blocks« und einer Karriere im Zuhältergewerbe nahezubringen. Ihm war das recht schnurz, die Jugend lebt schließlich von der Widersprüchlichkeit wie der Metzger vom toten Tier.

Am Ende des Tages war ich nass geschwitzt, aber froh, zwar einen 16-jährigen Neffen, nicht aber einen 16-jährigen Sohn zu haben.

14   14.11.2007

Mir wird in einer ambulanten Operation ein größeres Muttermal unterhalb des Brustbeins entfernt. Zwei Dinge irritieren mich während der zwar relativ kurzen, aber doch eindringlichen Veranstaltung:

Zum einen läuft während des Eingriffs im Operationssaal eine von einer Flamenco-Gitarre angeführte Instrumental-Version von Kelly Clarksons Schmierballade »Breakaway«. Ich habe also, während man mir liebgewordenes Gewebe entschnippelt, Gelegenheit, über den Niedergang der Fahrstuhl- und Berieselungsmusik nachzudenken. Ob man früher wohl den Leuten zu den wohlfeilen Klängen von Burt Bacharach die Leiber zerschnitten hat, denke ich, während ich schon großzügig mit Jod übergossen werde – aber nein: Früher (früher heißt in meiner Zeitrechnung immer: vor den Achtzigern) haben Ärzte wohl lediglich zum Geräusch des eigenen Atems und vielleicht noch einiger fiepender Retro-OP-Geräte, die heute sicher zum Großteil bei fanatischen Sammlern »kultiger« Retro-OP-Möbel in deren plüschigen James Bond-Behausungen umherstehen, geschnetzelt. Wo der Rest dieser Geräte gelandet ist, kann man sich auch denken: in den Händen emsiger Trash-Filmer, welche die in kühlem Chrom erglänzenden Gerätschaften als Raumschiff-Requisiten für Science-Fiction-C-Movies benutzen.

Nein, es war früher einfach nicht verbreitet, zu Musik zu operieren, überhaupt wurde früher vieles ohne Musik gemacht, und das war auch richtig. Aber heute hat man eben die sedierende Kraft träge vor sich hin dümpelnder Musik erkannt, was zahlreichen hauptberuflichen Musikern ein solides Einkommen sichern dürfte.

»Was machen Sie denn so beruflich?«
»Ach, ich bin Musiker.«
»Oh, wie interessant. Habe ich denn schon mal etwas von Ihnen gehört?«
»Na ja, ich spiele gelegentlich in der Tour-Band von Max Mutzke, und ich produziere mit einigen Kollegen beruhigende Musik für OP-Säle.«
»Ah.«

Es ist allerdings wohl davon auszugehen, dass es sich bei den OP-CDs um keinen speziellen Sub-Markt der Ruhigstellungsmusik handelt, sondern dass es vielmehr dieselben Produktionen sind, die auch die Hotelaufzüge und Wellness-Wiesen dieser Welt mit funktionsakustischen Signalen bedudeln.

Wie es wohl gewesen wäre, wenn ich von einem hybrisbefeuerten Nobel-Arzt zu den Klängen des »Walkürenritts« operiert worden wäre? Letztlich wohl ganz unterhaltsam, zumindest für den Arzt. Hauptsache, ich werde nie zu Free-Jazz operiert oder zu hektischem Früh-Achtziger-Wave-Punk. Auch nicht zu der Musik irgendeines Helden. Ich möchte ganz ausdrücklich NICHT zur Musik Bob Dylans operiert werden! Wenn ich mir vorstelle, man entnähme mir etwa zu Bob Dylans lebensmüder Platte »Time Out Of Mind« ambulant irgendwelche Dinge, wird mir gleich ganz anders. Von daher ging die hohle Dudelmusik schon in Ordnung. Sollte ich irgendwann mal Kelly Clarkson interviewen, was eher unwahrscheinlich ist, muss ich ihr unbedingt erzählen, wie ich mal zu den Klängen einer Neo-Easy-Version ihres größten Hits dem Tod aus dem Schwitzkasten operiert wurde.

Noch etwas wusste mich zu irritieren: nämlich dass man, während mir die Betäubungsspritze gesetzt wurde, eigens eine OP-Schwester dazu abgestellt hatte, mir das Bein zu streicheln. Auch das hat man, so vermute ich, früher nicht gemacht. Doch obwohl ich nicht darum gebeten hatte, fand ich dies, anders als manch härterer Berührungsphobiker, ganz angenehm. Vielleicht hat sich die OP-Schwester aber auch einfach nur extrem zu mir hingezogen gefühlt, ich möchte das nicht ausschließen. Wahrscheinlich gründete sich ihr beherzter Vorstoß aber wohl darauf, dass ich mich, als der Arzt mit der Spritze an meine Pritsche trat, sogleich im blauen Papierbelag festkrallte.

15.11.2007

Ich würde nur zu gerne behaupten, es sei früher losgegangen. Es sieht einfach nicht gut aus, wenn man spät dran ist. Spät dran mit Bob Dylan. Aber ich muss bekennen, dass ich dem alten Griesgram erst in die Arme lief, kurz bevor mit dem Erscheinen der Scorsese-Doku die Dylan-Entdeckerei zum popkulturellen Massensport mutierte. Es war etwa im Sommer 2004, als meine Festung fiel.

Das Seltsame ist, dass es eigentlich viel früher hätte passieren müssen. Ich war immer schon ein großer Fan des ehrbaren

Singer/Songwriter-Gewerbes, und bis heute beanspruche ich auf diesem Gebiet ein gewisses Expertentum, das bitte jederzeit herausgefordert werden darf. Ich mag diese vermeintlich einsamen Burschen mit Gitarren, die Weltweises zum Besten geben und eine gewisse Autorität und Verletzlichkeit spazieren führen. Und ich rede hier nicht von all den sich an ihren eigenen aufgeblähten Empfindsamkeiten berauschenden Bettkanten-Zupfern, die in den letzten Jahren so viel Zuspruch bei Frauenzeitschriften- und NEON-Lesern erhielten, auch nicht von all den hauptberuflichen Bartträgern, die in einsamen Berghütten sitzen und es schaffen, auf ihren 4-Spur-Aufnahmen so zu klingen wie hauptberufliche Bartträger in den Siebzigern in 24-Spur-Studios.

Mir lag stets vielmehr jener Typus besonders, der einen deutlichen Pop-Bezug aufwies, vor allem mochte ich die Generation der in den Achtzigern zu erstem Ruhm gelangten Vertreter: Leute wie Robert Forster und Grant McLennan von den Go-Betweens, Lloyd Cole, vor allem aber mein großer Held, der hierzulande nahezu unbekannte Robyn Hitchcock. Gentleman-Singer/Songwriter, keine zerzausten Bartträger, denen kanaldeckelgroße Amulette um den Hals baumeln. Alle Genannten führten immer wieder Dylan als größten Held oder wichtigsten Einfluss an, und alle coverten sie ihn unermüdlich. Es war aber ausgerechnet mein Idol Robyn Hitchcock, der Hofkapellmeister meines Heranwachsens, der am unermüdlichsten auf Dylan verwies und sogar mal ein ganzes Album mit Dylan-Songs veröffentlichte. Mich interessierten jedoch immer mehr die anderen beiden Einflüsse Hitchcocks, Syd Barrett und John Lennon, und ich hörte ihn quasi als einen Zeitgenossen, der die Ideen dieser beiden Musiker weiterführte.

Immer wieder aber ging es in Hitchcock-Interviews um Dylan. Dann mal los, dachte ich mir und versuchte es. In geringen Dosen war ein Zugang möglich – es waren eher poppige Songs, die mir gefielen: »Love Minus Zero/No Limit« funktionierte sofort (und ist bis heute einer meiner liebsten Dylan-Songs). Auch »Lay Lady Lay« in seinem dreisten Country-Pop-Wahn dockte an. Aber ansonsten war kein Rankommen an Dylan möglich. Mein »Blood On The Tracks«-Album verstaubte im Regal, und selbst

»Blonde On Blonde« versagte immer wieder. Ich schiebe dieses Scheitern vor allem meiner 3-Teile-Theorie in die schnöseligen Schuhe, der zufolge ein guter Song mindestens drei Parts aufzuweisen hatte, die bitte schön möglichst clever miteinander zu verweben waren. Und Dylan? Der kam oft mit einem einzigen Teil aus, der dann gerne mal über acht Minuten geschleppt wurde, in denen eine scheinbar zusammenhaltlose Band mühevoll dem Vortrag des Sängers hinterherbuckelte. Nein, das war nicht meine Welt! Ich dachte gar nicht daran, mich weiter mit dem Mann zu beschäftigen. Ich setzte ihn auf die »Liste der Musiker, die sich mir in diesem Leben nicht mehr erschließen werden«. Eine Liste, auf der sich neben Dylan noch Neil Young, The Who, Led Zeppelin, David Bowie, Kraftwerk und The Clash fanden. Bis auf Dylan finden sie sich alle immer noch auf dieser Liste, und ich vermute, dass sich daran nicht sonderlich viel ändern wird. Es sei hier kurz darauf hingewiesen, dass die »Liste der Musiker, die sich mir in diesem Leben nicht mehr erschließen werden« nicht zu verwechseln ist mit der »Liste der Musiker, die ich für vollkommen untalentiert halte und die hoffentlich bald mal Besuch von der Musikpolizei bekommen, die bitte auch bei ihren Fans mal gründlich nach dem Rechten sehen soll, wenn sie schon unterwegs ist«. Auf dieser Liste befinden sich unter anderem Björk, Radiohead, Pink Floyd nach Syd Barrett und Depeche Mode. Aber zurück zu Dylan.

Ich überlege oft, wann meine heutige Begeisterung für den Mann ihren Anfang nahm. Eine Begeisterung, die zunächst Hysterie war, dann Liebe wurde und nun, nachdem ich glaube, Vernunft und Abstand in unsere Beziehung gebracht zu haben, eben Begeisterung ist. Ich glaube, der entscheidende Moment war, als mir ein Special der Musikzeitschrift MOJO in die Hände fiel, in dem zahlreiche Musiker unterschiedlichster Genres ihren liebsten Dylan-Song nannten und kommentierten. Mit dabei waren Norman Blake von den großartigen Teenage Fanclub (Lieblingssong: »Tombstone Blues«), Win Butler von Arcade Fire (»Fourth Time Around«), Richard Hell (»You're A Big Girl Now«), Linton Kwesi Johnson (»With God On Our Side«), Frank Black (»Stuck Inside Of Mobile …«), Gang of Four-Mann Andy Gill (»Not Dark

Yet«), Paul McCartney (»Mr Tambourine Man«), Brian Wilson (nun ja: »Blowin' In The Wind«), Patti Smith, James Blunt, Jimmy Webb und viele andere. Ich las die Kommentare all dieser prominenten Fans, und jeder Kommentar war eine kleine Liebesgeschichte. Außer den Beatles konnte es niemandem gelingen, derart viele Menschen zu solch persönlichen und anrührenden Liebeserklärungen an so viele unterschiedliche Songs zu bewegen. Allerdings stand im Falle der Beatles nur eine gut siebenjährige Plattenkarriere zur Auswahl zur Verfügung. Dylan dagegen war ein langes Leben, das viele andere lange Leben mit seinem Soundtrack unterlegte. Ich ahnte, dass mir dieser mürrische Mann über jeden Moment meines eigenen Lebens – vergangene Jahre, die Gegenwart, aber auch die Zukunft – etwas erzählen konnte. Ich stieg dort ein, wo die meisten einstiegen: Ich besorgte mir »Bringing It All Back Home«, »Highway 61 Revisited« und »Blonde On Blonde«, die Platten, auf denen Dylan (damals Mitte 20) all meine Helden erfand. Ich las weiter, besorgte mir immer mehr Artikel, stöberte in Dylans Texten und versuchte durch endloses Stieren auf Fotos seines ausdruckslosen Gesichts etwas zu begreifen – ich war am Haken.

Noch immer sind es vor allem die drei genannten Alben, die mich faszinieren – als Denkmal einer künstlerischen Mythoswerdung. Es ist schon seltsam: Auf diesen drei Platten erfindet Dylan – neben der doofen Rockmusik – auch den modernen Singer/Songwriter, der allein von dem singt, wozu er Lust und Laune hat. Und wenn es Mitternachtsteppiche, Quecksilbermünder, Honkytonk-Lagunen, Neon-Irre, die Mauern emporklettern, oder Leopardenfell-Pillenschachtelhüte waren. Gleichzeitig passiert parallel zur Etablierung des sein künstlerisches Selbst veräußernden Musikers das genaue Gegenteil: Dylan schafft einen Mythos. Das ist der Unterschied zu all den anderen langweiligen Rock'n'Roll-Mythen: Brian Jones, Brian Wilson, Syd Barrett, Jim Morrison, Ian Curtis, Kurt Cobain, Bob Marley, selbst Elvis – sie alle wurden nicht aus eigenen Stücken zum Mythos; sie wurden es durch Tod, Wahnsinn, Vereinsamung. Dylan aber schuf Bob Dylan, das reichte und war mehr, als alle anderen zu leisten imstande waren. John Lennon vielleicht mal ausgenommen.

19

Aber es ist natürlich nicht nur der Mythos, das wäre dämlich, denn eigentlich sind Mythen ja Firlefanz und gehören Radiohead oder Björk an die Nasen gebunden, um ihnen das Produzieren weiterer Platten zu erschweren. Es sind natürlich vor allem die Songs, auch wenn diese Erkenntnis im Zusammenhang mit Dylan in etwa so originell ist, als würde man behaupten, das Beste am Auto sei, dass es fährt. Und was waren das für Songs, die ich auf diesen Platten fand: Auf »Bringing It All Back Home« begegnete ich »Love Minus Zero/No Limit« wieder, diesem kleinen ungemein anrührenden Folk-Pop-Stück, dessen kunstvoller Text die Worte virtuos purzeln lässt und einem das Hirn zerknetet: »The cloak and dagger dangles/Madams light the candles/In ceremonies of the horsemen/Even the pawn must hold a grudge/Statues made of matchsticks/Crumble into one another/My love winks, she does not bother/She knows too much to argue or to judge«. Ein so bizarres, sprachgewaltiges und dennoch anrührendes Liebeslied hatte bis dahin noch niemand geschrieben (Robyn Hitchcock seit 1980 jedoch mehrere Dutzend, aber jetzt erst wusste ich, woher Hitchcock diese geistige Freiheit hatte …). Ebenfalls auf »Bringing It All Back Home« waren das abgründige, virtuose Weltgemälde »It's Alright, Ma (I'm Only Bleeding)« und der cool dahingeschnodderte Abgesang »It's All Over Now, Baby Blue«. Den letzten beiden Songs begegnet man auch in der D.A. Pennebaker-Doku »Don't Look Back«, die Dylan auf seiner letzten akustischen Tour durch England zeigt. Vor allem »It's All Over Now, Baby Blue« in der berühmten Hotelzimmer-Version, bei der Dylan den Liedermacher-Luftikus Donovan vor Neid verschrumpeln lässt, bleibt unvergessen. Der Film ist für mich das beste Werkzeug, um jemandem, der nichts mit Dylan anfangen kann, den Mann nahezubringen. Zwar liegt der Film zeitlich minimal vor »Bringing It All Back Home«, aber auch hier kann man schon genüsslich dem Kunstwerk Dylan dabei zuschauen, wie es sich selbst zelebriert.

Wir erleben den Künstler als jungen Beatnik-Dichter in hundscooler Lederjacke und mit all der charmanten Arroganz, die sich nur Unverstandene leisten können. In diesem Film erfindet er auch den »schwierigen Dylan«, den in Rätseln sprechenden, scheinbar reflexartig Haken schlagenden Sturkopf, der Interviewer, Fans (und die Kamera) im gleichen Maße bloßstellt und an der Nase herumführt. Und er singt dem Folk Lebwohl – mit den schönsten akustischen Songs seiner Karriere.

Doch weiter mit den Platten. Auf »Highway 61 Revisited« geht der Mittsechziger-Irrsinn des freirollenden Amphetamin-Dylan weiter: Dylan ist jetzt so elektrisch wie eine Märklin-Eisenbahn und zischt durch das zerdepperte amerikanische Lügenland. Nach dem furiosen »Like A Rolling Stone« – ein Song, den ich früher stets als öde empfand und der mich heute allein schon wegen Al Koopers Sirenengeorgel glücklich macht – kommt der entfesselt rumpelnde »Tombstone Blues«, der alles vorwegnimmt, was Velvet Underground ein Jahr später erst zu explorieren begannen (vom Lack- und Lederfetisch mal abgesehen). Wäre ich ein schnaufender Musikwissenschaftler, würde ich behaupten, der Song sei somit historisch die Geburtsstunde von Indie-Rock als Genre, bei dem sich in den Achtzigern ja vorrangig auf Velvet Underground bezogen wurde, aber das lasse ich mal, nachher spricht mich da noch jemand drauf an. »Tombstone Blues« ist im Gegensatz zu Lou Reed aber vor allem saulustig, überhaupt etabliert sich Dylan auf »Highway 61 Revisited« und noch mehr auf dem Folgealbum »Blonde On Blonde« als Speed-Komiker, der einen One-Liner nach dem anderen raushaut. Man könnte den »Tombstone Blues« komplett in Grund und Boden zitieren, am schönsten ist aber wohl jener Moment, in dem der Commander in Chief zu Johannes dem Täufer, eine Hantel fallen lassend, die unvergesslichen Worte sagt: »The sun's not yellow it's chicken«. Die Welt ist sinnlos geworden, aber Dylan versucht es mit Humor.

Ein paar Songs später folgt die böse, spukige »Ballad Of A Thin Man«, ein beklemmendes Stück Hohn, das wieder von Al Koopers Orgel durchgeistert wird. Das Album endet mit dem bildgewaltig dahertorkelnden »Just Like Tom Thumb's Blues« und »Desolation Row« (das Blumfeld vor einigen Jahren als »Jenseits von Jedem« kopierten). Kein Freak-Folk, aber man hört einen Folk-Freak, der einen wahren Freak von einem Folksong auf die hoffnungslose Welt loslässt.

Und dann schließlich »Blonde On Blonde«, der Abschluss der fulminanten Mitt-Sechziger-Triologie, in der Dylan zu Dylan wird, zum Mythos. »Blonde On Blonde« zeigt den lallenden Speed-Prediger auf dem Zenit; bald schon muss er sich doof als »Judas« beschimpfen lassen und sich daraufhin aufs professionelle Hakenschlagen verlegen, für das er inzwischen ja mindestens so sehr geschätzt wird wie für seine Musik. »Blonde On Blonde« hat in jenem Sommer 2004 Brian Wilsons »Pet Sounds« als meine Lieblingsplatte der Sechziger abgelöst. Man könnte behaupten, die Platten (die beide 1966 erschienen) hätten ein grundlegend verschiedenes Verständnis von Musik. Das mag sogar stimmen. Tatsächlich liegt beiden Platten aber eine sehr ähnliche singuläre Vision zugrunde, ein ähnlich getriebenes, nach Schönheit suchendes Einzelgängertum.

Auf »Blonde On Blonde« ist Dylans Stimme nur noch ein bleiches Atmen, ein weißer Nikotinnebel. Anfangs musste ich noch über die ersten beiden Stücke, den bekifften Beerdigungsmarsch »Rainy Day Woman #12 & 35« und »Pledging My Time«, rüberkommen, um die Platte wirklich beginnen zu lassen, heute liebe ich auch diese beiden Songs. Der eigentliche Film aber fährt erst mit Song 3, dem unheimlichen New York-Loft-Film »Visions Of Johanna« ab. Ein Lied, über das Robyn Hitchcock einmal sagte, dass er wegen dieses Stücks überhaupt erst angefangen hätte, Songs zu schreiben. Dylan-Fans sollten dringend Hitchcock hören. Dies ist ein Rat, den ich voller Bedacht ausspreche.

»Visions Of Johanna« handelt von der Anwesenheit alles Falschen und der Abwesenheit alles Richtigen – eine gruselige Situation, und Dylans Bilder hierfür sind gehirnausbeulend: »The ghost of 'lectricity howls in the bones of her face«. Es folgt das perlende »One of Us Must Know (Sooner or Later)«, ein winterliches Anti-Liebeslied, bei dem Al Kooper mal wieder aufs Schönste Dylans Gesang umorgelt. Dann »I Want You«, wieder so ein Song, der auf so noch nie (und seither nie wieder) gehörte Weise Zuneigung, wenn nicht Besessenheit thematisiert. Angemerkt sei, dass Dylan im Text bizarrerweise einem kleinen Kind in einem chinesischen Anzug seine Flöte wegnimmt, was er selbst nicht ganz lieb findet – aber diese Information nur am Rande. Es folgt »Stuck Inside Of Mobile With The Memphis Blues Again«, ein Song, der bei mir schon für wohlige Schauer sorgt, wenn ich nur die vier Anfangstakte höre. Ein Lied übers Festhängen, so finster wie komisch. Die vier genannten Songs in Folge könnte ich auf Endlosschleife hören. Sie platzen vor Spielfreude, Ideenreichtum, Weisheit und Humor.

Danach dann spielte Dylan einige amphetaminisierte Konzerte in GB, ließ sich allabendlich ausbuhen, als Heiland-Verräter bezichtigen und abermals von Pennebaker filmen. Das grandiose Material findet sich in der schon erwähnten Scorsese-Doku und sollte als mahnendes Beispiel für unsachgemäßen Drogenkonsum auf den Mond geschossen werden, um künftigen Lebensformen den ganzen Rauschgift-Schlamassel zu ersparen. Dylan tat auf dem Höhepunkt dieses Irrsinns das einzig Richtige und ließ sich vom Motorrad fallen, um der Maschinerie und sich selbst zu entkommen (ich behaupte das jetzt mal so). Er drückte sich um den Hippie-Sommer 1967 und kam als rauchfreier Familienvater und Moritatensänger zurück.

Da dieser Eintrag ohnehin schon ins Monumentale lappt, spule ich an dieser Stelle einunddreißig Jahre vor – ins Jahr 1997. Hier setzt meine zweitliebste Dylan-Phase ein – eine Phase, die bis heute anhält. Im Zeitraffer fliegen vorbei: Dylan, der Country-Crooner. Dylan, der mutwillige Mythenzerdepperer. Dylan, der 70er-Arena-Rocker mit Pilotenbrille. Dylan bei Sam Peckinpah, am Himmelstor klopfend. »Blood On The Tracks«, die (meines Erachtens arg überschätzte) Scheidungsplatte (Dylan: »Das ist keine Scheidungsplatte.« Ich: »Ok.«). Die Rolling Thunder Revue-Tour mit Dylan als weiß geschminktem Glam-Hippie. Dylan als Filmemacher. Die Zigeuner-Phase und »Desire« (auch überschätzt). Die Scheidung von seiner Frau Sara. Die fertige Phase. Die christliche Phase – der augenrollende Prediger. Dylans groteske Achtziger mit experimenteller Kleidung und lausigen Platten. Dylans Beteiligung bei »We Are The World« (bei dem ihm Stevie Wonder zeigen musste, wie er möglichst Dylan-mäßig zu singen hatte). Die Traveling Wilburys. Dylan & The Dead. Die jüdische Phase. Dylan und Daniel Lanois zum Ersten. Der Start der Neverending-Tour. Die Alben mit den Folk-Traditionals. Dylans seltsamer Auftritt vor Familie Clinton in Cowboy-Klamotten. Der Beinah-Tod. Stopp!!!

Der Beinah-Tod. »I'm walking through streets that are dead« lauten die ersten Zeilen auf »Time Out Of Mind«, Dylans Grammygekürtem Meisterwerk von 1997. Dylan singt sie mit seiner neuen heiseren Gespensterstimme, die seither mehr und mehr zu einem mal lustigen, mal Furcht einflößenden Katarrh geworden ist. Der zitierte erste Satz ist programmatisch für Dylans übergroßes Comeback-Album nach sieben Jahren Schreibblockade. Die Songs auf dieser Platte gehören zum Besten, was er je geschrieben hat. Es sind ironischerweise Lieder über den Tod und den Verlust der Liebe, die den Mann revitalisierten. Dylan schrieb sie angeblich während des langen Winters 1996, als er auf seiner Farm in Minnesota eingeschneit war. Als es ihn beinah erwischte (er hatte sich durch Pilzbefall eine Lungenerkrankung zugezogen), war das Album schon aufgenommen, aber es passt zu diesem Liederzyklus, dass sein Autor beinah ein Meet & Greet mit seinem Schöpfer gehabt hätte.

Aber die Platte ist nicht finster oder negativ. Sie ist ernst (was bei Dylan ja nie ausschließt, dass es teilweise auch brüllend komisch werden kann), sie ist wie ein schwerer, weiser Roman über die letzten Dinge. Robert Forster hat einmal klugerweise gesagt, jedes große Dylan-Album zeige Dylan in einer großen Charakterrolle. Sonst sei er auch gut, mit glaubhafter Rolle aber sei er fantastisch. Hier ist es die des alten, lebensmüden Schwerenöters. Drei Songs sind es vor allem, die mich berühren und bei winterlichen Autofahrten und an verkorksten Weihnachtsabenden immer wieder zum Einsatz kommen: »Standing In The Doorway« ist der herzzerreißende Gospel eines verlassenen alten Mannes, der jetzt nur noch den Tod vor sich hat: »You left me standing in the doorway crying/Blues wrapped around my head«. Noch verlorener ist »Tryin' to Get to Heaven« (»before they close the door«, wie der Text weitergeht …). Ein Rückblick auf ein prall gefülltes Leben, reich an Erkenntnissen über die Instabilität der Dinge:

»When you think that you lost everything/You find out you can always lose a little more«. Aber auch die Freuden werden genannt: »I been to Sugar Town/I shook the sugar down«. Kein Zweifel daran! Der dritte Übersong im Bunde ist die anrührende Elegie »Not Dark Yet«. Der damalige Mittfünfziger spürt, dass es noch nicht dunkel ist, aber »it's getting there«. Alle drei Songs bestehen aus nichts als Strophen. Aber was für Songs dies sind. Lyrische Gebete, die von allem handeln, was wichtig ist. Das Beste aber: Seither ist Dylan in so guter Verfassung wie lange nicht mehr. Das Nachfolgealbum war fast überbordend lebensfroh, »Modern Times« von 2006 liegt irgendwo in der Mitte und nährt die Vermutung, dass Dylan als Einziger den Schlüssel zu einer verstaubten Truhe voll amerikanischer Musikmythen besitzt.

Bislang habe ich ihn erst zwei Mal live gesehen. Ich hatte womöglich Glück, denn beide Konzerte waren extrem gut. Das letzte Mal sah ich ihn vor ein paar Monaten in Düsseldorf, ein Abend, über den zu berichten ich mir nicht versagen konnte:

Da ist der eine, ein Jeanskombi-Träger mit Glatze, der sich seinem Gesprächspartner lautstark ins Ohr wundert, dass so selten über Dylans jüdische Wurzeln und ihre Spuren in dessen Werk diskutiert würde. Ein paar Meter weiter vorne vor der Bühne berichtet ein Jerry García-Ähnlichkeitswettbewerbsverlierer begeistert einigen umherstehenden Englischlehrern, dass er kürzlich im Internet Dylan-Wein bestellt habe. »Robbie« brüllt ein angetrunkener Selbstdrehertyp nach Robert Allen Zimmerman; zwei junge Hipster-Burschen in engen Hosen und mit Schnösel-Schals mustern ihn peinlich berührt. Alle sind sie bis über beide Ohren verstrickt in die Geheimwissenschaft Bob Dylan, die einen, wie jede ernst zu nehmende Lehre, den Verstand kosten kann. Allerdings muss man dem Jeanskombi-Träger und Jerry García und all den Englischlehrern Respekt dafür zollen, dass sie vermutlich auch in jenen Jahren treu auf Dylan-Konzerte gepilgert sind, als dieser komplett den Faden verloren hatte. Mittlerweile stehen auch junge Mädchen in Chucks zwischen all den alternden Haarproblematikern und finden es offenbar überhaupt nicht komisch,

25

dass der kauzige alte Herr da oben auf der Bühne eine so sonderbare Stimme hat.

Punkt halb acht wird es dunkel in der Düsseldorfer Philipshalle, die Fanfare ertönt, und die legendäre Ansage kündigt den berühmtesten Rockstar der Welt an: »Please welcome the poet laureate of Rock'n'Roll (…) who donned makeup in the '70s and disappeared into a haze of substance abuse, who emerged to find Jesus …« usw. Und dann steht er da und – man muss schon schlucken, dass man das noch mal erleben darf – spielt nach mehreren, angeblich gesundheitsbedingten Jahrgängen hinter der Orgel tatsächlich wieder Gitarre. Er sieht großartig aus, wie immer, seit er diesen louisianischen Barmusikerlook für sich entdeckt hat: unnahbar, dabei aber irgendwie lustig, fast schon chaplinesk. Auf jeden Fall so cool wie seit 1966 nicht mehr, als er das, was wir heute als Coolness kennen, eben erst überhaupt erfunden hatte. Er trägt einen schwarzen Anzug und einen hellen Hut, seine fünfköpfige Band helle Anzüge und dunkle Hüte. Zusammen sehen sie aus wie eine betagte Südstaatenkapelle mit exzentrischem Anführer – und klingen auch exakt so: Dylan und seine Band starten mit »Cat's in the Well«, und da ist er direkt, dieser rumpelig-robuste Sound, mit dem er sich in den letzten Jahren als Live-Künstler gefangen hat. Tony Garniers Bass tänzelt, und Denny Freeman und Stu Kimball, die beiden tollen Gitarristen, sehen wieder mal aus, als hätten sie eben erst eine Leiche verschachert. Als Nächstes stolpern alle zusammen in eine schöne Version von »Don't Think Twice, It's All Right«, die sich – ähnlich wie später »Just Like a Woman« – so nah am Original bewegt, wie es bei Dylan eben möglich ist. Der versucht zwischendurch sogar so etwas wie ein Solo, wobei sich seine Gitarre als ebenso launisches Instrument erweist wie seine mal niedliche, mal grollende Unkenstimme. Bei den neueren Songs vom Album »Modern Times« klingt er tatsächlich genauso packend wie auf Platte – wie ein greiser Griesgram am Mississippi, aus dessen Garten Äpfel zu klauen sich die Kinder niemals trauen würden.

Bei den Klassikern singt er weiterhin diese gewöhnungsbedürftigen Zweitonmelodien, die am Ende immer etwas steif nach oben modulieren. Dylan, derzeit ohnehin in prächtiger Verfassung, erwischt einen sehr guten Abend: Höhepunkte sind wie immer das donnernde »It's Alright, Ma (I'm Only Bleeding)«, das mitreißende »Highway 61« sowie zahlreiche Stücke des »Modern Times«-Albums. Längst hat Dylan wieder rüber ans Keyboard gewechselt, wo er sich inzwischen deutlich wohler zu fühlen scheint; erst hier wird er zum Teil der Band, der seine Musiker mit kleinen Halsdrehungen, hochgezogenen Augenbrauen oder einem kurzen Nicken dirigiert. Es gehört mittlerweile zu den Hauptattraktionen eines Dylan-Konzertes, ihm bei seinem Körpereinsatz an der Orgel zuzusehen: Es ist ein einziges Krümmen, Buckeln, Nach-oben-Schießen und Hakenschlagen. Dylan tanzt, wenn er Orgel spielt, und er tanzt sehr lässig. Ab und an meint man sogar, ihn lachen zu sehen, dabei zieht er nur nach jeder Gesangszeile die Mundwinkel so weit nach oben, wie es nur eben geht – ein Manierismus, den er sich bereits in den Sechzigern angewöhnt hat. Beim charmant dahingerotzten »Summer Days« lacht er dann wirklich vor lauter Spielfreude, und Multiinstrumentalist Donnie Herron lacht mit.

Den letzten Höhepunkt gibt es ganz am Ende nach der Zugabe: Wie jedes Mal versammeln sich Dylan und seine Band nebeneinander am Bühnenrand, das Saallicht geht an und ohrenbetäubender Jubel ertönt. Doch keiner verbeugt sich, sie stehen alle einfach nur da und gucken ins Publikum wie der Cast eines Scorsese-Films. Dylan, in der Mitte, lässt den Blick übers Rund gleiten und nickt leicht tatterig, während er diese leicht genervte Schnute zieht. Und nickt und nickt … So sagt ein Kauz »Danke schön«. Dann geht er. Auch die Dylan-Wissenschaftler schwanken müde nach Hause, sie haben ihr Forschungsobjekt wieder nicht ergründen können.

Ach ja, der Folk. Ich habe ihn vor lauter Begeisterung ganz vergessen. Aber obwohl ich Dylans frühe Folk-Phase hier ganz ausgespart habe, will ich eine These wagen. Vielleicht ist es auch einfach nur ein Allgemeinplatz, aber was soll's: Dylan war immer dann am nächsten an den Menschen und ihren Bedürfnissen und Sehnsüchten dran (und somit in einem erweiterten Sinn »Folk«), wenn er in niemandes Interesse außer seinem eigenen sang. In der eigensinnigen Konzentration auf sein kauziges Selbst erzählt er exemplarisch vom Leben: von der Liebe, vom Krieg, vom Scheitern, vom Triumph, von der Ehe, von Kindern, von der Jugend, dem Alter, von Gott, vom Teufel und vom Tod. Das ist vermutlich volksnäher und für jedermann gewinnbringender als alles, was er als Dienstleistender des institutionalisierten Folk hätte tun können. Wenn Dylan von sich berichtet oder seine Ausgeburten den Leuten vorsetzt, kann man an seinen virtuosen Abbildungen wahrhaft Anteil nehmen, kann man sich emphatisch verhalten. In diesen Momenten öffnet sich die große Bibliothek namens Bob Dylan, die uns auf einmalige Art und Weise von der Welt und dem Leben erzählt.

16.11.2007

Flohmärkte sind Orte, die es eigentlich zu meiden gilt, ersteht man dort meistens doch nur Sachen, die der weiteren Wohnungsberümpelung dienen. Dinge wie: Neil Diamond-Platten aus den Jahren 1978–88, bollerige Retro-Aschenbecher, zu enge Lederjacken, unvollständige Südamerikapuzzles (mit fehlendem Französisch-Guayana), Anti-Rauch-Ratgeber oder Obstschalen, von denen im Grunde niemand wirklich sagen kann, ob sie nun sehr schön oder sehr hässlich sind (deshalb: einfach mal mitnehmen). In der vergangenen Woche aber wurde mir durch einen Flohmarktkauf nachhaltige Beglückung zuteil.

Meine popkulturell verwegenste Tat der letzten Woche bestand nämlich darin, mir auf dem überdachten Winterflohmarkt, in den sonntägliche Ödnis mich spülte, alte SPEX-Hefte aus den späten Achtzigern und frühen Neunzigern nachzukaufen. Vier Euro für sechs SPEX-Ausgaben aus den Jahren 1988 bis 1993 – besser kann Geld kaum ausgegeben werden. Ich will in Formulierungsfragen nicht knauserig sein und behaupte hier deswegen mal pathetisch, dass ich ohne die SPEX der Achtziger und frühen

Neunziger nicht auf den richtigen Weg gekommen wäre. Hätte es damals die SPEX nicht gegeben, ich wäre womöglich Fun-Punker geworden. Ich wäre dann heute also ein alternder Fun-Punker, und besorgte Mütter meines Viertels, die meines fun-punkigen Outfits gewahr würden, müssten schützend ihre Kinder von mir wegzerren und »Linus! Zoe! Kommt da weg, das ist ein alter Fun-Punker!« kreischen.

Kritiker werden womöglich unter mürrischem Gesichtsrunzeln anmerken, dass wenn Musikschreiber jetzt schon olle Pop-Heftchen aus dem letzten Jahrhundert auf dem Flohmarkt erwerben, der Musikjournalismus wohl bitte schön endgültig nach Hause gehen und sich in die Hängematte legen kann. Das mag sein, ist mir aber egal. Der Kauf bescherte mir ungekannte Wonnen, und viele Artikel lesen sich heute noch extrem faszinierend, erhellend und hirnausbeulend. Zum Beispiel die vollkommen hysterische Coverstory der Ausgabe 09/1988 über die Goldenen Zitronen, geschrieben von Clara Drechsler. Der Artikel enthält unter anderem den großartigen, hier mal keck aus dem Zusammenhang gerissenen Satz »Nach den Ärzten darf von deutschem Boden nie mehr Humor ausgehen (…)«. Es geht in dem Artikel auch ausgiebig um Hippie-Feindlichkeit. Die Goldenen Zitronen hatten nämlich auf ihrem zwei Jahre zuvor erschienenen Album den Hippie-Folksong »Marihuana« gecovert, in der Hoffnung, ihr Punk-Publikum würde schockiert reagieren. Stattdessen aber grölten alle mit. Da fiel mir auch gleich wieder ein, wie ich im Erscheinungsjahr der besagten SPEX-Story auf ein Goldene Zitronen-Konzert ging und dort als Hippie beschimpft wurde. Das lag wohl vor allem daran, dass ich zu jener Zeit mit psychedelisch gemusterten Hemden experimentierte, die ich jedoch mit einer Frisur zu kontrastieren wusste, die mich aussehen ließ wie einen Synthie-Popper, der die Treppe heruntergefallen war. Eine komische Zeit, diese Achtzigerjahre.

29

Auch toll ist es, Ralf Niemczyks 1987er R.E.M.-Artikel (ebenfalls eine Coverstory) wiederzulesen. Ich fand den Text damals, als das Heft erschien, so großartig, dass ich versuchte, R.E.M.-Fan zu werden, was aber an der Musik scheiterte. Stattdessen bin ich Niemczyk-Fan geworden. Der Artikel, ein sehr stimmungsvoller, fast filmischer Text, der sich auf einen Besuch bei der Band in Athens stützt und die Gruppe, ihr Umfeld und ihre Heimatstadt perfekt abbildet, beginnt mit dem Satz »Peter Buck muss zum Frisör«. Mittendrin zieht Niemczyk eine Parallele zwischen R.E.M. und BAP und folgert: »Peter Buck wäre dann jedenfalls Major Healey«. Vermutlich mein Lieblings-Musikartikel aus den Achtzigern.

Im Oktoberheft des Jahres 1988 wiederum findet sich eine Rezension Diedrich Diederichsens von »16 Lovers Lane«, dem damals neu erschienenen Album einer meiner großen Lieblingsbands, The Go-Betweens. Die Kritik – ein betrübter Verriss! – beginnt mit dem Satz »Normalerweise brauche ich circa ein Jahr, um eine Sache richtig zu verstehen, manchmal länger, selten kürzer, ganz selten war ich in der Lage, etwas frühzeitig oder als Erster zu erkennen oder gar eine Voraussage richtig zu treffen (so sagte ich z. B. Depeche Mode einen eintagsfliegenmäßigen, frühen Tod voraus, damals), doch bei den Go-Betweens wusste ich immer schon ein halbes bis ganzes Jahr vorher, was los war (…).« So viel Spaß macht heute kaum ein Rezensionseinstieg mehr. Zu Clara Drechsler und Diedrich Diederichsen ist übrigens zu sagen, dass ich mit großer Faszination beobachtet habe, dass Konzerte in den beiden damals wichtigen Kölner Clubs, dem Rose Club und dem Luxor, grundsätzlich nicht anfingen, bevor sich nicht zumindest einer der beiden in den Club begeben hatte. Wie oft ich in Anwesenheit der beiden den leider viel zu früh verstorbenen Nikki Sudden gesehen habe, kann ich kaum zählen. Ich kann so spät auf Konzerte kommen, wie ich will – die Band spielt in der Regel trotzdem schon.

Versonnen lächelnd lege ich die Hefte beiseite. All diese Texte sind doch deutlich lustiger und wahnsinniger, als man es dieser mit dem Stigma der Schlaumeierei behafteten Zeitschrift gemeinhin nachsagt. Ich vermute mal allenfalls halbanalytisch, dass der SPEX irgendwann einfach der Humor ausgegangen ist. Das ist ja oft so bei Sachen, die lange währen (s. hierzu auch meine letzte Beziehung). Gleichzeitig hat sich wohl der sprichwörtliche Wind gedreht. Merke: Humorausgang bei gleichzeitiger Winddreherei bedingt in der Regel den Untergang – eine halbseidene Wahrheit, die ich gleich morgen mit dem Finger auf die beschlagene Windschutzscheibe meines Autos schreiben will.

Meine eigene Art zu schreiben hat die SPEX übrigens nicht eben nachhaltig beeinflusst, auch wenn ich in der späten Kölner Phase des Blattes, kurze bevor die Zeitschrift unter vergleichsweise viel Getöse nach Berlin abwanderte, mal ein paar Artikel abgeliefert habe. Zu der Erkenntnis, dass das Lesen von Texten über Musik oft ebenso viel Freude bereiten kann wie die Musik selbst, hat sie jedoch massiv beigetragen.

Ich beende den Tag damit, mir die alten, wie aus längst geschlossenen Rotweinkellern heraushallenden Nikki Sudden-Platten anzuhören und in Gedenken an den Mann, der mir als einer der Ersten gezeigt hat, dass persönlicher Ausdruck über Technik geht, ein paar Gläser zu trinken.

Als mein bester Freund Stietenroth und ich heute Morgen mal wieder ziellos und bar jeder Spannkraft durch unser Viertel streiften, drang plötzlich Lärm an unser Ohr. Ich sage Lärm und muss doch direkt präzisieren: Es war aus einem portablen Gerät lautstark müllender Para-Hip-Hop, der von uns beiden ohne langes Nachdenken als Musik des wandelnden Brennpunkts, besser verdienenden Sorgenkinds und Nachwuchs-Rappers Bushido identifiziert werden konnte. Irgendjemand, wir konnten ihn noch nicht sehen, kam da offenbar mit einem mobilen Musikabspielgerät die Straße entlanggelümmelt und hörte brüllend laut schlechten Außenseiter-Rap-Ersatz. Wir tauschten einen wissend-kulturpessimistischen Blick und dachten vermutlich gleichzeitig: »Na, da kommt dann wohl gleich so ein bemitleidenswerter, weil nur notdürftig integrierter, aufgrund seiner kulturellen Ungebrochenheit zudem noch von uns belächelter junger Osmanen-Nachfahre um die Ecke, vermutlich in Kleidung, deren Codierung wir nicht mehr zu erfassen in der Lage sind, rein altersbedingt alleine schon. Sein Haar wird teilblondiert

31

sein und ansonsten so aussehen, als sei er gezwungen worden, unsere Kajagoogoo-Frisuren aus den Achtzigern aufzutragen.« Zumindest ich dachte dies.

Aber was staunten wir, als wir sahen, was das für ein Mensch war, der da mit einem, wie wir früher sagten, Gettoblaster um die Ecke bog. Es war ein eher bodenständig gekleideter Mann, irgendwo zwischen Mitte und Ende dreißig. Ein Typ, der – so schoss es, das sah ich, auch Stietenroth durch den Kopf – seinem Erscheinungsbild nach zu urteilen ohne Weiteres in unseren Kreisen hätte verkehren können. Da standen wir nun und guckten dümmer, als es Menschen unseres Typs guttut. Was hatten wir nicht schon alles erlebt: Liebgewonnene Musikgenres hatte man uns entrissen, alte Helden hatten sich zu schlimmen Schandtaten hinreißen lassen, Frauen, denen wir all unser Gold überschrieben und unsere besten Witze erzählt hatten, waren unserer überdrüssig geworden. Doch nichts vermochte unsere Welt je so sehr aus den Angeln zu heben wie dieser Mensch, bei dem Erscheinung und in rücksichtsloser Offenherzigkeit zur Schau gestellte Musik-Präferenz verstörend auseinanderklafften. Doch während ich noch mühevoll um Fassung rang und das soeben Erlebte in mein wankendes Gesellschaftsbild einzusortieren versuchte, hatte Stietenroth bereits die einzig mögliche Erklärung parat. »Klare Sache«, sagte er. »Der Typ hat eine Wette verloren.«

Ich glaube, mir ist schon länger nicht mehr so sehr klargemacht worden, dass sich seit meinem Ausstieg aus der Welt der Wetten die Zeiten offenbar massiv verändert haben. Besser: dass sich die Art des Wetteinsatzes geändert hat. Zu meiner aktiven Wettzeit pflegte man als höchsten Einsatz im Fall eines Wettverlusts das lange zermürbende Stehenlassen und spätere einwöchige Tragen eines Schnurrbartes anzubieten. »Wetten, dass es wohl stimmt, dass Angus Young kleiner als Kylie Minogue ist«, sagte beispielsweise einer, man hielt dagegen – und zack! – lief man mit Schnurrbart rum. Dass aber inzwischen das öffentliche lautstarke Hören erniedrigender Musik als Wetteinsatz benutzt wird, finde ich gut. Denn mit Bartträgerei ist heute niemand mehr zu quälen, da Gesichtsbehaarung längst dem Ruche des Uncoolen entrissen ist.

Kürzlich fragte mein Neffe, warum ich mir denn nicht auch mal so einen richtig schönen prallen Bart stehen ließe. Ich antwortete, dass ich Bärte nur dann schätzte, wenn sie der Zwangsläufigkeit eines langen Insel- oder Gefängnisaufenthalts geschuldet seien, ihnen also etwas Abgerungenes innewohne. Ansonsten fände ich Bärte doof, da ihnen oft ganz andere Sachen als Abgerungenes innewohne, zum Beispiel Sahnesoßenreste oder dem Kopf entrieselter Schorf oder Flusen eines über dem Kopf ausgezogenen Pullovers. Ein Bart, so sprach ich weiter, darf nicht Ergebnis einer modischen Überlegung sein, er müsse schon von Zwangsvernachlässigung in Edmond Dantès-haften Ausmaßen künden, so eine diffuse Toskana-Unrasiertheit gelte also nicht. Aber genau so eine Unrasiertheit trüge ich doch selbst im Gesicht spazieren, wand mein Neffe ein. Nein, das sei etwas ganz anderes, gab ich zur Antwort, und bis heute überlege ich angestrengt, worin dieser Unterschied denn nun genau besteht.

Die Tage sind von ungnädiger Mürbe, der Daseinsgraupel peitscht unerbittlich, und so schlappe ich gerade ein wenig müde durchs Laub des Lebens. Aber das ist nicht schlimm, denn daheim sitzt die Glückseligkeit und wartet: Nach längerer Pause ist meine alte Liebe für das italienische B-Kino der Sechziger- und Siebzigerjahre wiederentflammt. Es ist ein Kino ohne Beispiel: Vom Italo-Western und vom gotischen Horrorfilm kommend, stellte die boomende italienische Filmindustrie zu jener Zeit in allen erdenklichen Genres Hunderte Filme her, die zum Extremsten und Absurdesten, zum Perfidesten und Arglosesten, zum künstlerisch Hochwertigsten und qualitativ Niedersten zählen, was je über die Leinwände dieses Planeten flimmern durfte. Die Italiener drehten Polizeifilme mit bebenden Bullen, Thriller mit androgynen Flüster-Killern, brutale Horrorfilme, Nazipornos, sichtlich in Kiesgruben entstandene Endzeit-Filme und vieles mehr. Natürlich lebt dieses Kino davon, dass die Italiener all diesen Genres

33

so hitzig, barock und gestaltungsfreudig begegneten, wie es nun mal ihre Art ist. Entscheidend ist aber auch, dass bei Regisseuren wie dem gemütvollen Westernregisseur Sergio Corbucci, dem exzentrischen Allesdreher Cesare Canevari und dem Erneuerer des Horrorfilms Dario Argento eine Gleichzeitigkeit von Kunst und zünftiger Unterhaltung möglich war, wie ich sie in keinem anderen filmischen Universum je wieder gefunden habe.

Derzeit stecke ich mitten in einer Italo-Western-Phase (= in einer Wortkarge-dreckige-Männer-unter-sengender-Sonne-die-ihren-Tod-ordentlich-blutbesuppt-und-nahe-der-Kamera-finden-werden-Phase), und meine seelische Balanciertheit steht und fällt dieser Tage damit, ob mein Freund vom Zustellservice gegen Mittag mit seinem Wagen vorfährt und mir ein Päckchen bringt, in dem sich cineastische Schätze verbergen, die solch verführerische Titel tragen wie: »Sartana – Noch warm und schon Sand drauf« oder »Django – Ein Sarg voll Blut«, »Django – Die Geier stehen Schlange« oder »Hügel der blutigen Stiefel«. Man muss dazu sagen, dass die meisten dieser Filme nach wie vor ab 18 freigegeben sind. Das ist mitunter rührend, da sich die gezeigte Gewalt auf dem Niveau einer blutrünstigen Folge der Augsburger Puppenkiste bewegt (nicht immer …), aber so ist das eben. Dies hat zur Folge, dass der Herr vom Zustellservice bei mir klingeln und mir die braunverschweißte Ware persönlich in die Hand drücken muss. Bin ich nicht da, wird es für ihn anstrengend, da er meine Pakete nicht freundlichen Nachbarn in die Hand drücken darf, sondern immer wieder mit meiner Fracht vorfahren muss.

Heute nun geschah Folgendes: Ich war mal wieder einige Tage für meinen Zustellmann, einen Afrikaner mit französischem Akzent, nicht anzutreffen gewesen, und entsprechend genervt trat er mir an der Tür entgegen. In dem Moment, in dem er mir mein braunes Päckchen in die Hand drückte und mir sein digital glucksendes Gerät zur Quittierung der Lieferung entgegenreckte, ging gegenüber bei meinen Nachbarn – der freundlichen Lehrerfamilie, die so oft die jugendfreie Post für mich annimmt – die Tür auf. Ich grüßte gerade freundlich, als der Paketdienstmann in gebrochenem Deutsch zu fluchen begann: »Scheiß Lauferei, war-

um bestellen Sie so viel ab 18?! Nie kann ich abgeben irgendwo! Immer muss ich hinterherlaufen mit Scheiß-ab-18-Post!«
Die Blicke meines Nachbarn und der meine trafen sich. Na fein,
dachte ich, was mag der jetzt von mir denken? Demnächst wird
er mich auf der Straße sehen und seinem Bekannten, mit dem er
gerade beisammensteht, um den städtischen Beschnitt der Bäume auf unserer Straße zu diskutieren, zuflüstern: »Da geht mein
Nachbar, das kaputte Schwein. Sitzt den ganzen Tag nur in der
Bude und bestellt versaute Filme. Und wenn er sie nicht gerade bestellt, dieses obszöne Subjekt, dann guckt er sie vermutlich
auch noch.« Ausspucken wird er vermutlich, der eigentlich doch
so feine Herr, und schon bald wird mir im Viertel der Ruf eines
Porno-Barons vorauseilen, der längst schon nicht mehr zwischen
Realität und Fantasie unterscheiden kann und jeden als poten-
zielles Lustobjekt begafft.

Das hat nichts mit Paranoia zu tun; dies sind genau die verur-
teilungsfreudigen Strukturen, die Menschen mit eigentlich doch
sozial gefestigtem Status jäh abrutschen lassen können.

19.11.2007

Die ersten Telefonate, um zu meinem 39. Geburtstag die Band
für Afrika noch einmal in kompletter Besetzung (Herbert Grönemeyer, Marius Müller-Westernhagen, Udo Lindenberg, Nena,
Heinz Rudolf Kunze, Ina Deter, Peter Maffay, Ulla Meinecke,
Herwig Mitteregger, Wolfgang Niedecken, Klaus »Major« Heuser, George »Din Daa Daa« Kranz, Uwe Fahrenkrog-Petersen,
Kai Havaii, Klaus Lage, Wolf Maahn, Trio, Gitte Haenning, Juliane Werding, die Rodgau Monotones, Geier Sturzflug, die Spider
Murphy Gang, Alphaville, der Sänger der Münchener Freiheit
und mancher mehr) zusammenzubringen, gestalten sich eher zer-
mürbend. Trotz meines seriösen Rufs in der Branche deutet mir
Herbert Grönemeyers Plattenfirma schon jetzt an, dass man meine Bemühungen im Hause für »Blödsinn« hält.

Die Faszination für die 1985 zusammengetrommelte Band für
Afrika – die deutsche Antwort auf die von Bob Geldof im Vorjahr formierte Band Aid – rührt wohl daher, dass hier so etwas

vorliegt wie die Bündelung des gesammelten Deutschrockschreckens im Dienste einer guten Sache. Jeder, der 1985 erfolgreich in Deutschland Musik machte, war dabei, als Herbert Grönemeyer ins Studio bat, um eine Single aufzunehmen, mit der Spendengelder für die afrikanische Hungerhilfe gesammelt werden sollten. Und dabei waren fast ausschließlich Deutschrocker, was viel über den Zustand der deutschen Popmusik Mitte der Achtziger aussagt.

Das Schöne ist, dass im zum Song gehörigen Video, das natürlich bei YouTube bestaunt werden kann, alle Mitwirkenden versuchen, den Popstar-Ball flach zu spielen, aber gleichzeitig in jeweils nur zwei Zeilen ihre individuelle Deutschrocker-Persönlichkeit auf die Spitze treiben: Grönemeyer eröffnet mit »Nur paar Breitengrade tiefer/Paar Längengrade dann nach links«, und er ist in diesen zwei kurzen Zeilen ganz der hüftsteife, joviale Klassensprecher und Auf-dem-Teppich-Bleiber, als der er sich in den Achtzigern präsentierte (später wurde aus dem Klassensprecher dann so etwas wie der Bundespräsident des Deutsch-Pop). Dann kommt Westernhagen, der vermutlich nie zuvor und auch danach nie wieder neben seinem Erzrivalen Grönemeyer gestanden hat. Er hat die Schultern fast bis über die Ohren hochgezogen und greift mit seiner gepressten männlichen Zicken-Stimme Grönemeyers erste Zeilen auf: »… stößt unsre Fantasie an Grenzen/Dort, wo die stummsten Schreie sind«. Dann kommt – jenseits von Gut, Böse und Grönehagen – Udo Lindenberg, der sich damals gerade etwa in seiner »Sonderzug nach Pankow«-Phase befand und kurz vor der finalen Schlagerisierung stand. Seine Zeilen sind ganz und gar gut durchbluteter Lindenberg: »In Labyrinthen unvorstellbar/Eiskalter Höllenlavastrom«. Die Linde im vollen Rausch: comichaft pompös, wuchtig, aber irgendwie nie so ganz aufrichtig gefühlt. Es folgt Nena: »… der keine Gnade kennt, nur zuschlägt/Der selten zögert, nie verschont«. Auf der BILD-Zeitung war vor einigen Jahren eine Schlagzeile zu lesen, die besagte, dass Nena und Lindenberg in den Achtzigern mal eine vertrauliche Zusammenkunft amouröser Natur hatten. Ich weiß nicht mehr, ob es Lindenberg oder Nena war – einer von den beiden war sich jedenfalls nicht zu schade, diese Information über die Karmakiller-Zeitung in die Welt zu posaunen. Hier also stehen sie nebeneinander, womöglich hat man ja hier Gefallen aneinander gefunden. Auf der anderen Seite von Nena steht Heinz Rudolf Kunze. Nicht auszudenken, wenn Nena statt mit Lindenberg etwas mit Heinz Rudolf Kunze gehabt hätte. Was hatte Udo Lindenberg, was Kunze nicht hatte? Wahrscheinlich einfach engere Hosen. Zumindest hat Kunze die bessere, weil Kunze-typische, Gestelztheit und Analyse vermählende Zeile: »Hier fordern Sünden unsrer Ahnen/Unsre Stumpfheit ihr Tribut«. Er singt das wie ein Deutschlehrer, der in seiner Freizeit dem linken Flügel der Sozialdemokratie zuarbeitet – und genau das war und ist Kunze ja auch. Ich habe in den frühen Achtzigern im Gegensatz zu Nena mal eine Schwäche für ihn gehabt, da ihm dann und wann in seiner – am Restdeutschrock gemessen – sympathischen Kühlheit und Ambitioniertheit schöne Zeilen gelangen (»Ich denke, also bin ich, also gut/Mein Lebensmittel ist der schwere Mut«).

Es folgen Ina Deter, noch mal kurz Grönemeyer und Peter Maffay, der mal wieder aussieht wie der Chefredakteur einer Motorradfachzeitschrift. Dann ein Bruch: Kai Havaii, Sänger der NDW-Band Extrabreit, hat seinen Auftritt. Doch anders als seine in zeittypischer Betroffenheit geschulten Kollegen übt er sich nicht in Zurückhaltung, vielmehr macht er den Eindruck, als habe er sich kurz vor Drehbeginn noch eine ordentliche Ladung bolivianischen Marschierpulvers genehmigt: Wie der Mann hier völlig unpassend diabolisch grimassiert und überchargiert, muss man gesehen haben – ein herrliches Dokument vermutlichen Drogenmissbrauchs zum Unzeitpunkt, das ganze Schulklassen für immer vom Drogenkonsum abhalten könnte. Dann folgen Juliane Werding, Ulla Meinecke und Herwig Mitteregger (dessen Name fast wie eine Parodie auf die Namenskantigkeit seiner Kollegen Westernhagen und Grönemeyer klingt; man stelle sich ein großes deutsches Mietshaus vor, an dem die Klingelschilder »Grönemeyer«, »Westernhagen«, »Mitteregger«, »Niedecken« usw. angebracht sind: viermal klingeln, je zwölf Werbungen in den Briefkasten stecken und weglaufen). Nachdem auch der

Sänger der damals kurzzeitig höchst erfolgreichen Ska-Schlager-Band Geier Sturzflug seine Zeile singen durfte, kommt endlich Wolfgang Niedecken, das neben Grönemeyer, Westernhagen und Lindenberg vierte Deutschrock-Schwergewicht. Niedecken – für viele bis in alle Ewigkeit eins der Hauptargumente gegen Köln – steht für den Typ des lässigen Jugendgruppenleiters, der nicht nur tolle Samstagabend-Partys im Gemeindezentrum, sondern auch Anti-Wackersdorf-Demonstrationen organisieren kann. Es ist hier an der Zeit festzuhalten, dass der gesamte »Nackt im Wind«-Text von ihm stammt – eine erstaunliche Leistung, wenn man bedenkt, dass er es geschafft hat, für Lindenberg und Kunze Zeilen zu schreiben, die exakt so klingen, als hätten die beiden sie selbst verfasst.

Auf Niedecken folgt der zweite Beteiligte nach Kai Havaii, der dem Anlass eher unangemessen auftritt. Es handelt sich um den Sänger der Schlagerpop-Band Münchener Freiheit, der sich im Refrain zu einem allzu süßen und niedlichen Melodieschlenker hinreißen lässt, der zu der Vermutung einlädt, dass sich die anderen beteiligten Rockjungs während der Rauchpausen hinter seinem Rücken über ihn lustig gemacht haben. Auf den zweiten Refrain folgt ein Saxofonsolo, das in sich alle Vorurteile vereint, die gemeinhin Saxofonsoli entgegengebracht werden: Es klingt nach sich in Pfützen spiegelnder Neonschrift, Trockeneis und Tina Turner. Damals galt ein solches Solo – zumindest im Umfeld sogenannter »handgemachter Rockmusik« – bizarrerweise als Indiz für eine gewisse künstlerische Hochwertigkeit, was ich hier einfach mal Bruce Springsteen und seinem Saxofonisten Clarence Clemons in die Tröte schieben möchte.

Nach dem Solo wird eigentlich nur noch abwechselnd Refrain gesungen: von Klaus Lage (der die ganze Zeit eine Jacke über der Schulter hängen hat), von Wolf Maahn (der hier üblich aufgeblasen herumsoult), vom inzwischen verstorbenen Hans Hartz (dessen sängerisches Verdienst es ist, dem ekligen Wort »Reibeisenstimme« gänzlich neue Bedeutungshorizonte aufgerissen zu haben), von Trio-Sänger Stephan Remmler und vom Sänger der Spider Murphy Gang. Dann bricht das YouTube-Video ab.

Hinzugefügt sei noch, dass beim Live Aid-Konzert 1985, als aus Köln die Band für Afrika zum Vortrag ihres Stücks zugeschaltet wurde (ebenfalls bei YouTube zu sehen), die hintereinanderfolgenden Parts des Geier Sturzflug-Sängers und Wolfgang Niedeckens seltsamerweise ausgerechnet von Fehlfarben-Sänger Peter Hein (also dem absoluten Anti-Niedecken) übernommen wurden. Hein ändert sogar den Text. Während es beim Sturzflug-Mann und Niedecken hieß: »Nur ein paar Breitengrade südlich/und dann nach Osten weint ein Kind/Noch ehe dieses Lied hier ausklingt/verhungert es, stirbt nackt im Wind« paraphrasiert Hein den Text so: »Nur ein paar Kilometer südlich, nicht nur im Osten greint ein Kind/Bevor dies Lied verkauft ist, verhungert es, stirbt nackt im Wind«.

Ich kenne Menschen, die hassen den gesamten Achtziger-Sozialarbeiter-Rock ja alleine deshalb, weil er schwierigeren, vermeintlich anspruchsvolleren Punk-beatmeten (vulgo: cooleren) Bands wie Peter Heins Fehlfarben durch seine Allgegenwärtigkeit jede Chance auf eine Karriere vermasselt haben soll. Ich bezweifle, dass Peter Hein das selbst je so sehen würde. Aber vor dem Hintergrund der nicht zu leugnenden Tatsache, dass in Deutschland teils recht biedere Mitklatsch-Rockmusik lange Jahre popkulturell mehr Bedeutung hatte als der aufgekratzte und tanzwillige Düsseldorf-Wave-Punk von Hein und seiner Band, ist sein kurzes Gastspiel im Umfeld dieser Szene sehr interessant.

Alle an der Aktion beteiligten Deutschrocker waren übrigens damals, 1985/86, jünger, als ich es heute bin. Mir kommen sie daher ein bisschen wie unreife Deutschrock-Lümmel vor.

Ich kenne übrigens auch Menschen, die meinen, ich sollte die fixe Idee mit der Wiedervereinigung der Band für Afrika abblasen und lieber die Fehlfarben auf meiner nächsten Geburtstagsparty spielen lassen.

20.11.2007

Als ich heute Morgen meinen schnurrenden Bentley durch das goldene Tor meines Anwesens und hernach über die knirschende Kieseinfahrt lenkte, fiel mir auf, dass ich ja eigentlich weder einen Bentley noch ein Tor mit Anwesen noch eine knirschende Kieseinfahrt besitze. Das ist zum Glück zu verschmerzen – auch wenn ich zumindest eine Kieseinfahrt gerne besäße, alleine schon, um herannahende Feinde bereits von Weitem hören zu können.

Da alles auf dieser Welt dazu neigt, Gründe zu haben, muss es auch einen für meinen Unreichtum geben. Ich glaube, in diesem Fall hat es damit zu tun, dass ich als Musikkritiker, anders als Sportjournalisten oder Polit-Experten, meine kargen Einkünfte nicht durch Herumsitzen in TV-Expertenrunden aufbessern kann, wo meine Auslassungen mehr oder weniger starke Studiopublikumsbeklatschungen erfahren würden. Will sagen: Es gibt keine musikjournalistischen Marcel Reifs.

Das ist aber nicht schlimm. Ich finde es nur zu verständlich, dass Musikkritiker nicht in abendlichen Fernsehrunden einander vollquasseln. Es wird ihnen schlicht nicht der hierzu notwendige Expertenstatus zuerkannt. Bei Popmusik mag man sich nicht gerne erklären lassen, ob etwas gut oder schlecht ist. Musikkritiker gelten wahlweise als Spielverderber, Besserwisser oder hässlich, oft trifft alles drei zu. Ich könnte ohnehin nicht gut in öffentlichen Runden mit anderen Musikkritikern herumdebattieren. Das liegt daran, dass Musik – und Musikkritik – in meinen Augen eine äußerst unvernünftige Sache ist. Sie lebt von Liebe und Abneigung und ist insofern nicht diskussionstauglich. Musikkritik lebt von Behauptung.

Zum anderen ist das Interesse an klangkollateralem Gerede und Geschreibe, an vermeintlich auskennerischen Begleitabsonderungen zur Musik doch sehr gering und wird vor allem von Zeitgenossen gepflegt, die in engen, moosbewachsenen Nischen ihr kulturelles Dasein fristen. Normale Menschen wollen in der Regel einfach nur Musik hören und ansonsten ihre Ruhe haben. Beim Fußball hingegen, um bei diesem von mir mit ausgeprägter Ahnungslosigkeit begleiteten Fachgebiet zu bleiben, macht der Fan nach dem Spiel, wenn die stangenanzugtragenden Auskenner zur Para-Analyse schreiten, gerne noch ein weiteres Bier auf und akzeptiert die nicht enden wollenden Debatten als Teil der großen Sause.

Während ich noch darüber nachgrüble, ob »stangenanzugtragend« zusammen- oder auseinandergeschrieben wird, gleite ich in die Garageneinfahrt und winke dem tüchtigen Albert zu, der gerade mit einem Netz das Laub aus dem Swimmingpool fischt.

Meine Verfassung spielt heute ins Graumelierte; ich fühle mich vom späten November etwas ungnädig in den Tag geschubst. Aber es säumen noch einige vielversprechende Konzerte den Weg bis zum Jahresende.

Das morgige Ärzte-Konzert in der Kölnarena wirft, um mit Udo Lindenberg zu sprechen, schon jetzt seine Schatten unter die Augen. Ich frage mich, woher meine Sympathien für diese Band rühren, deren Platten ich doch nie freiwillig auflegen würde (zumal ich keine besitze).

Ich glaube, es liegt daran, dass Die Ärzte zu ihren eigenen Bedingungen erfolgreich geworden (und geblieben) sind. Sie haben sich nie rangeschmissen und pflegen bis heute einen guten, mitunter gar mild subversiven Humor, die Vorstellung, mit ihnen längere Zeit in einem Aufzug feststecken zu müssen, ängstigt mich nicht.

Drei Popmusiker, mit denen ich niemals in einem Aufzug feststecken möchte:

1. Bob Dylan
2. Adriano Celentano
3. die Schlagersängerin Nicole

Namen wie Westernhagen oder James Blunt gehören nicht hierher. Ich könnte mir durchaus vorstellen, mich mit James Blunt über einen längeren Zeitraum hinweg unterhalten zu können, was ich von den obigen drei Künstlern nicht behaupten kann, da sie mir entweder menschlich unsympathisch sind oder ich sie so sehr als Künstler verehre und als Ikone bewundere, dass mir an einem derart profanen Erlebnis mit ihnen (oder überhaupt einer persönlichen Begegnung) nicht gelegen sein kann. Und zu so öden Feindbildern wie James Blunt gilt zu sagen: Es gibt Schlimmeres, als mit James Blunt in einem Aufzug stecken zu bleiben: länger seiner Musik ausgesetzt sein zum Beispiel. Wie allerdings wäre es, wenn ich in einem Aufzug stecken bliebe, in dem James Blunts Musik läuft? Oder wenn ich mit James Blunt in einem Aufzug stecken bliebe, in dem seine Musik läuft? Oder mit James Blunt in einem Aufzug stecken zu bleiben, in dem eine Panflöte die Melodie von »Wind Of Change« spielt? Ekel ist endlos, das weiß man vom Fernsehen.

22.11.2007

Die Kölnarena ist ausverkauft. Nicht gut gefüllt, sondern restlos ausverkauft. Und schon wenn man sich Deutschlands größter Multifunktionsarena langsam im zähen Trott Tausender Anreisender nähert, merkt man, dass man es hier nicht mit irgendeinem normalen Konzert zu tun hat: Niemand scheint zufällig hier gelandet zu sein: als Anhängsel von Freunden oder weil er günstig an eine Karte gekommen ist; alle sind erschienen, um Deutschlands phänomenalster Band zu huldigen: einer Band, die es mit einer einzigartigen Mischung aus Attitüde, Humor, Größenwahn und Dreistigkeit – ähnlich wie Helge Schneider – hierzulande in den coolen Kultur-Konsens geschafft hat. Schon draußen vor der Halle herrscht Festplatzstimmung: Die Ärzte-Songs laufen, Tausende stehen in schwarzen Shirts mit dem Logo der Berliner Stimmungskanonen umher und führen unangeschnallt Bier-Experimente durch. Auch drinnen in der Halle tobt schon eine halbe Stunde vor Konzertanfang ein Pulk aus Landpunkern, fröhlichen Goths, Rucksack-Mädchen mit bunten Haarsträhnen und Veteranen der zweiten und dritten Punk-Generation. Die Bühne ist mit einem riesigen schwarzen Vorhang mit dem dreifach getüpfelten Ä verhangen, davor klatscht und johlt sich alles in Hysterie. Es sieht aus, als hätte ein pfiffiger Event-Veranstalter das Oktoberfest und die 1.-Mai-Krawalle zusammengelegt.

Kurz nach acht wird es dunkel, Blitze zucken durchs Rund, ohrenbetäubender Jubel ertönt: Die Ärzte beginnen ihr Konzert mit »Himmelblau« vom neuen Album »Jazz ist anders«; die ersten zwei Strophen spielen sie noch hinter dem Vorhang, erst zum Refrain fällt er schließlich hinunter und gibt den Blick auf die schwarz gekleideten Musiker frei. Was nun seinen Lauf nimmt, hat nichts mit dem zu tun, was in dieser Größenordnung üblicherweise als Konzert verkauft wird. Drei Stunden lang halten Bela B, Farin Urlaub und Rodrigo González mit ihrem scheppernden Schlager-Punk und einem Humor zwischen breit grinsender Publikumsbeschimpfung, Selbstironie und charmantem Zwangs-Vulgarismus die Halle auf eine Art und Weise in Schach, wie es U2, Robbie Williams und karnevalistische Riesenraves wie »Die lachende Kölnarena« gemeinsam nicht hinbekämen. Das liegt vor allem daran, dass Die Ärzte inzwischen so etwas sind wie die kleinste Event-Band der Welt: Sie pumpen Kleinstideen so lange mit Quatsch auf, bis sie zu überlebensgroßen Ballons werden; dem von vornherein allzu Großen wiederum lassen sie im Gegenzug die Luft raus. »Wir spielen schlechter als andere Bands, dafür aber länger«, kokettiert Farin Urlaub direkt am Anfang. Er hat recht: Vieles klingt – und sieht aus – wie die angetrunkene Band-Probe irgendeiner Berliner Hinterhofband, nur mit dem Unterschied, dass jede Berliner Hinterhofband technisch versierter klingt als Die Ärzte. Mit ihren oft zu gut und bauchig produzierten Plattenaufnahmen hat das hier Gebotene wenig gemein. Manchmal, etwa beim »Schunder-Song«, hört es sich an, als würden sich die drei beim Spielen mehrfach selbst überholen.

Doch niemand außer ihnen besitzt hierzulande diesen krawalligen Charme, der bis in den hintersten Hallenwinkel wirkt. In ihren besten Momenten zeigen Die Ärzte virtuos, dass Pennälertum eine verantwortungsvolle Lebensaufgabe sein kann – ganz im Gegensatz zu den unangenehmen Jugenddarstellungen anderer Kollegen jenseits der 40. Geradezu grandios sind Die Ärzte, wenn dieses Pennälertum aufgebrochen wird: »Das nächste Stück ist älter als die meisten von euch – behandelt es mit Respekt«, bittet Bela B vor der irrwitzig davongaloppierenden Cowpunk-Nummer »El Cattivo«. Immer wieder formiert sich der vor der Bühne tobende Pulk – teils angestachelt durch die Band – zur »Wall of Death«, jener Pogo-Abart, bei der zwei Publikumsgruppen aus größerer Distanz wie keulenbewehrte Kriegsstämme ineinanderrasen: Großraum-Punk für die ewige Pubertät. Diejenigen, die sich hier verbeulte Nasen holen und ihre Schuhe verlieren, haben seit dem letzten Ärzte-Konzert auf nichts so sehr gewartet wie auf diesen Abend. Man wünscht sich fast, noch einmal 16 zu sein und auch von dem gemeinsam 128 Jahre alten Punk-Pop-Dreigestirn um den Verstand gespielt zu werden.

Nicht ganz so toll sind Die Ärzte, wenn sie in einigen neuen Songs zu sehr die Aura lässiger Jugendzentrums-Leiter verströmen, die ihre Schutzbefohlenen mit Carpe diem-Weisheiten hinter dem Ofen der ewigen Abgrenzungssehnsucht hervorzulocken versuchen. Doch diese Momente sind heute mehr als rar gesät, es regiert der grobe Unfug. Die aktuelle Single »Junge« macht sogar alle Altersfragen obsolet: Gerade fragt man sich noch, ob der Text (»Und wie du wieder aussiehst/Löcher in der Hose/und ständig dieser Lärm«) tatsächlich heutige Eltern abbildet oder ob derlei Spießer-Karikaturen nicht eher der Jugend der Musiker entstammen, da sieht man neben sich schon einen höchstens 17-Jährigen mit entrücktem Gesicht mitsingen und die Faust gen Himmel recken.

Knapp drei Stunden stehen Die Ärzte auf der Bühne der Kölnarena. Am Schluss spielen sie noch von spontaner Wortkasperei zerpflückte Versionen alter Hits wie »Teenagerliebe«, »Zu spät« und »Elke«. Und immer wieder wird zur »Wall of Death« gebeten, und die Ärzte spielen dazu Schlager-Punk an der Todesmauer. »Kommt ihr wieder?«, fragt Farin Urlaub zum Schluss. »Ich meine, wenn *wir* hier spielen?« Vermutlich wird jeder Einzelne wiederkommen. Ich kann es tatsächlich nur empfehlen: Mindestens einmal im Leben sollte man diese unfassbare Band gesehen haben.

23.11.2007

44 Ärger liegt in der Luft.

Eine große Konzertveranstaltungsfirma deutet an, dass meine Anwesenheit beim Bruce Springsteen-Konzert nicht erwünscht ist. Gründe werden zunächst noch keine genannt. Zu Ohren gekommen ist mir die Geschichte, deren Wahrheitsgehalt ich nicht überprüfen kann, über den freundlichen Redakteur einer

Musikfachzeitschrift, die mich mit der Rezension des Springsteen-Auftritts betraut hat. Ob da irgendetwas vorgefallen sei, fragt er mich. Nicht, dass ich wüsste, gebe ich zur Antwort. Der Redakteur beruhigt mich: Er werde mal nachhören, was denn los sei.

Vom lokalen Veranstalter erhalte ich nur eine Mail, in der es heißt, dass man mich nur darum nicht akkreditieren wolle, weil man aufgrund der großen Nachfrage nur Tagespresse zuließe. Ich frage bei Spiegel online nach, erhalte einen Auftrag und melde mich abermals beim lokalen Veranstalter mit der Information, nun auch einen Tagespresse-Auftrag zu haben. Es kommt keine Antwort mehr.

Kurz darauf eine Mail vom Redakteur der Musikfachzeitschrift: Die Konzertagentur bzw. deren Pressedame fordere einen anderen Autor, man sei mit meiner Berichterstattung über das kürzlich veranstaltete Take That-Konzert in der FAZ nicht einverstanden gewesen.

Ich bin ratlos. Zwar halte ich den in der FAZ erschienenen Artikel nicht eben für eine journalistische Meisterleistung, für die mir in Zukunft in Journalistenkreisen heiß begehrte Wimpel, Pokale und Urkunden überreicht oder gar toll budgetierte Beach-Stipendien in Honululu offeriert werden, aber eine derart schroffe Reaktion verstehe ich nicht.

Da ich den ärgerniserregenden Artikel für die FAZ verfasst habe, das Springsteen-Konzert jedoch für Spiegel online besuchen soll, stehe ich ein bisschen blöd da: Wer soll mir armem freien Autor jetzt helfen, zumal die Pressedame der Agentur drei meiner um Klärung bittenden Mails unbeantwortet lässt?

Ich lese noch mal den Artikel des Anstoßes, der im Oktober erschienen war:

»Aufrücken!« Die Toilettenfrau in der Kölnarena organisiert den fußgängerzonenartigen Besucherstrom auf dem Damen-WC mit der gebotenen Resolutheit. Die Herrentoilette nebenan dagegen ist nahezu verwaist. Auch im Foyer dominieren weibliche Ex-Teenager in ihren späten Dreißigern, wild dazu entschlossen, die Flamme der jugendlichen Leidenschaft letztmals auflodern zu lassen, bevor sie sich endgültig in Musical-Besuche mit der ganzen Familie ergeben oder einen Ticketkauf fürs Carpendale-Comeback erwägen.

Drinnen bedudelt derweil die Vorband Jamie Scott & The Town das Publikum: Musik, die davon kündet, wie es wohl klänge, wenn Sting und Jack Johnson gemeinsam etwas Hübsches für einen Volkswagen-Spot komponieren würden. Der Sound in Deutschlands größter Mehrzweckhalle ist wie immer arg verscheppert, man sollte hier besser Briefmarkensammlerbörsen veranstalten; dafür hat die Arena aber ein hässliches eigenes Trash-Maskottchen, »Areni« geheißen, das es tatsächlich am Arena-Merchandise-Stand zu kaufen gibt. Jamie Scotts unnuancierter Musik kann die Halle jedoch wenig anhaben.

Es folgt eine Durchsage: Howard sei krank, die Band könne nur zu dritt auftreten. Wer daran Anstoß nähme, habe die Möglichkeit, die Halle bis zwanzig vor neun zu verlassen und sich tags drauf das Geld auszahlen zu lassen. Es geht niemand. »Welcher Howard?«, scheinen sich manche zu fragen. Nein, die 13 000 Besucher bleiben, diese Band hat schließlich schon herbere Personaleinbußen hinnehmen müssen, als der berühmte Depri-Superstar und Ex-Konsensliebling Robbie Williams 1995 dem Band-Käfig entstieg, um in seinen eigenen zu klettern. Dann wird es dunkel. Unter hellkehligem Jubel werden vier Rednerpulte auf die Bühne gerollt, dahinter kommen plötzlich Gary Barlow, Mark Owen und Jason Orange hervor. Überall prangt auf dem stilisierten Grau einer Nachkriegsdiktatur das Take That-Logo. Was soll das sein: eine Pop-Diktatur? Howards Pult bleibt frei, das Regime ist angeschlagen. Dann geht es nach vorne an die Rampe. In ihren grauen Anzügen sehen die drei Mittdreißiger ein bisschen aus wie Versicherungsvertreter beim Afterwork-Schwoof. Ein Eindruck, der eine leicht zotige Nuance erfährt, als sie während des zweiten Songs von leicht bekleideten Tänzerinnen ihrer Jacketts entledigt werden. Es hat beinahe etwas Rührendes, wie das unschuldige »It Only Takes A Minute Girl« in eine pornografisierte Performance getunkt wird, um heutig zu wirken. Nach der James Blunts Erfolgsspur hinterherkomponierten Single »Patience« wendet sich Mark Owen ans Publikum. Viel sei passiert, seit sich die Band vor zwei Jahren wieder zusammengefunden habe. Er sei Vater geworden – ein 13 000 Kehlen starkes Seufzen geht durchs Rund –, Jason habe sich die Haare gewaschen (der beste Gag des Abends!), und Gary Barlow habe einen hübschen Herpes am Mund, der prompt von der Großleinwandkamera erbarmungslos abgefilmt wird. Es sind selbstironische Momente wie dieser, in denen die Band den meisten Charme entwickelt. Doch kann sie sich freilich nicht gänzlich in Selbstironie auflösen, das würde den nostalgischen Schmachtfaktor töten. Schließlich füllen Take That erfolgreich eine Lücke, deren Klaffen man bis zur Wiedervereinigung der Band gar nicht bemerkt hatte: Sie fluten die Durststrecke zwischen jugendlicher Teenstar-Schwärmerei und erwachsener Schlager-Sehnsucht. Da Howard ja leider verhindert sei, fährt Owen fort, solle doch bitte das Publikum alles geben, ihn gesanglich zu ersetzen. Der von Mark Owen soeben zum Reinlichkeitsproblematiker stilisierte Jason hat sich derweil eine Gitarre umgehängt, oft hat er so ein Ding offenbar noch nicht in der Hand gehabt. Nach einer weiteren Ballade verschwindet die Band zur ersten großen Umkostümierung, und die Bühnenregie übernimmt: In der Hallenmitte taucht plötzlich auf einer zweiten Bühne ein seltsamer Zausel in Voodoo-Klamotten auf, dann nimmt ein choreografiertes Opfer-Ritual seinen Lauf. Vielleicht soll hier auch nur eine exotische Eiswerbung nachgetanzt werden, das wird nicht ganz klar. Warum immer in die Zirkus- oder Ethno-Kiste gegriffen wird, wenn es gilt, eine große Arenashow zu inszenieren, weiß allein der Verband der Großraum-Choreografen. Dann doch lieber die anfängliche Pop-Diktatur. Als Take That wieder erscheinen, trägt natürlich Jason den blödesten Voodoo-Hut, ihm scheint die Rolle des Clowns zugedacht worden zu sein. Zirkus, Voodoo, Weltenreise und ein bisschen Porno – das sind die vier Zutaten, aus denen jede große Arena-Konzert-Inszenierung zusammengerührt wird, und bei Take That gibt es von allen Zutaten mehr als genug. Wie wäre es mal, wenn progressive Bühnenshowgestalter sich in alternativen Parallelwelten umsehen würden, um Inspirationen für ihre Show-

47

Inszenierungen zu bekommen: im Büro-Alltag etwa oder auf dem Schlachthof, im Swingerclub oder auf einer ländlichen Pfarrgemeinderatswahl?

»Relight My Fire« donnert nun durch die Halle; Barlow – immerhin ja der ernsthafte »Songwriter« der Band – verrichtet die Tanzarbeit mit einer gewissen Todesverachtung, während Jason sich grinsend reinhängt. Dennoch ist er es, der einem als dünnstimmiger vermeintlicher Tragiker heute hier am meisten ans Herz wächst. Die Show um die drei Burschen herum versucht derweil alles abzudecken: Während sich der Spagat der Inszenierung mit einem Bein gen Erwachsenenkitsch streckt, muss auf der anderen Seite natürlich Rest-Hipness gewahrt werden. Dies passiert gegen Ende, wenn »Give Good Feeling« als tanzendes H&M-Schaufenster, circa 2003, inszeniert wird. Trotz alledem: Das Konzert wird immer wieder zur Party. Genauer: zur Jahrgangsfeier mit hohem nostalgischen Charakter. Denn ins Hier und Jetzt traut sich die Band künstlerisch nie so recht. Pop-Diktaturen werden andernorts errichtet.

Wie gesagt: Keine Meisterleistung, ich habe schon Besseres (und Schlechteres) geschrieben. Trotzdem habe ich mich bemüht, keine simple Abwatsche zu schreiben oder mich durch den Abschuss eines ohnehin schon eingekerkerten Tiers zu profilieren, das wäre mir entschieden zu einfach. Ich habe versucht, mit etwa 5000 Zeichen halbwegs unterhaltsam das abzubilden und zu analysieren, was ich gesehen und gehört habe. Auch enthält der Artikel kein popmusikalisches Ekelformular, für das man mich dingfest machen könnte: Weder verwende ich Wörter wie »Soundtapete«, noch spreche ich von »flirrenden Soundscapes«, auch Formulierungen wie »Knöpfchendreher«, »Rockröhre«, »an den Reglern« oder »akustischer Teppich« kommen nicht vor (was zugegebenermaßen auch daran liegt, dass Take That keine dieser in Musikjournalistenkreisen beliebten Fies-Formulierungen evozieren). Würde ich mich regelmäßig eines solchen Vokabulars befleißigen, könnte ich sehr wohl verstehen, wenn eine ästhetisch empfindliche Konzertagentur davon absehen wollte, mich weiterhin zum Zwecke der Nachberichterstattung auf ihren Konzerten rumstehen zu lassen. Doch nichts von alledem, auch Lebensmittelmetaphern – ein weiteres dubioses Musikjornalisten-Stilmittel – kommen nicht vor.

Es muss schlicht und ergreifend damit zu tun haben, dass ich das Konzert nicht gut fand, und das scheint mir als Ausladungsmotivation für einen Journalisten doch recht bedenklich. Beschließe, die Sache für heute auf sich beruhen und den Tag einen schönen sein zu lassen.

Ein Wort noch an die Bühnenshowgestalter:

Ich habe heute im Vorbeigehen einen Blick in die Wohnung meiner Nachbarn erhaschen können. Da sieht's vielleicht aus. Ich möchte den Showkonzepteuren von Take That und allen anderen Riesenbühnenmusikanten wie Pink, Madonna oder Britney Spears dringend empfehlen, wenn schon nicht auf einer Pfarrgemeinderatswahl oder im Swingerclub, so doch zumindest mal in meiner Nachbarswohnung vorbeizuschauen; die Anregungen für weitere Großhallengelage würden ihnen nur so entgegenspringen und sich an ihnen reiben. In Interviews könnte z. B. die Sängerin Pink dann gefragt werden:

»Wie kommt es, dass Sie sich für Ihr neues Bühnenprogramm an der Wohnung von Eric Pfeils Nachbarn orientiert haben?«

»Na hören Sie mal, Sie von der Zunge des Lebens gänzlich unbeleckter Regionalbeilagenredakteur, das liegt natürlich daran, dass ich mit dem Bühnenbild Konzept und Titel meines aktuellen Albums aufgreife, und das heißt nun mal ›Eric Pfeils Nachbarwohnung‹. Und jetzt raus, sonst vergesse ich mich!«

Das Telefon klingelt, es ist meine Vermieterin.

Irgendetwas an meinem Schlafzimmerfenster sei kaputt, schlimmer noch: von mir durch unsachgemäße Handhabung zerstört worden. Sie habe das vom Hof aus gesehen. Manchmal ist es doch besser, man wohnt in einer Wohnung, die einer anonymen Scheinfirma mit Hauptsitz in Legoland gehört, da kommt seltener jemand vorbei und beäugt vom Hof aus missgünstig, wie es um die Fensteröffnungsgewohnheiten der Mieter bestellt ist. Da ich sowieso schon übellaunig bin, wälze ich alles auf die Vermieterin und wünsche ihr eine Reibeisenstimme und eine Rockröhre an den Hals. Darüber hinaus sollen sich ihr den ganzen Tag

49

akustische Teppiche wie von Geisterhand unter den Füßen wegziehen, Soundscapes durch ihre Wohnung flirren, und von mir aus darf sogar jemand bei ihr »an den Reglern« sitzen, der vorher auch schon bei Nirvana, Soundgarden und Franz Fickifant »für den letzten Schliff« sorgte.

Die Take That-Sache bereitet weiterhin Ungemach. Mir ist klar: Als einsamer Autor komme ich hier nicht weiter, ich muss das Engagement meiner Auftraggeber einfordern.

Ich klage Spiegel online mein Leid. Dort zeigt man sich zwar befremdet ob der ganzen Aktion, gibt mir aber zu verstehen, dass man, da der kritisierte Artikel in der FAZ erschienen sei, hier nicht tätig werden könne. Bei der Musikfachzeitschrift wiederum ist keine Hilfe zu erwarten, weil man die betreffende Agentur als wichtigen Partner nicht verprellen möchte.

Einzig mein Redakteur bei der FAZ springt mir zur Seite. Er zeigt sich schockiert über meine Geschichte, leitet die Angelegenheit an die Rechtsabteilung weiter und verfasst in Absprache mit dieser ein an die Agentur gerichtetes Schreiben des Inhalts, dass man über dieses Vorgehen mehr als verwundert sei und sicherlich ein Missverständnis vorliege.

Kurz darauf kommt prompt die Reaktion von der Agentur: Natürlich werde man auch weiterhin allen FAZ-Autoren Zutritt zu allen von ihnen veranstalteten Konzerten gewähren. Mein Name wird mit keinem Wort erwähnt. Aber der Weg scheint frei.

Später am Abend wird mir klar, warum man bei der Agentur so empört auf den Artikel reagiert hat: Er war in seiner abgedruckten Version vom zuständigen Tagesredakteur im Hinblick auf meine im Text auftauchende Frage, ob Take That im Auftaktbild ihrer Show mit der Idee einer Pop-Diktatur zu spielen gedächten, mit einer Überschrift versehen worden, die mit dem darauf folgenden Text wenig bis gar nichts zu tun hatte, ihm aber eine ganz andere Färbung verlieh. Die Überschrift lautete: »Wollt ihr den totalen Schrott?«

Im Grunde sind Zugaben ein Ärgernis. Zumindest in der Popmusik. Mag es im Segment des Erwachsenen-Entertainments
noch Sinn ergeben, ein herzloses Hit-Potpourri längst müde ge-
sungener Stücke nicht im Hauptteil runterzunudeln, wirken Zugaben im Pop doch nur wie eine unaufrichtige Dienstleistung, die
dem Konzert den Glanz einer künstlerischen Einheit raubt. Und
das sollte ein gutes Popkonzert sein: eine Einheit, ebenso wie ein
tolles Album. Kein serviceorientiertes Wünsch-dir-was. Das Wort
Zugabe allein schon ist ja grässlich, klingt es doch vor allem nach
unnötigem Bonus- und Obendrauf-Ramsch, der raus muss, damit er nicht unnötig rumliegt. Zugaben künden von einer bes-
tenfalls äußerst unkünstlerischen, weil unautoritären Sicht aufs
eigene Werk. Ein guter Künstler setzt seinem Publikum etwas
vor, das sich im Idealfall im Einklang mit seiner eigenen Tem-
periertheit befinden sollte. Im schlimmsten Fall haben Zugaben
sogar etwas Herablassendes: Man kommt noch mal raus, tut erstaunt, übertrieben dankbar und fassungslos und haut den Leuten noch den Rausschmeißer-Krempel um die Ohren, den sie
hören wollen, während der vortragende Künstler selbst das Zeug
längst schon nicht mehr ertragen kann.

Die Super Furry Animals geben auf ihrer laufenden Tour trotz
hysterischen Jubels keine Zugabe. Ein Umstand, der viel aussagt
über diese Ausnahmeband, die mich immer fasziniert hat und
die doch nie so ganz mein Herz gewinnen konnte. Vor Jahren
traf ich einmal ihren Sänger Gruff Rhys. Rhys war der langsams-
te Gesprächspartner, dem ich je begegnet bin. Nach jeder Frage
saß er erst einmal ein paar Sekunden lang schweigend da. Der
Grund hierfür ist recht simpel: Er muss sich laut eigener Aus-
sage die englischen Fragen erst ins Walisische übersetzen, um
angemessen darüber nachdenken zu können. Dementsprechend
braucht er ebenso viel Zeit, um eine halbwegs präzise Antwort zu-
sammenzubekommen. Bei Konzerten ist der komische Onkel bei
aller Freakhaftigkeit deutlich mehr auf Zack.

Als die Band in einer schweren Marihuanawolke auf die Bühne des Kölner Prime Club schlurft, ahnt manch Uneingeweih-

51

ter noch nicht, was diese müden Gestalten mit den folgenden zwei Stunden veranstalten werden. Der Auftakt »The Gateway Song« vom aktuellen Album »Hey Venus!« dauert keine Minute, dann folgt schon »Run-Away«, das klingt, als hätte Phil Spector eine außerirdische Boyband produziert. Sänger Gruff Rhys – mit Pudelmütze – und seine Kollegen sehen dabei aus wie eine musizierende Räuberkommune, die durchreisenden Bands die Instrumente stiehlt, um diese in den Dienst besserer Popmusik zu stellen. Dabei sind die Super Furry Animals doch nur freundliche Spinner, die vermutlich lieber Wissenschaftsmagazine und paraphilosophische Traktate über Stonehenge lesen als in Musikzeitschriften herumzublättern. Spätestens beim Freak-Boogie »Golden Retriever« haben sie den Saal – leider nur zu einem Drittel gefüllt – fest in der Hand: strahlende und ungläubige Gesichter wie bei einer UFO-Landung, viele tanzen, andere haben einfach nur die Arme in der Luft. Vor »The Gift That Keeps Giving« schafft es Rhys – obwohl mit dem schwersten walisischen Akzent beladen, den ich je vernommen habe – gar, dass alle im Saal mit den Händen auf dem Kopf ein Elchgeweih imitieren. Schlagen Sie derlei Publikumsanimationen mal Rod Stewart vor, ohne dass der mit einem Fußball auf Sie schießt! Aber Rod Stewart gibt ja auch Zugaben (mal ganz zu schweigen von allem anderen, was der mittlere und späte Rod Stewart unter dem Deckmantel des Musikmachens so alles veranstaltet). Bei »Respectable For The Respectable« wiederum zerrt Rhys eine Chipstüte hervor und beginnt den Inhalt rhythmisch zu verspeisen – eine tolle Reminiszenz an Paul McCartney, der einst als Gastmusiker unter Brian Wilsons Irrsinns-Knute im Takt eine Möhre essen musste (oder war es Salat?).

Es wäre vermutlich alles etwas albern, wenn die Musik nicht so großartig wäre: Mal spielen die Super Furry Animals pumpenden Future-Rock ohne Zukunft, dann scheint es, als wollten sie den Soundtrack zu einer jugendgefährdenden Neuverfilmung der »Rocky Horror Picture Show« aufführen. Manchmal hat man den Eindruck, Brian Wilson und Syd Barrett spielten gemeinsam Glamrock, im nächsten Moment haben Crosby, Stills & Nash als Gastmusiker John Bonham eingeladen, der gleich noch einen Keyboarder mitgebracht hat, der im Jahr 2047 neue Sounds des Jahres 2048 ausprobiert. All das mag sich nach Anstrengung anhören, ist aber von naiv forschender Schönheit und geschieht stets auf der Basis äußerst eingängigen Songwritings; zudem wirkt die Band nie einfach nur linkisch freaky, sondern lässt ihre eklektischen Spielchen oft klingen, als wäre es die einzig moderne Musik auf diesem Planeten. Dazu Texte, die die Lieder in weltweise Sphären transzendieren: »We got to tolerate all the people that we hate/I'm not in love with you, but I won't hold that against you« heißt es in der Abgrenzungshymne »Juxtaposed With U«. Es wird gekocht in der Küche des Unterschieds.

Nach einer guten Stunde kündigt Gruff Rhys eine Pause an. Eine Pause – bei einem Indie-Rockkonzert? Ja, eine Pause. Ihr Coach müsse backstage ein paar Optimierungsstrategien für die zweite Halbzeit mit der Band besprechen. Sie sei sehr streng. Nach fünf Minuten kehrt die Band zurück. Gruff Rhys trägt jetzt eine Art Weltraumhelm und steigt erst mal ins Publikum hinab, geht zur Bar und schwatzt dort, während seine Freunde weiterspielen, ein bisschen mit dem Thekenpersonal. Mit ihrem Sänger zurück auf der Bühne spielen die Super Furry Animals den Saal dann mit dem geheimen Hit »Rings Around The World« in vollkommene Verzückung. Zum Finale schließlich das verquere »Keep The Cosmic Trigger Happy«. Gruff Rhys hält eine Tafel in die Luft: »Vielen Dank Köln!« Auch Gitarrist Huw Bunford hat eine Tafel in der Hand. Die Aufschrift: »Bleibt euch treu«. Dann gehen sie ab. Kosmisches Gezirpe dröhnt durch den Club, das in Jefferson Airplanes lysergisches Meisterlied »White Rabbit« mündet. Wer wollte da nach einer Zugabe verlangen?

01.12.2007

Ein weitverbreitetes Klischee über Musikkritiker besagt, dass die meisten doch nur gescheiterte Musiker seien. Da ist etwas dran, aber es ist zu simpel.

Bei mir ist es so: Ich wäre nicht gerne Musiker. Zumindest wäre ich nicht gerne ein zeitgenössischer professioneller Musiker. Allerdings hätte ich gerne über das Temperament oder die charakterliche Ausstattung verfügt, um einer zu sein. Mit Talent hat das wenig zu tun. Ich bin ein ziemlich guter Schlagzeuger, und Songs kann ich auch schreiben. Allerdings gibt es drei andere Gründe, weswegen ich nie in hautengem Geglitzer und mit umgeschnallter fantasy-esk geformter Gitarre die Menschenmassen betört habe:

Erstens habe ich überdurchschnittlich starke Probleme mit Lampenfieber. Wann immer es auf Bühnen geht, wird mir unwohl. Ich fühle mich dann wie andere Leute kurz vor der chirurgischen Entfernung lieb gewonnener Organe.

Zweitens bin ich nicht gut im Umgang mit Männer-Ansammlungen, die über zwei Personen hinausgehen – und somit für das Konzept »Band« ungeeignet.

Und drittens bewege ich mich nur ungern vor Leuten. Ich tanze auch nicht (nur innerlich), und bloßes Umherstehen können sich nur fortgeschrittene Standcharismatiker leisten.

Nach Jahren des erfolglosen Musikmachens habe ich anerkannt, dass mir all dies – und weniger mangelndes Talent – im Weg steht, und entschloss mich zur Niederlegung aller professionellen Musikerambitionen. Seither geht es mir besser. Klügere Menschen als ich könnten nun argumentieren, dass aber im Falle der Musiker-Berufung die Freude an öffentlichem Spiel, Spaß im Ensemble und Befriedigung durch ekstatische Leibeszuckungen zum Anforderungsprofil ebenso dazugehörten wie die gute Exekution eines Instruments, dass sich mithin »Talent« auch auf die genannten Sekundärtugenden beziehe. Dazu fällt mir dann auch nichts mehr ein, vermutlich haben diese Menschen recht. Ich kann nur, so ehrlich es mir möglich scheint, sagen: Ich fühle mich als Autor wohler denn als Musiker, aber ich hätte es gerne anders gehabt.

54 Ein nicht minder verbreitetes Klischee über Musikkritiker besagt, sie seien überflüssig. Höre ich diesen Vorwurf, muss ich immer an den von mir sehr geschätzten Singer/Songwriter Lloyd Cole denken, der mir gegenüber mal in einem Interview äußerte, er wäre stark auf das Lesen von Plattenkritiken angewiesen, weil das musikalische Angebot einfach zu groß sei. Er wolle geführt,

aufmerksam gemacht und inspiriert werden. Und er wolle auch wissen, welche Musik anzuhören er sich sparen könne.

Von hier an ist alles letztlich eine Frage der Intensität. Die Frage, woher jemand das Recht nimmt, besser über Musik Bescheid wissen zu wollen als andere und Musik auch noch kritisieren oder bewerten zu dürfen, kann ich mit niemandem ernsthaft diskutieren, da die Frage ohnehin immer nur von Leuten gestellt wird, die sich nicht sonderlich für Musik interessieren oder einen Komplex gegenüber meinungsstarken Menschen haben. Der Vorwurf der ungebührlichen Urteilsanmaßung ist bei Popmusik übrigens stärker ausgeprägt als in anderen Zusammenhängen: Wenn nach einer Nachricht über eine innenpolitische Entwicklung in Weißrussland in den Tagesthemen ein hinzugeschalteter sogenannter Russland-Experte zu Wort kommt, werde ich ja auch nicht patzig, weil sich dieser Mensch erdreistet, meinem freien und unabhängigen Russland-Bild sein Expertentum in den Weg zu setzen. Bei Popmusik glaubt jeder etwas sagen zu können, was ja theoretisch auch stimmt, nur hat der Kritiker, wenn es mit rechten Dingen zugeht, vielleicht schon ein bisschen mehr gehört und gesehen als jedermann, hat also mit Leidenschaft das gemacht, was in anderen Disziplinen Sich-Wissen-Draufschaffen genannt wird. In Fragen der Kunst – und vor allem bei Popmusik – wird Expertentum eben deutlich misstrauischer beäugt als zum Beispiel in naturwissenschaftlichen oder politischen Belangen. Dies steigert sich, je geringer der gesellschaftliche Stellenwert einer Kunstform ist: Während Theater- und Literaturkritiker zwar auch häufig für kauzig gehalten werden, zehren sie doch immerhin noch vom Nimbus des Intellektuellen. Der Popkritiker dagegen ist ein armer Sonderling, ein oberflächlicher Besserwisser und ein Fantast des Nebensächlichen, der den Schuss nicht gehört hat. Der Popkritiker sitzt auf hohem Ross im Elfenbeinturm des Findens und Meinens; wer außer der so buckligen wie schadenfrohen Verwandtschaft mag da schon gerne regelmäßig vorbeischauen?

Trotzdem: Gegen Anfeindungen von außen bin ich jederzeit bereit, den Popkritikerberuf zu verteidigen. Zur Not mit filmkritikerfeindlichen Äußerungen.

Filmkritiker sind nämlich noch viel schlimmer. Musikkritiker fahren immerhin ab und zu in Urlaub, sehen manchmal wie ganz normale Menschen aus und unterhalten in vielen Fällen sogar Nacktpartnerschaften. Filmkritiker – zumindest die männlichen – erwecken dagegen oft den Eindruck, als sei es dringend an der Zeit für den nächsten Check-up: Sie haben vielfach pergamentpapierartige Haut, wässrige Augen, sie rauchen wie Siebzigerjahre-Talkshowmaster, und sie ernähren sich augenscheinlich schlecht (Letzteres auch gerne während Pressevorführungen). Würde man Popkritikern Bauarbeiterkleidung anziehen, sähen sie aus wie Idioten, würde man Filmkritikern dieselben Klamotten überstülpen, sähen sie aus wie Bauarbeiter. Nein, wie altersschwache Bauarbeiter. Wie immer gilt dies nicht für alle, aber eben für viele. Das meiste gilt nur für viele und nicht für alle, außer dem meisten, was über Rechtsextremisten und Björk-Fans gesagt wird.

02.12.2007

Unter Drogeneinfluss machen Menschen bekanntlich oft die seltsamsten Sachen: Sie springen von Dächern, sprechen rückwärts, gehen in Teppiche eingewickelt zur Tankstelle, um dort nach der Jahreszeit zu fragen, nehmen eitle Platten auf, fertigen obskure Knetarbeiten an oder bringen es in absurden Sportarten zu Höchstleistungen. Weitaus öfter jedoch – und das wird oft vergessen – werden im Rauschzustand äußerst langweilige Dinge getan: Manche starren stundenlang nur die Wand an, andere hören idiotische Musik, wieder andere tanzen bedenklich oder machen sich Notizen, die besser unnotiert geblieben wären. So oder so, Drogen scheinen als Thema doch recht geheimnislos und gehören zum Langweiligsten, worum sich abendliche Kneipenkonversation ranken kann: Jeder kennt irgendeinen unglücklichen Koks-Choleriker, einen verwahrlosten Hasch-Lahmen oder jemanden, dessen Alkoholexperimente den Rahmen des Duldbaren gelegentlich verlassen – und wenn man es selbst ist. Ganz im Ernst: Die biochemischen Vorgänge im nüchternen Hirn der eigenen Eltern sind weitaus interessanter und unvorhersehbarer als die Drogenexzesse irgendwelcher Prominenter oder befreundeter Suchtopfer.

56

Hinzu kommt, dass dem Drogenkonsum heute in Zeiten öffentlichen Kampfkiffens, karrieristischen Koksens und Entzugsbeichtens von jedermann und Amy Winehouse' Fußpflegerin nichts Glamouröses, Romantisches oder gar Antikonformes mehr anhaftet. Stattdessen hat eine Vulgarisierung des Rausches stattgefunden: Selbst Versicherungsvertreter faseln heute von »Kicks«, und sogenannte Sportgetränke werden in einer Art beworben, als handele es sich um Psychedelika.

Warum ich das schreibe?

Weil ich gestern nach langer Zeit mal wieder Drogen genommen habe. Abpeitschende Drogen. Sie wurden mir hingehalten, ganz so, wie man das in grellen Warnfilmen der Siebziger gezeigt hat, und ich habe nicht widerstanden.

Danach habe ich mehrere Stunden blöd vor mich hingeschaut. Einen Rückfall in glückselige Jahre des munteren Eimerrauchens halte ich aufgrund dieser Erfahrung für ausgeschlossen.

Zumal ich nicht bei Dealern rumhängen will. Ich glaube, es war Wolfgang Joop oder Pete Doherty oder Goethe, der gesagt hat: »Das Schlimmste an den Drogen sind die Dealer.« Das kann ich bestätigen. Bei Schnöselbekleidung ist es so ähnlich: Das Schlimmste an Schnöselbekleidung sind die Schnöselbekleidungsverkäuferinnen. Dealer sind aber noch ein bisschen schlimmer. Wenn ich all die Stunden, die ich früher damit verbracht habe, schwerstunzuverlässigen Rauschgifthändlern hinterherzutelefonieren, zusammrechne und zu einer Zeit-Skulptur auftürme, könnte ich damit wohl eine Baulichkeit errichten, die das Interesse Reinhold Messners nachhaltig auf sich ziehen und seinen Erklimmungs-G-Punkt stimulieren dürfte. Das Interesse Reinhold Beckmanns könnte ich damit sicher auch wecken. Selbst Menschen, die nicht Reinhold heißen, dürften begeistert sein. Emir Kusturica oder Wencke Myhre zum Beispiel, um mal willkürlich zwei Andersheißende zu erwähnen.

57

Doch auch wenn man die Dealer schließlich erreicht und bei ihnen vorspricht, lassen sie sich massiven Zeitdiebstahl zuschulden kommen. Meistens sitzt man mit allerhand anderen Gestalten, die schon munter der jeweils zu erwerbenden Droge zusprechen, in einem Raum und wartet auf den erniedrigenden

Moment, in dem man endlich Geld gegen den Liebesersatz Rauschgift tauschen darf. Die Strecke bis zu diesem Moment ist nicht selten quälend lang und wird zusätzlich von langweiligen, unter albernem Kichern dargebotenen Geschichten des Dealers oder seiner bedrogten Kunden in die Länge gezogen. Meist läuft zudem grauenhafte Musik. Argumente gegen Drogen gibt es also genug.

Früher habe ich tatsächlich so manches weggeraucht. Heute würde ich mich jederzeit gegen die Legalisierung von Weichdrogen öffentlich irgendwo anketten. Überhaupt finde ich Drogen blöd: Koks macht stumpf und plappermäulig, auf Ecstasy streichelt man unentwegt nur äußerst unstreichelnswerte Dinge, und alle anderen Sachen sind mir ohnehin zu verrückt.

Zu Koks sei noch kurz Adriano Sacks und Ingo Niermanns Buch »Breites Wissen« zitiert. Dort ist unter der Überschrift »Was Kokain bewirkt« kommentarlos ein Falco-Songtext abgedruckt, den ich sehr toll finde: »The MEGA, the SCORE/Desto MONO de CHROME/ATMO de FORCE/Is the Atmo at home/It's got to be higher, the goal/Desto schwerer Beruf – SAY!« Unter der Überschrift »Drogenfreie Musiker« steht kurz und knapp wiederum nur ein einziger Name: Frank Zappa.

Nein, von Rauschgift sollte man die Finger lassen, sonst ergeht es einem am Ende noch wie dem Dichter Tennessee Williams, der an einer Nasenspraykappe erstickte, die ihm beim Freisprühen seiner Nebenhöhlen in den Mund gefallen war. Warum hat er sie nicht ausgespuckt, wird mancher fragen. Vermutlich, weil zum Unfallzeitpunkt seine Reflexe nicht ganz in Takt waren. Und warum? Wegen der gottverdammten Drogen!

58

03.12.2007

Hätte ich einen Kamin, so würde er in diesen Tagen oft knistern. Auch würde ich mir häufig aus Portweinkaraffen einschenken, so ich denn welche besäße. Es sind dies die früh sich verdunkelnden Tage der gemütvollen Jahresrückblicksstimmung, und diese Zeit war mir schon immer ein willkommener Anlass, um, retrospektiven Betrachtungen nachhängend, vor mich hinzukompostieren. Interessanterweise bin ich damit nicht allein im Popbetrieb. Es mag bei oberflächlicher Betrachtung zunächst erstaunen, dass in einer – man verzeihe mir diese Siebzigerjahre-Formulierung – Szene, welche die ganze Zeit nach Progressivität und Grellheit bellt und kläfft und die ihrem Wesen nach dem Neuen hinterherhechelt, die Jahresendrückschau, das Nachrechnen, das Punkten und Bewerten so beliebt sind. Das hat nichts mit der von vielen Kollegen beobachteten zunehmenden Rückwärtsgewandtheit zu tun – das war immer so. Pop hatte immer auch eine gemütliche Seite, die zum Jahresende hin stets fröhlich ausgelebt wurde, was man ja schon allein an dem Umstand sieht, dass Popstars seit jeher versuchten, sich ins Weihnachtsgeschäft verwickeln zu lassen.

Auch ich bin also dieser Tage in rückschaufreudiger Stimmung und lasse die Gedanken in gütiger Erinnerung über das vergangene Jahr schweifen.

Meine schönste popjournalistisch bedingte Begegnung war in diesem Jahr sicherlich die mit meinem alten Helden Kevin Ayers. Kevin Ayers gehört zum erlauchten Kreis jener exzentrischen britischen Songschreiber, die mich in meiner Jugend maßgeblich prägten und in meinem Freundeskreis für entfesselten Zuspruch sorgten. Andere Beispiele für den von uns geschätzten Typus des britischen off-Troubadours waren Syd Barrett und Robyn Hitchcock. Letzterer trug das Erbe dieser Musik durch die grimmigen Tage des Punk hinein in die Achtziger und hört auch nach fast 30 Alben nicht auf, seiner besonderen Perspektive auf die Dinge weltirritierte, aber vor Schönheit funkelnde Lieder abzuringen. Ich glaube, mit derart abseitigen Säulenheiligen braucht man sich im Leben nicht zu wundern, dass man sich ständig wundert.

An Ayers mochte ich immer seine unaufgeregte Art: Er sah gut aus, trank gern guten Rotwein und sang ohne jedes Zeichen von Kraftaufwand nonchalant und zu einfachen Melodien über Bananen und sonderbare Frauen. 2007 hat er nach Jahren der musikalischen Abstinenz eine neue Platte gemacht.

Nun sind neue Alben angejahrter Musik-Veteranen ja nichts Besonderes. Man kennt das: behäbige Alterswerke, unvorteilhafte Pflichtübungen, solide Nachreichungen, Bob Dylan-Platten. Aber ein neues, selig machendes Album einer Legende, die das ganze alberne Musikgeschäft eigentlich längst hinter sich gelassen hatte, das kommt nicht alle Tage vor. Und dass ausgerechnet der ewige Pop-Fahnenflüchtige Kevin Ayers noch einmal in die Niederungen des hysterischen Musik-Betriebs zurückgekehrt ist, das erstaunt doch sehr. Zurückgekehrt von wo überhaupt? – Das ist es ja gerade: von überall! Aus dem südfranzösischen Exil beispielsweise, wo er es sich in der Hängematte des Rockstarruhestands eigentlich schon gemütlich gemacht hatte. Zurück auch aus der Nische der vergessenen Spätsechziger- und Frühsiebziger-Kultfiguren, denen von haschischumnebelten Liebhabern gestriger Rockmusik ungefragt immer unglaublichere ebenso gestrige Wahnsinnstaten angedichtet werden. Vor allem aber zurück aus der Depression, die ihn lange Jahre so fest im Griff hatte, dass er keine Musik mehr machen konnte. Es grenzt tatsächlich an ein Wunder, dass Ayers, inzwischen 63, nach gut 15 Jahren Album-Abstinenz überhaupt noch einmal die Kurve gekriegt hat. Dass er der Welt auch noch ein spätes, weises Meisterwerk mitgebracht hat, ist sehr freundlich von ihm.

Im Verschwinden war Ayers schon immer gut: Der Brite ist der große Verduftikus der Popgeschichte. Ein Ausbüchser und Dienst-Verweigerer, der sich, wann immer es mit seiner Karriere ernst wurde, aus Tournee- und Promotion-Pflichten stahl und in die Sonne flüchtete, wo er es sich gut gehen ließ. Und ernst wurde es oft in Karriere-Fragen. Ayers, mit seinem grünen Samtjackett und der Aura eines gut gealterten Hippie-Casanovas ein unverkennbarer Spross der Sechziger, spricht mit demselben unverkennbaren Bariton, der auch seine Singstimme wie dickflüssigen Sirup klingen lässt: »Die Leute fragen immer, warum ich vor dem Erfolg geflüchtet bin. Dabei hatte ich genau so viel Erfolg, wie ich gerade brauchte. Ich konnte immer ausdrücken, was ich fühle, das bedeutet für mich Erfolg. Aber alles, was darüber hinausgeht, brauche ich nicht. *Davor* bin ich geflüchtet.«
Es ist genau diese Leichtigkeit, die auch Ayers' beste Musik

auszeichnet. Als junger hübscher Drop-out gründet er mit Robert Wyatt, Mike Ratledge und Daevid Allen 1966 die Prog-Rock-Band Soft Machine, neben Syd Barretts Pink Floyd die wichtigste britische Band jener Ära. Bald schon aber wird es Ayers bei Soft Machine zu akademisch. »Ich habe Lehrmeister immer schon gehasst. Was ich weiß, habe ich mir selbst beigebracht. Ich war damals sehr jung, und ich wusste zum Glück, dass ich gezielt Risiken eingehen musste, solange ich jung war. Ab einem gewissen Alter geht das nicht mehr. Ich wusste, dass ich Songs schreiben konnte, also stieg ich aus und nahm meine erste Solo-Platte auf. Sie hat mir damals alles bedeutet.« Diese Platte, das exzentrische Wunderwerk »Joy Of A Toy« von 1969, muss zum Schönsten gezählt werden, was die britische Popmusik der späten Sechziger hervorgebracht hat: naive, weitäugige Popsongs über Mädchen auf Schaukeln, seltsame Zugfahrten und eine gewisse Eleanor, die von einem Kuchen gegessen wird. Kevin Ayers' Musik war der beinah kindliche Gegenentwurf zu allen grassierenden Prä-Prog- und Post-Psych-Exzessen; er gab der psychedelischen Musik die Kindlichkeit zurück, die ihr verloren gegangen war, nachdem Syd Barrett endgültig die Augen nach innen gedreht hatte. Statt ambitioniert die Flügel zu spreizen, veröffentlichte er lieber Singles über Schmetterlinge, den karibischen Mond und pflegte den schrulligen Brauch, auf möglichst vielen seiner Platten das Wort »Banana« unterzubringen. »Mir soll es sehr recht sein«, sagt Ayers, »wenn man mit mir eher etwas Positives verbindet, das gefällt mir. Gerade weil es zuletzt bei mir ganz anders aussah …«

So erschien in den frühen Siebzigern Album auf Album voll beispielloser Leichtfüßigkeiten und Haiku-artiger Songs über Schein und Sein. Ayers' Plattenfirmen aber wollten aus dem gut aussehenden Schwerenöter berechtigterweise einen Star machen. Meistens gelang es Ayers, einfach auszubüchsen. Er brach Tourneen ab oder war schlicht unauffindbar. Ab Mitte der Siebziger aber begann er nachzugeben. »Ich habe damals auf zu viele Leute gehört, entsprechend schlecht sind meine Platten ab Mitte der Siebziger dann auch geworden«, sagt er mit gerade so viel Bedauern, dass man ihm keine Gleichgültigkeit unterstellen kann.

In den Achtzigern ging er dann in Spanien verloren, später verschlug es ihn nach Montlieu, ein kleines Dorf im Südwesten Frankreichs. Die Platten wurden immer seltener (und nicht eben besser). Eine letzte erschien 1992, dann war nichts mehr zu hören. »Ich war schwer depressiv und habe lange Jahre Psychopharmaka eingenommen«, sagt Ayers und guckt kurz unsicher, als wolle er wissen, ob er mit dieser Information etwas zu ungeschützt umgeht. »Ich konnte an nichts Angenehmes mehr denken – weder an Sex noch an Musik. Aber es musste etwas passieren, sonst hätte ich mich gleich beerdigen lassen können.« Und es passierte etwas: ein neues Album. Geburtshelfer dieser Platte war der amerikanische Künstler Tim Shepard, der Ayers auf einer Kunstausstellung kennenlernte und Freundschaft mit ihm schloss. Erst Jahre später fand er über Dritte heraus, dass der kunstsinnige Hippie mal ein Popstar war, Ayers hielt es typischerweise für nicht weiter erwähnenswert. Als Ayers seinem Freund vor zwei Jahren ein paar neue Songs vorspielte, organisierte der kurzum die Aufnahmen der neuen Platte und trommelte unzählige musizierende Ayers-Fans (von Teenage Fanclub über Architecture in Helsinki bis hin zu Roxy Music-Gitarrist Phil Manzanera) als Backing Band zusammen. Das Ergebnis, »The Unfairground« betitelt, ist nicht weniger als ein Wunder: eine luftige, gelassene Platte über das Altern. Das Hängematten-Gegenstück zu Dylans »Time Out Of Mind«. Gleichzeitig nebensächlich und unglaublich prägnant klingen diese Stücke, wie mit den Füßen im Sand und den Gedanken bei der Liebsten gespielt. »What do you do when it's all behind you?« croont er im Eröffnungssong zu munterem Mariachi-Gebläse. Fühlt er sich wohl mit seinem Alter? Ayers lacht: »Ich muss wohl. Künstlerische Arbeit hilft, auch wenn der Körper dich langsam im Stich lässt. Beantwortet das die Frage?« Einen Brandy und viele Anekdoten später beantwortet Ayers die Frage indirekt noch einmal anders: »Weißt du, ich komme aus einem tiefen Loch, ich war so gut wie tot. Die Depression und all die fürchterlichen armseligen Live-Shows der Neunziger waren die Hölle. Zum Glück habe ich einen enormen Überlebensgeist, eine positive Seite, die stärker ist als alle Düsternis. Ich war noch nicht bereit zu sterben, und ich wollte der Welt noch einmal zeigen, was in mir steckt.« Zum wahrscheinlich ersten Mal in seinem Leben hat Kevin Ayers seine ambitionierte Seite entdeckt. Sie hat ihm das Leben gerettet.

Für die meisten Kollegen war 2007 die Veröffentlichung des jüngsten Radiohead-Albums vermutlich wichtiger als die einer neuen Kevin Ayers-Platte. Vor allem aufgrund der Art und Weise der Veröffentlichung: Die Band stellte ihre neuen Songs ohne die Hilfe einer Plattenfirma ins Netz und ließ jedem, der sie herunterlud, offen, wie viel er oder sie dafür bezahlte. Sosehr ich Radioheads gekünstelte Schmerzensmusik missbillige, sosehr möchte ich diese Vorgehensweise bejubeln. Aber nicht als Coup, als Schachzug, als Option für andere Musiker – sondern als Kunstaktion: Durch diese Art der Veröffentlichung hat die Band eine interaktive Installation über den Geld-Musik-Tauschwert und die Kulturentwertung geschaffen – und ordentlich Öl ins Feuer gegossen. Man kann die Radiohead-Aktion eitel finden, aufgeblasen, egozentrisch, herablassend – aber das trifft auf fast jede andere Kunst auch zu (und ich würde all diese Attribute auch viel eher auf ihre Musik anwenden wollen als auf diese großartige Performance). Und der schwachsinnige Vorwurf, dass Radiohead sich den Coup nur aus dem Luxus ihrer Prominenz und Heißbegehrtheit heraus leisten könnten, er aber für Tausende hart arbeitende Kleinbands nicht probat sei, zeugt nur wieder von Spießigkeit: Radiohead haben auf ihrem Niveau ein Statement abgegeben. Damien Hirst sitzt ja auch nicht im Keller und bemalt Zinnsoldaten, die er hernach auf Weihnachtsmärkten verkauft (wobei ich das eine gute Idee fände).

Ich kann nur immer wieder feststellen, dass der ganze industrielle Niedergang mich nur in einem Punkt interessiert: Welchen Sinn ergibt es, schreibend Schönheit, Glück, Trost, Welterkennen und Daseinsverschönerung in etwas aufzustöbern, dem vom Großteil seiner Empfänger offenbar kein Wert mehr beigemessen wird? Es ist simpel: Wenn ich aufhöre, in etwas zu investieren, wird es wertlos. Das ist bei Musik nicht viel anders als bei einer Beziehung.

Die gegenwärtige Empörung über die Dreharbeiten des amerikanisch produzierten Stauffenberg-Films mit Tom Cruise in der Hauptrolle ist in ihrer kleingeistigen Beschützermentalität deutscher Rest-Kultur beispiellos. Was volkstümliche Hitparaden und Musikantenstadl in ihrer unschuldigen Biederkeit an deutschem Mief in langen Jahren nicht zu verbreiten mochten, schafft die gar nicht so seltene Allianz von Feuilleton, BILD-Zeitung und Boulevard-Fernsehen im Handstreich: den Deutschen das Gefühl geben, es gäbe auch über 60 Jahre nach dem offiziellen Ende des deutschen Massenwahnwitzes etwas vor der Welt zu beschützen, das nur uns Deutschen, unserem Stolz, unserer Ehre und unserer bedenkentragenden Ernsthaftigkeit gehört.

Darf Tom Cruise (Scientology! Scientology! Scientology! Aber viel schlimmer noch: Hollywood! Hollywood! Hollywood!) einen der letzten deutschen Helden spielen? Wo Deutschland in seiner missgünstigen Selbstzerfleischung doch Helden so dringend braucht, die es von seinen Schrebergärtner-Ängsten ablenken? Vor allem solche Helden, mit denen wir der Welt noch demonstrieren können, dass es damals, als sich deutsche Missgunst, deutsche Verklemmtheit und deutsche Angst im Nationalsozialismus ballten, doch auch Uneinverstandene gab.

In mir wohnt offenbar doch ein Zyniker, der es beinah schön findet, wie der unsympathische Karrierist Cruise, dessen Filme hierzulande doch mehr geliebt werden als jeder achtfach subventionierte und schon für die Samstagabendausstrahlung ans ZDF versprochene para-kulturelle Kitsch, alle verkrampften nationalen Reflexe losschnellen lässt.

Natürlich darf Cruise im Bendlerblock drehen! Oder anders: Selbst wenn Eddie Murphy und Jack Black, die unbestätigten Gerüchten zufolge einem Ku-Klux-Klan-nahen Kegelklub angehörten, an Originalschauplätzen eine Komödie über zwei dauergeile Widerstandskämpfer in Pluderhosen drehen wollten, müssten sie dies dürfen. Es geht doch darum, was man dem vermeintlich Schlimmen an vermeintlich Gutem entgegenzusetzen hat – und nicht um Verbote, Sanktionen, Empörung oder verklemmte antiamerikanische Leitartikel.

Der nicht genug zu belachende Umstand, dass dem völlig welt-entrückten Tom Cruise Ende November vom Burda-Verlag ein Bambi für »Courage« aufgedrängt wurde, sollte übrigens nicht als Beleg für die Berechtigung der Ängste der ums deutsche Erbe und den deutschen Ruf besorgten Museal-Chauvinisten gesehen werden. Es ist nur eine andere Facette desselben Wahns, der glaubt, Courage, Ehre und Stolz seien zu verordnen und von oben herab zu verhängen.

09.12.2007

Drei gute Ideen:

1. Ich werde Schirmherr einer Veranstaltungsreihe, bei der engagierte Kneipen-DJs (ein Kölner Berufsstand, mit dem Menschen meines Alters tatsächlich wesentliche Teile ihres Lebensunterhalts zu bestreiten scheinen) mit fremden Platten auflegen müssen. Das Ganze liefe so, dass DJ XY ganz normal zu seinem Set anreisen würde, um dort mit einer fremd bestückten DJ-Plattenkiste konfrontiert zu werden. Die Chance, dass er einige Platten kennt, ist relativ hoch, allerdings ist die Chance, dass er diese Platten auch selbst mitgebracht hätte, wiederum sehr gering. Überwiegend jedoch wäre er darauf angewiesen, auf der Basis von gefährlichem Halbwissen, persönlichem Gefallen am Plattencover oder der Attraktivität von Songtiteln aufzulegen.

Auf diese Art könnten dem Begriff des eklektischen Auflegens einige völlig ungeahnte Facetten hinzugefügt werden, und entsetzte oder peinlich berührte Gesichter hinter Auflegepulten sieht man ja auch viel zu wenig.

2. Ich werde die folgenden Bücher auf den Markt werfen:

»Einiges über das meiste – Ein para-philosophisches Feelgood-Buch von einem Ahnungslosen für noch Ahnungslosere«

»Laufen und Saufen« (Dieter Wedel: »Endlich ein Buch, das Spaß und Sport zusammenbringt«)

Und 3. werde ich endlich auf alle Superhelden, die mit Beinamen »Der Unsichtbare« heißen, reagieren, indem ich mir den Beinamen »Der Sichtbare« gebe.

14.12.2007
Es ist so weit.

»Brooooooooooooooce«. Ein lang gezogenes, dumpfes Rumoren dröhnt durch die Kölnarena. Wüsste man es nicht besser, es klänge wie Buh-Rufe. Sonst ist nicht gerade viel zu spüren von dem, was im Zusammenhang mit Konzerten gemeinhin als »gute Stimmung« bezeichnet wird. Einen vernünftigen Vorfreude-Pegel kriegen die 16 000 Zuschauer – vornehmlich rüstige Rock-Haudegen in ihren Vierzigern und Fünfzigern – in der ausverkauften Kölnarena am Donnerstagabend nicht hin, ab und zu brandet ein zartes Klatschen auf, verläppert aber schnell wieder. Stattdessen immer wieder: »Brooooooooooooooce«. Das ist – ohne böswillig sein zu wollen – vornehmlich eine Frage des Alters: Solange sich auf der Bühne nichts tun, braucht man sich ja nicht zu verausgaben. Den Tumult jedoch, der um halb neun mit dem plötzlichen Verlöschen des Saallichts ausbricht und der sich in den folgenden zweieinviertel Stunden immer weiter hochschaukeln wird, kann man jemandem, der noch nie bei einem Bruce Springsteen-Gottesdienst war, nur schwer erklären. Die leibhaftige Erscheinung des Heilands auf dem Aachener Weihnachtsmarkt oder das Aufkreuzen George Clooneys in der Alleinerziehende-Mütter Sauna könnten meines Erachtens jedenfalls kaum stürmischer begrüßt werden.

Im Dunkeln betreten Springsteen und die E Street Band die Bühne, aus einer hell erleuchteten Jahrmarktorgel im Bühnenhintergrund leiert es. Dann plötzlich Gebrüll: »Guten Abend. Is anybody alive out there?« Flächendeckender Jubel. Das Licht geht an, und die ehemalige Zukunft des Rock'n'Roll führt seine Band in den archaischen neuen Vier-Akkord-Spaß »Radio Nowhere«. Die E Street Band sieht aus wie die gealterte Besetzung einer heiß geliebten US-Fernsehfamilie oder wie die nach Ewigkeiten aus dem finsteren Weltall zurückgekehrte Mannschaft eines

Raumschiffs. »Ja, es ist feindlich da draußen«, scheinen sie uns zu sagen, »aber wenn wir uns auf ein paar Grundwerte besinnen, kriegen wir die Sache schon zusammen hin. Einer dieser Grundwerte fängt übrigens an mit: One-two-three-four«. Es folgt das hysterische »The Ties That Bind«, wie alle übrigen Songs von Springsteen rituell eingezählt. Längst hat sich die Kölnarena in ein amerikanisches Baseball-Stadion verwandelt: Alles singt aus vollem Hals, tanzt oder klatscht mit, Transparente mit In-Joke-artigen Aufschriften wie »I Want Kitty Back For Christmas« oder »Rosie, Come Out Tonight« werden geschwenkt. Springsteen ist ganz in seinem Element und haut ordentlich auf die Zauberpauke: Wie angeschossen torkelt er über die Bühne, streckt das markige Kinn vor, grinst breit, brüllt unhörbare »alright«s vor sich hin, ballt die Faust, feuert die Ränge an, wirft seinem Roadie die Gitarren über mehrere Meter zu und singt bis zur Aderschwellung. Alles sieht nach riesigem Spaß und harter Arbeit aus – eine Gleichzeitigkeit, die es so nur beim Bühnen-Arbeiter Springsteen gibt. Auch sein Band-Ensemble glänzt mit den bewährten Charaktertypen: Max Weinberg, Typ »strenger Sportlehrer«, scheint mit Übergröße-Stöcken auf ein Zwergenschlagzeug einzudreschen. Steven Van Zandt gemahnt beim gespielt mürrischen Backgroundgesang in Springsteens Mikro an seine »Sopranos«-Rolle, Silvio Dante, beim Schutzgeldeintreiben. Wenn er zwischendurch ins Publikum lacht, geht die Sonne auf. Und Clarence Clemons, man muss es einfach sagen, trötet sich hier ein paar derart rustikale Parts zusammen, dass man geneigt ist, die Vereinigung gegen klischiertes Saxofon-Getute anzurufen. Doch das ist die große Qualität der E Street Band: So rumpelnd die Musiker einzeln spielen – als Einheit sind sie unschlagbar. Wie sich Saxofon, zwei Tasteninstrumente und bis zu vier Gitarren umschlingen und para-orchestral verstärken, das macht dieser Band keiner nach. Außerdem: Wer möchte schon dem Hünen Clarence Clemons die Tröte zerbeulen und Streit riskieren?

»One-two-three-four«. Kaum hat man sich erholt, kommt der nächste Song. Springsteen spricht nur selten: Von Wahrheiten, die zur Lüge verdreht würden, berichtet er vor dem andeutungsreichen »Magic«, in dem die Leichname an den Bäumen hängen. Vor »Living In The Future« geißelt er, soweit ich dies in der ordentlich nachscheppernden Halle verstehen kann, den Verfall amerikanischer Werte. Aber: »The E Street Band is gonna do something about it.« Die Ansagen sind so einstudiert wie die Songs. Doch genau hierin liegt Springsteens Genie. Dafür liebt oder hasst man ihn: Springsteen steht für eine Rock'n'Roll-Naivität, die weder vor ihm noch nach ihm als derart wuchtiges Showbiz inszeniert wurde. In Springsteens Showbiz wird die vermeintliche Authentizität so perfekt inszeniert, dass sie anrührend wirkt. In Hollywood geht man ähnlich vor. Und so wächst sich das Konzert denn auch zum stellenweise ergreifenden Fest aus: »Because The Night«, »Dancing In The Dark«, »Born To Run«, »The River« oder das rührende neue »I'll Work For Your Love« (in dem der ewige, viel belächelte Arbeiter der Rockmusik die Großartigkeit besitzt, auch noch für die Liebe arbeiten zu wollen) werden entrückt mitgesungen. Ganz am Schluss spielt Springsteen noch »Santa Claus Is Coming To Town« und trägt eine Weihnachtsmannmütze. Auch Wolfgang Niedecken steht seltsam unvermeidlich auf der Bühne herum, kann aber hier nichts mehr verderben. »Merry Christmas from the E Street Band!« brüllt Springsteen, während die Musiker Plektren und Schlagzeugstöcke verteilen. Danach schlendern sie plaudernd von der Bühne.

19.12.2007

Meine bizarrste Begegnung im vergangenen Jahr war wohl – abgesehen vom Besuch des GEZ-Mannes und diversen Kneipenbekanntschaften – die mit Devendra Banhart. Und obwohl der Mann allerhand Krauses von sich gab und beim Gespräch rote, samtene Riemchensandalen mit einem ambitionierten Bart kombinierte, halte ich es für viel zu einfach, ihn als Spinner abzutun. Schon deshalb nicht, weil er mir die vielleicht nicht beste, aber bunteste Platte des Jahres geschenkt hat.

Will man sich diesem verwirrenden Musiker nähern, muss man zunächst wohl eins verstehen: Sich zu verlaufen, vom Pfad abzukommen, den Weg aus den Augen und am Ende vielleicht sogar den Verstand zu verlieren – all dies ist, nun, vielleicht nicht Banharts Ziel, aber auch nicht weiter schlimm. »It ain't about losing your mind/but if you happen to – that's fine« singt Banhart selbst in seinem Manifest »Freely« und meint dies freilich ebenso ernst, wie es gleichzeitig nur ein Scherz ist. Noch mal: Man muss verstehen, dass man nicht verstehen kann. Es ist gleich, ob es eine Wüste ist, in der man sich verläuft, oder ein Wald – oder ob man sich im strubbeligen Bart eines Mannes verliert, bei dem einem nicht recht klar ist, ob er sie nicht mehr alle auf der Leine hat oder ob er uns nur glauben lassen will, dass dem so ist. Banharts Kosmos ist ein zwitschernder Dschungel aus seltsamen Zeichen, in dem Andeutungen, Zuschreibungen und Dementierungen den Blick auf einen der aufregendsten Musiker dieser Tage verstellen. Und dabei das, was man nicht sieht, noch faszinierender erscheinen lassen. Doch sosehr man sich auch vorankämpft: Bei Devendra Banhart muss die Erklärung in der Verwirrung enden. Er hat es so gewollt, das Netz ist meisterhaft gesponnen.

Der Erklärungsbedarf bei Banhart ist enorm hoch, in Europa vielleicht noch etwas stärker als in den USA, wo das Hippietum nie so sehr in Bioläden und Jonglier-Kursen versackt ist wie bei uns. Er sei überhaupt kein Hippie, betont Banhart immer wieder. Sicherlich auch, weil ihm das Etikett zu simpel ist. Noch mehr jedoch, um Verwirrung zu stiften. Banhart platzt mit seiner Waldschrat-Aura mitten in eine Zeit, in der gerade selbst der stilabstinenteste Wurshersteller in Oberniederlömmersdorf kapiert hat, woraus sich das Verweissystem von Bands wie Maxïmo Park oder Interpol zusammensetzt. Und jetzt, wo Punk und Wave in zeitgenössischen Bands endgültig zu Tode archiviert sind, soll einer verstehen, womit ein seltsamer Zausel mit lauter Ketten um den Hals seinen musikalischen Setzkasten vollstellt!

Lange schon hat kein Musiker mehr so polarisiert wie der 26-jährige in Caracas unter Yogis aufgewachsene Mädchenmann. Würde Björk den ganzen Tag nur noch öffentlich auf Stelzen Harfe spielen und dabei Antony Hegartys alte Schlabberpullis auftragen – Begeisterung und Ablehnung wären kaum größer als bei einem ganz normalen Kneipen-Gespräch über Devendra Banhart. Das liegt zum Teil daran, dass viele Banhart für eine hanfumnebelte Nervensäge, andere ihn für ein bildhübsches Wunderwesen mit hohem Spaßfaktor halten. Noch mehr liegt es jedoch daran, dass manchen der Referenzrahmen seiner Musik allzu willkürlich gestrig erscheint, er für andere aber ein hochgradig freigeistiger Genre-Zusammendenker ist. Das Tolle ist – wie so oft bei Banhart –, dass beides zutrifft.

Banhart ist ein Verrückter, doch wenn man sich ihm in der Annahme nähert, es mit einem Verrückten zu tun zu haben, hat man verloren. Ebenso wenn man ihn als *fake* oder eitlen Gecken betrachtet. Im Gespräch bricht Banhart unerwartet jedes soeben entstandene Bild, nachdem er es vorher minutenlang überbedient hat. Wie so oft im Leben hilft Humor weiter: Tatsächlich kommt man beim Verständnis Banharts ein gutes Stück weiter, wenn man seinen Irrsinn als sehr bewusst eingesetzten Humor begreift. Humor der eher unzynischen Sorte allerdings – vielleicht verstehen ihn deshalb so viele nicht. Banhart kann aus dem Stand zu scheinbar jedem x-beliebigen Thema seine kreative Lampe anknipsen. Ob nun Hippietum, Sexualität, Hygiene, Drogen, Schönheit, Religion, Mythologie oder persisches Gebirgsheckenspringen – man muss Banhart nur ein Thema vorsetzen, und er legt los. In diesen Monologen, die man derzeit überall in allen möglichen Magazinen nachlesen kann, offenbart sich aber nicht etwa ein drogenverseuchter Spinner, sondern ein großartiges Improvisationstalent, das beim Erzählen selbst oft nicht weiß, wo es gleich landen wird. Das bedeutet keineswegs, dass Banhart keinen Knall hätte und sich nicht gerne afrikanisches Wurzelpulver in die Nase schießen würde. Seinen Song »Freely« erklärt er mir, den Mund voll Kautabak, so: »Am Anfang ist da eine Person, die sagt: ›Hi, I'm happy, I'm free, I don't need anything.‹ Und dann geht diese Reise los: Astro-Projektion, weißt du? Die wahre Natur bricht durch. Wodurch auch immer. Sei es durch Meditation, durch Tod, durch iboga, die afrikanische Wurzel – und dann geht die Reise weiter in eine Art Mandala von Geburt und Tod, Geburt und Tod, Geburt und Tod ... Letztlich ist es ein Dialog MIT der Reinkarnation. Und am Ende sagt man sich: ›Ich will alles, nur nicht wieder in die alte Form zurückkehren ...‹ Ach, ich weiß auch nicht, es ist eine seltsame Geschichte ... seltsam ... sehr seltsam ...«

Als musikalischen Referenzhintergrund Banharts hat man lange den amerikanischen Folk herbeizitiert. Und tatsächlich ist Folk – ob nun mit Acid-, Weird-, Freak- oder Psych- davor – noch immer die Ursuppe seines musikalischen Treibens. Seine Heldin und Patronin ist die englische Folk-Sängerin Vashti Bunyan, die 1970 das mythenumrankte wie gebirgsbachklare Album »Just Another Diamond Day« veröffentlichte und sich danach bis zu ihrer Wiederentdeckung vor einigen Jahren völlig zurückzog. Bunyan singt mit Banhart gemeinsam auf dem Schlusslied seines aktuellen Albums »My Dearest Friend«. Gerne erzählt er, wie er die zurückgezogen lebende Sängerin vor seinem allerersten öffentlichen Auftritt um ihren Segen für seine Musikerwerdung gebeten habe; sie erteilte ihn großzügig. Andere große Recken, die Banhart beeinflussten, waren die britischen Zupf-Exzentriker der Incredible String Band und die amerikanische Psych-Folk-Elfe Linda Perhacs. Längst ist Banhart natürlich selbst zu einem Freifolk-Paten geworden, der auf seinem eigenen Label Gnomonsong gezielt junge Musiker fördert, darunter Freak-Eklektizisten wie Jana Hunter, Rio En Medio oder die Band Feathers. Spätestens seit Banharts letztem Album »Cripple Crow« hat er seinen musikalischen Rahmen jedoch enorm ausgedehnt. »Cripple Crow« und »Smokey Rolls Down Thunder Canyon« sind eklektische Hippie-Gespinste, die sich auf den kalifornischen Autoren-Rock der späten Sechziger (vor allem David Crosbys wunderschönes Album »If I Could Only Remember My Name«, den jungen Neil Young und Joni Mitchell) und auf Tropicàlia, die brasilianische Befreiungsmusik solcher Visionäre wie Caetano Veloso oder Jorge Ben, bezieht. Folk, Hippie-Songwritertum, Acid-Rock und Tropicàlia – dies sind im Wesentlichen die vier Säulen, auf denen das akustische Imperium Banharts gegründet ist. Was nicht heißt, dass er nicht auch Glamrock, Soul und Funk und albern gebrochene jiddische Schlager in seinen lysergisch wirkenden Klangpunsch einzurühren in der Lage wäre. 71

Auch wenn er immer wieder gezielt leugnet, ein Hippie zu sein, zieht sich doch ein geradezu rührender Naturalismus durch Banharts Äußerungen. Banhart selbst spricht von »Naturalismo« (abgeleitet von »Tropicalismo«), einem Wort, das auch synonym für das Weird-Folk-Movement verwendet wird. Er erklärt es so: »Alles ist ein Produkt der Natur, selbst die synthetischsten Sachen. Alles hat seinen Quell letztlich in der Natur.« Das mag simpel gedacht scheinen, doch die Erdverbundenheit Banharts reiht sich ein in eine Weltsicht, die jene Dinge ehrt, die älter sind als wir: die Natur, die Welt, der Kosmos. Was machen da schon dumme heutige Geschlechtergrenzen? In der alten Mythologie wird schnell aus einem Mann ein Wolf und aus einem Gott ein Tier. Nur der Mensch, der ist dumm, sterblich und sucht nach Antworten. Banhart: »Es gibt in Indien Sadhus, das sind asketisch lebende Hindu-Mönche, die ihren eigenen Dickdarm ausscheißen und im Fluss waschen können. Ich wiederum habe eine ähnliche Technik gelernt: Ich kann meinen Schwanz fast so weit in mich hineinziehen, dass er zu so etwas wie einem Bauchnabel wird. Wenn ich diese Technik anwende, ist das fast, als hätte ich eine Vagina. Ich kann also vom physischen Standpunkt her sowieso schon mal einer Frau sehr ähnlich werden. Das Maskulinste an mir ist dieser Bart hier, er ist das einzige Männliche, über das ich verfüge. Ich habe keine weibliche Seite – ich *bin* weiblich, und ich habe diesen Bart. Wenn ich also singe ›I wanna be a girl‹ ist das etwas, was die Mädchen hören sollen. Männer sollten ihrer Freundin sagen, dass sie ein Mädchen sein wollen. Ich will definitiv eins sein.«

Zu Banharts ewigen Lieblingsalben zählt der Soundtrack von »El Topo«, einem hochgradig seltsamen, psychedelischen Mexico-Western des Regisseurs und Philosophen Alejandro Jodorowsky. Es ist davon auszugehen, dass Banhart auch den Film kennt. Es geht um einen schwarz gekleideten Revolverhelden, der mit Sonnenschirm und einem nackten Kind auf seinem Pferd durch die Wüste reitet und nach Erleuchtung sucht. Banhart ist wie dieser einsame Reiter. Und seine Welt ist so verschachtelt und verdreht wie ein Jodorowsky-Film. »Wenn Kunst keine Medizin für die Gesellschaft ist, dann ist sie Gift«, hat Jodorowsky einmal gesagt. Banhart dürfte das Zitat gefallen, er würde vor Begeisterung in seinen roten Riemchen-Sandalen Samba tanzen.

Das Jahr neigt sich mit drängender Jähe. Viel zum Schreiben komme ich gerade nicht: Überall wollen Gläser leer getrunken und besinnliche Gedanken gedacht werden, darüber hinaus glaubt sich ein jeder zu dieser Jahreszeit in meine leichtfertig geöffneten Zeitfenster hineinlehnen zu dürfen. Trotzdem: Ich mag diese Zeit; sie ist gütig, und das Weltwollen hält sich in Grenzen. Das wird nicht lange so bleiben, denn schon jetzt stapelt sich bei mir allerhand Musik, die teilweise erst im Februar ihre Veröffentlichung erleben wird. Das mag reizvoll klingen, aber ich ziehe es vor, meine Sehnsüchte in diesen Tagen weniger auf Vorab-CDs zu fokussieren, sondern in Richtung freudespendender Spirituosen zu sublimieren.

Haben die großen Tagebuchschreiber dieser Welt zur Jahreswende auch so viel beschwipsten Mumpitz verzapft? Wahrscheinlich waren sie klüger als ich, haben einfach ihre Schreibmaschinen ruhen lassen, fuhren mit ihren Familien, die sie sonst nie zu sehen bekamen, in ehemals exklusive, inzwischen aber längst von Mickie Krause-Liedgut verprollte Skiorte, schrieben geistreiche Jahresend-Karten an Freunde und Verleger, spazierten, die Hände auf dem Rücken, viel um ihre Landhäuser herum oder gaben einfach endlich mal: Ruh.

2008

Zu Jahresanfängen, Amtsantritten und Umzügen bekommt man nicht selten freundliche Schreiben, in denen wohlmeinende Menschen einen berühmten Satz des dichtenden Strohhutträgers und Gelegenheitspsychedelikers Hermann Hesse zitieren. Der Satz lautet: »Jedem Anfang wohnt ein Zauber inne.« Es ist möglich, dass der Satz völlig aus dem Zusammenhang gerissen ist. Ähnlich wie es ja auch beim zuletzt nicht mehr ganz so häufig zitierten Brecht-Halbsatz »Stell dir vor, es ist Krieg, und keiner geht hin« der Fall ist, was Kritiker der Vereinnahmung des Satzes durch Achtzigerjahre-Rehkitz-Politaktivisten nicht müde wurden zu betonen. Ich bin aber gerade zu schwach, den kompletten Hesse-Zusammenhang zu recherchieren, und möchte auch gar nicht der Erste sein, der den hier doch arg verallgemeinernden Autor rehabilitiert.

Ich mag den Satz nicht und sage daher provokant: Jedem Apfel wohnt ein Wurm inne, und Hermann Hesse wohnt ein Schwafler inne. Ansonsten hat der Umstand, dass ich den Satz geringschätze, weniger damit zu tun, dass ich Hermann Hesse nicht mag, als vielmehr damit, dass ich Anfänge nicht mag. Zu Hermann Hesse, der ja seit vielen Jahren (und vermutlich bis zu seiner völlig unausweichlichen und zwangsläufigen Wiederentdeckung) allgemein als hochliterarischer Trivialautor bzw. als trivialer Hochliterat gehandelt wird, ist zu sagen: Wie die meisten Autoren (ja, wie überhaupt die meisten Dinge), die für nicht allzu doll erachtet werden, ist er besser als sein Ruf. Wem nach kaminfeuerknisternden Erbauungsschnurren mit ordentlich noblem Gesinnungstamtam ist, der findet bei Hesse herrliche Lehnstuhlliteratur. In meiner Jugend hatte er einen ähnlichen Stellenwert wie die Rockband The Doors. Hesse und die Doors waren Portalkünstler, durch deren Werk man, sofern man auch nur eine minimal post-hippieske Gesinnung pflegte, zu Besserem, Schönerem, Eleganterem vordrang. Wie das heute ist, weiß ich nicht. Lesen 16-Jährige immer noch Hesse? Der Kulturpessimist in mir schüttelt den Kopf, aber was weiß schon der Kulturpessimist in mir. Der soll ruhig sein und weiter die Doors hören.

Ich schätze den Satz darum nicht besonders, weil ich bekennender Gewohnheitsmensch bin. Sich heutzutage als Gewohnheitsmensch zu bezeichnen ist in etwa so, als behauptete man von sich, man sei begeisterter Waffenhändler, leidenschaftlicher Tierquäler oder Alufolienverpacker. Der Gewohnheitsmensch gilt in einer Zeit, in der alles und jeder, ja selbst Fernsehmoderatoren und Latte-macchiato-Buden-Besitzer einem ungefragt entgegenblöken, dass man niemals zu rosten anfangen dürfe, stets das Neue und die Herausforderung suchen müsse und alltägliche Gleichförmigkeit noch bedenklicher sei als extremislamische Kegelvereine, als kauzig, wenn nicht gar als gefährlich. Ist mir egal, der Wind wird sich schon wieder drehen. Vielleicht fühle ich mich als Gewohnheitsmensch aber auch nur deshalb so isoliert, weil ich in viel zu aufgekratzten, täglich das Carpe diem vor- und rückwärts buchstabierenden Extrem-Feuilletonisten-Kreisen verkehre.

Es gibt aber auch Anfänge, die ich mag. Bei Konzerten etwa ist der Anfang das Beste, wohingegen das Ende oft durch den künstlerisch unsouveränen Appendix einer Zugabe sinnlos zerdehnt wird. Ich nehme mit Befriedigung zur Kenntnis, dass mehr und mehr Künstler vom Ritus der Zugabe absehen, möchte allerdings nicht fundamentalistisch erscheinen und sage daher: Man kann eine Zugabe sicher auch kreativ gestalten. Wie genau, das weiß ich gerade auch nicht, zumal ich hier ja nicht von Konzertenden, sondern von ihren Anfängen sprechen möchte.

Konzertanfänge finde ich gar so erhebend, dass ich es geradezu hasse, zu spät zu kommen. Ich weiß nicht, wie oft ich als junger Bursche mit Freunden zu einem Konzert fuhr und Angst hatte, den Anfang zu verpassen. Das Auf-die-Bühne-Kommen. Gerade in der Frühphase meiner Konzertbesucherkarriere, als lange Anfahrten aus meinem Heimatweiler in die nächste Großstadt noch das Risiko des Sich-Verfahrens in sich bargen, bin ich häufig tausend Tode gestorben, wenn wir zehn Minuten vor dem offiziellen Konzertbeginn noch nicht in der Halle angekommen waren. Bis heute bin ich der Meinung, dass der entscheidende Moment eines Konzertes jener ist, in dem eine Band die Bühne betritt. Hier passiert alles. Es ist ein Augenblick, dem eine einzigartige Magie innewohnt. Selbst wenn ich heute für eine Zeitung das Konzert einer noch so unbedeutenden Gurkenband besuche, verschafft mir der Moment, in dem das Licht ausgeht, einen Kick, egal, wessen Licht es ist, das da gerade ausgeht: Wie um alles in der Welt mögen Fools Garden jetzt gleich rauskommen, frage ich mich gespannt, und es freut mich, in den Gesichtern der um mich herumstehenden Fools Garden-Fans dieselbe Frage zu sehen. Werden sie mit ihrem überschäumenden Stimmungsschlager »Lemon Tree« beginnen, um den stigmatisierenden Überhit aus den Beinen zu haben, oder werden diese Großwesiere des Altstadtfestpops es dramatischer angehen lassen und zur Eröffnung einen spannungerzeugenden wabernden Albumtrack mit zwölfminütigem Songaufbau spielen?

Ganz gleich, auf welchem Konzert man sich befindet: Man erfährt in dem Augenblick des Auftritts alles über eine Band oder einen Musiker. In der Art ihres Bühnenbetretens spitzt sich eine ganze Band zu. Wäre ich an krawalligen Extremstandpunkten interessiert, würde ich behaupten, man könnte eigentlich nach dem ersten Song eines Konzerts wieder nach Hause gehen und sich lieber die Platte der jeweiligen Musiker anhören.

Der Moment des Auf-die-Bühne-Kommens bietet unzählige Möglichkeiten: Manche Bands lassen markige Aufmarschmusik vom Band laufen, zu der sie im faden Bühnenlicht einlaufen; andere wieder betreten im Dunkeln die Bühne, beginnen zu spielen und lassen den Star der Band – meistens den Sänger – später unter lautem Gejohle dazukommen. In letzter Zeit setzt es sich – zumindest unter besserverdienenden Bands – zunehmend durch, dass man hinter Vorhängen steht, die von hinten beleuchtet werden, was den herrlich durchschaubaren, aber massiven Götzenkult erzeugenden Effekt hat, dass man vom Zuschauerraum aus bereits frühzeitig die Silhouetten erkennt. Ein lustiger Effekt, vor allem dann, wenn alle Bandmitglieder relativ gleich aussehen, bis auf den einen merklich kleineren oder dickeren Bassisten. Man kann natürlich auch mit Raumschiffen landen, sich in Käfigen abseilen, durch den Bühnenboden emporgeschossen werden oder plötzlich unter großem Juchheissassa aus der Basstrommel springen.

Beim Rauskommen entscheidet sich alles. Ich möchte in diesem Zusammenhang eine persönliche Anekdote nicht unerwähnt lassen: Vor gut zehn Jahren, es war in den tiefen Neunzigern, spielte ich selbst in einer Band. Und natürlich wollten auch wir unsere Konzertanfänge möglichst optimal gestalten. Wir entwickelten einen Anfang, bei dem unser Sänger, im schwarzen Anzug, zu einer von Mantovani dirigierten Instrumental-Version des Songs »More« die Bühne betreten und zum Backing den Song intonieren sollte. Während dieses, wie wir fanden, ebenso fesselnden wie stilvollen Auftritts unseres Sängers wollten wir anderen Musiker nacheinander auf die Bühne kommen. Eine sichere Sache.

Wir versuchten diesen Anfang nur ein einziges Mal. Es war ausgerechnet in einen Ort namens Öd, der nicht weit von Krefeld liegt; der neben einem Bordell inmitten einer Ackerlandschaft gelegene Laden hieß »Halle Lujah« und verfügte über eine Bühne, die man von vorne betreten musste. Am Anfang klappte alles: Die Geigen vom Band setzten ein, unser Sänger, im Anzug, ging allein hinaus und sang die erste Strophe von »More«. Dann kamen wir. Ich, der Schlagzeuger, dann Michael, unser Keyboarder – und zuletzt unser Bassist Oliver. Auch wir trugen Anzüge. Ich ging hinaus, setzte mich hinters Schlagzeug, Michael folgte mir. Dann kam Oliver. Dummerweise blieb er beim Betreten der Bühne unglücklich am Rand hängen. Er stürzte. Er fiel einfach der Länge nach mitten im schönsten Vortrag irgendwo zwischen unseren Sänger und das Schlagzeug. Beim Hochrappeln übertrug das Mikrofon, vor dem er wieder zum Stehen kam, für das ganze Publikum hörbar, die folgenden Worte in den Raum: »Scheiße, fängt ja super an.«

Auch dieses Beispiel verdeutlicht wohl, wie wichtig der erste Eindruck für ein Popkonzert ist. Man kann sich da ganz schön verheben.

Unschlagbar ist die Art, wie die Flaming Lips es machen. Ihr Auftritt hat das Beste beider Welten. Zuerst bauen die Bandmitglieder – mittlerweile immerhin mittelschwere Rockstars – eigenhändig und unter den Augen ihrer Zuschauer die Bühne auf; Wayne Coyne, der Sänger, ist noch bis kurz vor Konzertanfang damit beschäftigt, Gaffer-Tape irgendwohin zu pappen, dabei winkt er immer wieder freundlich ins Publikum. Dann geht die Band ab, nur um kurze Zeit später mit lautem Getöse, von der Bühnendecke herabregnendem Konfetti und Luftballons, haufenweise Statisten in Weihnachtsmann- und Außerirdischenkostümen zurückzukehren und so zu tun, als seien sie Queen trifft Kiss 1979. Schöner war Rock nie Pop; ein bisschen wie ein Kindergeburtstag mit psychedelischen Drogen im Kakao. Ich muss bei Flaming Lips-Konzerten bis heute immer ein bisschen mit den Tränen kämpfen, aber das liegt natürlich nicht nur an ihren Konzertanfängen.

Die schlimmsten Anfänge sind Jahresanfänge: All die wohlige Mildheit und Jovialität der Weihnachts- und Jahresendzeit ist dahin. Alle rennen mit fixen Neustart-Visionen und voller Elan durch die Welt, reden schlecht über das Vergangene, halten sich gegenseitig unter »Das kommt jetzt weg«-Gebrüll ihre zusammengekniffenen Fettrollen hin und werden vor lauter Jahresanfangsgebimmel ganz kalt und eng im Herzen. Das ist nichts für mich. Ich gehöre zu den Leuten, die zu Jahresbeginn erstarren. Bis etwa Februar friere ich ein, dann geht es langsam wieder. Wenn ich aber momentan draußen durch die festgefrorenen Silvesterraketenreste spaziere, werde ich noch schwermütiger als nach dreimal hintereinander »Light My Fire« von den Doors.

Mir wäre es recht, die Menschheit würde mit dem Anfangen aufhören. Aber das kann ich mir vermutlich abschminken. Die Welt ist etwas für Anfänger.

04.01.2008

Mein Neffe fragt mich, ob ich ihm meine A Tribe Called Quest-Platten leihen könnte. Stolz erfüllt mich.

Ansonsten dröhnt heute arg der Kopf, und alle Musik erscheint mir als akustischer Schwitzkasten, sodass ich eigentlich nur noch laut rufen mag »Seid alle mal grad leise!«.

Einer meiner größten Helden, der italienische Sänger und Schauspieler Adriano Celentano, wird heute 70. Bob Dylan mag mich als lebensweiser Songschreiber-Opa berühren, und Robyn Hitchcock ist wohl der, der sich stellvertretend für mich als Künstler fremd auf dieser Welt fühlt und – ebenso stellvertretend – diesen Zustand zu überwinden trachtet. Aber Adriano Celentano sorgt dafür, dass der Gemütsmensch in mir Ausritt bekommt. Ich würde ja glatt statt »Gemütsmensch« die Formulierung »das Kind« verwenden, wenn dieser Vergleich nicht längst von unzähligen schwafelnden Kitschpriestern, unschuldsverherrlichenden Faselkoryphäen und Niedlichkeitsfetischisten verdorben wäre. Wie die beiden anderen Genannten ist Celentano ein rätselhafter und somit anachronistischer Zeitgenosse. Das ist aber nur einer der Gründe, weshalb er mir so viel bedeutet. Da ist diese wilde frühe Musik, diese starrköpfige Art, der Tanzstil, der großartige Gesichtsausdruck, der von entnervter Mürrischkeit sekundenschnell in dieses breite Grinsen kippen kann. Und noch so viel mehr …

Vor allem aber ist der Mann nicht zu fassen. In jeder Hinsicht. Und je bunter er es treibt, desto schwerer ist es, an ihn heranzukommen. Wer aber ist dieser Adriano Celentano, italienischer Nationalheld, Sänger, Schauspieler und Provokateur, eigentlich? Wahlweise gilt er als Clown mit Schlaghose und offenem Hemd oder als Sensibelchen mit Macho-Image. Als politischer Freigeist, gesellschaftlicher Provokateur, eitler Wichtigtuer, Spinner, konservativer Linker, anarchistischer Katholik, katholischer Anarchist, als Volksheld und als Nervensäge. Letztlich trifft von allem etwas zu. Versuche, dem zurückgezogen am Comer See lebenden Celentano selbst Statements zu entlocken, sind zum Scheitern verurteilt: Nicht nur, dass er keine Interviews gibt – es ist erst gar nicht möglich, entsprechende Anfragen auch nur an ihn heranzutragen: Seit den Neunzigern schottet seine Firma »Clan

Celentano« den Mann völlig ab. Seine hiesige Plattenfirma gibt sich so entnervt wie amüsiert: Man sei das inzwischen gewohnt. Die Knebelverträge, die man von Michael Jackson aus den frühen Neunzigern kenne, seien harmlos gegen die Geschütze, die Celentanos Clan im Falle einer verfrühten Weitergabe von CDs an Journalisten auffahre. Am 6. Januar wird an vielen Orten Italiens Celentanos 70. Geburtstag gefeiert. Es ist schade, dass er sich alle Auskünfte verbittet; sein Leben bietet schließlich so viel Raum für Fragen.

Geboren wird Celentano 1938 in einfachen Verhältnissen als Kind apulischer Eltern in der Mailänder Via Gluck Nummer 14. Früh verlässt er die Schule und versucht sich als Uhrmacher. Seine Liebe gilt jedoch dem Rock'n'Roll: Celentanos Helden heißen Elvis und Jerry Lewis, bis Mitte der Sechziger versucht er sich auf teilweise halsbrecherische Art daran, das Werk beider zu verbinden. 1957 nimmt der junge Celentano am ersten Rock'n'Roll-Wettbewerb Italiens teil. Der Durchbruch gelingt ihm 1959 mit seinem ersten Riesenhit »Il Tuo Bacio È Come Un Rock«, unzählige weitere folgen. Parallel startet Celentanos Filmkarriere: In Fellinis »Dolce Vita« spielt er sich 1960 selbst, von nun an wird er selten mehr als die Kunstfigur Celentano verkörpern; selbst in einem obskuren Trash-Werk wie »Onkel Addi« (1978) kann er als Waffen-SS-Funktionär die Albernheiten und Celentanoismen nicht lassen.

Mit 23 gründet er »Clan Celentano«, Italiens erste unabhängige Plattenfirma, deren Autarkie ihm bis heute ermöglicht, zu tun und zu lassen, was er will. Drei Jahre später heiratet Celentano die Schauspielerin Claudia Mori. Trotz einer kurzen Krise in den frühen Achtzigern gilt die inzwischen 43-jährige Ehe, der drei Kinder entstammen, als mustergültig. Häufig besangen die beiden ihr Glück in großartigen Italo-Pop-Gassenhauern (am schönsten wohl im glückseligen Hochzeitsschunkler »La Coppia Piu Bella Del Mondo« von 1966, dessen Text zufolge die wahre Liebe erst durch den Ring vereinigt wird). Seit 1991 leitet Mori die Geschicke des »Clan«. Der Weg zu Adriano führt an ihr vorbei, und an ihr führt kein Weg vorbei. Längst ein Superstar, begann für Celentano 1966 auch der künstlerische Triumph. Weit mehr noch als die Paolo Conte-Komposition »Azzurro« wird »Il Ragazzo Della Via Gluck« (Der Junge aus der Gluck-Straße) zum Erkennungssong des kantigen Volkssängers. »Dies ist die Geschichte von einem von uns …« lautet die erste Zeile des simplen Drei-Akkord-Schunklers, dessen Sentiment auch bei Nichtverstehen des Textes ans Herz geht. Celentano verbindet hier die Geschichte seines Heranwachsens in einfachen Verhältnissen mit bis dahin in der Popmusik so noch nicht formuliertem ökologischen Bewusstsein. Der Song wird in unzählige Sprachen übersetzt, Pier Paolo Pasolini will ihn gar verfilmen; in Italien ist der Song bis heute eine Hymne auf das einfache Leben.

Auch mir geht bei dem Stück immer wieder das Herz auf. Überhaupt sind die späten Sechziger und frühen Siebziger Celentanos stärkste Phase. Die großartige Liebesballade »Una Carezza In Un Pugno«, der zünftige Beat-Folk »Una Festa Sui Prati«, das tarantellahafte Liebeslied für Claudia Mori »Storia D'Amore«, die musikgewordene Glückseligkeit »Azzurro«, das irre »Tre Passi Avanti« und das hitzige off-Beat-Stück »Un Bimbo Sul Leone« – all diese Stücke stammen aus jener Phase, in der sich bei Celentano Rustikalität, Experimentierfreude, Tradition und totaler Eigensinn zu unfassbar lebensfroher Musik vereinten. (Einsteigern in den Celentano-Kosmos seien etwa die hierzulande verfügbaren CD-Zusammenstellungen »Le Volte Che Celentano E'Stato 1« oder – noch besser – alte ARIOLA-Vinyl-Sampler wie »Azzurro Celentano«, »Die großen Erfolge« oder die »Pop-Chronik«-Doppel-LP empfohlen: viel Lebensfreude für wenig Geld. Ich kann all diese Platten tatsächlich auswendig mitsingen, obwohl ich doch meistens höchstens den halben Text verstehe (eine Behauptung, die nachzuprüfen ich meine Leser hiermit herzlich einladen möchte).

Celentano hatte um 1966 jedenfalls endgültig seine eigene Stimme gefunden. Fortan sang er über und gegen alles, was ihm in den Sinn kam: Er wetterte schon, lange bevor dies zur üblichen Rock-Gepflogenheit wurde, gegen Korruption, Krieg, Armut und Rassismus ebenso wie gegen Langhaarige und Drogen und verband tollkühn derbe italienische Folklore mit schepperndem Rock'n'Roll. Spätestens in dieser seiner kreativsten Phase, zwischen Mitte der Sechziger bis Anfang der Siebziger, wurde er zu jenem Denkmal des Eigensinns, jenem Monument der Widerborstigkeit, als das ihn seine Fans verehren und seine Kritiker fürchten. 1972 erreichte seine Ungeheuerlichkeit einen weiteren Höhepunkt, als er den Song »Prisencolinensinainciusol« veröffentlichte: ein über einen stampfenden Beat komplett in kindlichem Pseudo-Englisch – oder wie Celentano es nannte: lingua celentanesca – gesungenes Stück Proto-Rap. Und ein internationaler Hit. Er habe alle Grenzen von Bedeutung und Verständlichkeit überwinden wollen, um eine Sprache der Liebe zu schaffen, sagte Celentano. Man muss das Stück gehört haben, um es zu glauben. Nichtgläubigen spiele ich das Stück regelmäßig vor und ernte selten weniger als Fassungslosigkeit und Begeisterung.

In den Siebzigern drehte Celentano seine besten, weil abgründigsten Filme (darunter das surreale, fellinieske Gespinst »Yuppi Du«, für das er gar einen eigenen Vogelscheuchentanz entwickelte) und tourte ausgiebig durch italienische Stadien. Diese umjubelten Shows hatten stellenweise mehr mit improvisierten Helge Schneider-Auftritten als mit durchkonzipierten Groß-Shows gemein. Celentano verbrachte viel Zeit damit, auf einem Stuhl zu hocken oder mit dem Rücken zum Publikum zu stehen. Dazwischen setzte es immer wieder eruptive Freitanzeinlagen und ausgedehnte Monologe.

Seit den Neunzigern präsentiert sich Celentano verstärkt als exzentrischer TV-Moderator. Seine Sendungen tragen Titel wie »Ehrlich gesagt, ich pfeif' drauf« und haben wenig mit dem üblichen Regelwerk anderer Personality-Shows zu tun: Häufig läuft er mit ernstem Blick auf und geißelt gesellschaftliche Vergehen wie Robbenmorde oder Medienzensur, bei Gesprächen mit Hochkarätern wie David Bowie oder Gérard Depardieu wirkt er fahrig bis unverschämt, nur um kurz darauf während einer gesanglichen Einlage in zuckende Tanzbewegungen zu verfallen. Mit seiner letzten mehrteiligen TV-Show »Rockpolitik«, die in Italien auf dem Höhepunkt einer öffentlichen Debatte über Medienzensur lief, schoss er schließlich den Vogel ab: Schon im Vorfeld hatte er sich für die Sendung, die auf dem staatlichen Sender RAI ausgestrahlt wurde, dessen Aufsichtsräte von der damaligen Mehrheit der Berlusconi-Partei Forza Italia bestimmt wurden, vertraglich alle Freiheiten zusichern lassen. Und machte von diesen üppig Gebrauch: Er lud TV-Journalisten ein, deren Tätigkeit durch die Berlusconi-Regierung massiv behindert wurde, und präsentierte eine Rangliste der Organisation »Freedom House«, der zufolge Italiens Pressefreiheit nicht besser einzustufen sei als die Boliviens. Berlusconi schäumte, die Einschaltquote lag bei 50 Prozent.

Kurz vor seinem 70. Geburtstag trat Celentano im vergangenen November wieder im TV auf. Titel der Sendung: »Die Situation meiner Schwester ist nicht gut«. Mit der Schwester meint er nicht weniger als den Planeten Erde. Das weiß man. Was man alles nicht so recht versteht, würde man ihn ja so gerne fragen, wenn er oder seine Frau es nur zuließen. Andererseits: Wie schön, dass es heutzutage überhaupt noch einen so eigensinnigen Künstler, einen solchen Starrkopf wie Celentano gibt. Einen Unfassbaren eben, wie man ihn im internationalen Showgeschäft kaum noch findet, und Italiens letztes lebendes Denkmal. Der Junge aus der Via Gluck wird 70. Ohne ihn wäre mein Leben um vieles ärmer. Ich feiere den Mann heute Abend mit meinen Freunden vino und veritas, den Dick & Doof Italiens. Herzlichen Glückwunsch!

07.01.2008

Wo ich gestern von Helden schrieb:

Mein erster Held war Udo Jürgens. Ich war wohl sechs oder sieben Jahre alt, als ich für ihn schwärmte. Ihren Ausdruck fand meine Begeisterung neben dem permanenten Hören von Singles wie »Der Teufel hat den Schnaps gemacht« oder »Aber bitte mit Sahne« vor allem darin, dass ich alles, was ich über den gut aussehenden Österreicher irgendwo fand, ausschnitt und in einer mit einem fetzigen Udo-Schriftzug verzierten Mappe sammelte. Es ist vielleicht gar nicht wichtig, ob es hier um Heldenverehrung geht, um Schwärmerei oder um was auch immer. Wichtig war, dass ich alles über den Mann wissen wollte, dass mich das

Biografische hinter den Liedern bald genauso beschäftigte wie die Lieder selbst (mein nächster Held war der AC/DC-Gitarrist Angus Young. Auch über ihn sammelte ich jedes Schnippelchen, und seine biografischen und persönlichen Daten werden mir bis zum Anklopfen altersbedingten Vergessens ewig erinnerbar bleiben – so zum Beispiel, dass er nur 1,57 groß ist und seit seiner Jugend eine Schneidezahnprothese trägt).

Irgendwann in den späten Siebzigern wurde ich einer kurzen Notiz in der Zeitschrift HÖRZU ansichtig, die mit »Der neue Udo« überschrieben war. Es klingt heute töricht, aber ich kann gar nicht beschreiben, welche Panik diese Überschrift in mir auslöste, da ich ernsthaft in Erwägung zog, Udo Jürgens könnte von extraterrestrischen Ganoven ausgetauscht worden sein. Die Vorstellung, mein umschwärmter Lieblingssänger sei beiseitegeschafft worden und durch einen anderen, ihm absolut gleichenden Hampelmann ausgetauscht worden, sorgte mich unermesslich.

Es half wenig, dass der Artikel natürlich nur davon handelte, dass Udo irgendwelche konzeptionellen Änderungen an seiner öffentlichen Figur vorzunehmen gedachte (vermutlich wollte er »nachdenklicher« werden, »kritische Töne« anschlagen oder Ähnliches). Das, was Madonna heute alle zwei Minuten tut – nämlich ihre öffentliche Person zu frisieren –, wollte sich mir damals einfach noch nicht vermitteln. Warum sollte man sich ändern, wenn das, was man tat, doch so toll war und von so vielen Menschen geliebt wurde. Angus Young fragt sich das bis heute.

Ich habe Udo Jürgens nie getroffen, war aber vor etwa vier Jahren noch einmal auf einem Konzert, wo er mich nicht mehr so recht mitzureißen vermochte. Das lag vor allem an seinem heutigen, etwas zu selbstergriffenen Gesangsstil, der zur Schau gestellten Jugendlichkeit (die ja leider auf einen jüngeren Menschen immer nur ältlich wirken kann), an einigen albernen Hintergrundprojektionen und daran, dass er – ein häufiges Vergehen alternder Entertainer – zur Programmstreckung unter dem Deckmantel der Nachwuchsförderung kostbare Konzertzeit an uninteressante mitreisende Musiker vergab.

Angus Young habe ich vor knapp zehn Jahren anlässlich eines TV-Interviews einmal getroffen, und meine damalige Aufregung lässt sich nicht beschreiben. Er war noch kleiner, als ich ihn mir vorgestellt hatte, und sein Händedruck war der eines Fünfjährigen. Toll war es trotzdem: Er rauchte Kette, machte alberne, zotige Witze und guckte dabei immer, wie zur Vergewisserung, ob er sich gut genug benähme, seine Frau an, die stets gütig zurücklächelte. Am Schluss gab es wieder einen flauschigen Händedruck und die Erkenntnis: Angus Young wusste auch nach 30 Minuten Interview sogar noch den Namen unseres Tontechnikers.

12.01.2008

Ich kaufe mir am Bahnhof internationale Musikzeitschriften im Wert von knapp 40 Euro. Ich weiß, es gibt Menschen, die noch unsinnigere Dinge tun: Kaffee mit einem bauchausstülpenden Milchanteil von über 70 Prozent trinken oder Joggen mit ipod. Trotzdem komme ich mir schuldig vor. Als hätte ich etwas extrem Nutzloses, ja geradezu Destruktives getan.

All diesen Musikzeitschriften liegen CDs bei, das macht man seit vielen Jahren so. Für die Plattenfirmen ist es günstige Promo, und die Zeitschriften können so tun, als handele es sich um einen Mehrwert, so denke ich mir das. Es gibt vier Arten solcher CDs: solche, die wild zusammengewürfelt Songs aus gerade veröffentlichten Platten versammeln; solche, auf denen Menschen wie Paul Weller (ich habe das Gefühl, es ist IMMER Paul Weller; wenn es nicht Paul Weller ist, dann ist es Roger Daltrey) zehn Lieblingssongs zusammenstellen und auf denen ein Mod-Logo aufgedruckt ist; solche mit Titeln wie »The Music That Influenced Bob Dylan« oder »The Music That Influenced The Beatles« – und schließlich solche, auf denen verschwitzter Sixties-Soul zu hören ist. Ich habe zu Hause inzwischen gefühlte 300 solcher beigelegter Sixties-Soul-CDs rumliegen, auf deren Hüllen stets Schwarz-Weiß-Bilder sich in engen Hosen krümmender schwarzer Musiker zu sehen sind und die das Gefühl erwecken, dass Sixties-Soul die billigste Ramsch-Musik der Welt ist (was nicht stimmt): Musik, die man hemmungslos alle paar Monate ans Heft dranklatschen kann. Irgendjemand muss dieses Genre davor retten, von englischen Musikmagazinen als reflexartige Heftbeigabemusik verhökert zu werden. Obwohl: Ab dem Zeitpunkt, an dem die englische Musikmagazinindustrie aufhört, Soul-Compilations an oder in ihre Hefte zu pappen, werden wir inflationär mit Folk- oder Beat-CDs beglückt werden. Ich glaube, in Zukunft reiße ich die Dinger einfach gleich im Laden ab und lasse sie liegen. Oder ich drücke die CD einem am Bahnhof herumlungernden türkischen Jugendlichen in die Hand, der – Gipfel des hiesigen Soft-Rassismus – unsere alten Achtziger-Frisuren auftragen muss. Der ändert dann sein Leben und wird Retro-Soul-DJ, das wäre für viele gut.

15.01.2008

Was an schlechten Tagen hilft:
Irgendetwas vom späten Nick Lowe hören.
Alan Sorrentis »Tu sei l'unica donna per me« hören.
Die Titelmusik von Sergio Corbuccis »Companeros«
    von Ennio Morricone hören.
Robyn Hitchcock hören.
»Blonde On Blonde« hören.

22.01.2008

»Auch etwas Gin?« Freundlich streckt der junge Mann, der sein mitgebrachtes Getränk nicht mit in die Halle nehmen darf, den noch draußen Wartenden seine Flasche entgegen. Man nimmt und trinkt sich warm, Zimperlichkeit ist schließlich bei Babyshambles-Konzerten fehl am Platz, eine gewisse Angeschossenheit kann hier nicht schaden. So albern derlei Nachahmungseffekte auch wirken: Das eigentliche Problem mit Pete Doherty sind weniger die Drogen, sein Wesen, sein falscher Umgang oder gar seine Musik. Das Problem mit Pete Doherty ist, dass er inzwischen so übergroß erscheint wie seine eigene Verfilmung. So aufgeblasen, so drogenabhängig, so clean, so genialisch, so launenhaft, so oberkörperfrei, so huttragend, als würde man ihn durch

89

die Linse eines Sachvergröberers wie Oliver Stone betrachten. Das liegt freilich an medialer Verbildung, egal, wie sehr Doherty an dieser nun mitschuldig ist. Eine schlichte neue Platte oder ein Konzert wirken da einfach ein wenig läppisch, zumal wenn dieses Konzert noch nicht einmal spektakulär abgesagt wird. Lieschen Müller lässt sich von dem Spektakel eines abgesagten Auftritts einfach mehr beeindrucken als von der Ödnis eines tatsächlich stattgefundenen. Warum? Weil auf Babyshambles-Konzerten beseelter, aufmüpfiger Indierock gespielt wird. Nicht mehr und nicht weniger, wie man so schön sagt. Und dann kommt es doch anders.

Drinnen legen gerade Roadies Handtücher auf die Verstärker, er hat also tatsächlich vor, heute die Bühne zu betreten. Wofür harte Burschen wie er allerdings Handtücher brauchen, ist schleierhaft; auch das Gitarrenstimmen durch Band-Bedienstete vor Konzertbeginn wirkt hier letztlich fast bizarr. Die Menge ist gut gelaunt: Indie-Mädchen mit Bunte-Abo, wilde Jungs, die gerne auch mal bekifft eine »Gilmore Girls«-Folge mitgucken, und ehemalige Mitglieder der Toten Hosen harren der Dinge, die da kommen. Alle kennen den Doherty-Witz, und alle wissen dennoch, dass der 28-jährige Brite über eine musikalische Sensibilität verfügt, von der die meisten anderen Gitarrenhalter nur träumen können.

Gegen halb zehn betreten die Babyshambles unter Fanfarengetröte die Bühne der Live Music Hall. Doherty kommt mit Hut und teurem Mantel und schwenkt eine Fahne. Er raucht noch ein bisschen, stolpert über sein Gitarrenkabel und begrüßt das Publikum mit irgendetwas, das klingt wie »Uahsenagenueschewagh«. Alles ist exakt so, wie man sich einen Pete Doherty-Auftritt vorstellt. Dann hackt die Gitarre die Eröffnungsakkorde von »Carry On Up In The Morning«, und der große Vorhersehbare singt mit seiner einmalig heiseren Verführerstimme diesen alles erzählenden Text: »In the morning where does the pain go? Same place the fame goes/To your head«. – So ist das eben bei Doherty: Er ist ein Depp, ein Angeber, ein Opfer, eine Nervensäge, ein genialisches Bürschchen und ein Nichtsnutz. Und der beste britische Musiker seiner Generation. All das, noch viel mehr und letztlich nichts. Fast wie einer, der nicht da ist.

Es folgten »Delivery« und all die anderen hübschen Songs, die surren wie Bienen in einem Karton. Aus der Ferne weht die Indie-Nonchalance von Pavement durch die Lieder, dann wieder drängelt die Musik wie ein schlecht erzogenes Kind in der Schulbus-Warteschlange. Und doch wirkt das alles viel unschuldiger, als man nach all der höhnischen Presse denken sollte, die Doherty immerfort ins ästhetische Umfeld von Heroin und Bahnhof einsortieren will, statt in ihm einen ewigen Kindskopf zu sehen. Natürlich gibt es aus unerfindlichen Gründen mehr Mikrofonrückkopplungen als bei jedem anderen Konzert, natürlich werden unentwegt BHs, Fotos und Hüte auf die Bühne geworfen, die Doherty aufsammelt und mit Kusshänden quittiert, nur um sie dann in die nächste Ecke zu pfeffern. Zwischendurch trinkt er eine halbe Flasche Apfelsaft, für die Fitness vermutlich. Dann, nach gut vierzig Minuten toller Musik, passiert es: Doherty verschwindet irgendwo im Bühnenhinteren und krümmt sich über seinem Gitarrenverstärker. Dann geht er, sich den Bauch haltend wortlos ab, seine Band folgt ihm ratlos. Apfelsaft, Heroin, ein Virus, Pflichtdienst an der Legende? Es ist letztlich egal, man musste mit so etwas rechnen, und für viele – so zynisch dies klingen mag – ist dieser Moment wohl das Eintrittsgeld alleine wert. Nach zehn Minuten kommt Doherty zurückgetorkelt, wirkt jetzt deutlich angeschlagener und spielt – natürlich – »Fuck Forever« als große Krawallinszenierung mit ums Mikro gebundenem BH. Es ist so albern wie großartig. Ein gutes Konzert. Nicht auszudenken, wie großartig es womöglich durch eine Absage geworden wäre.

Alle Zeichen stehen auf Gemütlichkeit. In der neogotischen Lutherkirche in Köln-Nippes riecht es ein wenig nach Bier; einige Hundert Menschen haben sich in die Kirchenbänke gezwängt und in den schmalen Gängen verteilt, es läuft ein Dub-Stück von King Tubby. Alles in der gut besuchten Kulturkirche wartet auf

Iron & Wine alias Sam Beam, einen in Austin, Texas ansässigen Musiker, bekannt für seine zärtelnde Folkpopmusik – und seinen Bart. Zu Letzterem muss Folgendes gesagt werden: Es gibt die Tendenz in der hiesigen Musikkritik, amerikanische Musiker, die den Wagemut besitzen, sich einen Bart (nicht auszuhalten: einen Bart!) wachsen zu lassen, generell als erratische Schrate mit Neigung zum genialischen Spinnertum zu sehen. Mit jedem Haar, das ihnen aus dem Gesicht sprießt, so scheinen viele Musikfachleute zu glauben, schössen sich diese Musiker in immer entlegenere Universen zügelloser Freigeistigkeit. Würde die schlichte Rechnung »Je mehr Bart, desto mehr Genie« aufgehen, wären rund ein Drittel der anwesenden Konzertbesucher übrigens ebenfalls spleenige Wunderkünstler – einschließlich des Herrn hinter der Theke. Zwischen den zahlreichen Bart-Experimentalisten laufen aber genügend Menschen umher, die dem Publikum eine überraschend heterogene Struktur verleihen: Strickmützenträgerinnen mit Ballerinas sitzen zwischen Herren mit grauem Haarkranz und früh verlebten Halbstarken. Bevor es losgeht, verkündet noch ein freundlicher Herr (mit Bart!), dass bitte die Handys auszuschalten und die Rettungswege freizuhalten seien, er danke ausdrücklich dem Biersponsor, und man solle sich doch jetzt noch rasch eines holen, es gäbe nämlich keine Pause. Wie gesagt: eher gemütlich.

Dann kommen Sam Beam und seine Schwester Sarah, die tatsächlich überhaupt nicht seltsam aussehen, eher wie ein schüchternes biodynamisches Ehepaar, das gleich den 1. Preis für den besten ungedüngten Wirsing entgegennimmt. Beam winkt linkisch ins Rund, an der Wand über seiner rechten Schulter prangt Luthers Markus-Übersetzung »Wer da glaubet und getauft wird, der wird selig werden«; was laut Markus mit dem Rest passiert, steht nicht an der Wand. Der bekennende Agnostiker Beam hängt sich seine Gitarre um und beginnt den Abend mit »Please Remember Me«; von hier an wird es sehr, sehr still in der Nippeser Kulturkirche. Als Iron & Wine hat Beam zwei Alben und etliche EPs mit dieser Musik aufgenommen: entrückter, mehrstimmiger Folk, dessen einfache, aber enorm eingängige Melodien sich ständig im Kreis zu drehen scheinen. Lieder, wie sie oft in amerikanischen Indie-Roadmovies eingesetzt werden, an Stellen, wo Gefühligkeiten transzendiert werden sollen. An Stellen vielleicht, wo sich Darsteller in die Arme fallen oder sich Lebensmittel vom Mund küssen. Musik, die ohne diese Filme aber tatsächlich sehr schön ist.

Nach gut anderthalb Stunden unerreicht dichter und hochsensibler Hippiemusik geht die Band ab. Beam kommt alleine für eine Zugabe zurück. Es ist bizarr: Ausgerechnet bei seinem kleinen Hit »Naked As We Came« verspielt er sich. Dem Song kann das nichts anhaben: »One of us will die inside these arms/Eyes wide open/Naked as we came«, singt Beam. Die ewige Liebe zu Ende gedacht. Und das ist dann gar eigentlich gar nicht mehr gemütlich.

Ich gehe ein bisschen früher als der Rest des Publikums, damit mir niemand auf den Bart tritt.

28.01.2008
Habe beim Herumstehen in der Kulturkirche festgestellt, dass es bös' um meinen Rücken bestellt ist. In mir keimt der dringende Wunsch, mich massiv in die Länge ziehen zu lassen, bis mir vor Erlösung die Tränen die Wangen hinunterlaufen.

Bei meinem Physiotherapeuten werde ich zum wiederholten Male mit den Unvermeidlichkeiten des Dudelradios konfrontiert. Während ich unter einer einlullend wirkenden Fangopackung liege, dringt plötzlich ein Stück an mein Ohr, das ich nie wieder in meinem Leben hören wollte. Es ist ein Lied, das die unangenehmsten Schattierungen eigentlich diametral zueinander stehender Begriffe wie »süßlich« und »spröde« oder »lieblich« und »herbe« in sich ballt: Das Lied heißt »Twist In My Sobriety« und stammt von Tanita Tikaram, einer Musikerin vom Typus »stille, aber empfindsame Glockenrockträgerin mit Strohhut« – ein Typus übrigens, der in den Achtzigern mindestens ebenso stark vertreten war wie die heute hinlänglich von Revivals in die Erinnerung zurückgezerrten Leggingmonster mit Stirnbändern.

Hass ist ein Gefühl, dem man sich nur äußerst sparsam hingeben sollte – er sollte wenigen Sachen vorbehalten bleiben. Für den Tanita Tikaram-Song aber habe ich in den finstersten Hallen meiner Seele stets ein Plätzchen frei. Ich kann gar nicht sagen, wie naiv und tief empfunden ich das Stück nicht leiden kann.

Es mag übrigens – neben Frau Tikarams katzenmüder Stimme – am eingesetzten Fagott liegen, ein Instrument, das hier eine Stimmung erzeugt wie eine Januar-Depression auf Sylt. Generell habe ich nichts gegen Fagotte – bei den Go-Betweens etwa klangen sie immer sehr schön. Vielleicht ist es das törichte, seltsam eitle und kleine vom Fagott gespielte Melodielein, das mich so niederschmettert.

Verantwortlich für den Einsatz des Fagotts dürfte übrigens Mitproduzent Rod Argent sein, der früher bei der tollen Kammer-Pop-Band The Zombies war, deren Platte »Odessey & Oracle« zum Feinsinnigsten gehört, was die Sechziger an Popmusik hervorgebracht haben.

Es gibt nur wenige andere Songs, die ein ähnlich beklemmendes, mürbes Gefühl in mir erzeugen. Stings »Englishman in New York« etwa ist ein Song, den man im Umfeld launevergrätzender Radiosender kaum weniger zu hören bekommt. Das Gefühl, das mich bei diesem Lied überkommt, ist in ähnlichen Ekelsphären anzusiedeln wie ein plötzlicher Schweißausbruch im Winter unter viel zu warmer Kleidung. Das Stück wirft mir geradezu ein hautunverträgliches Kleidungsstück über meinen nackten entzündeten Körper. Damit begnügt sich das bucklige Höllenlied aber nicht: Es tanzt dümmlich. Es schwätzt mit fiesem Akzent, und es hat etwas an der Nase hängen. Schorf rieselt in lauwarmen, mit Süßstoff zusätzlich verekelten Fencheltee, wobei zu sagen ist, dass der Tee in Tassen steht, die mit Mustern verziert sind, wie ich sie nicht mal auf der Unterseite meiner Fußmatte ertragen könnte.

Auch dieser Song hat seine Schrecklichkeit nicht zuletzt einem Blasinstrument zu verdanken. Hier ist es ein Sopransaxofon, das mit seinem nasalen Genüddel quasi die Funktion eines Schandhelms hat, der dem blöden Lied noch zu allem Übel schief auf dem Kopf sitzt. Ich muss es klar sagen: Seit ich »Englishman in

New York« zum ersten Mal hörte, bin ich für den Sopransaxofon-musikmarkt verloren. Ich weiß, ein Song aus der ersten Hälfte der Achtzigerjahre sollte nicht so eine Macht über eine vermutlich übersensibilisierte Seele haben. Aber: Was soll ich tun?

Zwei andere Songs, die ähnlichen Seelenherpes bei mir verursachen:

Phil Collins – Another Day In Paradise.
Barclay James Harvest – Hymn.

Selbst die populären Stücke von Toto, Mr. Mister, Asia und anderen Romantic-Dorfbands der Achtziger haben zehn Mal so viel Schmiss.

Ich höre den Physiotherapeuten von ferne durch die Schwaden des Achtzigerjahre-Radios hindurch etwas murmeln. Ich verstehe nicht gleich, da ich vollkommen auf die aufpeitschenden Drum-beats von »She Works Hard For The Money« konzentriert bin. Erst als er auf meine Nachfrage seine Diagnose wiederholt, verstehe ich: »Sie dürfen mit Ihren Rückenproblemen eigentlich gar nicht so lange stehen. Vor allem nicht in solchen Schuhen.« Er weist abfällig in die Ecke, wo meine schönen Adriano Celentano-Stiefeletten stehen. Na großartig, jetzt habe ich auch noch eine Berufskrankheit. Bald wird man mich sehen, wie ich mich, angeleitet von zwei jungen, dem Hip-Hop zugeneigten Zivildienstleistenden, umständlich und unter kaum verständlichem Fluchen aus einem Auto mit der Aufschrift »Mobiler Pflegedienst« zu hieven versuche. Kopfschüttelnd wird man stehen bleiben und einander zuwispern: »Schlimm. Das ist der Pfeil, der war mal ein aufstrebender Musikjournalist. Aber man weiß ja, wie's kommt: Die stehen einfach zu viel rum in ihren feinen Stiefeletten.«
    Mein Gott, liegt vor mir ein Leben in unförmiger Gesundheitskleidung? Muss ich schnabelförmige Schuhe zum Reinschlüpfen tragen, perforierte Luftzirkulationskleidung gegen aggressiven Schweiß und trockene Haut sowie flatterige Hosen, in denen die Beine nicht so abgeschnürt werden?

Sehen alternde Rockstars der Sechziger- und Siebzigerjahre auch deshalb immer so klapprig aus, weil sie ihr Leben lang in staubverkrusteten und lehmverklebten Cowboystiefeln und durchblutungshemmenden Lederhosen durchs Leben geschritten sind? Alle Rockstars, die sich halbwegs gut gehalten haben (gut gehalten heißt hier eben nicht, dass sie stilvoll geblieben sind), scheinen mir ab einem gewissen Punkt ihres Lebens auf gesundes Schuhwerk umgestiegen zu sein. Die Rolling Stones etwa: Ich glaube, Mick Jagger trägt sein Jahren nur noch handgenähte Gesundheitsschuhe und verbringt einen Großteil seiner Freizeit damit, in podologischen Praxen Fußabdrücke zur Handanfertigung exakt auf ihn zugeschnittener Fußbetten abzuliefern.

In der Apotheke, wo ich zwecks Erwerbs eines Schmerzmittels vorstellig werde, begrüßt man mich mit namentlicher Anrede: »Guten Tag, Herr Pfeil, was kann ich für Sie tun?«, heißt mich der Apotheker willkommen, den ich seines weißen Kittels entledigt auf der Straße niemals erkennen würde. Ist es ein gutes Zeichen, von seinem Apotheker persönlich begrüßt zu werden, oder ein schlechtes? Ratlosigkeit ist ein inflationär verstreuter Zustand.

01.02.2008

Je nachdem, mit wem man sich unterhält, ist die heute produzierte Popmusik wahlweise so gut oder so schlecht wie noch nie. Ich glaube, das stimmt.

06.02.2008

Komme vor lauter Nichtstun mal wieder überhaupt nicht zum Arbeiten.

Auf dem Fußboden liegt allerhand Krempel herum, der sich hoffentlich im Laufe des Tages noch zu einer Art Steuererklärung zusammenfügen wird.

So ungut (um den Lieblings-Euphemismus meiner Mutter zu verwenden) ich es auch finde, mich mit meiner Steuer zu befassen, könnte ich nie in die allgemeinen Klagelieder über das Finanzamt und den Steuer-Terror einstimmen. So viel FDP kann man eigentlich gar nicht werden.

Ich glaube, der einzige mir bekannte Popsong, in dem die öde Pose des Steuer-Verdrusses eingenommen wird, ist Peter Cornelius' Schlager »Reif für die Insel«. Dort heißt es:

»Wenn I so überleg', worum's im Leben geht/dann sicher net um des, wofür I leb'«.

Eigentlich ganz hübsch, die Zeile. Kein Knaller, aber man kann auf Österreichisch so viel Schlimmeres singen, z. B. Lieder, die Wörter wie »Banküberfall« oder »Märchenprinz« beinhalten.

Dann kommt die Zeile:

»I arbeit's ganze Jahr lang schön brav für's Finanzamt/I frag mi ob des ewig so weitergeht«.

Auf besagter Insel ist Peter Cornelius übrigens, soweit ich weiß, nie angekommen. Gott möge verhüten, dass ich eines Tages mal an eine Insel voller österreichischer Schlagerliedermacher, die unentwegt über Finanzämter, Banküberfälle, Märchenprinzen und – besonders schlimm – Wien singen, angeschwemmt werde.

Die diesjährigen Grammys wurden verliehen. Künstlerisch hat die Veranstaltung ungefähr den Wert einer Karnevalsordensverleihung im Bergischen Land, aber das ist beim Oscar ja nicht viel anders. Andererseits sitzen im zuständigen Gremium wohl doch auch immer wieder mal ein paar Menschen, die ihre Ohren nicht nur dazu verwenden, um sich iPod-Ohrstöpsel hineinzudrücken: Zwei Mal schon wurden hier die Flaming Lips mit einer Auszeichnung bedacht.

Stietenroth hat die Veranstaltung irgendwo tatsächlich interessiert verfolgt (was mir bei aller professionellen und privaten Musikbegeisterung nie einfiele) und berichtet, ihm sei etwas aufgefallen: Während früher Rockmusiker stets schlechte Zähne gehabt hätten (was anhand zahlreicher Rockpalast-DVD-Veröffentlichungen nachzuprüfen sei), hätten bei den Grammys ausschließlich Menschen mit makelloser Dentalware auf der Bühne gestanden. Ihn verstöre die Tatsache, dass die gesamte Musikindustrie sich offenbar die gleichen drei Superpowerzahnärzte in Los Angeles teile umso mehr, als es um seine eigenen Zähne äußerst schlecht bestellt sei.

19.02.2008

Frauen, so will es eine häufig nachgeplapperte Männerweisheit, sind rätselhafte Wesen. Normalerweise möchte ich einem Standpunkt, von dem ich fürchte, der Hauptschulklassenkasper und preisgekrönte Banalist Mario Barth könne ihn teilen, aus Prinzip nicht beipflichten. Ich kann jedoch der oben geäußerten Meinung mit vor Leidenschaft bebender Stimme nur zustimmen: Frauen sind aus meiner bescheidenen Sicht rätselhafter als rückwärts gezeigte David Lynch-Filme. Allerdings ist ihre Rätselhaftigkeit keineswegs so ergiebig, dass man ganze Komödiantenkarrieren auf ihren ohnehin schon strapazierten Rücken aufbauen sollte. Für einen kurzen Eintrag jedoch sollte man sich nicht schämen müssen.

Ein ganz besonders rätselhaftes Exemplar ist die Frau, die kürzlich in die Wohnung über mir eingezogen ist. Ich kann diese Frau lediglich über die akustischen Signale beurteilen, die sie mir erbarmungslos durch die Decke sendet. Es handelt sich, so viel kann ich ohne Übertreibung sagen, um eine sehr laute Frau, und noch nie habe ich den kuriosen Sachverhalt so sehr bedauert, dass des einen Menschen Decke mitunter des anderen Menschen Fußboden ist, wie im vorliegenden Fall. Die rätselhafte Frau über mir ist Frühaufsteherin. Allein aus diesem Umstand würde ich ihr gerne schon einen Vorwurf schnitzen. Aber das geht nicht. Dass sie aber ab dem Moment, in dem sie ihre Füße aus dem Bett hebt, diese in hochhackige Polterschuhe zu schieben scheint, dünkt mir geeignet, um sie demnächst mal mit Schmackes im Treppenhaus anzublaffen. Doch damit nicht genug. Während ich allmorgendlich alle westlichen Schuhdesigner verfluchend mein Kissen würge, hat sie bereits den CD-Player angeworfen. Was ich durch meine Decke hören muss, ist die verknatschte Bläh-Stimme eines triefäugigen Hansels, den ich selbst mit fünf Kissen über dem Kopf unschwer als das quetschstimmige Vulgärfeindbild James Blunt identifizieren kann. James Blunt am Abend ist bereits eine Form der Zeitverschwendung, die ich dringend in die Nähe von »Sex and the City«-DVD-Abenden rücken möchte. James Blunt am Morgen ist jedoch schlichtweg grotesk. Man geht ja auch nicht morgens erst mal in die Geisterbahn oder haut sich selbst tüchtig dreimal die Tür vor den Kopf, bevor man zur Arbeit oder wohin auch immer geht. Was sind denn das bitte für Frauen, die, von diesem Geseiere weichgeprügelt, morgens auf die Straße wanken? Die müssen doch zwangsläufig den ganzen Tag aus einem von James Blunt eingetrichterten Gefühl der Knatschigkeit anderen Leuten das Leben zur Hölle machen. Da stehen sie dann in ihren hochhackigen Schuhen hinter Bankschaltern, schieben die Hasskarre, weil ihnen nicht allabendlich ein nach Britpop-Gepflogenheiten frisierter Langweiler mit Wandergitarre »You're beautiful« über den gedeckten Abendtisch entgegenseiert, und verweigern aus lauter Wut anständigen Langschläfern wichtige Kredite zur Finanzierung einer schallisolierten Wohnung. Ich wünsche wirklich fast niemandem etwas Schlechtes. James Blunt aber gehört eingekerkert – am besten zusammen mit der Frau über mir – keinesfalls jedoch in deren Wohnung. Nicht auszudenken, was die beiden dort miteinander anrichten würden: Mit Stilettos an Händen und Füßen würden sie vermutlich zu zweit über den Dielenboden hoppeln und gemeinsam »1973« greinen. Nein, in der Wohnung über mir möge bitte stattdessen ein gehbehinderter Taubstummer mit Wolllappen an den Füßen vor sich hinvegetieren. Ich würde ihm auch täglich etwas zu essen vorbeibringen und an Weihnachten kurz auf zwei, drei Spekulatius bei ihm vorbeischauen.

Ich hätte der Frau von oben heute all das auch gehörig um die Ohren gefönt. Aber es kam anders. Eben klingelte es bei mir. Vor der Tür stand ein Wesen, das sich als Bewohner der unter mir gelegenen Wohnung zu erkennen gab. Während ich mich noch fragte, ob es sich wohl um einen Mann, eine Frau oder gar einen Wolfsmenschen in Fetischkleidung handelte, hatte mich das Wesen auch schon am Kragen gepackt und angefangen, auf mich einzubrüllen: Ob ich sie eigentlich nicht mehr alle hätte? Ob ich Freude daran empfände, mich derart lautstark zu ärgern, dass ruhebedürftige Menschen, denen das Schicksal den Schwarzen Peter des Untermirwohnens zugeschustert habe, nicht mehr ein noch aus wüssten? Ob ich mich bitte in Zukunft leiser ärgern könne?? Und vor allem: Ob ich beim allabendlichen Einhämmern meiner fragwürdig motivierten Hass-Pamphlete in meine Computertastatur bitte dringend davon absehen könne, die Texte wutschnaubend laut mitzuskandieren??! Und wo wir schon dabei wären: Ob ich mich eigentlich nicht schäme, allabendlich mit dröhnender Lautstärke David Lynch-Filme zu gucken – und das offenbar auch noch rückwärts?? Und – ein Letztes: Ob mir eigentlich klar sei, dass man hier die offizielle Leitung des gemeinsamen, kürzlich erst vereinigten James Blunt- und Mario Barth-Fanklubs vor sich habe??

Mit diesen Worten wurde ich fallen gelassen, und das Wesen verschwand. Seither schleiche ich deutlich behutsamer durchs Haus. Überhaupt hat sich mein Leben geändert: Ich sitze viel mehr in der Gegend rum und denke an gar nichts. Ich schaue auch kaum noch fern, dafür lese ich viel, überwiegend Gebrauchsanweisungen. Vor allem aber tue ich seither erfolgreich so, als lebe ich in einer Dachgeschosswohnung.

22.02.2008

Es muss hier endlich von einem Tabu berichtet werden. Einem popmusikjournalistischen Tabu, um genau zu sein: so undenkbar, monströs und beängstigend, dass man sich selbst befreundeten Musikschreibern im vermeintlich sicheren Rahmen eines Thekengesprächs niemals offenbaren könnte. Es geht keinesfalls um schrullige Lappalien wie eine geheime Vorliebe für christlichen Achtzigerjahre-Hardrock oder die exzentrische Meinung, die Welt bräuchte mehr Kinderlieder-Platten von Nena. Es geht um ein echtes Problem: Popmusikverdrossenheit.

Unzählige mit Popular-Musik befasste Autoren über 30 kennen die Situation, flüchten sich aber eher ins Leugnen, anstatt zu bekennen: Tagtäglich trudeln in ihren Redaktionen oder privaten Schreibräumen unzählige Bemusterungsexemplare mit vermeintlich neuer Musik ein; die CD-Stapel auf Schreibtischen und Fensterbänken wachsen stetig. Allein: Keine dieser Platten vermag echte Begeisterung auszulösen – was ja zunächst noch kein Drama sein muss: Erstens kann man ja stattdessen alte Musik hören (»Ich entdecke gerade Bob Seger, toll, wie man sich so spät noch für etwas begeistern kann, was einem vorher schnurz war«) oder sich in seltsame verebbte Sub-Genres vergangener Zeiten hineinsteigern (»Singer/Songwriter-Brazil-Electro-Funk«), das hilft eine Zeit lang weiter. Zudem kann man ja auch einfach nur Sachen »relativ gut« finden und sie eben im Kontext ihrer Zeit loben und bejubeln: »Ach, schau her: Maxïmo Park – das sind dann wohl die neuen Smiths.« Außerdem, so denkt sich mancher krisengeplagte Pop-Schreiber vielleicht zu Anfang noch: Theater-, Literatur-, Film- und Tischtennis-Journalisten können sich ja auch problemlos auf den gemütlichen Standpunkt zurückziehen, der künstlerische Nachwuchs befände sich in einer Krise, Tabori/Fauser/Antonioni/Bollershagen hätten das alles einfach schon einmal besser – und vor allem: ansteckender – gemacht. Doch egal, wie sehr andere Fachbereiche auch in den Pop-Sektor hinüberlappen mögen – der Musikschreiber kann sich einen derartigen Kulturpessimismus nicht im Ansatz leisten. Kickt es ihn nicht mehr, dann ist er draußen. Das ist nur gerecht so – so will es die Pop-Logik bis heute. Man muss schon, um es altertümlich zu sagen, auf der Höhe der Zeit bleiben. Zwar ließe sich aus dem Ekel allen neuen Platten gegenüber sicherlich für eine Weile eine Pose machen. Nur: Wie lange würde das funktionieren, ohne dass es alle nervt? Zudem: Es geht ja auch gar nicht so sehr um den öden besserwisserischen Vorwurf, alles sei schon einmal da gewesen. Es geht einfach ganz stumpf darum, dass einem nichts mehr gefällt.

So weit das Problem. Was aber hilft? Lange Spaziergänge? Eine neue Hose? Eine Umstellung der Lebensgewohnheiten? Mal ein paar Monate nur über Rasenmäher, Wissenschaftliches oder seltsame Fische schreiben? Was einen schließlich, nun ja, nicht rettet, aber doch zumindest Hoffnung schöpfen lässt, ist am Ende dann doch letztlich wieder einfach nur – Musik. Eine Band, eine Platte, die den Finger auf einen lange nicht gedrückten Knopf legt. Willkommen zurück.

Die Erlöserband, um die es hier geht, heißt Vampire Weekend. Sie wird derzeit allerorts viel gelobt und bejubelt, wie man das eben so macht mit jungen Bands. Die vier Mitglieder kommen aus Brooklyn, New York, haben die handelsüblichen Instrumente umhängen, sind jung und aufgedreht, auch das kennt man alles. Chris Martin – nicht eben mein liebster Thekenkumpan in Geschmacksfragen – findet sie toll, David Byrne ist auch begeistert, und im Internet drehen ohnehin alle durch. Was Vampire Weekend für viele so grundsätzlich anders macht, ist die Tatsache, dass die Band keinen verzerrten Bettlägerigen-Rock oder irr zuckenden Post-Punk spielt, sondern in ihrer Musik sorglos Elemente afrikanischer Highlife- oder Juju-Musik verarbeitet.

Ohne diese Einflüsse ignorant unter den Tisch fegen zu wollen, muss einmal klar gesagt werden: Vampire Weekend sind nicht so toll, weil sie afrikanische Elemente verbraten, sondern weil es so völlig egal ist, dass sie das tun. Weil es etwas anderes ist, was ihre knapp 35-minütige Platte so gut macht: Ihre Musik erzählt frühlingsleicht von Möglichkeiten, anstatt mit Unmöglichkeiten zu hantieren, an denen sich doch nur gelangweilte Lifestyle-Journalisten und andere sogenannte Meinungsbildner berauschen. Die afrikanischen Elemente beeinflussen das Songwriting letztlich kaum: Die Songs klingen vertraut. So vertraut wie eben auch ein Glas Wasser in der Wüste schmeckt. So eindeutig und erfrischend der Einfluss afrikanischer Musik auf Rhythmik und Gitarrenspiel ist, so sehr ist die Musik auch vom Chamber-Pop der Sixties (The Zombies, The Left Banke) beatmet. Die Verbindung beider Klangwelten mit dem unbeschwert studentischen Gestus macht am Ende den Reiz aus. Ein magisches Debüt: unschuldig, einfältig und sorglos – und gleichzeitig doch clever, durchtrieben und ironisch. Eine Sonne in der Nacht, um es mit Peter Maffay zu sagen, mit dem ich nicht allzu oft etwas sage. Ein hübscher Nebeneffekt an Vampire Weekend ist, dass ihr Ausnahmealbum zeigt, dass der Popekel der letzten Zeit begründet war. Ob nun seit dem Frühwerk der Shins oder den letzten Großtaten der Flaming Lips: Lange gab es keine so positive und mitreißende Band mehr zu hören.

Der Tag endet im Taumel, noch in den Morgenstunden können mich die Nachbarn beim ungelenken Einzeltanz beobachten.

Schon Frank Sinatra wusste davon: Die große Geste, die aus-
ladende Armbewegung zur ergriffen anschwellenden Stimme im
warmen Geigenbett, wirkt immer dann besonders anrührend,
wenn der Vortragende das mögliche Scheitern ahnt – oder sogar schon gescheitert ist. Anders: Ein teurer Anzug sieht oft erst
dann besonders gut aus, wenn man damit mit Karacho die Ca-
sino-Treppe runtergefallen ist. Ebenso – auch das wussten schon
sowohl Sinatra und seine Epigonen wie auch deren Songschreiber von Rod McKuen bis Jimmy Webb – funktioniert Melancholie dann am besten, wenn man sie mit Humor und kleinen Seltsamkeiten würzt. Der 27-jährige Jens Lekman aus Kortedala bei
Göteborg/Schweden nun hat dieses Prinzip im kleinen Dorf des
Indie-Pop perfektioniert, wo er seit drei Platten den charmanten Bürgermeistersohn gibt. Die Musik zu dieser Haltung ist ein
liebenswerter, mit Orchestersamples beklebter Heimbastler-Pop,
der sich komplett den musikalischen Welten des Sixties-Pop und
der Indie-Musik verdankt, die seriell eingebaute Melancholie
beider Genres jedoch ironisch bricht.

Immer wieder gibt es bei Lekman Textzeilen, welche die große Geste im Angesicht der Kläglichkeit süffisant scheitern lassen: »I took my sister down to the ocean/But the ocean made
me feel stupid« singt er in »The Opposite Of Hallelujah«. Im
weiteren Verlauf des Stücks hebt er am Strand eine Muschel
auf, »to illustrate my homelessness«, wie er singt. Als dann jedoch eine Krabbe aus der Schale krabbelt, ist die schöne Metapher der Heimatlosigkeit im Eimer. Auch in seinem kleinen
Hit »You Are The Light« geben Unzulänglichkeit und Pathos
zwei äußerst symbiotische Bettgefährten ab: »You are the light
by which I travel into this and that« singt Lekman im unfassbar
himmelsstürmenden Refrain, nachdem er in der ersten Strophe verhaftet wurde und den berühmten einen Telefonanruf,
den man ihm gestattet, verplempert, um sich damit für seine
Liebste einen Song im Radio zu wünschen. Der Sinatra-Erbe
aus Kortedala weiß um seine Grenzen; sein Metier ist der Glam
der kleinen Dinge.

Als Lekman am Samstagabend in Köln die Bühne des gut gefüllten Gebäude 9 betritt, fällt zunächst auf, dass er mitnichten einen Anzug trägt, sondern ein kurzärmeliges Hemd, wie es Musikanten der frühen Achtziger gern spazieren führten. Mit ihm kommen seine weibliche Begleitband (inklusive Violinistin und Cellistin) und ein überaus schüchterner junger Mann, der sich im Verlauf des Abends linkisch hin- und herwiegend um Sampler und Laptops kümmern wird. Lekman beginnt mit »I'm Leaving You Because I Don't Love You«, und sofort strahlt es ihm aus der Halle hundertfach entgegen. Das Strahlen wird den meisten bis zum Schluss nicht aus den Gesichtern weichen. Es zeigt sich heute hier, dass die gesellschaftliche Randgruppe des aufrechten, hochindividualisierten Indie-Mädchens nach wie vor existiert, wenngleich einige dieser Indie-Mädchen hier Bärte tragen. Die Existenz dieser Szene beruhigt umso mehr, als sich gleichzeitig etwa 4000 Indie-Mädchen-Imitationen auf dem parallel stattfindenden Konzert der wesentlich berühmteren Schweden Mando Diao treffen.

Während dort unter Schweißabsonderung gute Beatles-Ideen mit soliden Stones-Ideen und Oasis-Attitüde zu Jetztzeit-Rockismus verbraten werden, geht es hier feinsinnig zu. Lekman erweist sich als großartiger Entertainer, er erzählt Geschichten und Witze, ohne zu nerven, und sein Humor ist so stilsicher wie seine Songs. Lieder und Geschichten blenden ineinander, und so erfahren wir mehr über Lekmans Heimatdorf Kortedala, ein öder, labyrinthischer Ort, in den man leicht hineinfände, so der Sänger, aber nur unter Zuhilfenahme von Google-Map-Ausdrucken wieder herauskäme. Dann belehrt Lekman sein Publikum, dass Ranschmeiß-Versuche von Musikern an ihre jeweiligen Auftrittsorte selten gut ankämen, stattdessen wolle er, um sich die Sympathien zu sichern, heute das Gegenteil versuchen: »Fuck you Köln, with your minimal techno and your Udo Kier!«

Ich frage mich tatsächlich an dieser Stelle, warum noch immer jede noch so kleine, um fünf Ecken musizierende neopsychedelische Spinnerband es nicht verabsäumt, dem Publikum mitzuteilen, dass man froh sei, wahlweise wieder »back in Cologne« oder »for the first time in Cologne« zu sein. Wenn man schon meint, diese Taste drücken zu müssen, kann man sich dazu doch wenigstens etwas originellere Handschuhe überstülpen.

Lekman ist nicht Adam Green. Das heißt: Er findet sich nie selbst zu clever, weiß um seine Limitierungen, und er lacht nie über seine eigenen Witze, auch wenn sie teilweise ziemlich gut sind. Er ist ein freundlicher, verbindlicher Mann, der die eigene Melancholie als Fluch empfindet, dem es mit Humor bewaffnet künstlerisch das Beste abzuringen gilt. Und so erzählt und singt er davon, dass entgegen landläufiger Meinung schüchterne Menschen nicht etwa besonders tiefgründig, sondern meistens einfach nur langweilig seien. Oder von Nina, der lesbischen Freundin aus Berlin, für die er nicht zur Beruhigung ihrer Eltern den Schein-Freund spielen kann. Oder von Shirin, einer Irakerin, die ihm in ihrem illegalen Schönheitssalon in Kortedala immer so einfühlsam die Haare schnitt, dass es sich wie eine Liebesaffäre anfühlte. Wo bei diesen Geschichten das Echte aufhört und das Erfundene beginnt, weiß alleine Lekman. »Shirin« hätte man im Übrigen gerne mal von Sinatra gehört – dem anderen melancholischen Schwindler mit Geigen im Hintergrund.

03.03.2008

Auf meiner Straße gehen wieder einmal Fernsehschaffende ihrer Arbeit nach. Meine und eine kreuzende Straße wurden anlässlich der Dreharbeiten für den Autoverkehr gesperrt. Überall stehen Cateringwagen, Busse voller Equipment, und vor einer besonders nach Kölner Prollkolorit aussehenden Kneipe ist ein kleines Set aufgebaut, das eine Taxiszene simuliert. Es herrscht munteres Gewimmel, Menschen mit umgeschnallten Headsets in wattigen Daunenwesten und -jacken rennen durcheinander. Monate später kann man die Szene vermutlich in einer Serie namens »Uschis Welt« oder »Kölsch Cops« oder in einem »Tatort« mit dem von Eheproblemen heimgesuchten Kommissar Braukhorst (oder wie die Tatort-Kommissare heute auch heißen mögen) zu sehen bekommen.

Ein halbwegs junger Vater kommt mit seinem im Kinderwagen sitzenden Sohn von einer kreuzenden Straße an die Szenerie herangeschoben. »Papa, was machen die Leute?«, fragt der vielleicht vierjährige Junge angesichts der grellen Scheinwerfer. »Ach«, antwortet sein Vater betont laut und so verächtlich wie nur eben möglich, »das sind schon wieder diese Fernsehfritzen.«

Abgesehen davon, dass ich herablassend gemeinte Fritzen-Bezeichnungen rührend altertümlich finde, leuchtet mir der immer viel zu lautstark geäußerte Hass auf Fernsehleute nicht ganz ein. Es wohnt dieser Bezeichnung eine konservative Gesinnung inne, die die Tätigkeit des Fernsehschaffenden nicht als ehrbaren Beruf betrachtet. Ich finde, das geht zu weit, zumal die meisten Menschen, die sich über öffentlich drehende TV-Arbeiter mokieren, allabendlich ordentlich was von dem Quatsch wegucken. Ich schaue selbst kein Fernsehen, aber der pauschale Dünkel gegenüber Menschen, die hier ihr Geld verdienen, erscheint mir dumm und oft von Minderwertigkeitskomplexen motiviert. Früher sagten Männer mit Hut »Zeitungsfritzen« zu anderen Hutträgern, die im Dienste der Wahrheit, der Bloßstellung und der Unterhaltung hektisch in kleine Blöckchen kritzelten und Sachen wie »Herr Konsul, noch eine Frage ...« riefen. Auch hier: kleingeistiger Dünkel, denn am nächsten Tag wurden diese Zeitungen gelesen.

Andererseits: Warum sagt man nicht »Ach, das sind schon wieder diese Bäckerfritzen« oder »Geh mir weg mit diesen Metzgerfritzen«? Weil Bäcker und Metzger nicht so im Weg herumbacken und -metzgern.

07.03.2008
Immer noch ist Reggae – neben Country, den man bei oberflächlicher kulturwissenschaftlicher Betrachtung als diametral gegenüberstehend empfinden könnte – das wohl übelbeleumundetste Genre der Popmusik. Ich kenne nicht wenige kluge Menschen, die bis heute glauben, Reggae sei sedierende Einfaltspinselmusik für Menschen, die ständig in Pluderhosen herumspringen, körperhygienisch eher desinteressiert sind, aus seltsam geformten Pfeifen enthirnende Weichdrogen rauchen, dabei ständig vergessen, was sie eben noch sagen wollten, und ansonsten den gan-

zen Tag verkitschte Weltrettungsfantasien hegen. Mir tun diese von törichtem Reggae-Ekel befallenen Menschen weitaus mehr leid als die Pluderhosen-Reggae-Fans, die es natürlich – immer noch – wirklich gibt.

Gegenwärtig sitze ich in meiner Wohnung und höre mal wieder meine King Tubby-Platten durch. Was für eine Freude! Nirgend-wo klingen Schlagzeuge – Snare-Drums, Bass-Drums, Hi-Hats – und Bässe organischer und körperlicher als auf den freudespen-denden Platten dieses Mannes, der für sich die Erfindung des Dub beanspruchen kann. Nie werde ich … was wollte ich sagen? Ach, egal. Komisch, ich kann meinen rechten Fuß stärker anwin-keln als meinen linken.

10.03.2008

Manchmal gibt es das: tolle neue Musik, die so naheliegend, so immer da gewesen und vertraut klingt, dass man sich fragt, was denn eigentlich so besonders an ihr ist. Vermutlich genau das: dass sie naheliegend und vertraut wirkt; dass sie es schafft, Seiten beim Hörer zum Klingen zu bringen, die nicht jede dahermusi-zierte Allerweltsmusik in Schwingung bringen kann. Es zeigt sich anhand solcher Musik, dass es im Rock'n'Roll, je länger seine Geschichte währt, weniger um Kategorien wie »neu« oder »alt«, »progressiv« oder »rückschrittlich« geht, als vielmehr darum, ob er eine Verbindung mit unseren tief verwurzelten Sehnsüchten eingehen kann. Denn dass Rock'n'Roll ein alter sentimentaler Sack ist, das sollte mal von vornherein klar sein. Wenn der ka-nadische Musiker Jason Collett über seine Musik spricht, dann spricht auch er von »Rock'n'Roll«. Nicht von Pop oder von Sin-ger/Songwritermusik, obwohl man ihm beides ebenso in die schi-cken Stiefeletten schieben könnte. Leider kann ich den Mann nur am Telefon interviewen, sein von stilvoller Beiläufigkeit ge-prägter Habitus vermittelt sich aber auch so: »Ich bin da ein ziemlich klassischer Typ«, sagt er. »Was ich mache, muss Humor haben – und Hingabe. Beides Tugenden, mit denen man ganz gut durchkommt.« Eine typische Äußerung für den ausgeschlafenen Verschlafenen, dem man auch eine Karriere als Dressman oder Komiker zutrauen würde.

107

Collett ist Mitglied der Riesenband Broken Social Scene, jenem kanadischen Neo-Hippie-Projekt mit hip verschluffter Künstler-Attitüde, doch ähnlich wie bei der ebenfalls hier verstrickten Leslie Feist wird sein Talent erst solo deutlich. Soeben ist seine dritte Platte beim Broken Social Scene-Hauslabel Arts & Crafts erschienen: »Here's To Being Here« – eine Platte, die in jedem Song und ganz offenkundig in ihrem das Glas erhebenden Titel das Hier und Jetzt feiert, die aber doch so unendlich viel Vergangenheit mit sich herumschleppt. »Ja, der Titel ist ein Trinkspruch. Zumindest benutze ich den Satz in diesem Sinne«, bestätigt Collett. Ursprünglich stammt die Zeile aus einem Gedicht des Beatnik-Poeten Paul Haines, mit dessen Tochter Emily, ebenfalls einer Broken Social Scene-Musikerin, der Sänger befreundet ist.

Es ist schon bemerkenswert: Anfangs hören sich Colletts Platten an wie K-Tel-»Top 20 Chart Explosion«-Compilations aus dem Jahr 1976. Wie sündhaft eingängiger Jeansjacken-Radiorock aus einer Zeit irgendwann vor Erfindung der Coolness. Und trotzdem hat diese Musik eine Lässigkeit, die derzeit ihresgleichen sucht. Der Grund liegt darin, dass Collett nie einfach nur eine Band kopiert oder einen Stil nachspielt. Wie alle guten Musiker, die musikalische Traditionen pflegen, verdichtet er das Beste und Stimmigste seiner Lieblingsgenres – und lässt allen überflüssigen Firlefanz weg. Colletts smarter Middle-Of-The-Road-Poprock klingt dadurch oft, als würden diverse Siebziger-Größen an ein und demselben Song zusammenarbeiten: Bei »Sorry Lou« und »Out Of Time« etwa glaubt man die Rolling Stones beim Nachspielen von Jackson Browne-Songs zu hören; »Charlyn, Angel Of Kensington« wiederum hört sich an, als hätte Nick Lowe Mink De Ville ins Studio gezerrt, um eine Dylan-Skizze mit einem leichten Latin-Flair auszustatten. Anderswo stecken Springsteen, Lennon, Crosby, Stills & Nash, die Eagles, Stealers Wheel und unzählige zu Recht verdrängte Bart- und Lederwesten-Rocker die Köpfe zusammen. Alles Unschöne jener Dekade – das Nicht-enden-Wollende, den Kitsch, die Bauchigkeit – lässt Collett weg. »Ich mag schon hin und wieder das gute alte geschmackvolle Gitarrengedudel, aber ich bemühe mich, Selbstgefälligkeiten zu vermeiden.« Und noch etwas geht Colletts Musik völlig ab: Ambitioniertheit. Ein cooles *ennui* zieht sich durch seine Lieder, eine in die Sonne zwinkernde Dösigkeit, die man sich freilich nur leisten kann, wenn man wie Collett ein Händchen für hochdosierte Eingängigkeiten hat.

Ein weiterer Grund, warum er keinesfalls ein Mann für sentimentale Classic Rock-Clubtreffen ist, liegt in der intimen, aber immer Pop-orientierten Produktion begründet, die der Musik jegliche Rustikalität und Verschwitztheit nimmt. Zum dritten Mal sicherte sich Collett hierzu die Hilfe Howie Becks, der wie ein moderner Nick Lowe half, jedes Stück in Richtung Hit zu verschlanken. Collett: »Howie ist der Woody Allen des Rock'n'Roll. Er ist neurotisch und obsessiv. Beides sehr gute Produzenten-Eigenschaften. Und er besitzt noch eine Tugend: Er ist schnell.« Eine Tugend, die auch der Lyriker Collett beherzigt: Seine Texte sind Kurzgeschichten und kleine überstrahlte Filmchen, die mit nur wenigen Worten nonchalant eine Stimmung einfangen. »Alle guten Songs sind letztlich Short Storys«, findet Collett. »Jimmy Webb, Dylan und Nick Lowe können so etwas sehr gut. Andererseits gefällt mir aber auch Lennon, der so extrem persönlich schreiben konnte. Ich habe tiefen Respekt davor, wie er seine Liebe zu Yoko in so etwas Universelles umgemünzt hat.« Dabei ist doch exakt das auch Colletts große Stärke: Von einem ureigenen Standort aus – einem Spielparadies des verfeinerten Siebziger-Poprock – in oft geheimnisvoller Sprache an Dinge zu rühren, die man kennt. Oder zumindest zu kennen glaubt.

11.03.2008

Mit mir geht es zur Neige. Ich halte das verdammte Passivrauchen nicht mehr aus.

Heute findet aus diesem Grund mein letzter DJ-Abend in meiner Stammkneipe Elektra statt. Um ein solides Grundmurmeln um meine Auflegekanzel zu gewährleisten, schicke ich nachmittags eine kurze Mail an sämtliche lokalen Szene-Impresarios:

Liebe Medienpartner, verehrte Abtrünnige des Showgeschäfts, es wird wie immer, allerdings zum letzten Mal:

Eric Pfeil, der enigmatische, shoegazende Kneipen-DJ, schmeißt hin:
Da er kaum noch zum Geldzählen kommt, streut der sympathische Gernegroß und sperrige Menschenfreund am Mittwoch letztmalig im Elektra akustischen Goldstaub über die Turntables. Ab 22 Uhr. So richtig los geht es aber erst etwa ab Viertel nach, wenn Eric Pfeil seine Bühnenklamotten angezogen hat.

Musikalisch erwartet den geneigten Thekensitzer und Rumsteher das übliche, vor allem bei jungen Frauen und älteren Männern beliebte Eric Pfeil-Programm:
Gentlemen-Pop, Anzug- und Jackett-Musik, gewürzt mit harmonieheischendem Country-, Westcoast-, Garagen- und Psychedelic-Pop. Dazwischen immer wieder: viel zu viel Dylan, diverse Springsteen-Soundalikes und lauter Sachen, die nur der DJ mag. Dazu die gewohnte Ranschmeiße an den Massengeschmack abwesender Hörerhorden und einiges, wofür sich andere zu fein sind.
Stellt euch nicht so an und kommt dahin. Ich werde wie immer äußerst kurz angebunden sein.

Die Getränke sind doppelt so teuer wie sonst.

Eric

Der Auflegeabend verlief herrlich. Der Kanonenstadl tagte.
Hanebüchene Liedabfolgen und dubiose Übergänge gaben sich ein munteres Stelldichein, derweil aus den Bechern der mich umgebenden Musikfreunde der Alkohol schwappte.
Ich kann mich noch erinnern, zweimal Merle Haggards »I Take A Lot Of Pride In What I Am« aufgelegt zu haben. Ebenfalls mehrfach zum Einsatz kamen Patsy Cline mit »I Don't Wanta«, Adriano Celentano mit seinem fröhlich dahergebretterten, von einem elektrifizierenden Off-Beat-Hi-Hat durchzischten »Un Bimbo Sul Leone«, und auch Buck Owens' »Think Of Me« muss

ich einige Male gespielt haben. Dazwischen kamen Dub, Achtziger-Schrammel-Pop und gespielt lebensmüde Crooner-Tristesse (Sinatras wunderbares »Love's Been Good To Me«, ohne welches ich nie auch nur hinter das DJ-Pult trete) zum Einsatz.

Stietenroth und ich verließen die Bar gegen vier Uhr früh, und es kostete mich einige Mühen, meinen treuen Freund davon zu überzeugen, sich nicht im Vorgarten eines Mehrfamilienhauses schlafen zu legen. »Ach, wie lieb, eine Pipi-Toilette«, rief er mehrfach aus, als wir Bauarbeiter-Klohäuschen passierten, und er ließ es sich nicht nehmen, in mehreren davon zu verschwinden, um darin Dubioses zu tun.

Es gibt empfindsame Menschen, für die stellt ein James Blunt-Konzert eine der grimmigsten kulturellen Bedrohungen dar, seit Chris de Burgh nicht mehr so oft bei »Wetten, dass ..?« auftritt. Es ist geradezu Ekel, der diese sensiblen Naturen überkommt, sobald auch nur der Name Blunts erwähnt wird. Und entsprechend wird auch mit Menschen umgegangen, die sich von Berufswegen mit James Blunts Schaffen auseinanderzusetzen haben: Erzählt ein Musikkritiker in vertrauter Runde, er gehe auf ein Konzert von Howard Carpendale, Motörhead oder den Zipfelberger Dumpfnattern, wird ihm in der Regel viel Spaß gewünscht, im Falle hochspezifischer Genre-Musik heißt es auch oft »Wird sicher lustig«. Die Ankündigung, man besuche ein James Blunt-Konzert, wird hingegen mindestens mit mitleidvollen Blicken oder Kopfschütteln quittiert. Oft wird gar noch der eigenen Verachtung gegenüber dem beliebten Musiker Ausdruck verliehen, gerade so, als meinten die Leute, der Konzertkritiker könne James Blunt dieses Missbehagen nach dem Konzert persönlich ausrichten. Aber ist es wirklich so schlimm? Geht doch eigentlich gar nicht.

Vor James Blunts Auftritt am Mittwoch in der nahezu ausverkauften Kölnarena hat zunächst die britische Band The Hoosiers die undankbare Aufgabe, die scheppernde Halle in Stimmung zu musizieren. The Hoosiers tun dies mit einem ebenso quirligen wie kulleräugigen Resterampen-Britpop, der anständig beklatscht wird; James Blunt-Fans sind schließlich keine finsteren Zyniker, die Vorgruppen das Leben schwer machen. Dabei kriegen sie hier gar nichts besonders Beklatschenswertes vorgesetzt: The Hoosiers erinnern sich in ihren fidel klimpernden Liedern eher der unschönen, allzu quirligen Aspekte im Schaffen der Band Blur und kombinieren diese mit einer heiteren Variante des Travis'schen Süßholzgeraspels. Eine Band zu viel.

In der Umbaupause flimmert zwischen der Hallenbedudelungsmusik kurz der Kino-Trailer zu Al Gores »An Inconvenient Truth« über die Leinwand, was vermutlich vom Sendungsbewusstsein des Hauptacts kündet. Danach wird das Rund wieder mit Aufwärmmusik geflutet. Die Kölnarena, sonst ein Ort, an dem sich vor dem Konzert kollektiv in Stimmung geklatscht wird, bleibt recht ruhig; einmal kommt ein kurzer Klatschmarsch auf, der jedoch bald wieder versandet. Dann – um Punkt neun, als wolle er jede Form von Hysterie oder auch nur Stimmung vermeiden – geht das Licht aus, und James Blunt betritt so unspektakulär wie überpünktlich die Bühne.

Was soll man sagen? Es ist gleich alles da: die triefäugige Art, der Gefühligkeit vortäuschende, penetrant eingesetzte Kopfstimmen-Gesang und dieser bedrohlich schlichte Poprock, gegen den Musiker wie Coldplay, Keane oder Travis, ja sogar die gruselige Ranschmeiß-Band Reamonn wie avantgardistische Klangskulpteure anmuten. »Me and my guitar play my way/It makes them frown«, singt Blunt, und man wünscht sich, er würde es einem nicht so einfach machen, ihn kläglich zu finden. Schließlich wollte man doch daheim im Kreise seiner distinktionssüchtigen Bekannten ein differenzierteres Bild des sensiblen Songwriters zeichnen, statt weiter auf ein einfaches Opfer einzuprügeln. Vielleicht einfach mal warten, bis er sich freigespielt hat.

Bald weicht aber jede Hoffnung – es passiert schlichtweg nichts mehr. Blunt spielt einen windelweichen, durchgekochten Nicht-Song nach dem nächsten, eine Gefühlsaufblähung folgt der anderen – und ihn auf der großen Leinwand beim Singen zu betrachten, hilft auch nicht weiter: Selten sah man einen derart gequält dreinschauenden Musiker; oft reißt er die Augen auf, als habe er sich eben über seine eigene Musik erschreckt. Man muss es klar sagen: Diese unfassbar dünne Sitzmusik, dieser Ikea-Pop hat nichts mit den charmanten Verweichlichungen von Siebzigerjahre-Poprock-Songwritern zu tun. Dies sind von jeder störenden Raffinesse befreite musikalische Naheliegenschaften und Knatschlieder für eine Welt, in der es gerne alles etwas weniger sein darf und in der dieses Wenige wiederum gerne aufgepumpt werden darf, bis es platzt. Es ist dabei nicht die vermeintliche Harmlosigkeit dieser Musik, die wehtut; es ist die unentrinnbare emotionale Umklammerung: Blunts Lieder sind auf ähnliche Art und Weise gefangen nehmend wie ein Partygespräch mit einer langweiligen Person.

Schon nach wenigen Liedern beginnen sich Paare gedankenverloren aneinander zu reiben, auf der Bühnenleinwand sind derweil Wasser, Schmetterlinge und Computergrafiken zu sehen – was man eben so auf Bühnenleinwänden zeigt. Irgendwann kündigt Blunt »No Bravery« an, ein Stück über seine Zeit als Soldat im Kosovo; prompt flirren Bilder zerstörter Häuser und winkender Kinder über die Leinwand. Dies zynisch zu finden wäre unangebracht. Blunt argumentiert eben emotional – wie Al Gore. »Where are you now?«, fragt Blunt irgendwann sinnsuchend im putzig philosophischen Song »Wiseman«. Wenn es nach seiner Musik geht, dann befindet man sich hier in einem ästhetischen Niemandsland, in dem alles irgendwie diffus berührt, aber nichts mehr wirklich wehtut. Musik als schmorbrandbedrohtes Heizkissen. Die Daheimgebliebenen haben es doch wieder besser gewusst.

21.03.2008

Zu Ehren des Geburtstags von Johann Sebastian Bach komponiere ich eine kleine Fuge, verwerfe diese jedoch rasch wieder als Plagiat.

Stattdessen schreibe ich ein kleines Gedicht, mit dem ich, falls mir der ganze Unfug mit der Popkultur mal zu sehr auf die Nerven gehen sollte (oder ich von der Popkultur ausgemustert werde), in der Kalauerszene zu reüssieren gedenke:

Mein Freund der Raum
ist tot
Und dieser Tod
tat Not
Denn er verging sich
– das ging zu weit –
an meiner Freundin
der Zeit.

Klingt wie irgendetwas, was der junge Heinz Rudolf Kunze an einem schwachen Tag geschrieben haben könnte. An weniger schwachen Tagen hat der junge Heinz Rudolf Kunze meines Erachtens äußerst Beachtliches geschrieben:

»Zum Beispiel dass der Dicke dort/mit Postbeamtenblick/die Frau anschaut und wissen muss/die Frau schaut nie zurück/Auch wenn der Marschtakt der Tage/mir in den Ohren dröhnt/noch hab ich mich/noch hab ich mich/an nichts/gewöhnt«.

(aus »Noch hab ich mich an nichts gewöhnt« von seinem 1981er-Album »Reine Nervensache«)

Heinz Rudolf Kunze. Leute, die heißen, wie sie aussehen, faszinieren mich. Meine Gedanken schweifen zu Jeanette Biedermann und vertrocknen dort langsam.

26.03.2008

Auch wenn ich selbst wenig Freude daran habe – wenn sich ein Musiker auf der Bühne so richtig in seinem Spiel verliert, übt das auf viele Konzertbesucher eine enorme Faszination aus: Wenn man sich als zahlender Gast schon nicht selbst verlieren mag, scheinen viele Menschen zu denken, hat man wenigstens noch etwas zu gucken. Patrick Watson, klassisch ausgebildeter Pianist und Sänger aus Montreal, Quebec, geht bei seinem Konzert am Mittwochabend im Gebäude 9 so einiges verloren – und sein Publikum freut es. Watson, ein junger Mann von betont nachlässiger Bärtigkeit, sitzt entweder wibbelnd hinter seinem Piano und ringt mit seiner hohen Stimme, oder er steht maunzend, ein Effektgerät in der Hand, vorne am Bühnenrand und sieht aus, als würde er sekündlich Schlaganfälle erleiden. Auf Platte hat Watsons Musik etwas äußerst Putziges: Es ist Tagschlafmusik; Tagschlafmusik, bei der die Träume allerdings schnurstracks ins Varieté wandern: Schwere Pauken trommeln, Klaviere klimpern wie Strudel in trüben Gewässern, geisterhafte Chöre fliegen durch die Lieder, immer wieder klappen Spieldosen auf und leiern vor Ewigkeiten eingestanzte Melodien. Töne schleichen sich an und verschwinden plötzlich wieder in brunnentiefen Hallräumen. Und über allem schwebt Watsons hoher Gesang, der im Gegensatz zu etwa Coldplay oder Blunt nie der Gefühlshuberei dient, sondern Ausdruck reinen Spinnertums ist. In manchen Momenten könnten Watsons Lieder der Soundtrack zu einer Michel Gondry-Komödie sein, oft läuft das ganze Geklimper aber auch Gefahr, allzu niedliche Améliehaftigkeit zu verströmen und in der kunstgewerblichen Sackgasse zu enden.

Live verschieben sich die Akzente. Die Musiker von Patrick Watson – die Band heißt so wie ihr Frontmann – lassen die spinnenwebenverhangene Dachkammermusik und das Salon-Getue hinter sich; stattdessen weht ein Hauch von Fusion-Jazz durch den etwa zu einem Drittel gefüllten Club. Die Indizien für fortgeschrittenes Musikantentum sind überdeutlich: Der Bassist spielt einen Fünf-Saiter, der Schlagzeuger klopft mit offenem Mund verschachtelte off-Rhythmen, die oft verzweifelt nach dem Taktschema suchen lassen, und der Gitarrist zieht es vor, im Sitzen zu spielen. Daneben steht inzwischen Watson, grinst durch das Gestrüpp seiner Gesichtsbehaarung und schnorrt sich Zigaretten beim Publikum. Es scheint seltsam, dass der Mann, der eben noch so wohltemperiert Klavier gespielt hat, nun wirkt wie der bekiffte WG-Mitbewohner, der zu erklären versucht, warum er schon wieder vergessen hat, das Bad sauber zu machen. Das Kölner Publikum aber liebt ihn für seine Dösigkeit, es muss ja auch nur seiner schönen Stimme lauschen und nicht mit ihm in einer WG wohnen.

Gestern wurde ich beim Emporsteigen einer U-Bahn-Treppe von einem schon recht betagten Obdachlosen überholt. Ich kann mich nicht erinnern, je eine erniedrigendere Erfahrung gemacht zu haben – mal abgesehen von dem Tag, an dem ich etwa zehnjährig bei meiner Mutter im Schrank den Ratgeber »Hilfe, mein Kind wird zu dick« entdeckte (ich war nie dick und bin es bislang auch noch nicht geworden). Auch kaum weniger demütigend war, als ich vor einigen Wochen drei Jugendliche maßregeln wollte, die einer Frau »Hure« hinterhergebrüllt hatten. Hier sei ja wohl mal eine Lektion nötig, dachte ich mir damals. Ich ging zu den Jugendlichen, wobei ich bemüht war, meinem Auftreten etwas Zwingendes zu geben. Ich baute mich vor den Jugendlichen auf und fing an, sie in festem Ton, dabei jedoch nicht ohne freundschaftlichen Onkel-Appeal zu zurechtzuweisen. Schon nach zehn Sekunden ging eine Tirade heftiger Beschimpfungen, begleitet von Tritten auf mich nieder, die ich mein Lebtag nicht mehr vergessen werde. Was ich denn eigentlich für ein armer Schnulli sei und ob mir an einem zünftigen Backpfeifenkonzert gelegen sei, lautete in etwa der Tenor der Replik, wobei die Wortwahl vermutlich eine andere war. Seitdem bemühe ich mich, meine Selbstüberschätzung an anderen Orten auszuleben.

Die heutige Lektion in Demut saß tiefer. Aber ich gräme mich nicht. Im Gegenteil: Der fußflinke Obdachlose hat meinen Ehrgeiz angestachelt. Morgen werde ich wieder anfangen zu laufen, um künftig alle Kölner Obdachlosen der Reihe nach zum Wettstreit in allen klassischen Disziplinen – vom Wettrennen bis hin zum Armdrücken – herauszufordern. Ich werde jedoch nicht, wie es ja weitverbreitet ist, mit ipod laufen gehen. Laufen mit ipod, das ist in etwa so sinnvoll wie Kriegsspielzeug aus Holz.

Der australische Songschreiber Robert Forster hat immer eine Geschichte zu erzählen. Der Mann mit der einnehmenden Aura eines schnöseligen Englisch-Professors war stets ein Meister des verknappten, dabei aber detailverliebten Storytellings. Es ist allerdings unmöglich, Forsters eigene Geschichte derzeit anders zu erzählen als die einer Freundschaft und eines Todesfalls: Die Go-Betweens, jene distinguierteste aller Achtziger-Gitarrenpop-bands, die nach einer mehrjährigen Pause in den späten Neun-zigern wieder zusammenkam, befand sich 2006 auf dem Zenit. Forster und sein enger Freund Grant McLennan, die stets zu gleichen Teilen Songs beisteuerten, hatten einen kreativen Hö-henflug, und endlich wurde ihnen auch die verdiente kommer-zielle Anerkennung zuteil. Da geschah das Unfassbare: Im Alter von nur 48 Jahren verstarb Grant McLennan völlig unerwartet im Mai desselben Jahres an Herzversagen. Ohne den Studien-freund, dessen Lieder neben Forsters kantigen Momentaufnah-men oft wie mit Honig gemalte Surrealismen wirkten, war der berühmte »Striped sunlight sound« der Band nicht mehr herzu-stellen. Forster löste sofort die Band auf, schrieb einen Nachruf auf den Freund (»A True Hipster«) und widmete sich künftig für ein australisches Monatsmagazin einer eher übel beleumunde-ten Tätigkeit: Er wurde Musikkritiker. Mit neuen Songs von Ro-bert Forster, so schien es, war so schnell nicht wieder zu rechnen.

Nun, knapp zwei Jahre nach McLennans Tod, liegt Forsters neu-es Album »The Evangelist« vor – eine Platte, wie sie in dieser Würde und beiläufigen Eleganz nur vom bekennenden Dandy Robert Forster stammen kann. Natürlich geht es hier um nicht weniger als um Leben und Tod, insofern ist diese Platte ganz klar eine Platte in der Tradition von Dylans 97er-Meisterwerk »Time Out Of Mind« (über die Forster für die englische Musikzeitschrift MOJO mal einen sehr klugen Text schrieb). Doch nicht genug damit, dass Themen wie Verlust und Abschied durch diese Platte wehen; der Verlorene selbst ist omnipräsent: Drei der zehn Songs basieren auf den letzten Songfragmenten des Verstorbenen. Vor allem »It Ain't Easy« berührt in seiner gekonnten Schlichtheit: Forster zeichnet hier in wenigen Worten ein anrührendes, dabei unsentimentales Bild des spleenigen McLennan: »A sly grin, that played to win, we will not see his kind anymore«. Dazu hören wir eine dieser typisch simplen, aber gewinnenden McLennan-Me-lodien. Es ist fast, als hätten die beiden Go-Betweens, die fast nie zusammen an einem Stück komponierten, ihre Kunst über die

Grenzen des Todes hinausgetragen. Und doch ist dies ganz und gar Forsters Platte.

Es bedarf eines großen, souveränen Autors, bei einem derart heiklen Thema nicht in Standardprobleme des Singer/Songwriter-Gewerbes zu verfallen – namentlich Bekenntnissucht und Weinerlichkeit. Forster, ebenso an Dylan wie an Raymond Carver geschult, ist ein Virtuose der hyperrealistischen Vereinfachung: Schon immer überhöhte er das Beiläufige und ließ scheinbar Wesentliches aus. Auf diese Weise schafft er es denn auch, seinen Freund präzise abzubilden, ohne daherzuschwafeln, und er kann trauern, ohne sentimental zu werden. Man höre zu diesem Zweck nur die zerschmetternde abschließende Ballade »From Ghost Town«: Forster selbst spielt das etwas unsicher tastende Piano, während seine immer leicht schiefe Stimme brüchig dazu singt: »There are places, he could have stayed. But he had to go because he loved the rain«. Man muss sich angesichts solcher Worte stets vergegenwärtigen: Grant McLennan ist nicht freiwillig aus dem Leben geschieden, aber hinter der Fassade des mild und gütig lächelnden Schöngeists verbarg sich ein depressiver, abgründiger Charakter voller Unsicherheiten. Das wusste man vorher so nicht – erst jetzt durch Forsters Lied.

Was diese Platte jedoch erst zum Meisterwerk werden lässt, ist, dass »The Evangelist« bei aller Trauer beileibe keine düstere Platte ist. Man kann und wird sie auch einfach als zeitlose, von stilvoller Melancholie zusammengehaltene Liedersammlung hören, die durch ihren gelassenen Ton mehr von Neuanfang und Glück erzählt, als man angesichts der Entstehungsgeschichte annehmen sollte. Es ist ein kurzes Album mit präzisen, behutsamen Songs, die ihren Autor allesamt als meisterlichen Autor ausweisen: Wie er etwa im schimmernden »Did She Overtake You« in nur acht Zeilen eine Besessenheitsstudie abliefert, ist sensationell. Im Titelsong wiederum demonstriert der große Schmallippige, wie man als Songwriter mit den Mitteln der Lyrik eine Kurzgeschichte erzählt. Wieder sind seine Worte so simpel wie beiläufig, aber der weiße Golf Diesel der besungenen Frau wird natürlich erwähnt – und immer wenn die Worte aufhören, übernimmt die Musik die Erzählung und schließt die Lücken. Ähnlich verfährt »Let Your Light In, Babe«, das eine hinterlassene sanfte McLennan-Melodie mit einer stolpernden, sprunghaften Forster-Erzählung verbindet. Ganz so situationsabbildend und idiosynkratisch wie früher, als die Namen von Bekannten, Ortsnamen und andere Details nur so durch die Lieder purzelten, textet Forster auf »The Evangelist« nicht mehr. Das liegt sicherlich auch daran, dass er sich durch McLennans Tod einige schreiberische Weichheiten seines Freundes angeeignet hat. Robert Forster hat einer Tragödie einen Klassiker abgetrotzt. Besser wird es selten im Singer/Songwriter-Genre.

09.04.2008

Gestern trug ich meinen Körper auf den wohligen Wogen des Alkohols durch die Nacht. Ich lag unter dem Zapfhahn des Lebens, und mein glockenhelles Lachen schallte zur Freude aller durch die Szenekneipen der Stadt. Heute sehe ich entsprechend doof aus. Mein Gesicht gleicht einem abstrakten Gemälde, und Musik erscheint mir nur als rüdes Geräusch.

Es gilt zu prüfen, wie das in Zukunft weitergehen soll mit gelegentlichen Alkoholfreuden und ihrem Einfluss auf das Spätwerk meines Körpers.

Gut war gestern übrigens nur der Teil, der eher wenig mit Musik zu tun hatte. Denn: Ich landete in einem Kölner Traditionsetablissement, das von einer lokalen Band bespielt wurde, die Achtzigerjahre-Hits im Rockabilly-Gewand darbot.

Hierzu gilt es in aller Strenge Folgendes zu sagen:

Achtzigerjahre-Hits in Bossa Nova-, Calypso-, Reggae-, Country-, Rock'n'Roll- oder Rockabilly-Arrangements zu spielen, ist die größte künstlerische Bankrotterklärung der jüngeren Popgeschichte. Wäre ich ein jugendliches Gör, würde ich sagen: Achtzigerjahre-Hits in Bossa Nova-, Calypso-, Reggae-, Country-, Rock'n'Roll- oder Rockabilly-Arrangements zu spielen, geht gar nicht.

»Smooth Operator«, »Sweet Dreams«, »Tainted Love« und »People Are People« sind Stücke, die von mir aus ohnehin auf dem

Schuttabladeplatz des Lokalradios vermodern können. Ihnen ein fremdes Genre-Mäntlein umzulegen und dies wahlweise für witzig, originell, sagenhaft ironisch oder gar freudespendend zu halten, ist irrig. Mit solchen Konzepten gibt es im Grunde nur noch eine Option für einen Musiker: auf Kölner Straßenfesten aufzutreten, bei denen Optiker, Lederwarengeschäfte und Ein-Euro-Läden ihre Restbestände an die Straße karren, alles nach Bratwurst riecht und Mitbürger aus dem ehemals osmanischen Raum Batterien und Billig-CDs verkaufen.

Ich hätte gestern jedenfalls weniger getrunken (und würde heute weniger doof aussehen), wenn die Männer mit den Haartollen und den Standbässen und ihre quirlige Sängerin im Kleidchen entweder eigenes Material gespielt oder doch zumindest Genre-Standards interpretiert hätten.

Gegen Rockabilly-Musik habe ich nämlich überhaupt nichts, was ich schon morgen durch den Kauf einer Stray Cats-Platte interessierten Umherstehenden beweisen könnte.

Mein Freund Stietenroth und ich saßen übrigens mal in der Nacht vor irgendeinem Karfreitag in einem Kölner Schankbetrieb, in dem viele mittelalte Männer ihr Geld verdienen, die zweifelsfrei der Rockabilly-Szene zuzurechnen sind. Sympathische pockennarbige Männer mit golden blinkenden Zähnen und drahtigen Körpern, die in verwaschenen Jeans und karierten Hemden eine enorme subkulturelle Würde verströmten.

Kurz nachdem um 0 Uhr die musikalische Beschallung des Ladens abgestellt wurde (man nimmt das hier in Köln ja sehr ernst; Karfreitag = The day the music dies, wenigstens für einen Tag, nämlich den Todestag des Herrn), bot sich uns ein Bild, das wir wohl nie mehr vergessen werden:

Aus der Küche des besagten Ladens trat ein circa 40-jähriger Rockabilly-Typ von einer Schrotigkeit, die ihn zum Statisten in zahlreichen Kusturica-Filmen prädestinierte. In der Hand trug er eine Schüssel, in der sich hart gekochte pink gefärbte Eier auftürmten. Er trug diese seltsam schillernde Eierinstallation einfach nur an uns vorbei, was damit später geschah, blieb uns verborgen. Doch die stoische Anmut, mit der er – der doch bestimmt so viel lieber einen alkoholgeschwängerten Armdrückwettbewerb zu rumpelnder Musik veranstalten würde – die Aufgabe versah, berührte uns tief. Hätten wir Fotografiergeräte mit uns geführt, wir hätten wohl all unseren Mut zusammengenommen und den Mann angesprochen. Aber wir waren zu scheu, und so lebt dieser Moment allein in unserer Erinnerung fort.

13.04.2008

Ungläubig, aber verzückt auf das austretende Herzblut starrend sank manch hiesiger Hipster vor fünf Jahren getroffen danieder. »Friends Of Mine«, Adam Greens zweites Album, war soeben erschienen – und auf diese süß duftende Giftmischung aus geschliffenem Pop, Folk, orchestralen Großgesten und degoutanten Dada-Texten war niemand vorbereitet gewesen. Das Beste: Greens Nonsens-Lyrik schien um einen tief sitzenden Schmerz zu kreisen: »And we live on borrowed time/but this headshot's pretty good/I've been scheming for too long/I was starstruck by your mom« sang er im tänzelnden Titelsong. Wie sonst könnte ein 22-Jähriger solche Zeilen schreiben, wenn er keinen Schmerz fühlte? Außerhalb Deutschlands interessierte sich derweil niemand für den jüdischen off-Bühnen-Crooner aus Brooklyn. Dann geschah etwas, was gerne als unerklärliches Phänomen bezeichnet wird: Green wurde in Deutschland zum Popstar. Die Grund ist dabei einfach: In allen relevanten TV-Redaktionen hockten Menschen, denen Green soeben das Herz gebrochen hatte. Bald saß er maulfaul in jeder zweiten TV-Sendung herum, guckte verwirrt und ließ sich als Konsens-Indie-Wuschel von der NEON-Generation für seine Niedlichkeit beklatschen. Selbst Gero von Boehm machte sich auf, den unergründlichen Zotenkasper zu befragen. Auch Greens zwangsläufiger weicher Fall ist erklärbar: Dass er ausgerechnet mit der schwachen Platte »Gemstones« hierzulande Goldstatus erreichte, war sicherlich unvorteilhaft. Die Hipster wandten sich ab, Greens Giftpfeil traf nicht mehr. Solange die Zote stimmte, machte Green offenbar alles, und die zwanghaft ausgestellte Trotteligkeit, mit der er sein Können wie mit einer Clownsmaske kaschierte, begann schnell zu nerven.

Inzwischen hat sich die Hysterie gelegt. Greens Platten sind stellenweise wieder so großartig, dass seine einstigen Freunde und nun schärfsten Gegner sie dringend hören sollten, und der mittlerweile 27-Jährige spielt wieder genau in der Liga, die dieser mitunter delikaten, oft leider aber auch allzu schlaumeierischen Musik angemessen ist: Die Kölner Live Music Hall ist am Sonntagabend allenfalls solide gefüllt, das Publikum – überwiegend junge Mädchen und alte Männer – eher hippiesk als hip. »Stimmt es, dass Pete Doherty demnächst wieder in den Knast muss?«, fragt jemand halb interessiert; vom Band kommt Dylans »The Times They Are A-Changin'«.

Zuerst erscheint Greens Band nebst zwei Backgroundsängerinnen und muckt sich ein zünftiges Intro zusammen. Als der Star die Bühne betritt, wird rasch klar, dass der Mann sich mitten in seiner Neil Diamond-Phase befindet: Green – mit deutlichem Bauchansatz – trägt eine weiße Hose und ein schwarzes Shirt mit überlangen weißen Fransen an den Armen. Er lacht erst mal selbst ausgiebig über seine Klamotten, und sofort erinnert man sich wieder, was noch mal so nervig an diesem Kerl war. In den nächsten anderthalb Stunden wird er ungelenk über die Bühne hüpfen wie ein verwachsener Zwölfjähriger bei der Schulaufführung; er wird mehrfach gegen seinen Mikrofonständer laufen, beim Versuch eines Handstands auf die Bühne schlagen und diverse kranke Tiere nachahmen. Er wird aber auch mit seinem Ausnahme-Bariton Songs singen, deren virtuose Melodien Wege nehmen, die andere niemals beschreiten könnten. Green ist ein selten eloquenter Songschmied und Musiker, der exakt diesen Eindruck zwanghaft mit Klamauk unterläuft, als würde er dem Humor, der doch ohnehin in seiner Musik steckt, allein nicht trauen. Er ist ein Pfiffikus, der ständig so tun muss, als rutschte ihm gleich die Hose runter. Es ist in diesem Zusammenhang nur schwer erträglich, dass sein Publikum über jede auswendig gelernte Verpeiltheit des Musikers lacht und jauchzt. Ermutigt ihn nicht auch noch, denkt man bei sich.

Aber es ist eine lohnende Freude, hinter diese Fassade zu blicken: Eröffnet wird der Abend vom glamverklebten Gospel-Rock

»Festival Song«. Es folgten der süffige Tanten-Pop »Hollywood Bowl« und der Las Vegas-Schunkler »Broadcast Beach«. Vieles klingt wie Elvis, als es ihm schon lange nicht mehr so besonders gut ging. Wobei man nicht vergessen darf, dass jene Ära des jeder Jugendlichkeit beraubten Entertainer-Pops wundervolle Musik abwarf. Musik, die Adam Green klug verdichtet und mit mäandernden Psycho-Texten konterkariert, die in ihrer wohlklingenden Sinnentleertheit immer noch hochunterhaltsam Daseinsirrsinn und Schönheit abbilden. Dennoch ist zu bezweifeln, dass die hier Anwesenden einer Paul Anka-Platte ebenso viel Respekt entgegenbrächten wie Interpol-Fans dem Werk der Band Joy Division. Es braucht für viele schon den scheinverwirrten Clown auf der Bühne, um hier gemütlich mitzuzuckeln. Am Ende – Green stellt gerade seine Band vor – reißt ihm eine Franse seines Kostüms ab. Er verheddert sich kurz, trennt sie dann vollständig ab und übergibt sie einem Mädchen im Publikum. »That's a souvenir you won't forget«, sagt er. Adam Green – vom unergründlichen Hipster-Liebling zum Neil Diamond seiner Generation. Eigentlich kein schlechter Abstieg. Ich bleibe ihm gewogen.

22.04.2008

Das Lachen von Kim Deal. Nichts bringt für mich die Unschuld des Indie-Rock der späten Achtziger und frühen Neunziger so auf den Punkt wie dieses einnehmende Fortgrinsen der Wirklichkeit. Es ist ein Lachen, das in gesteigerter Form auch gerne mal nach Raucherhusten klingen konnte, aber die Herzen von Jungs in flatterigen XL-T-Shirts höher hüpfen ließ als alles andere. Natürlich klaffte hinter diesem Lachen ein finsterer Abgrund, doch das konnte man damals allenfalls erahnen. Dabei war die Pixies-Bassistin und Breeders-Sängerin schon früh ein Fall für die Narkotiker-Olympiade und kämpfte mit Drogen und Alkohol.

Als ich sie vor ein paar Jahren zum Interview traf, bot sich ein erschütterndes Bild: Mit strähnigem Haar irrte Kim Deal durch die Lobby ihres Kölner Hotels, wähnte sich in Kanada und fragte immer wieder, ob ihre Zwillingsschwester und Breeders-Mitmusikerin Kelley denn auch zum Interview hinzukäme. »Aber

Kim, Kelley ist doch gar nicht mit nach Europa geflogen«, gab der zuständige Promoter stoisch zur Antwort. Während des Interviews sackte Kim Deal immer wieder seitlich gegen ihren Bassisten Jose Medeles. Der war zwar auch tüchtig betrunken, aber nicht so sehr wie seine Chefin. Zwischen unzähligen Zigaretten erläuterte sie mit glasigem Blick weitschweifig technische Belange der Musikproduktion, die sich jedoch in ausgeprägtem Nichteinklang mit den gestellten Fragen befanden. Es stand nicht gut um diese unfassbare Frau.

Das ist nun etwa vier Jahre her. Inzwischen sind Kim und Kelley Mitte 40 und haben mehrere Entziehungskuren hinter sich. Kim Deal lacht allerdings immer noch so, als nähme sie alles leichter, als es sich für einen erwachsenen Menschen gehört. Und inzwischen kann sie es sich sogar leisten. Im Laufe der letzten 20 Jahre haben sich The Breeders öfter aufgelöst, als es Platten von ihnen gibt. Doch im Gegensatz zu Deals anderer Band, den Pixies, bedarf es bei ihnen keiner hoch dotierten Reunion-Tour – die Band macht einfach alle paar Jahre ein neues Album und geht auf Tour.

Mit dem rumpelnden »Overglazed« beginnen die Breeders ihr einziges Deutschlandkonzert im Kölner Luxor: Es poltert und scheppert, während Kim Deal hinter strähnigen Haaren hervor immer wieder an der Peripherie ihrer Ausdrucksmöglichkeiten »I can feel it« ins Mikro ruft. Das Stück klingt, als sei es der Band erst auf dem Weg zur Bühne eingefallen, aber Kim Deals Vortrag macht klar, dass in dieser windschiefen Konstruktion nichts dem Zufall überlassen ist. Die harten Jahre sind nicht spurlos an ihr vorübergegangen: Sie sieht inzwischen aus wie eine freundliche Energiebällchenverkäuferin auf dem Mittelaltermarkt. Sobald sie aber singt – und lächelt –, merkt man, dass sie alles hier unter Kontrolle hat. Nach drei Songs steht der Saal Kopf.

Wer die Breeders zum Pop-Fossil der Neunziger abstempelt, ignoriert damit die zeitlose Besonderheit dieser abseits stolpernden Lieder. Der Springseil-Pop der Band klingt zwar wie ein angetrunkener Bote aus einer unschuldigeren Ära, trägt aber eine wichtige Kunde in die Jetztzeit: Es gab tatsächlich mal eine Zeit, als sogenannter Alternative Rock sich noch nicht in ödem Präzisions-Pop erschöpfte oder darin, klassische Genres nachzustellen; die Breeders waren und sind Meister darin, neue Schwerpunkte innerhalb einer klassischen Konstruktion zu setzen – ob nun aus Abenteuerlust oder schierer Beknacktheit. Schönheit entspringt hier aus dem Nebensächlichen, dem Abwegigen. Scheinschluderig und Abschweifung antäuschend kommen alte und neue Songs daher; punktgenau schießen die Breeders mehrfach am Ziel vorbei und verreißen ein ums andere Mal den Fokus. Selbst der zu Tode genudelte Hüpfball-Hit »Canonball« klingt immer noch wunderbar abstrus.

Kim Deal, das ist dennoch nicht zu leugnen, wirkt, wie sie da so über die Bühne eiert, bisweilen wie die Verkörperung der kauzig gewordenen Tante Indierock. Aber auch wie ein patenter Haudegen, den man vor nichts zu beschützen braucht, außer vor sich selbst: Es wäre ihr zuzutrauen, dass sie Küchenschaben zerquetscht und in der Pfeife raucht. Daneben steht ihre unablässig grimassierende Schwester Kelley, deren Gitarre wie ein kaputtgegangenes Kinderspielzeug zum Aufziehen klingt. Sie ist der leichtfüßige Gegenpart zur hochkonzentrierten, in der Musik verlorenen Kim. Trotzdem sind diese merkwürdigen Frauen keine tragischen Gestalten; die beiden Deals sind Menschen, mit denen man gerne mal ein paar Gläser Wasser trinken würde. Irgendwann spielen sie eine wunderbar zerfallene Version von Lennons Heroin-Ballade »Happiness Is A Warm Gun«. »I need a fix, cause I'm going down« singt Kelly, »Bang bang, shoot shoot« sekundiert Kim später. Das Konzert endet mit dem strubbeligen, auf Deutsch gesungenen »German Studies«. »Ich bin nicht verschwunden, lass das Licht an« singen die Schwestern im Duett, dann gehen sie ab. Lachend.

Die Sechzigerjahre bleiben das Schlüsseljahrzehnt der Popmusik. Die meisten Musiker wissen das, leider auch oft die falschen: Man möge zu diesem Thema nur mal bei Mark Ronson oder Mando Diao klingeln, wenn man Pech hat, macht sogar einer auf. Auf einer in diesen Tagen massiv meinem Ohr schmeichelnden CD aber stecken zwei Menschen die Köpfe zusammen, die den Geist jener Dekade verstanden haben: der junge Songwriter Pete Molinari und sein Produzent Liam Watson (The White Stripes, Holly Golightly), der den Sänger in sein Londoner Toe Rag Studio bat, wo auch schon Menschen wie die White Stripes aufnahmen. Von »retro« zu sprechen wäre beim vorliegenden Album »A Virtual Landslide« zu simpel; es ist die Essenz von Pop, mit der hier klug und mit selbstverständlicher Kenntnis gearbeitet wird: Molinaris Songs, die er mit mädchenhafter Stimme vorträgt, klingen, als hätten sich Dylan und Donovan damals 1965 in diesem Londoner Hotelzimmer besser verstanden und obendrein noch die Beatles hinzugeholt. Das norwegische Holz knirscht warm und wohlig, teilweise wird aber auch Skiffle und Beat geboten, und die Schellenkränze rappeln, dass es eine Freude ist. Watson produziert das Ganze im Sinne einer ästhetischen Optimierung: Er benutzt Instrumente, Verstärker und weiteres Equipment der Sechziger, erhöht aber Druck und Präzision. Vor vier Jahren schon produzierte Liam Watson mit dem Sänger Nic Armstrong ein ähnliches – und ähnlich tolles – Album. Meine derzeitige Lieblingsplatte.

02.05.2008

Nur einen Tag weiter, postmodernistisch gesehen jedoch vier durch ein umgedrehtes Fernrohr beobachtete Jahre später.

Das Kölner Luxor ist am Freitagabend als Ort nicht eben dazu angetan, um hier die Botschaft der Liebe und des gegenseitigen Respekts zu verbreiten. Es herrscht ein einziges Drängeln und Schubsen in dem Traditionsclub mit der Aura eines unterirdischen Schließfachs. Und wer nicht gerade schubst und drängelt, verteidigt mit Ellbogenkraft seinen Standort. Aber das hier ist ja auch kein Love-in für mehr Streichelgebiete in der Innenstadt, sondern ein Popkonzert. Wobei die Band, um die es heute Abend geht, mehr als nur leicht hippiehafte Züge trägt. Tatsächlich sind MGMT im Grunde eine lallende Explosion all dessen, was sensible Gemüter als hippiehaft zu bezeichnen pflegen – allerdings durch eine Karl Lagerfeld-Sonnenbrille betrachtet. Nicht nur insofern sind MGMT auch eine It-Band, ein Szene-

Phänomen wie sonst derzeit höchstens noch Vampire Weekend. Wie bei Letzteren ist dies mit Fug und Recht so: MGMT ragen aus den Ruinen des zeitgenössischen Pop-Miefs weit heraus. Jeder auch nur halbwegs mit Popmusik befasste Mensch ist an diesem Freitagabend hier: lokale DJs, Róisín Murphy-Imitatorinnen, Blättchenschreiber, Szene-Haudegen und auskennerische Schwätzer, viele junge Mädchen, ein paar Neunziger-Veteranen. Und wie die jungen Leute aussehen: als hätten drei hippe New Yorker Underground-Filmer sie gemeinsam für ihr nächstes Projekt gecastet. Früher sah das Publikum auf Indie-Konzerten nicht so bunt und gewagt aus; es muss wohl an diesem Internet liegen.

Zu Fanfarengetute kommen MGMT auf die Bühne. Die Musiker gemahnen an eine bekiffte Wohngemeinschaft im Mietzahlungsverzug: Neckisch wird hinter langem Haar und Bärten hervorgegrinst; bevor auch nur ein Instrument umgehängt wird, verteilt die Band erst mal ausgiebig Äpfel und Bananen ans Publikum. Was soll ich denn jetzt um die Uhrzeit mit einer Banane? Mit »Weekend Wars« eröffnet das zum Quintett aufgestockte Duo den Abend: Es könnte hundert Jahre dauern, sich einen Arm wachsen zu lassen, singt Frontmann Andrew VanWyngarden, der so verschwenderisch gut aussieht, dass er sich das Tragen einer Bandana leisten kann. Man könnte den Text mit all den »mental mystics in a twisted metal car« als Zivilisationskritik lesen – oder als totalen Quatsch. Die Musik dazu blubbert und zwitschert, als würde ein durch einen Science-Fiction-Unfall im Hier und Jetzt gestrandeter Raumfahrer aus einem Sechzigerjahre-Film vom Jahr 2039 träumen. Man könnte auch sagen, MGMT machten lallenden Acid-Rock, gegen die Wand gelaufene Psychedelia, Quatsch-Prog und bananige Trip-Musik, die das Gestern aus dem Übermorgen ins Jetzt spiegelt. Das wohlgekleidete junge Publikum liebt es: Es wogt und wiegt, es schubst und drängelt. Wahrscheinlich werden sich gleich alle ausziehen und irgendetwas Kosmisches miteinander tun, denkt man kurz; es könnte aber auch sein, dass sich die meisten nur für einen lustigen Abend warm tanzen wollen.

Auf der Bühne tönt es derweil, als ritten melancholische Robo-ter auf pink angestrichenen Einhörnern durch Fantasy-Täler: MGMT spielen »The Youth«. Dies sei ein Ruf zu den Waffen, singt VanWyngarden, eine Aufforderung, miteinander zu leben, zu lieben und zu schlafen. In Momenten wie diesen zeigt sich die wahre Größe von MGMT: Der Band ist ein abgründiger Humor eingebaut, so selbstverständlich, dass sie sich in keinem Moment ironisch geben muss. Ihre schärfste Klinge ist der Wahnsinn: Ge-rade in ihrer Beknacktheit, in ihrer Abseitigkeit beschwört diese Musik aufs Naivste den Mythos der Jugend. Dass diese Jugend vermutlich lieber kokst als am LSD-Lolli leckt, ist eine andere Sa-che. Noch eins ist wesentlich zum Verständnis dieser kommen-den Star-Band im Freak-Gewand: MGMT haben Hits. Nicht ein-fach nur eingängige Songs, nein, propellernde, funkensprühende Hymnen, die an der Sonne des Irrsinns kratzen. Bei »Time To Pretend« springt der ganze Raum auf und ab: »Let's make some music, make some money, find some models for wives« singen MGMT: Man müsste sich eigentlich krümmen vor Lachen über diese Zeile, aber auch hier rührt wieder die bekloppte jugend-liche Naivität. »I'll move to Paris, shoot some heroin and fuck with the stars« heißt es weiter, die Menge hüpft noch mehr. Die Schlüsselzeile folgt im Refrain: »We were fated to pretend« – und alles reißt kollektiv die Hände hoch. Danach gibt es noch Au-ßerirdischen-Disco für LSD-Abenteuer in der Rollerdisco, Bowie und Bolan im Wunderland, vergifteten P-Funk, und der bärtige Gitarrist gniedelt sich schielend in Zustände, die man selbst lie-ber nicht durchleben möchte. Zur Zugabe gibt es den Elektro-Irr-sinn »Kids« als Halb-Playback, die Musiker jonglieren mit Äpfeln dazu. Dann steigen sie wieder in ihr Raumschiff. Der Rest der Welt muss schließlich auch noch erleuchtet werden.

09.05.2008

Mir ist ganz schummerig. Ist heute Föhn oder so etwas?

Andererseits wäre das keine Ausrede. Ich glaube, ich habe mein ganzes Leben lang schon Föhn. Lebensföhn.

Ich habe auch immer wieder Herzstiche. Mit zehn war ich da-mit mal in der Krankenhaus-Ambulanz. »Wachstum«, lautete die so knappe wie beruhigende Diagnose des Arztes damals. Wann immer ich mich heute mit Herzstichen irgendwo auf dem Fußboden krümme und Menschen beatmungswillig herbeispringen, wehre ich nur ab und flüstere: »Alles in Ordnung, ist nur Wachstum.«

Ein seltsamer Tag. Am Fenster meines Arbeitszimmers ging gerade das ehemalige Velvet Underground-Mitglied John Cale vorbei und spuckte im Gehen mürrisch nach einer aufflatternden Taube. Nein, stimmt nicht. Es war einfach nur ein griesgrämig aussehender Mann in seinen frühen Sechzigern, der zudem noch in eine Taxifahrerlederjacke gekleidet war. Aber man muss seine Sinne empfänglich halten für unwahrscheinliche Freuden und Überraschungen, sonst verendet man in Gram.

19.05.2008

Im Radio läuft Depeche Mode.

Wenn man mich wirklich in einen Zustand fortgeschrittenen Unwohlseins versetzen will, muss man nur in meiner Umgebung die Musik von Depeche Mode erklingen lassen. Die dumpfe, dabei gleichzeitig seltsam aufgedunsene Anmutung dieser Musik macht mich tatsächlich mürbe wie 39 Sonntage hintereinander. Ich glaube, daran liegt es vor allem: Depeche Mode ist Sonntagsmusik. Bleimusik.

Immerhin: Die Band hat das, was Journalisten gerne einen »unverwechselbaren Sound« nennen. Depeche Mode sind immer sofort zu erkennen, immer auch irgendwie diffus auf der Höhe der Zeit, wie das eben zu sein hat, wenn man die erfolgreichste Band ist, die aus der Sample-Generation hervorgegangen ist.

Aber allein dieser routiniert depressive Ausdruck, mit dem sich Dave Gahan durch die wummernden, bollernden, ratternden Elektrorock-Landschaften nölt, nimmt mich arg gegen den leidenschaftlichen Unterhemd-only-Träger ein.

Die Verteidigung der Band als anti-rockistische Popband halte ich für Unfug. Wer glaubt, bei Depeche Mode sei er in Sicherheit vor blöden Gitarrenposen und Klatschanimation, der irrt sich gewaltiger als der Elefant im deutschen Titel des Films »Un éléphant ça trompe énormément«. Seit über einem Jahrzehnt nämlich bemühen sich Depeche Mode, die Mittel des Rock auf ihre ganz eigene Ästhetik anzuwenden, oder anders gesagt: Sie versuchen, Rock elektronisch zu verbrämen. Seit sie das tun, sind sie noch erfolgreicher, aber auch deutlich unwichtiger geworden. Man kann sie nur noch innerhalb ihres eigenen Systems begreifen und deuten. Ähnlich wie bei U2 wirken die Versuche, die jeweilige Zeit im eigenen Sound zu spiegeln, oft arg angestrengt und generieren allenfalls Musik für Menschen, die das Neue im Alten suchen. Oder das Alte im Neuen von vorgestern. Für mich verhärtet sich bei Gruppen mit einem solchen Bedeutungsschwellkörper immer der Eindruck, dass es schrecklich sein muss, in einer der größten Bands der Welt zu spielen. Ich glaube, wenn man mir anbieten würde, entweder ein Jahr lang bei U2, R.E.M oder Depeche Mode mitzuspielen oder in derselben Zeit einen Ziehharmonikabus durch Leverkusen zu steuern, würde ich letztere Option wählen.

Ich finde Depeche Mode – von einigen Videos abgesehen – auch äußerst humorlos. Nun ist es so, dass zu viele lustige Einfälle im Zusammenhang mit Popmusik ja auch nerven wie Drahtseile. Aber zu wenig Humor ist noch schlimmer. Hier ist es bei der Popmusik wie beim Tatort: Zu viel Humor = schlimm. Zu wenig = schlimmer.

Ich könnte mich auch allein schon wegen der vor allem in Provinzstädten abgehaltenen Depeche Mode-Partys über Depeche Mode ärgern, aber ich finde, diese seltsamen Proll-Feiern kann man ihnen nun wirklich nicht in die Schuhe schieben. Trotzdem sollten Depeche Mode zur Strafe mal zu einer Depeche Mode-Party gehen, nur um ihnen zu zeigen, wohin ihr mürbes Geseiere führen kann.

Oh, habe ich gerade schlechte Laune? Sind Depeche Mode hier Henne oder Ei? Beim Griff an die berühmte »eigene Nase« stelle ich fest, dass ich vielleicht einfach mal eine Runde mit Stietenroth um den Block gehen sollte. Auch das Streicheln von unbehandeltem Obst im nahen Lebensmittelgeschäft könnte helfen.

Rettung naht – ausgerechnet durch eine weitere Veteranen-Band.

Es war nicht abzusehen, dass ausgerechnet diese Band, die den Dinosaurierstatus ja schon im Namen trägt, noch einmal zurückkehren würde. 1983 in Amherst, Massachusetts gegründet, waren Dinosaur Jr. mit ihrer Mischung aus Neil Young-Songwriting, Metal-Dröhnen und einem mürrisch draufgängerischen Post-Punk-Gestus neben den Pixies hauptverantwortlich für die Erfindung eines Dings namens Indie-Rock. Ein Monster, das auch heute, nachdem ihm unzählige weitere hässliche Köpfe gewachsen sind, nicht aufhört, Menschen um den Schlaf zu bringen. Ganz nebenbei erfanden die beiden Front-Schluffis J Mascis und Lou Barlow im Halbschlaf auch gleich noch den Typus des Slackers, jenes nichtsnutzigen Neunzigerjahre-Tagediebs; die besseren, weil weniger ernsten Nirvana waren sie sowieso immer schon. 1989 fiel die Originalbesetzung äußerst unschön auseinander (die Streithähne Mascis und Barlow hatten einen Kommunikationszusammenbruch oberster Liga), Mascis führte die Band noch ein paar Jahre weiter, bis sie langsam im Überangebot der Neunziger verpuffte.

Vor drei Jahren rauften sich die wortkargen Sturköpfe Mascis und Barlow dann wieder zusammen, und 2007 veröffentlichten sie schließlich endlich die Platte, die nahtlos an die ersten drei Alben der Originalbesetzung anknüpfte. Man sollte sich nicht zu sehr ärgern über die vermeintliche Seuche des Sich-Wiedervereinens. Wer noch etwas zu sagen hat, der sollte dies auch tun dürfen, und Dinosaur Jr. haben noch einiges zu sagen. Gerade heute, wo Indie-Rock ein allgegenwärtiges Parfüm, ein Ausgeh-Soundtrack von vielen geworden ist.

Als die drei Musiker die Bühne der Kölner Live Music Hall betreten, sehen sie aus wie ihre eigenen Roadies: Mit krummen Schultern und hängenden Armen schlurfen sie zu ihren Instrumenten und dudeln erst mal ein bisschen vor sich hin. J Mascis erinnert mit seinem langen weißen Haar und dem Rolling Stones-T-Shirt inzwischen stark an eine alte Indianerin, seine Religionslehrerinnenbrille hat er fürs Konzert abgelegt. Meterhoch ragen Mascis' Marshall-Verstärkertürme, die eigentlich nach mindestens drei

Gitarristen zu verlangen scheinen, hinter ihm empor. Leicht ver-
winkelt stehen die großen Kisten da, vermutlich hat ein japani-
scher Gitarren-Zen-Meister mehrere Stunden auf den exakten
Aufbau dieser archaischen Monster verwandt. Lou Barlow am
anderen Bühnenrand könnte sich nicht stärker von seinem Kollegen unterscheiden: Der inzwischen 41-Jährige sieht immer noch
aus wie ein Teenager, der im *liquor store* seinen Ausweis vorzei-
gen muss.

Die Soundexplosion, die dann folgt, ist von solch ohrenbetäubender, donnernder Wucht, dass alle Ängste, man müsste diesen in die Jahre gekommenen Schlendrian-Rock irgendwie gegen
das Jetzt verteidigen, sofort weggeblasen werden. Mahlstromartig
walzt der psychedelisierte Noise über die Köpfe des Publikums
hinweg: Barlow schrubbt alle vier Saiten seines Basses gleichzeitig, das Schlagzeug rüttelt und rappelt, Mascis' rückkoppelnde,
durch unzählige Effektgeräte gejagte Gitarre qualmt und blutet,
und sein Gesang hört sich an, als habe jemand der coolsten Kat-
ze der Stadt auf den Schwanz getreten. Kommunikation zwischen
den Stücken gibt es keine, die Band prügelt ein Stück nach dem
nächsten heraus, aber der Stoizismus der drei Männer, ihre Wei-
gerung, sich über die Musik hinaus mit ihrem Publikum gemein
machen zu wollen, strahlt eine Coolness aus, die geradezu ergreifend ist.

Es ist deutlich lauter als auf anderen Konzerten dieser Kategorie: Vor allem Mascis' hyperaktive Gitarre, die Crazy Horse durch
lysergische Nebelfelder galoppieren lässt, dröhnt später noch im
Kopf. Und genau in diesem Punkt zeigt sich die zeitlose Wich-
tigkeit dieser Band: Da stehen drei angejahrte T-Shirt-Burschen,
die bei jeder Klopperei den Kürzeren ziehen würden, und führen
ihr Publikum an einen Ort, wo Härte nicht den Harten gehört.
Wo Stumpfheit noch eine selbst gewählte Option ist und kein
Ausdruck von mangelnder Fantasie. Wo Fertigkeit noch nied-
lich ist und nicht durch Heroin befeuert werden will. Der Jubel
im Publikum steigt nach jedem Song noch weiter an. Doch niemand hier klatscht dümmlich im Takt mit, wie es auf Konzerten
jüngerer Indie-Bands inzwischen zur unschönen Sitte geworden
ist. Manche schütteln die Haare, andere starren einfach nur un-

gläubig aus feuchten Augen, und immer wieder werden Fäuste in die Luft gereckt, als gelte es einen alternden Fußballstar zu feiern, der, unverhofft eingewechselt, alle Jungen im Alleingang ausspielt.

Und trotzdem geht es hier nicht um ein sentimentales Meet & Greet mit der eigenen Vergangenheit. Das zeigt paradoxerweise der größte Wiedererkennungsmoment des Abends: Am Schluss singt die ganze Halle beim Signatur-Hit »Freak Scene« die Zeile »cause when I need a friend, it's still you!«, und die Nackenhaare richten sich auf. Zwei Dinge werden hier spätestens klar: Diese Musik ist ein Freund für die Ewigkeit und ein Ort der Erbauung. Und Indie-Rock ist eine weißhaarige Indianerin im Rolling Stones-T-Shirt.

Der Regen hat einen tiefen, dunklen Geruch aus den Bäumen gewaschen. Einen Geruch, der den Laiennasen vorgaukelt, es hier mit irgendetwas irrsinnig Natürlichem zu tun zu haben. Allerdings erinnere ich mich entfernt, dass mir einst ein besserwisserischer Miesepeter erklärte, dieser Geruch deute auf hohe Schadstoffbelastungen hin. So ist das immer: Wenn es besonders gut riecht, ist irgendetwas Finsteres im Spiel. Bei Essen sind es Geschmacksverstärker und beim Odeur des Mairegens ist es wohl Schwefel.

Eines Tages werde ich mal eine Umfrage machen: Wie viele Menschen schaffen es, während eines Mairegens (oder auch nur bei Erwähnung der Worte »Mai« und »Regen«) nicht den Hit »Rain In May« im Kopf herumheulen zu haben? Ich glaube, es sind nicht allzu viele.

Das liegt nicht nur an der massiven Eingängigkeit dieses von Max Werner den Achtzigerjahre-Phil-Collins-Hits nachgepaukten Songs, sondern auch daran, dass Wetter-Lieder generell immer gut hängen bleiben. Schließlich hat jeder Wetter. Liebe (oder irgendeine Perversion davon) erleben zwar auch zahlreiche Menschen mindestens einmal im Leben. Manche aber auch nie. Wetter hingegen haben alle. Das macht Wetterlieder natürlich auch entsetzlich vulgär. Das Wetter ist eine textliche Naheliegenschaft.

133

Da alle so laut fragen: Meine Lieblingswetterlieder sind beide deutschsprachig. Da ist einmal Funny van Dannens »Regenlied«, das auch Die Lassie Singers mal spielten (allerdings nicht so gut wie Funny van Dannen selbst). Funny van Dannens Version wird – wie immer – nur von einer notdürftig gespielten Akustikgitarre begleitet – und trotzdem klingt selbst die Melodie nach Regen. Große Kunst. Meine Lieblingszeile lautet: »Wer küsst die großen Flüsse, wenn sie müde sind?«

Das andere Lieblingswetterlied stammt aus der späten naturalistischen Phase der Band Blumfeld und heißt »Im April«. Ich habe das Stück in eben jenem Monat des Jahres 2006 viel gehört, als ich gerade mit dem Rauchen aufgehört hatte. Ich fuhr damals viel mit dem Auto umher – ich habe einen völlig zerbeulten roten Lupo: ein Zahnarzthelferinnenauto – und betrachtete nichtrauchend und mit Blumfeld im CD-Player die Wetterspielchen. Ich glaube, ich war glücklich.

Mit etwas aufzuhören, beschert vermutlich generell immer sehr viel Glück. Hierzu sollte man dringend mal Leute wie Ozzy Osbourne oder die Red Hot Chili Peppers befragen. Unangenehm finde ich nur, dass Menschen, die mit etwas aufhören (bei den Red Hot Chili Peppers: Heroin), meistens dafür mit etwas anderem anfangen (bei den Red Hot Chili Peppers: aggressives Power-Meditieren zu penetrantem Räucherstäbchengequalme). Ich bin vor Jahren mal an den Backstage-Räumen der Red Hot Chili Peppers vorbeigelaufen und gewann dabei Einsicht in den mit allerhand indischen Tüchern abgehangenen Meditationsraum der Band, aus dem es süß, aber unpsychedelisch duftete (wahrscheinlich nennen die Musiker diesen Raum anders, ich vermute, dass man eine lässige L.A.-Bezeichnung für dieses Zimmer gefunden hat, »The Spirit Crypt« oder so). Besser nie mit Heroin anfangen, dann muss man danach auch nicht mit dieser aggressiven Form der Räucherstäbchen-Esoterik anfangen, dachte ich mir.

Ich muss auch mal wieder mit irgendetwas aufhören, dann werde ich auch wieder glücklicher. Vielleicht mit dem Rumstänkern. Ich kann dafür ja dann mit etwas anderem anfangen. Mit Heroin vielleicht. Oder mit dem Komponieren von Wettermusik. Gibt es eigentlich Lieder über Graupel? Über Hagel? Über Föhn? Jochen Distelmeyer muss rasch eine Soloplatte mit neuen Wetterliedern herausbringen.

Ich habe bei meinen liebsten Wetterliedern Burt Bacharachs »Raindrops Keep Fallin' On My Head« vergessen. »Rain« von den Beatles mag ich auch, nicht so sehr jedoch wie »Here Comes The Sun«. Ist Bob Dylans »Shelter From The Storm« eigentlich auch ein Wetterlied? Oder gelten Songs, in denen das Wetter ganz offenkundig nur eine Metapher ist, nicht?

31.05.2008

Ein Großer ist in der Stadt.

Früher konnte man den Eindruck bekommen, Neil Diamond ginge nie ohne eigene Showtreppe vor die Tür. Der Mann aus Brooklyn war ein Meister der stilvollen Ranschmeiße, klar entschlossen, mit seiner bebenden Stimme und unzähligen Fransen an den Klamotten auf dem Planeten namens Showgeschäft eine möglichst theatralische Darbietung abzuliefern. Und er war immer ein großer Autor: Diamond versöhnte das Auftragssongwriting der Sechziger mit den Sensibilismen der Hippie-Songwriter. Doch auch wenn seine schönsten Lieder immer in den Kulissen der eigenen Biografie spielten, ließ er sich nie zu persönlichen Bekennerschreiben hinreißen. Ab Mitte der Siebziger mutierte Diamond zunehmend zum König des amerikanischen Ruhigstellungspop für mittelständische Hausfrauen – kein zu unterschätzender Posten, ein Amt allerdings, in dem er noch die letzte Coolness verspielte. Die Shows wurden immer theatralischer, und auf Fotos erinnerte Diamond zunehmend an einen unseriösen Hochzeitssänger, der vor seinem Party-Auftritt zuerst die Braut verführt und dann den Bräutigam umgelegt hatte.

135

Vor gut drei Jahren machte der Star-Produzent Rick Rubin dem Spaß ein Ende. Rubin, der zuvor schon Musikern wie den Beastie Boys oder Slayer karriereumwälzende Schlüsselalben abgerungen hatte und maßgeblich für das Aufbäumen des späten Johnny Cash verantwortlich war, gelang eine Wiedererweckung: Er machte aus Diamond, dem Entertainer, wieder einen Songwriter. Einen, der sein Alter anerkennt und seine Lieder davon handeln lässt. Der gerade, weil er glaubhaft vom Älterwerden sang, auch wieder relevant für Jüngere wurde. Der Orchesterpomp und die Glitzer-Klamotten mussten dazu freilich draußen bleiben, auf »12 Songs« herrschte Kargheit. Auch das neue Album »Home Before Dark« lässt Diamonds Donner-Epen auf kleinstem Raum stattfinden. Den Kern von Diamonds Musik rührt Rubin dennoch nicht an: Diamond bleibt ein Erwachsenensänger – und seine Lieder Inszenierungen. Er lebe ein einsames Leben, für Freunde und Familie bleibe keine Zeit, sagte der inzwischen 67-Jährige kürzlich in einem Interview. Er mache »diese Reise größtenteils allein«. Und doch singt er von Nähe und Liebe, und immer wieder von einem »Zuhause«. Vielleicht berühren seine Lieder ja gerade deshalb: Der Ton hat immer etwas Allgemeingültiges; man würde ihm, dem schwerreichen Bühnenjunkie und angeblich ja so einsamen Wolf, jederzeit einen guten Rat in allen Lebensfragen zutrauen. Seine größte Kunst besteht vermutlich genau darin: Wie kein Zweiter singt Diamond anrührend von Dingen, von denen er womöglich gar keine Ahnung hat. In diesen Tagen nun tritt der revitalisierte Diamond nach neun Jahren erstmals wieder in Deutschland auf. Am Samstag spielte er vor gut elftausend Zuschauern in der Kölnarena.

Um Viertel nach acht kommt seine elfköpfige Band nebst drei Backgroundsängerinnen auf die Bühne und positioniert sich unter höflichem Applaus. Man ist gerade geneigt, den Anfang etwas unspektakulär finden zu wollen, da ertönt von irgendwoher diese unvergleichliche Stimme – zwischen Beben und Knarzen, zwischen Barmen und Donnern: »Been away from you for much too long« singt Diamond von ganz hinten auf der Bühne, und ein gleißender Spot lässt ihn aussehen wie einen Erlöser, der gekommen ist, um uns von allen dilettantischen Bühnen-Möchtegerns zu befreien. Dann kommt er die Schräge heruntergeschlendert und eröffnet mit »Holly Holy« den Abend. In anthrazitfarbenem Jackett, schwarzer Hose und mit angegrautem Haar sieht Diamond inzwischen aus wie ein Anwalt bei den »Sopranos«, den man nur auf dem Golfplatz konsultieren kann. Und dennoch qualmt dem

Mann das Showgeschäft nur so aus dem Hemdkragen. Bereits nach dem ersten Song sind alle in der Halle von ihren Sitzplätzen aufgesprungen; Diamond steht am Bühnenrand und breitet die Arme aus. Er steht deutlich länger da als nötig – genau deshalb wirkt es so gut. Ich werde mir das auch aneignen, ich weiß nur noch nicht wofür.

Was folgt, hat wenig mit der Kargheit der letzten beiden Platten zu tun – zum Glück, muss man sagen. So gut diese Alben sind, so schön ist es, von Diamond ironiefrei, aber mit viel Herz die Kunst des routinierten Las Vegas-Auftritts vorgeführt zu bekommen. Er lässt Hit auf Hit folgen: »Cherry, Cherry« klingt so leichtfüßig wie eh und je, die beiden unverwüstlichen alten Damen »Cracklin' Rosie« und »Sweet Caroline« schmeißen immer noch jede Party, und der New Yorker Schlenderspaziergang »Beautiful Noise« klingt, als würde er das Stück in einer Mittsiebziger-Samstagabendshow spielen. Manchmal, wie beim großen »I am … I said«, hat die Freude an diesen Songs fast etwas Schuldiges, denn schaue ich mich um, stelle ich fest, dass diese Lieder ursprünglich einer anderen Generation gehören. Schwach wird es eigentlich nur beim tatsächlich doch arg betulich klingenden Erwachsenen-Kitschgebläse »You Don't Bring Me Flowers«, das er mit einer Backgroundsängerin als Barbara Streisand-Ersatz so überzogen aufführt, als duettiere er mit Miss Piggy in der Muppets Show.

»Well, that was yesterday, and this is now« sagt er an einer Stelle und spielt drei neue Songs. »Pretty Amazing Grace« und »Don't Go There« erhalten die typische bebende Showband-Behandlung. Nur »Home Before Dark« spielt Diamond tatsächlich fast so spartanisch wie auf dem neuen Album. Diamond, der ewig tourende Streuner, singt darin: »I've been so alone/In places unknown« und dann am Ende: »Cause of you I'd get home before dark«. Singt der große Vorgaukler hier gar wieder von etwas, wovon er gar nichts weiß? Es scheint fast so. Wenn er am Schluss winkend die Bühne verlässt, wirkt Neil Diamond jedenfalls so, als habe er die Vorstellung eines üblichen »Zuhause« aufgegeben – zugunsten einer Heimat im Showgeschäft.

Ich stehe in Stietenroths Küche. Aus dem kleinen CD-Player auf der Fensterbank dröhnt Musik.

»Ist das Trail Of Dead?«, frage ich.

»Nein, Weezer!«

»Ach, egal«, sage ich und denke: »Ich bin Musikjournalist – woher soll ich so was wissen?«

Heute saß ich unter freiem Himmel in einem Italo-Restaurant am Platze. Ich bin dort gerne, was vor allem am wunderbar schmierigen Italo-Kellner mit den dichten Drahthaaren und den viel zu großen, stets dem Gast entgegengebleckten gelben Zähnen liegt. Ein bisschen sieht der Kellner aus, als hätte Don Martin den französischen Italienerdarsteller Fernandel gemalt. Ich trank gerade einen Espresso zu viel, da näherte sich ein Musikant.

Menschen, die bei jedem halbwegs brauchbaren Wetter gastronomisch interessierte Menschen vollmusizieren, schätze ich im Grunde gar nicht. Zumindest in Deutschland wissen Straßenmusiker zudem nur selten durch ein halbwegs originelles Repertoire zu beeindrucken. Doch dieser Mann spielte Akkordeon. Akkordeonspielern gebe ich immer etwas, denn das Akkordeon war auch das Signaturinstrument meines Vaters.

Schon beim Neil Diamond-Konzert schwirrte mir ständig mein Vater im Kopf herum. Ihm habe ich es zu verdanken, dass die Musik in meinem Leben eine so große Rolle spielt. Das sagte ich ihm auch vor gut zwölf Jahren, als er im Krankenhaus im Sterben lag; es war das Beste, was mir einfiel.

Wenn ich von meinem Vater spreche, nenne ich ihn immer einen Musiker. Andere würden wohl sagen, er war Frührentner, Sachbearbeiter bei irgendeiner kleinen Firma oder etwas Ähnliches. Aber ich weiß, dass er vor allem Musiker war.

138

Mein Vater spielte fast jedes Instrument. Einige wohl sehr gut, andere brauchbar, manche auch nur mit dieser ihm eigenen Mischung aus Angstlosigkeit und Intuition. Am besten aber spielte mein Vater Akkordeon.

Es ist gut möglich, dass mein Vater ein toller Profi-Musiker geworden wäre – etwas, was mich nie interessiert hat. Aber ihm kam der 2. Weltkrieg dazwischen. Kurz vor Kriegsende wurde er mit noch nicht einmal 18 Jahren schnell noch eingezogen, geriet bald in Gefangenschaft, und als er in seine plattgebombte Heimat zurückkam, da war es vorbei mit der Musikerkarriere.

Später dann, nachdem seine Krankheit ihm jede andere Arbeit unmöglich gemacht hatte, gab er bei uns im Wohnzimmer Orgelunterricht und betätigte sich als Alleinunterhalter auf Hochzeiten und Geburtstagen. Mir war die Vorstellung, dass mein Vater ländliche Feste beorgelte, immer ein wenig peinlich, was mir heute als ziemlich blöd erscheint: Mein Vater hat Musik gemacht. Für ihn waren diese Hochzeitsauftritte, bei denen er Schlager, Partykellerpop der Siebziger, Rumtata-Stimmungslieder, Karnevalistisches, Evergreens der Vierziger und Fünfziger und vieles mehr zum Besten gab, vermutlich das Größte.

Mein Vater war ein feiner Mann. Ich habe ihm viel zu verdanken. Vor allem aber die Musik. Er hat mich auf mein erstes Konzert mitgenommen (eine Autohauseröffnung mit den Bläck Fööss, wir kamen allerdings zu spät, was mein Vater dadurch wettmachte, dass er mir Autogramme aller Bandmitglieder besorgte), er hat mich dazu gebracht, Schlagzeug und Gitarre zu lernen, und er hat mich zu einem Mann der Melodie werden lassen.

Heute also denke ich sehr bewusst an meinen Vater. Ich tue das nicht so oft. Er ist ja ohnehin meistens dabei, vor allem beim Musikhören. Ich kann beispielsweise die Stimme Morrisseys nicht hören, ohne dass mir mein Vater einfiele, der angesichts meiner im Familienwagen totgedudelten Smiths-Kassetten irgendwann entnervt ausrief: »Der Kerl hat eine Stimme zum Kartoffelverkaufen!« Einigen konnten wir uns auf die Beatles und Tom Jones.

Jetzt gerade aber läuft keine Musik. Jetzt denke ich einfach nur so an diesen feinen Mann.

03.06.2008

Ein schwarzer BMW schiebt sich langsam über die Schanzenstraße in Köln-Mülheim. Im Wagen sitzen zwei junge Türken, am Dach flattern zwei Deutschland-Wimpel. Aus dem Autoradio dröhnt laut und unmissverständlich ein Stück des Rappers Massiv: »Ich bin ein Kanake der vom Messerstechen Narben hat …« Ein bizarres Bild – aber ganz und gar im kulturellen Hier und Jetzt zu Hause.

Ein paar Straßenecken weiter, im ausverkauften Palladium dagegen reagiert an diesem Abend das ewige kulturelle Vorvorgestern. Lenny Kravitz, der uns seit 1990 charmant vorgaukelt, es sei immer noch 1974, macht mit seiner »Love Revolution«-Tour halt in Köln, und alles ist entsprechend aus dem Häuschen: Zur Verbreitung seiner »Love«-Botschaft hat sich Lenny Kravitz mit der in Liebesangelegenheiten scheinbar ebenfalls aktiven Firma Sony Ericsson kurzgeschlossen, die sich sofort bereit erklärte, ihr Logo auf alles zu pappen, was auch nur irgendwie mit Lenny Kravitz' »Love Revolution«-Tour zu tun hat. Emsig tummeln sich die Mitarbeiter der Firma am Stand im Foyer und geben auf T-Shirts ihrer Liebe zu Lenny Ausdruck, auch irgendeine Competition ist im Gange. Dem freundlichen Mittdreißiger-Publikum sind derlei Allianzen schnurz, man übt sich in Jahrgangsparty-Stimmung und wartet auf den Star.

Man wartet sehr lange. Als Kravitz fünfundvierzig Minuten nach dem anvisierten Beginn noch immer nicht da ist, werden Pfiffe laut. Um kurz vor zehn dann geht das Licht aus, und der Schlagzeuger trommelt – von einem Spot beleuchtet – ein donnerndes Intro. Plötzlich ist auch Lenny Kravitz da, der mit Sonnenbrille, baumelnder Kette und Flying-V-Gitarre ausschaut, als sei er in entschieden selbstparodistischer Stimmung. Die Musik tut ein Übriges: Die Riffs der ersten drei Songs wurden bereits vor zwanzig Jahren unter Denkmalschutz gestellt, und die Gitarrensoli dauern in der Regel so lange, dass man in der Zwischenzeit rasch zu Hause seine Briefmarkensammlung umsortieren und pünktlich zum Song-Ende zurückkehren könnte; in der Coda des zweiten Songs tut Kravitz' Saxofonist dann alles, um ein ohnehin schon allzu viel hässlichem Spott ausgesetztes Instrument noch mehr in Verruf zu bringen. Aber so darf man das alles vermutlich nicht sehen. Kravitz' Kunst ist eine Angelegenheit von Konsequenz: eine Wegblendung all dessen, was in der Popmusik nach Psychedelia, Frühsiebziger-Funk und Glamrock passiert ist.

Besser sagt es vielleicht die Werbekampagne von Sony Ericsson: Lenny Kravitz sei »ein wahrer Vollblutmusiker, der für seinen eigenen Stil steht«.

Vor allem steht Kravitz für ein äußerst seltsames Zeitgefühl, das ihn als Freigeist mit ganz eigenem Regelwerk ausweist: Das laue Lied »Stillness Of The Heart« wird durch lange nicht mehr gesehene Formen der Publikumsanimation auf die Länge einer ganzen Beatles-Plattenseite gestreckt: Kravitz tanzt mit Schellenkranz entrückt am Bühnenrand und lässt den ganzen Saal einem falsch verstandenen »No Woman, No Cry«-Effekt hinterhersingen. Am Schluss – etwa zehn Minuten später – steigert sich die Lautstärke wieder, Kravitz fällt auf die Knie und brüllt etwas von »Oh lord«, womöglich hält er es für Soul. Dann geht er ab – der Song läuft weiter. Nach einer Minute kommt er, mit beiden Händen Peace-Zeichen formend, zurück, um den Song durch enthemmtes »Yeah«-Brüllen noch mal um einige Minuten zu strecken. Lenny Kravitz, das muss man ihm wohl einfach zugutehalten, ist komplett verrückt. Der Mann hat total die Kappe kaputt, der lallende Rock-Irrsinn stakst auf Stelzen durch den Laden. Irgendwann sacken mir die Beine weg, und ich gehe nach Hause. Ich liege schon im Bett, als mir ein noch anwesender Kollege eine SMS schickt: Soeben habe Kravitz die Empore erklommen und schüttele dort Hände.

04.06.2008

Wollte ich es ganz stumpf angehen, könnte ich sagen: noch eine Bekloppte.

Man muss sich immer wieder vor Augen führen, wie es früher auf Konzerten von Chan Marshall alias Cat Power zuging: Da stand – oft mutterseelenallein – diese fragile, vorauseilend trotzige junge Frau auf der Bühne und sang ein paar spröde Lieder zur Gitarre. Manchmal waren es fünf Songs, manchmal vielleicht nur drei, dann ging in der Regel etwas schief: Entweder es war ihr zu laut im Publikum, oder etwas anderes stimmte nicht. Wenn man Glück hatte, legte sie sich nur mit den Zuschauern an und spielte vielleicht noch zwei Lieder, wenn man Pech hatte, fing sie an zu weinen oder verließ einfach die Bühne. Es gibt im Nachhinein nichts an dieser Karriere-Phase der Sängerin zu romantisieren; wer je einen der frühen Auftritte der schwermütigen Chan Marshall erlebt hat, wird diese unangenehme Erfahrung nie vergessen.

Die Chan Marshall von heute könnte sich kaum stärker von dem damaligen verhuschten tomboy unterscheiden: Wie viele Amerikaner, die Alkohol und anderen Lastern von der Ladefläche gesprungen sind, pflegt sie heute ein leicht esoterisches Hippietum. Spätestens seit ihrer letzten Platte »Jukebox« wird sie als Königin der Coverversion gehandelt; sie modelte für Karl Lagerfeld, selbst Gala und Bild berichteten jüngst über sie; den Thron des Indie-Pin-up-Girls kann ihr ohnehin niemand streitig machen. Es ist daher ein wenig erstaunlich, dass die Kölner Live Music Hall am Mittwochabend nicht bis in den letzten Winkel ausverkauft ist.

Um neun kommt sie kurz nach ihrer Band mit einem Becher Cola auf die Bühne geschlurft und grinst freudig ins Rund. Mit dem Glühwürmchen-Blues »Dreams« eröffnet sie den Abend, zwischendrin kippt sie für eine Strophe kurz in »Blue Moon«. Ihr Gesang ist derzeit ohne Vergleich: Es ist ein pausbäckig maulender weißer Soul-Gesang, der sich alle blöden Rauheiten spart; stattdessen beugt sich Marshalls schnutige Stimme in jeden Ton hinein. Es folgt ihre sommermüde Aneignung von James Carrs »Dark End Of The Street«. Hier von Coverversionen zu sprechen wäre so, als würde man behaupten, James Brown habe rhythmusbetonte Musik gemacht. Man muss es tatsächlich so hippiehaft sagen: Chan Marshall tanzt mit diesen Songs, sie streitet mit ihnen, sie schreit sie an, schubst sie weg, lässt sie stehen, versöhnt sich, umklammert sie – manchmal geht sie auch mit ihnen ins Bett. Mit vielen dieser Stücke hat sie sehr lange intensive Beziehungen laufen: Joni Mitchells »Blue« wird bei ihr zu einer weggedösten Junkie-Andacht; Sinatras angeschwipster Leichtfuß-Swing »New York« gerät zu einer Art verkaterten Taxifahrt durch die Stadt, und spätestens wenn die trockene Alkoholikerin ihre tolle Thekenhymne »Lived In Bars« als besoffenen Taumel darbietet, wird klar, dass auch das eigene Material zur Neubearbeitung freigegeben ist. Es ist tatsächlich vollkommen egal, ob es sich bei den von ihr gespielten Songs um Fremdkompositionen oder um eigene Stücke handelt: Marshall setzt sich immer wieder neu in Beziehung zu ihrem Material – darin ist sie ihrem Idol Bob Dylan ebenso nah wie vielen Jazz-Größen.

Als Bühnenpersönlichkeit ist die einstmals Überverhuschte heute vollkommen unvergleichbar; Chan Marshall geht in einer Art ständigem unkontrolliertem Ausdruckstanz verloren, der keine Hemmungen oder Peinlichkeiten kennt: Sie hoppelt, hüpft und tänzelt; sie buckelt und krümmt sich. Fast jede Zeile findet eine gestische Entsprechung, wird weitergeführt oder ergänzt: Marshall schießt mit unsichtbaren Pistolen, macht diverse Tiere nach, rudert, isst pantomimisch Teller leer, fängt Sonnen ein, weist den Weg zu Mondlichtstraßen, sie baut Treppen, sie malt ganze Ölgemälde. Doch sind diese Bewegungen, denen man gebannt zuschaut, keine künstlerischen Übersprunghandlungen, vielmehr verlängert Marshall mit ihrem Körper die Töne, deutet noch weiter und interpretiert noch mehr, als es der Gesang schon tut.

Ihre vierköpfige Dirty Delta Blues Band spielt dazu wie ein gelegentlich aufbrausendes Bar-Quartett: Kein Ton ist zu viel, man pflegt die Kunst der lapidaren Präzision, und der Keyboarder verwendet mindestens so viel Zeit aufs Rauchen wie aufs Tastenspiel. Aber wenn es gilt, einen Orkan anzuzetteln, wird auch dies mit enormer Lässigkeit bewerkstelligt. Diese Musik hat die Sechzigerjahre mit Löffeln gefressen, ohne je nach Vintage-Nachstellung zu klingen, man möchte am liebsten die Begleitmusiker von Winehouse und Duffy, am besten auch gleich die Sängerinnen selbst, zur Lehrstunde herschleppen.

Zwischen den Songs wird es jedes Mal gleißend hell im Saal; Chan Marshall steht am Bühnenrand, knotet sich die Haare zusammen, als befände sie sich im Fitness-Studio, und grinst ins Publikum. Es ist fast, als könnte sie heute von den Leuten nicht genug bekommen, vor denen sie sich früher fürchtete. Am Schluss steht sie noch minutenlang auf der Bühne, Hank Williams läuft, und Marshall schüttelt Hände, schreibt Autogramme, tänzelt und posiert, zieht Grimassen, wirft zusammengeknüllte Setlists, Blumen und allerhand Unsinn in die Menge und posiert noch mehr. Es geht Chan Marshall gut; einen veritablen Knall hat sie zum Glück aber immer noch.

Eine Freundin, die bei einem großen Chemiekonzern beschäftigt ist, mailt aus dem Büro:

»Ein Hubschrauber umkreist uns. Das könnte zwecks Aufnahmen für einen Image-Film über unsere Firma der Fall sein, es könnte sich aber auch um einen in Kürze stattfindenden Terroranschlag handeln. Falls ich den heutigen Tag also nicht überlebe, möchte ich, 1. dass du auf der Beerdigung weinst und dich 2. bei der Musikauswahl einbringst.

Falls mein Exmann »I Just Wasn't Made For These Times« von den Beach Boys einbringt – das war SEIN Lied, nicht meins. Weiterhin möchte ich nicht, dass an irgendeiner Stelle »Der kleine Prinz« zitiert wird.

Und dann das: Cat Power für Hundehalter. Keine Woche ist seit Chan Marshalls Auftritt vergangen, da kommt auch gleich ihr domestiziertes Gegenstück, die walisische Sängerin Duffy, in die Stadt und beehrt das ordentlich gefüllte Palladium.

Die Begeisterung ist erklärbar – und hat nur am Rande damit zu tun, dass »Mercy« der beste Sixties-Tanzschuppensong ist, der es noch nicht auf die Bäume geschafft hatte, als Amy Winehouse' Betreuerstab das Girlgroup-Erbe plünderte: Der stilsichere Sixties-Pop der Sängerin – komplett mit zuckerigen Streichern und Röhrenverstärker-Wärme –, den ihr der britische Produzent Bernard Butler kompetent maßschneiderte, bedient die Freude am Handgemachten und Ordentlichen in Zeiten verwirrender Sound-Verprollung; Duffys Stimme wiederum – ein charmantes, geknautschtes Maunzen – hat etwas höchst Artistisches: »Die kann was«, denkt man sich staunend, und der Sound verweist auf bessere Zeiten. Da fällt kaum auf, dass wenig an dieser Musik originell ist.

Gleich als Zweites spielt sie ihr bestes Stück, das sich refrainlos emporschraubende »Rockferry«, das klingt, als sänge Dusty Springfield einen Lee Hazlewood-Song. Auch in der scheppernden Halle beherrscht Duffys faszinierendes Maulen und Quäken alles; nur dann und wann hängt sie ein paar Schleifen zu viel an die Melodien. Und auch wenn dies freilich eine Second-Hand-Stimme ist, in der die halben Sechziger nachhallen, steht man da und staunt. Man darf nicht vergessen: Es ist ihre erste große Tournee. Und sie macht das gut: Die Bewegungen sind reduziert und sparsam, wenn ein längeres Solo ertönt, schwingt sie lässig das Mikrofon in Hüfthöhe, zwischendurch plaudert sie freundlich, aber niemals anbiedernd: davon, dass die Waliser besser Rugby spielten als Fußball; davon, wie man von der deutschen Bierglasgröße auf den Spaßfaktor der Nation schließen könne – sie muss wohl Weizengläser meinen –, aber auch von ihrer Liebe zu Burt Bacharach. Das konzeptionelle Kleid sitzt also perfekt, nur dem zweiten Mucker-Gitarristen hat noch keiner erzählt, dass blondierte Iro-Frisuren und breitbeiniges Posing im Zusammenhang mit Sechziger-Pop doof aussehen. Übrigens auch sonst.

Sosehr man Duffy als Sängerin wenig vorwerfen kann, sosehr zeigt sich heute Abend rasch, dass ihre Songs oft nicht mehr sind als solide Pastiches für retrovernarrte Karaoke-Abende. Bei lauen Liedern wie »Stepping Stone« und »Serious« ist man geneigt, zum Buffet schlurfen und sich an Käseigel und Erdbeerbowle schadlos halten zu wollen. Auch der Plauderpegel steigt beständig an. Da, wo man bei Amy Winehouse ständig damit rechnen muss, dass gleich hässliche Tiere aus der Steckfrisur gesprungen kommen, herrscht hier bisweilen gleichgültige Wohltemperiertheit einer »Breakfast At Tiffany's«-Kostümparty.

Erwartungsgemäß hat Duffy aber beim Grillfest-Kracher »Mercy« den Saal wieder fest in der Hand. Auch die letzte Zugabe, das als Knutschmusik schön zwischen »Unchained Melody« und »Twin Peaks« gelegene »Distant Dreamer«, gerät recht packend. Für die nächste Tour wünscht man der sympathischen Frau nur zwei Sachen: bessere Songs und den Mut, mit ihrer Lieblingsmusik in einen mutigeren Dialog zu treten. Die Sechziger halten es absolut aus, wenn man sie mit dem Jetzt konfrontiert oder ein bisschen Spaß mit ihnen macht.

Gestern erst war ich auf einem Kindergeburtstag eingeladen. Eine familiäre Verstrickung zog dies nach sich. So viel vorab: Die Kinder, alle im Alter von etwa 5, 6, 7 Jahren, waren alle recht freundlich, es waren keine Skinheads oder Porno-Hip-Hopper darunter. Musik spielte eine äußerst unbedeutende Rolle, das war womöglich auch besser so. Musikhörende Kinder sind nämlich meist schlimmer als singende Kinder. Singende Kinder sind eigentlich nur dann schlimm, wenn sie es unter der Abrichtung Erwachsener und zu kommerziellen Zwecken tun. Früher gab es mal einen sogenannten »Markt« für Kindermusik. Ich meine damit nicht die zu ächtende Betüddelungsmusik eines Rolf Zuckowski, sondern ein Sub-Genre des Schlagers, das Ende der 70er, Anfang der 80er-Jahre des letzten Jahrhunderts die Menschen landauf, landab zu Plattenkäufen anstachelte. Die bekannteste Protagonistin dieses Booms war wohl die von ihren Entdeckern/Produzenten auf vorpubertäre Seelenschmerzentäußerungen spezialisierte Andrea Jürgens (»Und dabei liebe ich euch beide«, »Ein Herz für Kinder«). Sie singt noch heute ihrem frühen Ruhm hinterher, wie halbherzige Recherchen meinerseits ergaben.

Wesentlich besser gefielen mir persönlich aber Manuel & Pony und ihr ZDF-Hitparaden-Smasher »Das Lied von Manuel«. Ein sehr eingängiges, wenngleich bizarres Lied, das von einem Jungen – Manuel geheißen – »aus Kastilien« handelt, der im »Neubaublock mit seinen Eltern« wohnt und alle Nachbarskinder mit seinem Gesang nervt. Das ist nur verständlich, denn besagter Manuel singt auch im Song selbst immer wieder die Wörter »Maria Dolores« – und zwar so kopfschmerzverursachend, wie es nur ein sozial gestörtes Kind vermag, dem immer wieder eingeredet wurde, es habe eine schöne Stimme. Doch die Nachbarskinder sind grausam und singen mit patzigen kleinen Stimmchen: »Wir kennen deine Stimme, wir kennen dein Gesicht/aber mögen mögen wir dich nicht«.

146

Dann jedoch erfährt der Song und das Verhältnis der Kinder zu Manuel eine Wende. Denn plötzlich ist eine »kleine Hannelore« krank. Hießen Kinder damals – der Song stammt aus dem Jahr 1979 – wirklich Hannelore? Ich glaube dies mit Sicherheit verneinen zu können, zumal mir hier aufgrund meines eigenen, sich mit dem der Ponykinder deckenden Alters ein gewisses Expertentum zukommt. Manuel – sicher, so hießen damals Jungs, und sie wohnten tatsächlich in Neubaublocks, Hannelore hieß man nur, wenn man völlig wahnsinnige Eltern hatte. Wie auch immer: Manuel, so teilen uns die Nachbarskinder nun im Lied mit, sucht Hannelores Eltern auf. Was er denn da gewollt habe, fragen die Kinder ihn. Wir erfahren, dass Manuel, woher auch immer, von einer Heilungsmöglichkeit für Hannelore weiß. In einer Art Bridge teilt ihr und uns der Junge in einem ausgedehnten Solo-Part mit: »Da gibt es einen/und er kann dich heilen/doch der Weg dahin ist weit/nach Amerika/Da braucht ihr Geld/drum werd' ich für euch singen/Ich gebe ein Konzert für sie allein«. Oh Hybris! Die ehemals patzigen Kinder indes wissen nun – wenngleich im selben patzigen Ton wie ehedem – zu vermelden: »Wir hören deine Stimme noch öfter als bisher/Nun mögen mögen wir dich sehr«.

Ich hatte vor wenigen Monaten noch einmal eine ernstliche Obsession, das Stück betreffend. Die Mischung aus schamloser Kinderverheizung, eingängiger Süße, völlig krauser Geschichte und Sozialkitsch faszinierte mich so sehr, dass ich zu recherchieren begann, welche durchgeknallten Freak-Produzenten hinter der Sache steckten. Folgendes konnte ich ermitteln: Manuel heißt eigentlich Achim Rodewald und wurde 1965 in Bensberg, einem eingemeindeten Stadtteil meiner Vaterstadt Bergisch Gladbach, geboren. Als Sopransänger war er Teil des Chors Die Sonntagskinder, die in jener Zeit, die viele von uns unter dem Namen »Siebzigerjahre« in nachhaltig verstörender Erinnerung haben, durch einige ZDF-Shows gescheucht wurden. Da Rodewald offenbar besonders schön singen konnte, wurden ihm gelegentlich Solo-Parts zugedacht.

Die mit famosen Schlagerproduzentennamen ausgestatteten Schlagerproduzenten Kurt Feltz und Heinz Gietz waren offenbar emsige ZDF-Gucker, denn in einer dieser Sendungen entdeckten sie den Jungen eines Tages und ließen ihn gemeinsame Sache mit der in Hit-Angelegenheiten zuletzt etwas unpässlichen *grande dame* des Revuegesangs Catherina Valente machen. Der gemeinsame Song »Manuel« wurde Valentes größer Hit seit Langem. Um weiteren Erfolg aus Achimanuel herauszupressen, formierten Feltz und Gietz die Gruppe Manuel & Pony, komponierten besagten Song und landeten damit einen der größten Hits des Jahres 1979. Auch der in solchen Fällen stets hemmungslos engagierte Ralph Siegel wollte noch in die Erfolgsgeschichte verwickelt werden und nahm mit Rodewald zwei Alben auf. Dann setzte der Stimmbruch der Kinderstar-Karriere des tirilierenden Bensbergers ein Ende, das jäh zu nennen allenfalls einem sprachlichen Automatismus, aber keiner Logik folgen würde.

Heute gibt es so etwas nicht mehr. Heute werden Kinder nicht mehr Sonntagskinder; sie werden Models, cracksüchtig oder lassen sich beim Nachtanzen von Bushido Bohlens gesammelten Kurzgeschichten für YouTube abfilmen. Jede Zeit hat ihre eigenen Schrecken.

29.06.2008
Es ist achtunddreißig Uhr und sieben Minuten, Sie hören die Rocknachrichten.

Bielefeld.
Bei der Gründung des Popduos Die Bösen kam es gestern zu einem heftigen Eklat, nachdem eine andere, ebenfalls aus Bielefeld stammende Band namens Die Guten auffällige konzeptionelle Ähnlichkeiten festgestellt zu haben glaubte. Ein rasches Handgemenge zwischen beiden Bands konnte die Situation zuungunsten aller Interessierten rasch beenden.

148

Köln.
Der musikverdrossene Musikfreund Eric Pfeil hat in einem spontanen Bekenntnis der Einsicht Ausdruck verliehen, dass er sich eigentlich gar nicht für Musik interessiere, sondern für besonders kluge, besonders interessante und besonders schöne

Menschen. Diese könnten jedoch ebenso gut wie Musik zu machen auch Kartoffeln verkaufen oder bei der Frauenzeitschrift »Men's Health« arbeiten, so Pfeil am Abend.

Berlin.
Um bei der musikindustriellen Talfahrt endlich die Handbremse zu ziehen, werden bei zu großen Bands künftig einzelne Gruppenmitglieder zwangsentfernt. Als Erstes muss der Schlagzeuger von den Flippers gehen. Er bekommt stattdessen einen Job als Swingerclubkönig im Hunsrück verliehen. Um klarzumachen, dass die Maßnahmen der Industrie auch nicht vor sogenannten Frontmännern haltmachen, fliegt als Nächstes Brian Molko bei Placebo raus, was dem Rest der Band immerhin die Chance auf ein würdevolles Weiterleben gibt.

Hall und Haare.
Dies waren fast ein Jahrzehnt lang die Haupterkennungsmerkmale der Band My Morning Jacket aus Louisville, Kentucky. Geradezu canyontief und weltraumweit waren die Reverb-Räume, in denen die Band spielte, und bei Konzerten flogen die langen Haare und Bärte der Musiker, dass man von der Windenergie den Strom für mindestens zwei Wasserkocher hätte gewinnen können. Vor drei Jahren dann schnitten sich Sänger Jim James und seine Mitstreiter weite Teile der Haarpracht ab, und auch das Klangspektrum wurde korrigiert: Zwar unternahm die Band immer noch Ausflüge in Soundwelten, die an Neil Young samt Crazy Horse in einer leeren Lagerhalle denken ließen, aber für das großartige Album »Z« eroberte sich die Band auch Pop und Funk. Plötzlich galten sie vielen Kritikern als »die amerikanischen Radiohead«, was freilich ziemlicher Unfug ist. My Morning Jacket sind vielmehr, ähnlich wie Wilco, eine freigeistige amerikanische Rockband, die in ihrer Musik Vergangenheit und Gegenwart derart klug und schön überblendet, dass man stellenweise glaubt, die Zukunft zu hören. Ihr neues Album »Evil Urges« ist wieder hochambitioniert, allerdings nicht mehr ganz so kohärent wie der Vorgänger. Das ändert nichts daran, dass

149

ihnen nach wie vor der Ruf einer außergewöhnlich guten Live-Band vorauseilt.

Stietenroth und ich schaffen es gerade eben noch rechtzeitig ins Luxor zu kommen. Ein erlösender Regen ist gerade über Köln niedergegangen, als die Band gegen zehn Uhr die Bühne betritt und sich erst mal – mit dem Rücken zum Publikum und in tiefrotes Licht getaucht – in ihre Musik versenkt. Der Weltraum-Country-Soul von »Evil Urges« eröffnet den Abend. »I made a nasty descision! To love whoever I want whenever I can« singt Jim James mit seiner hohen Honig-Stimme, die irgendwo zwischen Country-Croon und blauäugigem Soul hängt (für Cineasten: James ist der weiß geschminkte Beerdigungssänger aus Todd Haynes' Dylan-Altar »Im Not There«, der im Dörfchen Riddle so anrührend »Going To Acapulco« singt). James ist ein rustikaler Typ, nicht eben ein Superhero-Rockstar auf Rädern. Vielmehr ein Mann, für den die Kombination von T-Shirt und Weste kein ästhetisches Problem darstellt. James hat Wichtigeres im Sinn: kosmischen Poprock für übermorgen zum Beispiel. Die Angelegenheit mit den Haaren hält sich tatsächlich in Grenzen. Außer dem Schlagzeuger – der wie eine einzige Haar-Skulptur aussieht und fast die blöde Muppets-Assoziation erzwingt – hat man den Wuchs inzwischen unter Kontrolle. Der Hingabe tut das keinen Abbruch: James sieht häufig aus, als sei ihm eben der leibhaftige Gram Parsons als elektrischer Reiter erschienen. Dann passiert es: Der Song nimmt eine Wendung, beschleunigt das Tempo, und James und seine Kollegen beginnen den Kopf zu schütteln, als gelte es, damit einen Wettbewerb zu gewinnen. Und während seine Mitmusiker das Stück weit hinaus ins All schießen, titscht und hüpft James entfesselt über die Bühne, als müsse er jeden Gedanken an alles, was jenseits dieser Bühne liegt, abschütteln. Das Publikum spendet Szenenapplaus, James reckt den Daumen in die Luft.

Mehr Kommunikation lässt die Band erst einmal nicht zu. Hintereinanderweg folgen fünf ineinander verlaufende Songgemälde, in denen die Band, mal von Reggae, mal von Country ausgehend, munter das Meer der Möglichkeiten durchsegelt. Erst nach einer halben Stunde wendet sich James ans Publikum: »Thank you sweet Germany« ruft der Sänger und leitet mit dem ruhigen »Sec Walkin« einen von vielen Blöcken an diesem Abend ein, die am Ende alle in den Effektkammern der Musiker verhallen.

Beim eleganten Soul von »Thank you too« singt Jim James mit Handtuch auf dem Kopf, bei »Lay Low«, einem typisch verquer arrangierten, dabei kompositorisch aber doch zutiefst traditionellen Southern Rock-Stück, hüllt er sich in ein Zauberer-Cape. Doch bald schon krümmen sich die Musiker wieder im bunten Licht, es fliegen die Haare, so kurz sie inzwischen auch sein mögen, und James löst seinen Gesang mit einem Gitarrensolo ab. Wie schlimm Gitarrensoli sind, merkt man ja erst, wenn man mal wieder ein gutes hört – und My Morning Jacket haben viele gute, schöne Gitarrensoli. Schön deshalb, weil diese Soli etwas erzählen. Jeder Solist sollte das beherrschen: Wer aufsteht, um sich aus einem Song zu erheben, muss schon etwas zu sagen haben.

Beim schmerzlich schönen »Wordless Chorus« im zweiten Block hat Jim James sich dann plötzlich wieder in seinen Zauberer-Umhang gehüllt. Die Bühne ist in so schlierige Farben getaucht, dass die Musiker nur noch als Silhouetten zu erkennen sind: James sieht jetzt aus wie eine Fledermaus im purpurnen Gegenlicht. Nach gut zwei Stunden verabschieden sich die Musiker. Eine Zugabe gibt es nicht: Was sollte man schließlich noch geben, wenn man ohnehin schon alles gegeben hat? Und alles meint hier: zeitgemäßen Gitarrenrock und Psychedelia ohne fiese Posen und Gegniedel. Dafür mit Hall und Haaren.

Auch diesen Mann rettet das Hippietum.

Die letzte Platte von Beck war eine äußerst traurige Angelegenheit. Sie zeigte einen Künstler als Resterampenverkäufer seiner eigenen Ideen; es war ein bisschen so, als begegnete man dem ehemals lässigsten Jungen aus der alten Schulklasse, nur um festzustellen, dass der immer noch dasselbe ausgeleierte T-Shirt aus den frühen Neunzigern trägt. »The Information« hieß jenes

Beck-Album, und es klang wie eine Vorführung all dessen, was an den Neunzigern so furchterregend war: »The Information« war spaßig ohne jeden echten Humor, stilverpanschend ohne Sinn und Verstand, schlaff und gleichgültig wie ein Marihuana-Kränzchen und von einer kühlen Ironie, die einen daran erinnerte, dass man sich dieses Stilmittel besser als Verteidigungswaffe für Momente der Verletztheit aufheben sollte, statt mit ihr lautstark jede Tür einzurennen.

Dieses unangenehme Nachwehen einer Dekade klang allerdings gerade deshalb so unschön, weil Beck mit seiner Mischung aus clownesker Schluffi-Aura, musikalischer Bildung und fortgeschrittener Postmodernität rückblickend sicher der quintessenzielle Popstar der Neunziger war – mehr noch als Kurt Cobain, der die Sache ja bekanntlich viel zu ernst nahm. Beck dagegen dampfte nur so vor Ungreifbarkeit und Unvorhersehbarkeit, und bei all seinen alchemistischen Panschereien bewies er stets ein hohes Stilgefühl. Umso schlimmer war es zu hören, dass der einstmals furchtlose Spinner mit seinen müden Schlurf-Rhythmen und dem schlappen Rap-Kauderwelsch nun offenbar als unfreiwilliger Selbstparodist gestrandet war. Es musste etwas passieren. Zum Glück sah Beck das genauso.

Ein paar Daten zu Becks neuem Album: »Modern Guilt« versammelt exakt zehn kurze Songs, das Album ist gerade mal dreiunddreißig Minuten lang (ein Umstand, der bei Quantitätsfetischisten für Schaumbildung im Mundbereich sorgen dürfte), und als Produzent wurde diesmal ein Mann hinzugezogen, dessen Name derzeit für einen modernen, humorvollen Eklektizismus steht: Brian Joseph Burton, besser bekannt als Danger Mouse – Hälfte des genialischen Kasper-Pop-Duos Gnarls Barkley und Klanggestalter für Gorillaz, The Good, the Bad & the Queen und The Shortwave Set. Vor allem die Wahl des Produzenten ist aufschlussreich, ist Danger Mouse doch historisch gesehen ein Nachfolger Becks. Ein Schüler als Retter.

Danger Mouse vollbringt etwas Großartiges: Er lässt Beck wieder Beck sein, ohne dass dieser sich je auf sicheres Terrain – dösigen Hip-Hop oder Folk-Freakerei – zurückziehen würde. Der 37-Jährige klingt hier tatsächlich wieder verwirrend, waghalsig, schwer greifbar, mitunter gar ziemlich *far out*. Das passt, denn »Modern Guilt« ist eine zeitgemäße Psychedelic-Pop-Platte – für die Beck zum Glück seine besten Songs seit vielen Jahren geschrieben hat: Lieder wie »Orphans« (ein Sixties-Song, der durch eine Spaghetti-Western-Stadt reitet), »Gamma Ray« (eine von einer Roboterband gespielte Garagennummer) und der Titelsong sind eingängige Lieder, die alle aber einen gehörigen Knick in der Perspektive haben, eine Sollbruchstelle in der Konstruktion. Übersteuerte Trommeln scheppern, Zombie-Chöre seufzen, Gitarren spielen rüde Riffs, seltsame Soundschlieren tauchen auf und verschwinden wieder. Und am Ende gewinnt der Song. Anderswo lassen sich Beck und Danger Mouse noch mehr gehen: »Chemtrails« beginnt in Brian Wilsons Sandkasten und reitet dann auf einer Funk-Rock-Rakete ins Weltall, »Walls« ist ein überblendetes Hippie-Katerlied mit depressivem Text und Purzelbaum-Schlagzeug, und »Profanity Prayers« klingt, als würden die jung eingefrorenen Buffalo Springfield ein Acid-Rock-Stück in der Zukunft spielen. So ansteckend verrückt, lustvoll und frei wie »Modern Guilt« hat in diesem Jahr noch kein Pop-Album geklungen (auch keins, an dem Danger Mouse beteiligt war).

Es steigert den Effekt der Platte, dass Beck diesmal sehr ernste (wenngleich wie immer verspielte) Texte geschrieben hat. Es weht ein starker Gegenwarts-Skeptizismus durch diese Songs, alles scheint im Zusammenbruch begriffen, allenthalben herrscht Desorientierung: »Think I'm stranded but I don't know where« singt Beck gleich im ersten Song. »What are you gonna do when those walls are falling down – falling down on you?«, fragt er ein paar Stücke später. Es mutet in diesem Zusammenhang etwas seltsam an, dass der Scientologe Beck hier mit allerhand religiösen Begrifflichkeiten hantiert: Da ist die diffuse »moderne Schuld« des Albumtitels, Kaktus-Kronen werden getragen, in »Orphans« fantasiert er eine Begegnung mit seinem Schöpfer herbei, ein anderes Mal gerät Ablenkung zur Religion der spirituell Entleerten, wieder ein anderes Mal fragt er sich, wer denn nur all die weltlichen Gebete erhören möge. Zwischen diesen aufgeladenen Bildern: Berge von Schuld, Leid, Angst und Hoffnungslosigkeit. Freilich bleiben all die religiösen Verweise ungreifbar, man kann sich jedoch des Eindrucks nur schwer erwehren, dass man es hier mit einem streng Ego-Gläubigen zu tun hat, der Sinnfragen stellt und Stoßgebete am Altar des Selbst entsendet – kein spezifisch scientologisches Problem übrigens. Den Vorwurf der Hohlheit kann man Beck dabei nicht machen: Die leere Mitte war in seiner Musik schon immer mit angelegt. Und davon mal abgesehen: Sie war schon so viel leerer.

Im letzten Song »Volcano« wird Beck sogar richtig anrührend, das ist ihm – mit Ausnahme von »Sea Change« – bislang kaum gelungen: Zu sehr war er immer damit beschäftigt, Kopf und Beine zu unterhalten, um auch nur über das Herz nachzudenken. Von all den Tränen sei nichts übrig geblieben als der salzige Geschmack auf der Zunge, singt der gefühlt Kalte mit müder Stimme. Von einem japanischen Mädchen ist die Rede, das angeblich in den Vulkan gesprungen sei, womöglich um sich wieder im Mutterleib der Erde sicher zu fühlen. Und auch das lyrische Ich des Songs ist nun auf dem Weg zu diesem Vulkan. »I don't want to fall in though/Just want to warm my bones on that fire a while«. Beck hat ein so verrücktes wie wärmendes Album gemacht. Er hätte es glatt »Volcano« nennen können.

08.07.2008

Geschichten aus dem Ruhrgebiet:

Ein Freund Stietenroths berichtet, dass in seinem Stamm-Britpop-Club die Leute früher regelmäßig beim Abspielen des Radiohead-Hits »Creep« mit geschlossenen Augen und selbstvergessen vor tiefem alkoholbefeuerten Einswerden mit dem Stück anstelle von »I'm A Creep« immer »I'm A Tree« mitgesungen haben. Ich bin begeistert: ein Neunziger-Jahre-Britpop-Club voller Provinz-Hedonisten, die den großen Moment richtig spüren, aber falsch nachstellen. »Ich bin ein Baum.« Super!

Ich glaube, es gibt einen Song der famosen Lo-Fi-Biertrinker-Band Guided by Voices, der »I Am a Tree« heißt. Ich möchte das nicht unerwähnt lassen, kündet es doch deutlich von der Unterschiedlichkeit von Guided by Voices und Radiohead.

Stehe auf einem überfüllten Konzert des Lagerfeuerklimperers Jason Mraz herum und frage mich, warum niemand hier einen Grill mitgebracht hat.

Kurz meditiere ich darüber, wann und warum noch mal die Jugend wieder angefangen hat, sich für dermaßen banalen Strohhütchen-Pop zu interessieren: Sind Travis daran schuld? Oder gar James Blunt? Oder war es der 11. September? Doch dem 31-jährigen in Virginia aufgewachsenen Jason Mraz seine musikalisch versierte Launigkeit vorzuwerfen, führt nicht weit: Etwas derart Vergnügtes und Grundfröhliches zu kritisieren, bringt einem nur den Vorwurf der Miesepetrigkeit ein. Also lauscht man fasziniert und klebt noch etwas mehr mit dem Stehnachbarn zusammen.

Was man hört, ist dies: gut durchgemuckte Klumpatsch-Musik, dargeboten von einer vierköpfigen Backingband, die aus Westcoast-Pop, Weißbrot-Reggae, Afterwork-Soul, Songwriter-Kitsch und Straßenmusik eine kühle Sommersuppe zusammenrührt. Wertkonservative Instrumentenschützer würden sagen, alles sei »echt und handgemacht«. Anders ausgedrückt: Mraz' Musik ist von jener Sorte, die Jürgen von der Lippe früher begeistert bei »Geld oder Liebe« angesagt hat: selbst gemachte Hawaiihemd-Lieder.

Ein bisschen versprüht Mraz den Charme eines bekifften Stufensprechers, der sich das Aufhängen mehrerer Hängematten im Oberstufenraum zum wichtigsten Ziel seiner Amtszeit gesetzt hat. Ein frecher Lümmel mit viel Talent und Gewinneraura: Mraz könnte hier heute abend »Don't Worry Be Happy« singen – das Publikum würde immer noch durchdrehen. Es erstaunt fast, dass er den Song *nicht* spielt, dafür klaut er Madness' »Our House«

und räumt damit einen kollektiv singenden Club ab. Ihm solches anzukreiden, hieße, das Wesen dieses Pop-Schlawiners zu ignorieren: »We Sing, We Dance, We Steal Things« heißt schließlich sein aktuelles Album. »Jason, Jason, Jason ...« skandiert der Laden, und Mraz bedankt sich mit einem albernen Scherz. So etwas hat man lange nicht gesehen: Jedes Mädchen hier im Raum würde vermutlich alles dafür geben, mit Mraz am Strand entlangzuspazieren; die Jungs wiederum würden vermutlich alle irre gerne mal mit ihm gemeinsam Holz fürs Lagerfeuer sammeln. Auf den iPods der nach Süden strömenden Jugendlichen wird mit Sicherheit vor allem Mraz' Launepop zu hören sein. Als am Schluss alles klatschnass nach draußen strömt, blitzt, donnert und gießt es vor der Tür. Darauf, dass zum Sommer auch Gewitter gehören, hat Jason Mraz sein Publikum nicht vorbereitet. Ich hätte es zumindest ahnen können.

14.07.2008

Man könnte im Referenzwahn Paul Simon als Paten für diese ganze Jason Mraz/Jack Johnson/Donovan Frankenstein-Mischpoke heranziehen. Die Leichtigkeit, die Luftigkeit und Simons Neigung zum Durchstöbern fremder Musikkulturen als Ähnlichkeitsmerkmal sehen. Das Wesentliche übersieht man dabei jedoch: dass Simon im Gegensatz zu den Genannten ein Zweifler und Neurotiker ist.

Es hat etwas Bizarres: Paul Simons Konzert am Montagabend in Köln findet gleich neben den Messehallen statt, wo die Jugendmode-Ausstellung JAM gerade zu Ende geht. Der kleine große Mann des Erwachsenenpop, gleich neben einem »Young fashion«-Event. Und so kommt es vor dem Eingang zum Aufeinandertreffen zweier Welten: Die gelb livrierten Ordner haben alle Hände voll zu tun, die zahlreichen Familienwagen durch die mit jugendlichen Klamotten beladenen Messegänger zu lotsen. Es ist festzuhalten, dass Jugendmessen-Aussteller keinesfalls junge, dafür aber oft angestrengt jung gekleidete Menschen zu sein scheinen. Darunter viele gewohnheitsjugendliche graumelierte Herren, oft in bunten Hosen, angestrengt frisiert und in T-Shirts mit dem Fantasy-Bereich entlehnten Aufdrucken gepresst. Das sympathisch moderesistente Paul Simon-Publikum scheint mit dem eigenen Alter weitaus besser versöhnt, zeigt aber keine Überheblichkeit.

Paul Simon ist zweifaches Mitglied der Rock'n'Roll Hall Of Fame und wurde vom Time Magazine zu einem der hundert Menschen gewählt, »die unser Jahrhundert formten«. Dennoch vergisst man den kleinen 66-Jährigen leicht, wenn es daran geht, die ganz Großen aufzuzählen; sein Legendenstatus hält sich in Grenzen, auch wenn er immer wieder von jungen Bands – zuletzt von den Indie-Lieblingen Vampire Weekend – als großer Einfluss genannt wird. Gründe hierfür sind sicher seine Erscheinung, der alles schillernd Rockstar-hafte abgeht, vor allem jedoch die Tatsache, dass sich bei ihm viel Talent, gutes Handwerk und, ja, Genie in Gediegenheit und Unauffälligkeit verflüchtigten. Man hat fast das Gefühl, es könnte dem Lakoniker Paul Simon selbst vielleicht ganz recht sein, immer ein bisschen vergessen zu werden. So stark vergessen zu werden wie heute Abend, das hat er jedoch keinesfalls verdient: Simons Konzert musste mangels Nachfrage vom großen Open-Air-Gelände ins Innere des Tanzbrunnen verlegt werden.

Schon um halb acht betritt Paul Simon mit seiner siebenköpfigen Band die Bühne. Er sieht mit kleinem Hütchen und über der Hose hängendem Freizeithemd wie ein New Yorker Tabakwarenhändler aus, der die meiste Zeit des Tages im Central Park auf einer Bank sitzend mußevollen Gedanken nachhängt. Wie jemand, der Musik jedenfalls nur noch nebenbei und aus wirklichem Vergnügen machen kann. »Gumboots« ist der Eröffnungssong, und prompt breitet sich die ganze Welt des Paul Simon aus: Es ist die des einfachen, ironisch-lakonischen Liedes, dargeboten in gediegener Experimentalität. Gleich als Nächstes schon reitet auf einem wogenden Akkordeon »The Boy In The Bubble«, eins seiner vielen Signatur-Stücke, ein: »These are the days of miracles and wonders«, singt Simon mit jungenhafter Stimme und bewegt sich denkbar unpeinlich zur afrikanisch durchwehten Rhythmik. Es ist die Großäugigkeit, das Staunen, die Simons Ton von dem anderer Singer/Songwriter unterscheiden. Dies, sein Humor und sein naiver Forscherdrang haben ihn immer so viel angenehmer bleiben lassen als viele andere Adult-Pop-Kollegen. Manchmal klingt es heute Abend fast, als würden Woody Allen, Bill Murray oder Larry David ihre neurotische Melancholie nicht vor oder hinter Kameras, sondern in leichtfüßigem Afro-Pop ausleben.

Simon spielt fast jeden seiner Hits – »Mrs. Robinson«, »You Can Call Me Al«, »Still Crazy After All These Years«, ohne je nach Werk-Verramschung zu klingen. Dazu spielt seine Band viel zu gut, dazu hat alles viel zu viel Schmiss, dafür macht ihm alles sichtlich viel zu viel Spaß. Natürlich spielt Simon irgendwann auch allein zur Akustikgitarre »The Sound Of Silence«. Man hat den Song tausendmal gehört, und trotzdem steht man vor diesem Werk wieder wie vor einer gotischen Kathedrale. Es ist ein wenig bedauerlich, dass etliche Anwesende diese Meditation über die Stille dazu nutzen, in experimenteller Tonlage diffus die Melodie durch den Bart mitzubrummen. Paul Simon guckt nur gewohnt lakonisch. Es sind schon schlimmere Verbrechen an der Stille begangen worden.

16.07.2008

Eine popkulturelle Unsinnigkeit:
   Walgesangs-CDs auf Speed hören.

18.07.2008

Jetzt ist es endgültig so weit. Ich werde alt und gram.
   Der Grund für diese Erkenntnis: Erstmals in meinem Leben rege ich mich über ein Graffito auf.
   Es prangt seit letzter Nacht direkt unter dem Fenster meines Arbeitszimmers. Auf etwa zwei Meter Länge steht da in roter, gruselblutartig verlaufender Schrift das Wort

GWZCMSZWWW.

Ich weiß gar nicht, was mich am meisten daran nervt: dass es ein offensichtlich schlecht ausgeführtes Graffito ist (ich glaube, das gruselblutartige Abtropfen nach unten hin war vom Sprayer nicht intendiert, er oder sie hat schlichtweg schlechte Farbe benutzt); dass es aussieht, als hätte mir eine sizilianische Familie alten Schlags mit dem blutroten Code einhämmern wollen, dass ich es in Zukunft besser unterlassen soll, mich der schönen Rosalia zu nähern – oder liegt meine Ablehnung darin begründet, dass ich das Graffito schlicht und ergreifend nicht lesen kann?

Ich versuche es erneut. Ich versuche es aus der Nähe und von der anderen Straßenseite aus, ich verbiege mich sogar in alle möglichen Richtungen.

GWZCMSZWWW.

Vielleicht handelt es sich dabei ja um den Szene-Namen des Sprayers? Vielleicht ist GWZCMSZWWW ja in sprühenden Kreisen eine ganz große Nummer? Ein Dalí der Dose, dessen Name nur mit vor Demut flatternder Stimme ausgesprochen werden darf?

Nein, ich glaube nicht. Ich habe schlichtweg das dilettantischste Graffito der Stadt unter meinem Arbeitsfenster prangen. So sieht's aus!

Ich könnte aber auch mal meinen popkulturell verwirrten, in der Hip-Hop-Szene aktiven Neffen anrufen, vielleicht kann er ja mal vorbeikommen und meine Wand besichtigen.

Mir ist es ein wenig unangenehm, mich über das Geschmiere aufzuregen, das ich selbst jetzt, während ich dies hier schreibe, ständig vor Augen habe, da es sich im gegenüberliegenden Hausfenster spiegelt. Ich wollte so nie sein.

Wenn Leute sich mit Schaum vorm Mund ereiferten und keiften »Bah, guck mal dahinten, das Graffito, das verschandelt die ganze schöne graue Wand, so eine Sauerei, und wer macht's weg? Der kleine Mann – von UNSEREN STEUERGELDERN!!«, dann wusste ich stets mit der gebotenen Ruhe zu entgegnen: »Ach, das schöne graue Haus; vorher war es doch NOCH hässlicher.«

Und jetzt?

Vielleicht sollte ich mich jetzt, da es mich erstmals selbst betrifft und die Grenzen meiner ästhetischen Toleranz auslotet, mehr mit dem Thema Graffiti beschäftigen. Ein Thema, das mir bislang in etwa so egal war wie das Sammeln von Schneegestöber-Gläsern, *nordic walking* oder Bildhauerei.

Vielleicht sollte ich einen Kurs besuchen »Graffiti für Menschen um die vierzig«. Ich bin ein recht offener Mensch. Rasch würde ich die grundsätzlichen Handgriffe lernen, und schon bald könnte ich die ganze Stadt mit meinen Tags und Pieces überziehen. Ich werde darüber nachdenken.

22.07.2008

Es ist noch nicht einmal sieben Uhr abends, und schon bahnt sich Ärger an. Ein Cowboy tritt aus dem Toilettenhaus, das auf das Open-Air-Gelände an der Bonner Museumsmeile gestellt wurde. Unter seinem schwarzen Hut grinst er müde hervor und bleibt genau im Eingang stehen. »Und was kommt jetzt?«, frage ich mich still, »ein Duell? Eine Rauferei, bei der ich doch nur als verweichlichter Schreiberling enttarnt werden könnte?« Doch da geht er auch schon weiter und gibt den Weg frei, als wäre nichts gewesen. Seinen Colt, sofern er einen besaß, hätte er ohnehin schon am Eingang beim Security-Mann abgeben müssen.

Es sind freilich nicht nur Hobby-Cowboys an diesem Dienstagabend zum Kris Kristofferson-Konzert in Bonn geströmt, auch etliche weißbärtige Herren in Taxifahrerjacken nebst Gattin sowie zahlreiche junge Burschen, die täglich am großen Americana-Altar niederknien, streunen über das überdachte Gelände. Die Cowboy-Aufmachungen verwundern ohnehin ein wenig, schließlich war Kristofferson, 72, immer schon ein Outlaw im Nashville-Betrieb, seit er damals, Ende der Sechziger, seine Armee-Karriere hinschmiss, um die amerikanische Country-Musik um ein gutes Stück Hippie-Bohème zu bereichern. Im Grunde ist Kristofferson den entgegengesetzten Weg gegangen wie Gram Parsons: Während Letzterer den Hippies das Werk von Hank Williams und Jimmie Rodgers beibrachte, trug Kristofferson eine neue langhaarige Nachdenklichkeit nach Nashville, wodurch die Welt des Country ein für alle Mal umgekrempelt wurde. Überhaupt ist es unmöglich, sich Kristofferson – sei es als Schauspieler oder als Songwriter – zu nähern, ohne ihn als Parade-Outlaw zu begreifen: In »Blade« gab er einen alten Zausel, der Wesley Snipes mit lebenserhaltendem Blutserum versorgte; unter Sam Peckinpah spielte er aus der Zeit geplumpste Drop-outs; und als Sinéad O'Connor bei Bob Dylans Bühnenjubiläumsparty 1992 vom Publikum ausgebuht wurde, weil sie kurz zuvor im Fernsehen ein Bild des Papstes zerrissen hatte, da ging er zu ihr auf die Bühne, umarmte sie und sagte nur: »Don't let the bastards get you down.«

Pünktlich um sieben Uhr kommt er auf die Bühne: schlank, weißhaarig, ganz in Schwarz. Alleine, nur mit einer Gitarre im Arm. Mit dem düsteren »Shipwrecked In The Eighties« eröffnet er den Abend: »Throw me a rhyme or a reason to try to go on«. Nach dem Song aber muss er nur einmal kurz ins Rund grinsen, und man möchte gleich, dass er zu Weihnachten zu Besuch kommt. Sein faltiges Jahrhundertgesicht mit den kleinen Schwerenöter-Äuglein sieht aus, als habe man es aus einer alten Eiche geschnitzt oder in einen Granitblock gemeißelt. Es folgen etliche seiner frühen Meilensteine: »Darby's Castle«, und danach gleich »Me And Bobby McGee«, dieses visionäre Hippie-Roadmovie, das seiner damaligen Geliebten Janis Joplin 1971 posthum zum ersten Nummer-1-Hit verhalf; die berühmte Refrain-Zeile »Freedom's just another word for nothing left to lose« kann nur der für eine Theken-Binsenweisheit halten, der noch nie so richtig im Wind gegangen hat. Kristoffersons Stimme klingt heiser und arg zerbröckelt, das Gitarrenspiel ist wackelig und staksend. Doch gerade im Kampf mit den Stücken – im Ringen um vergessene Worte, hohe Töne und Rhythmus – entsteht hier Nähe zum Material: ein Dialog mit dem eigenen Werk.

Manche Lieder scheinen vortrefflich dazu geeignet, um dem inneren Amerikanismus Zucker zu geben: Viele Songs entwerfen oberflächlich eine Welt, in der Menschen ständig den Blues singen, morgens in Aschenbechern oder unter Neon-Schildern aufwachen, mit Gitarrenkoffer und knurrendem Magen durch Städte streunen, das zweite Frühstücksbier an der Gürtelschnalle öffnen und ständig vom Teufel belästigt werden. Eine Welt mithin, die hierzulande eigentlich nur mit einem gehörigen Maß an romantischem Folkorismus idealisiert und kaum nachgelebt werden kann. Außer man ist Gunter Gabriel. Oder Stietenroth.

Doch hinter all der straßenstaubigen Romantik kann man einen großen Songschreiber erleben, der seine wilde Haudegen-Welt immer mit viel Lakonie und Selbstironie ausgestattet hat. Heute sowieso: Es sei anstrengend, sagt Kristofferson einmal, zu spielen, wenn es noch so hell sei: Er sehe jedes einzelne Gesicht und könne gut erkennen, falls es jemandem nicht gefiele. Wenig später zeigt er lachend ins Publikum: »Hey«, spricht er einen Zuschauer an, »did anybody ever tell you, that you look like me!?« Kurz darauf bricht einem der nette Alte dann mit »Come Sundown«, einem seiner schönsten Songs, das Herz: »And it hurts to know it's over/for the hurt has just begun/Cause this morning, she's just leavin'/but, come sundown, she'll be gone«.

Am Schluss steht alles auf und strömt nach vorne an die Bühne, um den alten Haudegen noch mal von Nahem zu sehen. Nach gut zwei Stunden, es wird gerade erst dunkel, geht er ab. Warum so früh? Um noch im nächsten Bonner Steakhouse eine Texaspfanne zu sich zu nehmen?

Sollte jemand den Teufel, mit dem man laut Kristofferson doch ständig zu kämpfen habe, heute Abend vermisst haben: Der hat in der Pause zwischen den beiden Blöcken denkbar unpassenden Radiopoprock aufgelegt. Den Cowboys ist das egal, draußen warten die Pferde.

25.07.2008

Heute musste ich aus Zeitgründen zähneknirschend ein Interview mit dem Gesichtsminimalisten und Mundartsänger Liam Gallagher absagen.

Zwar hatte ich schon einmal vor Jahren das Vergnügen, dem Mann zu begegnen, aber Menschen, die mit Nachnamen Gallagher heißen und bei Oasis musizieren, kann man nicht genug interviewen. Im Grunde liegt mir Noel Gallagher ja deutlich mehr. Als ich vor Jahren fürs Fernsehen ein Interview im Büro seiner Londoner Plattenfirma mit ihm machte, nahm er sich viel Zeit und war all das, was man dem Medienzyniker Dieter Bohlen hierzulande gerne nachsagt: ein charmant parlierender Proll mit Talent zum Asi-Aphorismus. Unter anderem behauptete Gallagher damals in einem Anfall von Kulturpessimismus, das Versenden einer E-Mail würde fünf britische Pfund kosten, und geißelte Kollegen wie Radiohead und R.E.M. für ihr muffiges Dreinschauen in Tour-Dokumentationen.

Nach getanem Interview holten wir noch ein Autogramm für einen Freund in der Heimat. »Love, Peace & Bananas – Noel Gallagher«, schrieb der Augenbrauenmann. Beziehungsweise: wollte er schreiben. Denn irgendwo zwischen »Peace« und »Bananas« unterlief ihm ein Fehler; er verschrieb sich. Die Folge war herrliches Gefluche. Das verunglückte Autogramm haben wir natürlich mitgenommen.

Liam Gallagher wiederum durfte ich ungefähr zur Jahrtausendwende einmal begegnen, ebenfalls anlässlich eines TV-Interviews. Damals war er gerade wegen eines verbalen Scharmützels mit Robbie Williams in den Schlagzeilen, in dessen Verlauf der eine dem anderen (ich kann mich nicht genau erinnern) eine ordentliche Runde Haue in Aussicht stellte, falls dieser nicht irgendwelche missbilligenden Äußerungen unterließe. Bevor man uns an jenem Tag in Liam Gallaghers Suite einließ, wurde dem gesamten Team von einem seiner beiden Bodyguards klargemacht, dass wir, sollten wir das Thema auf die Streitigkeit mit Williams bringen, mit sofortigem Abbruch des Interviews zu rechnen hätten. Es dauerte keine zwei Minuten und Gallagher kam von sich aus auf die zwischenkünstlerischen Probleme zu sprechen und bekräftigte nachdrücklich seine Bereitschaft, Williams ein Meet & Greet mit seiner Faust verschaffen zu wollen. Als wir die Suite betraten, saß Gallagher übrigens gerade an einem weißen (!) Flügel und spielte »Imagine« (!!). Ich weiß, es klingt unglaubwürdig und klischiert, aber so war es. Ich werde ewig dankbar sein, dass ich diesem Moment, der die gesamte Weltentrücktheit und Idiosynkrasie Gallaghers überexemplarisch in sich ballte, beiwohnen durfte.

Werde ich jemals Van Morrison mögen lernen?

Ich fürchte nicht.

Gestern drückte mir Stietenroth zum Abschied die »Veedon Fleece«-CD in die Hand.

Die beiden ersten Stücke, »Fair Play« und noch mehr »Linden Arden Stole The Highlights«, fand ich schon immer wunderbar – Höhepunkte der britischen Liedertafel. Bloß wünsche ich mir jedes Mal, ein anderer Sänger würde die Stücke singen. Bryan Ferry womöglich. Oder Syd Barrett. Aber dieser seltsam bockige Knödel-Gesang geht mir auf die Nerven wie Drahtseile.

Bei manchen Künstlern, die ich nicht sonderlich mag (vermutlich weil sie mir schlicht unsympathisch sind), deren Talent ich aber anerkenne, wünsche ich mir tatsächlich oft, sie könnten mit einem anderen Künstler, den ich ebenfalls – aber aus ganz anderen Gründen – nicht sonderlich schätze, der aber ebenso über unzweifelhaftes Talent verfügt, verschmelzen.

Van Morrisons songschreiberische Exzentrizität und Bryan Ferrys cremiger Wimmergesang – das wäre in meinen Ohren eine perfekte nordirisch-britische Teemischung, für deren Komplettanschaffung ich mehrere Wochen meine Ausgaben für italienische Grusel-DVDs einschränken würde. Aber leider singt Bryan Ferry lieber Bob Dylan, was er lassen sollte, denn Dylan und Ferry ist wie Pilze und Kartoffeln (ein Vergleich, der möglicherweise kulinarische Debatten auslösen wird). Allerdings geht es mir ohnehin weniger darum, dass Bryan Ferry fröhlich Van Morrison-Songs singen sollte, sondern darum, dass die beiden bitte zu einem künstlerischen Klumpen verschmelzen sollen. Ich hätte gerne einen Bryan Ferry, der surreale Soul-Songs singt (man mag einwenden, dass Bryan Ferry doch genau das tut, ich werde das überprüfen lassen).

164 Auch famos fände ich, wenn Elvis Costello (den ich für enorm talentiert, aber unangenehm zwangsambitioniert und künstlerisch gereckt halte) sich mit dem späten Paul McCartney zu einer Person zusammenrotten könnte. Den frühen McCartney finde ich famos (bis Anfang der Achtziger), danach hat er für meinen Geschmack zu viel Zeit damit verbracht, im Ansinnen, gleichzeitig

irre positiv-energetisch und enorm jungspundig zu wirken, auf Fotos den Daumen in die Luft zu recken und »boyish« dreinzuschauen. Auch finde ich es immer blöd, wenn sich Musiker allzu oft mit ihrem Signatur-Instrument knipsen lassen (hier: der Höfner-Bass). Costello wiederum hat famose McCartney-Songs auf dem Kehrblech, aber seine blaffige Hyänen-Stimme steht der Freude doch oft arg im Weg herum. Dass die gemeinsamen McCartney/Costello-Songs, die es tatsächlich gibt, nicht ganz so dolle sind, irritiert mich vor diesem Hintergrund etwas.

Mit wem oder was Radiohead, Björk oder Depeche Mode verschmelzen könnten, um noch irgendwie aus der muffigen Kiste mit der Aufschrift »Wichtigtuerische Blähmusik und akustische Hohlraumpepumpung« herauskrabbeln zu können, ist mir dagegen schleierhaft. Vielleicht sollten Björk, Radiohead und Dingsbums Mode zu einer Band zusammengezogen werden, um so die Musikindustrie zu retten. Ich gebe zu, die Sache ist nicht ganz zu Ende gedacht (und trieft zudem auch noch vor blasierter Polemik), aber das Zuendedenken wird ohnehin überschätzt – ein Umstand, der daraus resultiert, dass die Zuendedenkungsmafia immer noch weite Teile des öffentlichen Denkens kontrolliert.

06.08.2008

In meinem Berchtesgadener Lieblingsgasthof am Weihnachtsschützenplatz gibt es als Nachtisch »Mohr im Hemd«. Ich lasse mir aber lieber von der Bedienung, die aussieht wie aus einem in Bayern entstandenen Fellini-Film, »rabbiate Nudeln« bringen. Es ist so heiß, dass man meint, die Haut würde Blasen werfen. In der Buchhandlung am Ort finden sich, etwas versteckt, DVDs wie »Der Berghof – Hitler ganz privat«, deren von sonniger Sorglosigkeit kündende Covergestaltung die Vermutung nahelegt, dass man mit den Produkten Hitler-Interessierte aus allen Lagern anzusprechen trachtet. Ich trinke noch einen »Neger«, wie das hier veräußerte Bier/Cola-Gemisch liebevoll genannt wird. Und freue mich am ungesunden Extremwetter.

Ich bin vor ein paar Tagen recht spontan in mein kleines rotes Zahnarzthelferinnen-Auto gestiegen und nach Bayern gefahren, kitschig gesagt: um den Sommer zu suchen. Womöglich aber auch, um ein bisschen in den Erinnerungen meiner Kindheitsurlaube mit meinen Eltern umherzufahren.

07.08.2008

Heute kam es zur Überquerung des Königssees – ein Ort, der mich seit jenem Tag fesselt, an dem ich erstmals das Ambros-Tauchen-Prokopetz-Rock-Musical »Der Watzmann ruft« auf Platte hörte. Ein Album, das, als ich elf oder zwölf Jahre alt war (und während hinter unseren Rücken Punk zu Post-Punk, Wave und allerhand anderen tollen Sachen mutierte), unter meinen Freunden ebenso hohe Wertschätzung genoss wie Platten von alternden Politrockbands wie Grobschnitt oder das Frühwerk von BAP.

Der Königssee ist mein romantischer Lieblingsort in Deutschland. Der See ist so grün, dass man sich als verdorbener Mensch zwangsläufig fragt, was in aller Welt die da reinschütten. Doch der See hat Trinkwasserqualität, darum dürfen auch keine Motorboote auf ihm fahren.

Komplett zwischen steil aufragende Berge geklemmt, ist der Königssee im Grunde ein Fjord. Um ihn zu überqueren, gibt es nur eine Möglichkeit: Man überfährt ihn mit einer der insektenartigen Elektromotorfähren, die nach getaner Arbeit in langen Holz-Garagen geparkt werden.

Der Weg zum Königssee führt durch das schreckliche Merchandise-Dörfchen gleichen Namens, wo in pseudo-rustikalen Buden übelster Deutsch- und Bergwelt-Mitverdiener-Müll veräußert wird: Kuhglocken mit allerhand Namen darauf, mit bayrischen Motiven verzierte Bierkrüge, Aufkleber, Aschenbecher, Döschen und Aufnäher, Quatsch aus Salzteig, Hamsterfett, Seppelhüte, Halstücher, Kochschürzen und Tischdecken, Dirndl für Erwachsene und Kinder, CDs mit »Soldatenliedern«, »Eva Hitler«-DVDs, Kruzifixe ohne Ende, aber auch »Travel Pussy – die künstliche Vagina«.

Man sollte sich jedoch von so viel folkloristischem Ausverkauf nicht abschrecken lassen: Man muss diesen See einmal überquert haben. So wie jeder Amerikaner einmal in den Grand Canyon geguckt haben sollte, sollte jeder ordentliche Deutsche mal den Königssee überquert haben. Nein, niemand muss irgendetwas sollen, aber man glaube mir: Es ist eine ziemliche Schau.

Wegen des Wassers, wegen der Berge, aber auch wegen der Darbietung auf der Überfahrt. Der Fahrer und der Fahrkartenkontrolleur der Elektromotorfähre, so scheint es, begreifen sich nämlich als Entertainer der Günter Willumeit/Fips Asmussen-Schule. Über ein knarzendes Bordmikrofon spult der Kontrolleur routiniert ein humoristisches Standard-Programm ab, dem man einen gewissen Charme nicht absprechen kann. Kein Witz wird ausgelassen, und lange vergessen gehoffte Zoten feiern fröhliche Urständ.

Gleich werde man mittels Trompetenspiels das beispiellose Echo veranschaulichen, das ausschließlich zwischen zwei etwa in der Mitte des Sees gegenüberliegenden Steilwänden zu vernehmen sei, verkündet der Königssee-Komödiant beispielsweise. Er selbst könne leider nicht die Trompete blasen, denn er habe eine »Blasenschwäche«. Dann wird das Boot angehalten, der Fahrer kommt nach hinten, die Seitentür wird geöffnet und die Trompete gezückt. Bei jeder Überfahrt – ich schätze, es sind zwei pro Stunde – wird dieses Spiel durchgezogen.

Das Echo ist tatsächlich überwältigend. Musik vor der akustischen Abprallwand der Natur quasi. Dann kommt der Kontrolleur mit der Mütze rum. »Wir teilen das durch drei«, sagt er. »Ein Drittel für mich, eins für den Fahrer mit der Trompete und eins für unseren Bruder, der oben vom Berg zurückgeblasen hat.«

Während der gesamten Reise höre ich kaum Musik im Auto.

Ein dünner Flaum liegt über allen für die Reize der Popmusik empfänglichen Synapsen. Stattdessen lasse ich mir von Gert Westphal die »Bekenntnisse des Hochstaplers Felix Krull« vorlesen. Nur Randy Newmans neues Album und eine Zusammenstellung mit alten Songs aus seiner Zeit als Auftragskomponist kommen zwischen die Kapitel. Vor allem »Feels Like

Home«, ein Stück vom neuen Album, gefällt – ein Liebeslied, so scheint's …

Aber – Moment: ein Liebeslied? Von Randy Newman? Eigentlich ist ein Liebeslied nicht eben das, was man von dem bösen Songschreiber-Onkel haben wollte. Vor allem nicht nach neun Jahren Plattenpause. Viel eher wünscht man sich von Newman eigentlich ja die gekonnte gesellschaftliche Zersetzung, das misanthropische Rollenspiel, den blanken Zynismus im aphoristischen Mäntelein. Mehr als jeder andere amerikanische Songschreiber zog Newman, 64, in seinen Songs dem amerikanischen Wesen in unzähligen bösen Liedern die Türmatte unter den Füßen weg. Er spielte hierzu in Songs schon den Nationalisten ebenso bravourös wie den selbstgefälligen Linken, er begab sich in die Rolle von Minderheitenhassern und Yuppies, Serienmördern und Sexualstraftätern; dem Redneck und dem Südstaaten-Hasser gab er sogar in ein und demselben Song eine Stimme. Einmal schlüpfte er gar in die Rolle Gottes: In »God's Song (That's Why I Love Mankind)« stellt dieser ein für alle Mal klar, dass der Mensch seinem Schöpfer gerade so wichtig ist wie die letzte krumme Yucca-Palme. Das tut weh! Und jetzt also ein waschechtes Liebeslied: Am Ende von »Harps And Angels«, seinem ersten regulären Album in neun Jahren, hören wir das zarte, wunderschöne »Feels Like Home«: Newman feiert die Liebe zu einer Person als Heimstätte. Mit wattewolkigen Streichern und ohne jeden ironischen Bruch. Vor allem: ohne jeden Zweifel.

Möglicherweise, so könnte man denken, kommt da einfach diese nicht zu leugnende andere Seite des Songschreibers zum Tragen. Eine Seite, die er in seinen die amerikanische Musikkultur feiernden Soundtracks für Filme wie »Ragtime« oder »Seabiscuit« ebenso auslebt wie in seinen gemütvollen Songs für Familienfilme wie »Toy Story« oder »Monsters Inc.« (für den Titelsong zu Letzterem erhielt er 2002 nach vierzehn vorangegangenen Nominierungen den Oscar). Allerdings sind diese Gebrauchssongs offenbar keinesfalls als Ausgleichssport oder Lockerungsübung zu sehen, schließlich kommt Newman vom leichten Lied: In den Sechzigern war der Sohn eines Hollywood-Arztes und Neffe des legendären Filmkomponisten Alfred Newman für hundert Dollar im Monat als Auftragssongschreiber der Firma Metric beschäftigt. In Konkurrenz zu Hitlieferanten wie Pomus & Shuman oder Goffin & King schrieb Newman hübsche Teenage-Dramen für Interpreten wie Dusty Springfield, Cilla Black oder Gene Pitney. 1966 ging er zu Warner und begann, deutlich idiosynkratischere Lieder zu schreiben. Die schönsten Beispiele dieser Phase wurden kürzlich für den Sampler »On Vine Street – The Early Songs Of Randy Newman« zusammengestellt – ein Album, das in keinem Sechziger-freudigen Pop-Haushalt fehlen sollte.

Erst danach kam Newman hauptberuflich die Galle hoch. Und auch wenn »Harps And Angels« mit einem Liebeslied ausklingt, ist Newman – spätestens seit dem viel zu frühen Dahinscheiden Warren Zevons – immer noch der größte Spielverderber unter der kalifornischen Sonne. Und er ist wunderbar perfide: Am großen Strand des Lebens zerstört er nicht einfach den anderen Kindern die Sandburg: Er baut einfach selbst eine viel schönere, weist aber lächelnd darauf hin, dass der Sand leider durch einen soeben gekentertes Flüchtlingsschiff verseucht sei. Im brüllend komischen Titelstück der Platte – vorgetragen mit einer Stimme, die an einen alten Frosch mit Nebenhöhlenentzündung denken lässt – geht es gleich munter los: Newman trifft mal wieder Gott. Irgendwie ist der Ich-Erzähler des Songs an eine fiese Krankheit geraten und krümmt sich auf dem Bürgersteig. Er sei nicht religiös, sagt er, aber für alle Fälle schickt er doch mal ein Gebet gen Himmel. Da hört er einen Engelschor singen, blöderweise auf Französisch: »Wish I spoke French«. Dann tritt Gott hinzu. Nein, beruhigt er den vermeintlich Sterbenden, er sei noch nicht dran. Aber wo er schon mal da sei, könne er ihm ja für den Rest seines Lebens noch ein paar gute Ratschläge geben. Am Schluss ist der Davongekommene um einige Erkenntnisse reicher: »There really is an afterlife/And I hope to see all of you there«, sagt er jovial am Schluss. Und dann: »Let's go and get a drink«. Dazu simuliert die Band, verstärkt um Chor und Geigen, einen Dixie-Traum, den Newmans alter L.A.-Buddy Van Dyke Parks nicht verstiegener hätte arrangieren können.

Dann ein extremer Stimmungswechsel: In »Losing You«

schlüpft Newman in die Rolle eines Vaters, der sein Kind verloren hat. Es versteht sich, dass ihm der Song zwar anrührend, aber nicht rührselig gerät. Dazu ist das Stück – wie vieles auf dem Album – zu sehr kluge Meditation über Jugend und Alter, Erinnerung und Vergessen – letztlich über die Gnade des Vergessens: »When you're young and there's time you forget the past/You don't think that you will – but you do/But I know, now I don't have time enough/that I'll never get over losing you«. Das Stück »Potholes« wiederum nähert sich einer ähnlichen Thematik aus anderer Perspektive: Newman feiert die Schlaglöcher in der Straße der Erinnerung, die allzu peinliche Erlebnisse vergessen lassen.

Es scheint fast ironisch, dass gerade Newman, der doch ständig seinen Zeitgenossen deren Unzulänglichkeiten vorhält, die Güte des Vergessens feiert. Vielleicht eine Alterserscheinung. Die wohl schönste – und bei allem Rollenspiel persönlichste – Variante über das Thema Alter findet sich im viel zitierten Herzstück der Platte »A Few Words In Defense Of Our Country«. Zunächst ist das Stück ganz typischer Newman: Die Amerikaner seien nicht böse, die Führung sei nur schlecht, heißt es anfangs. Eine verdrängende Argumentation, die man hierzulande ja auch zur Genüge kennt: Die Bösen an der Macht will niemand gewollt haben. Dann beginnt der urkomische Versuch, noch weitaus schlimmere Regenten anzuführen, um so die eigenen Machthaber zu verteidigen: Natürlich erwähnt er Hitler und Stalin und die römischen Imperatoren. Doch auch »King Leopold of Belgium. That's right«. Er habe dem Kongo das Gold, die Diamanten und das Silber genommen. »Know what he left them with? Malaria!« Anders als Springsteen oder Neil Young gibt Newman nicht den enttäuschten Patrioten, er hat sich ohnehin nie zugehörig gefühlt. Dann am Schluss des Songs der Dreh ins Persönliche – und die Verbindung von Politik und Alter: »It kind of pisses me off that this Supreme Court is going to outlive me«. Und wieder tut es weh, was Newman singt. Diesmal auch ihm selbst.

»Harps And Angels« ist eine gut halbstündige, mal fiese, mal gütige Betrachtung des Daseins und eine große Platte mit ein paar schwachen Momenten. Und mit einem Liebeslied am Schluss.

Und sollte sich jemand wirklich darob um Randy Newmans Verfassung sorgen – keine Bange: Das Lied über die identitätsstiftende Liebe, die Ode an jenes Wesen, das endlich alles zurechtgerückt hat, schrieb Newman ursprünglich schon in den Neunzigern für sein Musical »Faust«. Zumindest dort wurde das Lied an einen anderen Lieblings-Protagonisten Randy Newmans gerichtet: den Teufel. »If you knew how I wanted someone to come along/ and shape my world the way you done/Feels like home to me«. Es funktioniert aber auch, wenn man es der Liebsten vorsingt.

08.08.2008

Auch auf der Fahrt hoch zu Hitlers altem Repräsentiergehege auf dem Obersalzberg, die nur im zweiten Gang zu bewältigen ist, höre ich die Newman-CD. Es ist bizarr, welche Musiken sich mit welchen Orten verbinden können. Aber auf Reisen gelingt das immer: Während ich zu Hause oft fest davon überzeugt bin, bestimmte Musiken passten einfach nicht zu meiner Wohnung (oder meinen regulären Autofahrstrecken), gelingt die geografisch-musikalische Ergänzung auf Reisen meistens problemlos. Meine schönsten diesbezüglichen Erinnerungen sind ein immer wieder gehörtes King Tubby-Tape auf der kleinen italienischen Insel Favignana in den Neunzigern – und jener Österreich-Urlaub mit meinen Eltern im Sommer 1985, bei dem ich das Auto ununterbrochen mit »Little Creatures« von den Talking Heads und Springsteens »Born in the USA«-Album akustisch fluten durfte. Und nun höre ich also den genialen Juden Randy Newman und fahre auf den Obersalzberg.

16.08.2008

Der peruanische Popgott und Damenfußballstar Mario Madonna Maradonna feiert am heutigen 16. August seinen 50. Geburtstag. Bekannt wurde der blonde Hüne mit der schnellen Stimme einem breiteren Publikum durch seine 1984er »Isla Virginia«-Tour, auf der er jeden Abend zwei Konzerte gab: eins um 18 Uhr für ein nüchternes, eins um 21 Uhr für ein breiteres Publikum.

Mario Madonna Maradonna zeigte schon früh Regungen, Pop

und Fußball auf skrupelloseste Art verbinden zu wollen: Mit seinem Verein »Bonita Bommerlunder« gewann er 1981 in einem New Yorker Nachtclub das Torwandschießen gegen Grace und Elton Jones; das miteinander nicht näher verwandte Ehepaar Al und Romina Bano schied bereits in der Vorrunde aus.

1990 beendete der »Spatz vom Lerchenberg«, wie ihn seine deutschen Fans zu nennen sich nicht zu schade waren, seine Karriere vorzeitig. Nachdem er aber feststellen musste, dass er bereits im Vorjahr eine große Comeback-Tour durch alternative Kindertagesstätten angetreten hatte, zog er das freundlich gemeinte Angebot, sich von der Bedeutungsbretterei auf den Weltbühnen zurückziehen zu wollen, zurück.

Massiven Ärger handelte sich der zwergenwüchsige Achtpfünder 1995 ein, als er in einem Gespräch mit seinem Vertrauensarzt behauptete, die CD sei eine Scheibe und er selbst »berühmter als Jesus Christus und Jeanne-Claude«. Die Folge waren Fußballverbrennungen rund um den Globus, ja, sogar in der Luft. Im selben Jahr ließ sich der leidenschaftliche Sammler von Badekappen aus der NS-Zeit den Kopf vergrößern, »um mehr gesehen zu werden«.

Maradonna-Madonna reagierte auf den Jesus-Skandal mit dem umstrittenen Album »Wie die Nonnen so zeronnen«, das frühe Telefongespräche mit seiner Patentante versammelte und die Hitsingle »Ich glaub, ich mach Schluss« enthielt.

Wesentlich weniger erfolgsorientiert verlief die Filmkarriere des »schlechtesten Schauspielers aller Zeiten« (Praline): Mit dem Doku-Musical »Shake your Face« und dem Action-Kammerspiel »Die Poofe« konnte er jedoch in Kritikerkreisen für Kritiken sorgen.

Im neuen Jahrtausend wurde es ruhig um den »Stegreif-Sitzsack mit dem Schnodderfuß« (MARE). Nur einige Radioauftritte, die der Künstler für TV-Auftritte hielt, bewahrten den Künstler vor der Vergessenheit.

2007 dann das furiose Comeback: Inzwischen 48, spielte Mario »Omma« Madonna-Maradonna die Titelrolle in dem Off-off-off-Broadwaystück »Vater Morganer«, stürzte jedoch bei der Premiere so unglücklich, dass alle lachten.

Mario Madonna Maradonna feiert seinen heutigen Geburtstag in aller Stille mit einer großen Sitz-Polonaise im Taunus und wird heute Abend pünktlich um 18 Uhr zum Abendessen bei Ihnen zu Hause sein.

Seine Hobbys sind Sammeln, Basteln, Malen und mit Freunden Diskutieren.

Seine Lieblingsband sind Racey (»Some Girls«) und The Shorts (»Je suis, tu es«), und wenn er sich in ein Zeitalter seiner Wahl zurückversetzen könnte, wäre dies »das Echnaton«.

24.08.2008

Jetzt ist es passiert.

In einem Moment fortgeschrittener Unkonzentriertheit habe ich einen GEZ-Mann in meine Wohnung gelassen. Bislang war das Nichtzahlen meiner Rundfunkgebühren eine letzte Hochburg meiner persönlichen pubertären Protestkultur. Das ist nun vorbei: Meine Festung wurde eingenommen – von einem Mann, der exakt so aussah, wie ich mir GEZ-Menschen immer vorgestellt habe:

Über einem karierten kurzärmeligen Freizeithemd trug der grauhaarige Mittfünfziger eine Funktionsweste, wie sie in den Achtzigern wohl auch der Camel-Mann beim Rauchen in der Wildnis getragen haben wird und die Platz für allerhand Kugelschreiber und anderes Gerät bot.

Sehr zu meiner Freude jedoch setzte sich der unerwünschte Hereingelassene, nachdem er mir durch perfide Fangfragen das Bekenntnis zum Besitz eines Autoradios herausgepresst hatte, zum Ausfüllen seines Fragebogens auf meinen noch nicht zureichend zusammengeschraubten neuen Schreibtischstuhl. Und krachte ein. Und lag dann da.

»Das haben Sie davon, Sie armseliger Westenheini mit Ihrer Vollstreckungsgeilheit!«, brüllte ich – gottseidank – nur im Kopf, konnte aber eine kindische Erheiterung nicht unterdrücken.

26.08.2008

»Sheena Is A Punkrocker« von den Ramones ist der letzte Song, der vor Beginn des Gossip-Konzerts am Dienstagabend durch den Konzertsaal des Kölner Gloria rumpelt. Das Lied von dem jungen Mädchen, das ausbricht und nach New York geht, weil sie nun mal eine ganz Wilde ist. Das bunte Indie-Publikum in Kölns schönstem Konzertclub hat sich zu diesem Zeitpunkt schon solide in Stimmung getrunken und harrt in gespannter Vorfreude eines Auftritts, bei dem eigentlich nichts schiefgehen kann, weil der Star auf der Bühne allein schon Programm genug ist.

Gossip wäre einfach nur noch eine weitere Band, die ihr karges Instrumentarium an der Schnittstelle von Indie-Rock, Punk und Elektro aufgestellt hat, wäre da nicht Sängerin und Krawalldame Beth Ditto. Vor zwei Jahren wählte das britische Hysterie-Fachmagazin NME die korpulente Sängerin zur »coolest person in rock«. Als Gründe nannte man den Nonkonformismus der Gay-Rights-Aktivistin und Nachfolgerin der »Riot-Grrrl«-Bewegung. Spätestens seit dieser Ehrung ist Beth Ditto eine Hausnummer im Popbetrieb. In Interviews gibt sie sich charmant aufmüpfig, sie posierte freizügig für ein lesbisches Erotik-Magazin und schreibt für den britischen Guardian die Kolumne »What Would Beth Ditto Do?«. Ditto ist eine moderne Ikone selbstbewussten Andersseins, ein Anti-It-Girl. Und es ist immerhin angenehm, dass sie es schafft, dass ihr Publikum nicht einem Freak applaudiert, sondern einem Phänomen.

Als sie kurz nach zehn die Bühne betritt, hebt sie erst einmal das Glas zum Trinkgruß. Sie trägt ein experimentell gemustertes Kleid und ein wagemutiges kleines Hütchen, das aber rasch in die Ecke gepfeffert wird. Vom ersten Moment an verbindet sie selbst gebastelten Glam und eine im Indie-Betrieb seltene Herzlichkeit. Gitarrist Nathan Howdeshell, ihr introvertierter Gegenpol, sieht aus wie ein New Yorker Kunststudent, der nebenbei in intellektuellen Underground-Pornos mitspielt. Vom ersten Moment an springt Beth Ditto auf und ab, tanzt wie der betrunkenste Gast auf einer aus dem Ruder gelaufenen Hochzeitsparty und zeigt auch sonst keine Anzeichen falscher Zurückhaltung. Ihre Stimme wird gerne größer geredet, als sie tatsächlich ist; im Kontext dieser rumpelnden Elektro-Blues-Punk-Mischung hört sie sich jedoch tatsächlich an, als sei Dusty Springfield in die Underground-Disco herniedergefahren.

Danach schüttelt Beth Ditto erst mal eifrig Hände, lässt sich ausgiebig anfassen, posiert für Fotos, klebt eine ihr überreichte Rose mit Gaffer-Tape ans Mikrofon und quittiert das Geschenk mit einem übersprudelnden »Ich liebe dich«. Mit »Listen Up«, einem weiteren dreckigen Soul-Punk-Schütteler, geht es weiter. Live ist die Musik der Band deutlich zwingender als auf Platte – der Saal johlt, jubelt und tanzt, das Bier schwappt aus den Plastikkannen. Ich kann mich dennoch des Eindrucks nicht ganz erwehren, dass manch ein Tänzchen hier eine Übersprungshandlung ist, um nicht in Verlegenheit zu kommen, zu genau zuhören zu müssen. Denn so liebenswert und eloquent Beth Ditto auch ist, so eindimensional wird die Musik auf Dauer.

Als Zugabe spielt die Band ihren Gay-Rights-Hit »Standing In The Way Of Control«. Der Saal kennt kein Halten mehr, und Beth Ditto tut das Unfassbare: Sie steigt von der Bühne und begibt sich beherzt mitten in die hysterische Menge. Man kann sich tatsächlich nur über diese Ausnahmefrau freuen. Vielleicht schreibt sie mit ihrer Band fürs nächste Album ja noch ein paar echte Songs.

27.08.2008

Im Grunde ist das Prozedere bei betagten Superrockstars immer gleich: Alle paar Jahre veröffentlichen sie eine neue Platte, in deren Folge sie auf Tournee gehen und mit drei neuen Songs gewürzte Best-of-Programme kredenzen. Ein paar besonders glückliche Journalisten versorgt die Plattenfirma anlässlich der neuen Veröffentlichung werbewirksam mit Telefoninterviews, was zur Folge hat, dass lustigerweise zwischen Telefonaten mit Eltern, Freunden und Arbeitskollegen Rock-Legenden aus Los Angeles daheim anrufen und routinierte Promo-Phrasen in den Hörer murmeln. So weit, so immer gleich.

Bei Brian Wilson, 66, dem Mann, der mit den Beach Boys einige der schönsten und erratischsten Alben der Musikgeschichte schuf (darunter das immer wieder zum besten Pop-Album aller Zeiten ausgerufene »Pet Sounds«), ist fast gar nichts so, wie man es üblicherweise im Pop-Geschäft gewohnt ist. Vor allem nicht, wenn er anruft!

Wilsons Biografie ist die unglaublichste, weil verrückteste und traurigste unter all den seltsamen Rock'n'Roll-Geschichten. Es ist die Geschichte eines Genies, das für die Schönheit seiner Musik den denkbar höchsten Preis zahlen musste. Sie wird irgendwann verfilmt werden, diese Geschichte, so viel dürfte sicher sein. Hoffentlich aber nicht als melodramatisches Biopic im Stile von »Ray«; besser doch von einem Mann wie dem Dylan-Deuter Todd Haynes: als zerdeppertes Spiegelkabinett aus halbwegs klaren und verzerrten Erinnerungen. Die eher melodramatische Variante hat Wilson selbst schließlich oft genug geliefert.

Meine eigene heftige Wilson-Phase liegt nun schon einige Jahre zurück. Damals konnte ich kaum etwas anderes hören als »Pet Sounds« oder das meines Erachtens noch tollere »Surf's Up«-Album (mit meinen beiden liebsten Wilson-Schwergeburten »'Til I Die« und »Surf's Up« hintereinander). Musste immer wieder seine – gemeinsam mit seinem umstrittenen Psychiater Eugene Landy verfasste – Autobiografie lesen, die alle anderen Rockmusikerbiografien hohl erscheinen lässt. Und auch die schöne Doku »I Think I Just Wasn't Made For These Times« sah ich mir immer wieder an. Zu dieser Zeit ist Wilsons Musik auf ewig in mich eingesickert. Heute lege ich nur noch selten seine Platten auf, aber wann immer ich irgendwo »Caroline No« oder »God Only Knows« höre, schwappt alles in mir über.

Es ist rückblickend schwer zu sagen, wann in Brian Wilsons Leben alles endgültig aus dem Ruder zu laufen begann und er zu dieser rührenden und gruseligen Wachsfigurenkabinett-Nachbildung seiner selbst wurde, in deren Augen doch immer wieder allzu lebendig Angst, Misstrauen, Verrücktheit aufblitzen – aber auch schiere kindliche Freude. War es in seiner Kindheit, als sein cholerischer Vater ihn regelmäßig verprügelte? War es 1965, als der scheue Hit-Lieferant, der nie das in seinen Songs glorifizierte sorglose Strandleben zu führen vermochte, sich nach einem Nervenzusammenbruch vom Tourleben mit seiner Band zurückzog und Drogen – Marihuana und LSD – zu nehmen begann? War es 1966 während der aufreibenden Arbeiten zu »Pet Sounds«, seinem barocken Meisterwerk – dieser Platte, die klingt, als sei sie direkt aus dem Himmel in die Echokammern der Sechziger gefallen? Oder war es kurz darauf, während der Arbeit an »Smile«, das der zunehmend weltentfremdete Musiker in seinem mit Sand ausgeschütteten Wohnzimmer als »teenage symphony to God« konzipierte? Im Mai 1967 wurde die Arbeit an »Smile« wegen wachsender Unpässlichkeit Wilsons und auf Druck seiner Beach Boys-Kollegen abgebrochen – ein Schock, von dem er sich nie wieder erholte.

Möglicherweise kam der entscheidende Knick auch erst in den Jahren danach, als sich Wilson, viel zu früh an den eigenen Ansprüchen zerbrochen, kokainabhängig in sein Schlafzimmer zurückzog, wo er geschlagene drei Jahre vor sich hin vegetierte. Vielleicht kam der finale Stoß paradoxerweise sogar erst in Gestalt eines vermeintlichen Retters, als 1982 der umstrittene Therapeut Eugene Landy für neun Jahre die Kontrolle über Wilsons Leben übernahm, ihn von Drogenkonsum und Fresssucht befreite, den psychisch schwer kranken Musiker aber auch leichtfertig mit falschen Medikamenten vollpumpte und von seinem Umfeld isolierte. In Wilsons 1988 erschienener Autobiografie »Wouldn't It Be Nice« (deutscher Titel: »Mein kalifornischer Albtraum«) wird Landy zu einer fast überirdischen Rettergestalt mystifiziert; die im Buch beschriebenen Drogenexzesse übersteigen alle Geschichten, die sich Ozzy Osbourne und Tommy Lee einander beim Promi-Polo erzählen. Später stellte sich heraus, dass Landy große Teile des Buchs selbst geschrieben und Wilson nicht einmal das Manuskript vorgelegt hatte. In den Neunzigern konnte sich Wilson aus Landys Fängen befreien. Zwar war er immer noch schwer krank und hörte Stimmen – böse Stimmen –, aber zunehmend begann er mithilfe seiner Familie und »leichter Medikamentierung« wieder zu einem sozialen Wesen zu werden. In einer Art betreuten Musizierens führte er »Pet Sounds« live auf, vollendete endlich das »Smile«-Projekt und spielte etliche neue Alben ein. Hört er die Stimmen immer noch? »Sometimes«, sagt er knapp und mit dünnem Stimmchen am anderen Ende der Leitung.

Es ist folglich kein Wunder, dass sich dieser Brian Wilson während der Telefoninterviews zu seinem neuen Album nicht wie der durchschnittliche Alt-Rockstar aufführt. Meist antwortet er nur mit »Ja« oder »Nein«, manchmal auch mit einem ganzen Satz. Nein, das Meer möge er gar nicht, sagt er beispielsweise, er gehe lieber ins Restaurant. Und auf die Frage, wie er denn seinen Tag verbringe, antwortet er etwas zu laut »Exercise! Exercise! Exercise!«. Es ist ein Wunder, dass Brian Wilson, der seine Brüder Dennis und Carl überlebt hat, überhaupt noch da ist. Er, das schwer kranke Genie, das immer, wenn es schlecht lief, die fatalste aller möglichen Entscheidungen traf; dem so wehgetan wurde und der sich selbst immer noch mehr Schmerzen zufügen musste; der Kindskopf, der die schönste Musik auf Erden schreiben wollte und dafür vom Teufel in den Knast seines eigenen Kopfes gesteckt wurde.

Das häufig über unangenehme Gniedel-Gitarristen verbreitete Klischee, sie könnten nur durch ihre Musik kommunizieren – bei Brian Wilson stimmt es einmal. Und deshalb ist seine trotzig harmonische Musik so schwer angreifbar. »That Lucky Old Sun« heißt seine neue CD. Sie klingt – nun ja – wie eine Brian Wilson-CD: triefend vor naivem Optimismus, nostalgisch im Kalifornien der frühen Sechziger umherwandelnd – einer Ära wohlgemerkt, an der Wilson kaum teilhatte. Es ist die Platte eines Mannes, der gerade weil er so viel Dunkelheit durchwandern musste, geradezu zwangsfröhlich von der Sonne und dem leichten Leben erzählen muss. Irritieren anfangs noch die scheinbar schlichten Arrangements, die muskulösen Klavier-Akkorde und das Mucker-Schlagzeug, wickelt die Platte den Hörer zunehmend ein. Sicher, einfältige Songs wie »Forever My Surfer Girl« und »Mexican Girl« überstrapazieren den sonnig-romantischen Gestus arg, und auch die überleitenden Zwischenerzählungen (verfasst von Van Dyke Parks, Wilsons Texter aus »Smile«-Tagen) klingen, als trüge Wilson beim Vortrag eine Nikolausmütze. Nach mehreren Hördurchläufen erkennt man jedoch wieder diese leichte Finesse, die nur Wilson, der liebe arme Onkel aus Los Angeles, hinbekommt. Gegen Ende des Albums gelingen ihm die besten Songs: Im grandiosen A-capella-Refrain von »Going Home« besingt er den frühen Niedergang und die schwere Aufgabe seiner Herbstjahre: »At 25 I turned out the light cos' I couldn't handle the glare in my tired eyes/But now I'm back drawing shades across the sky«. »Midnight's Another Day« wiederum bläst leichte Wattewölkchen über das nostalgische Idyll und erinnert an seine depressiven Siebziger-Balladen.

»I had to chase the sun«, singt Wilson. Und genau hier liegt der Schlüssel zu seiner Musik: Für Brian Wilson ist das Besingen der Sonne kein alberner Luxus. Er muss das Schöne und den Schein besingen. Die dunkle Realität kennt er schließlich nur zu gut.

Das zunehmende Auseinanderklaffen zwischen dem, was für relevant und wichtig gehalten wird, und dem, was mir gefällt und mich berührt, bereitet mir in letzter Zeit mehr und mehr Probleme. In guten Momenten kann eine solche Schere sicherlich für manch hübschen Schnitt sorgen, allerdings ziehe ich in letzter Zeit verstärkt eine späte Karriere als Schaumpartyflyerverteiler in Erwägung.

Ein Bekannter ruft an.

Er sei auf den achten Geburtstag seiner Nichte eingeladen, und das Kind wünsche sich von seinem Onkel eine CD mit Musik, die der Onkel ganz toll findet. Nun stehe er im Saturn herum und frage sich, welche CD er denn einer Achtjährigen schenken soll.

»Sportfreunde Stiller vielleicht?«, fragt er.

»Oh Gott, nein!«, höre ich mich brüllen.

»Warum nicht? Die sind doch nicht schlimm.«

»Wahrscheinlich sind die sogar höllisch sympathisch, und man kann ihnen sicher auch bedenkenlos die eigene Playmobilsammlung zur Beaufsichtigung anvertrauen. Aber darum geht es nicht. Sagtest du nicht, deine Nichte hätte sich Musik gewünscht, die du toll findest?«

»Ich finde, die Sportfreunde Stiller sind eine gute erste Band, mit der ein sehr junger Mensch auf den Weg gebracht werden kann«, sagt der onkelnde Bekannte onkelnd.

179

»Genau das ist wohl das Schlimme an den Sportfreunden Stiller«, murmele ich weltmürbe.

»Was genau?«

»Dass sie Musik für Menschen machen, die gerne noch minderjährig und nicht haftbar wären. Das ist Sesamstraßen-Rock.«

»Okay, wie wär's dann mit Fettes Brot?«

Ich lege auf.

Dann komme ich mir mies vor und rufe den Bekannten zurück. Ich entschuldige mich und verbringe noch etwa eine halbe Stunde damit, ihm am Telefon vermeintlich kindgerechte Musiker wie Wir sind Helden, Juli, Pohlmann, Revolverheld usw. auszureden.

Ich finde die Meinung, junge Menschen müssten, bevor sie echte Musik hören dürfen, zuvor durch das Portal der nichtsnutzigen Lümmelmusik schreiten und ihre Kinderzimmer mit angestrengtem Infantil-Gerocke bedudeln, sehr seltsam. Ich glaube nicht, dass man im Dienste junger Hörinteressen um die Ecke der kalkulierten Kindgerechtheit denken muss. Es ist ganz simpel: Man kann direkt mit richtiger Musik anfangen: Die Jackson Five, die Beach Boys, ABBA, die Ramones, die Girl Groups der frühen Sechziger oder die Beatles haben Unmengen großartiger Musik aufgenommen, die jeder Mensch von 8 bis 88 – um mich der Ausdrucksweise von Ravensburger-Spiele-Verpackungen zu befleißigen – begeistert hören und dazu ekstatisch und unter feurigen Windungen die Tanzsohlen klappern lassen kann.

Am Ende rate ich meinem Onkel-Freund zu den Beatles. Generell rate ich der Welt zu den Beatles. Die Musik der Beatles ist wunderbare Erübrigungsmusik: Sie erübrigt fast jede andere Musik.

06.09.2008

Im Zusammenhang mit dem gestrigen Anruf meines auf dem glatten Parkett der strategisch motivierten Musikschenkerei gestrauchelten Freundes fiel mir wieder ein, dass ich mich tatsächlich brüsten kann, als erste Platte ein Beatles-Album besessen zu haben. Es war das sogenannte »Weiße Album«, das ich circa achtjährig im größten Supermarkt (!) meiner Heimatstadt Bergisch Gladbach erstand. In der Platte befanden sich eine riesige Collage und vier Poster mit den Köpfen der damals in arge Haarexperimente verstrickten Musiker. Ich erinnere mich, dass ich damals Ringo am meisten mochte, der auf dem Poster wie ein italienischer Dandy aussah.

Drei Jahre nach dem »Weißen Album« spielte Ringo Starr übrigens in einem bizarren Italo-Western namens »Blindman« einen mexikanischen Bösewicht; der Held des Westerns, ein blinder Revolverschütze, der von Tony Anthony dargestellt wird, rennt den ganzen Film über durch die Gegend und sagt an wechselnden Orten immer wieder den Satz »Ich will meine 50 Weiber«, was sich dadurch motiviert, dass er beauftragt ist, fünfzig Frauen zu einer Bergarbeitersiedlung zu eskortieren, die ihm jedoch von mexikanischen Banditen gestohlen wurden. Ringos Rollenname lautet übrigens Candy.

»Candy« lautete auch der Titel des Films, den Ringo Starr im Entstehungsjahr des »White Album« mit seiner Anwesenheit verseltsamte. Auch dort gab er – an der Seite von Marlon Brando als Psycho-Guru – einen Mexikaner, genauer gesagt: einen mexikanischen Gärtner. Ich muss hier betonen, dass ich mir das alles nicht ausdenke. Die Welt sollte meiner Meinung nach besser über das Treiben Ringo Starrs ab 1968 im Bilde sein.

George Harrison, das weiß ich auch noch, mochte ich damals am wenigsten, was sich später, nach der Erkenntnis, dass von ihm einige der besten Beatles-Songs stammten, ändern sollte (es darf jedoch auch nicht verschwiegen werden, dass Harrison ein paar der nervigsten Beatles-Songs geschrieben hat, vor allem die elenden Sitar-Zirpereien der Um-1967-Phase). Was Lennon und McCartney anbelangt, wünschte ich mir damals, Lennon hätte das Gesicht von Paul McCartney und umgekehrt. Was das bedeutet, weiß ich nicht.

Meine erste Single aber war noch eindrücklicher als mein erstes Album. Nicht nur für mich.

Ich war im 3. Schuljahr, als meine Klassenlehrerin, eine mildemanzipatorische, sichtlich linken Polit-Kuscheligkeiten zugetane

Frau mit Jean Seberg-artiger Kurzhaarfrisur, alle Schüler bat, doch ihre Lieblingssingle mit in den Musikunterricht zu bringen.

An jenem Tag war die Stimmung entsprechend gut. Ein Kind nach dem anderen durfte seinen Lieblingshit auf den auf dem Lehrerpult platzierten Plattenspieler auflegen und der großäugig dreinblickenden Hörerschar das Stück präsentieren.

Zu Gehör gebracht wurden etwa Stücke wie Raceys »Boy Oh Boy« oder »Gimme Gimme Gimme Gimme Gimme Your Love« von den Teens.

Dann kam ich. Meine Wahl war auf »50 Tricks die Liebste los-zuwerden« von den Gebrüdern Blattschuss gefallen, die einge-deutschte Blödel-Version von Paul Simons »50 Ways To Leave Your Lover«. Wo aber bei Simon sanfte Ironie und gebrochene Bitterkeit regierten, wurde bei den Gebrüdern die Zoten-Keule geschwungen. Mir war das nicht so recht klar, mir gefiel vor al-lem der Schlagzeugpart. Doch als die Gebrüder Blattschuss zum ersten Refrain anhoben, verzog sich das Gesicht der freundlichen Jungsozi-Lehrerin zu einer Kathedrale der Abscheu. Der Refrain, in welchem die Blödel-Titanen, nachdem sie in der Strophe schlawinerisch eher schöngeistig verbrämte Töne angeschlagen hatten, die tatsächlichen Methoden des Loswerdens im Wech-selgesang vorschlugen, ging so:

»Hau ihr aufs Maul, Paul
Gib ihr 'nen Tritt, Pit
Beiß sie ins Bein, Hein
Mensch, seif sie ein
Vergrab sie im Forst, Horst
Schieß sie zum Mars, Lars
Sei mal brutal, Karl
– hart wie Stahl«

Die Ironie des Liedes ignorierend, wurde ich von der Lehrerin in unvergesslich erniedrigender Weise vor der Klasse gemaßregelt und galt in der Folge als Outlaw. Einen Schulhof-Desperado hat-te die ehedem freundliche Lehrerin mit der feschen Frisur aus mir gemacht – und das nur, weil sie meine ironische Musik nicht verstanden hat.

So lernte ich schon früh die subversive Kraft der Popmusik kennen. Und wie sie verkrusteten Gesellschaften – um es mit einer häufig im Umfeld des Kabaretts verwendeten Phrase zu sagen – die Maske herunterzureißen, ach was, womöglich gar den Spiegel vorzuhalten vermag. Denn wichtig an oben geschilderter Episode ist doch vor allem dies: Nicht die Rockmusik hat mich von der Gesellschaft entfernt, sondern das Unverständnis eben dieser Gesellschaft gegenüber meinen Vorlieben.

Ansonsten wünsche ich mir ganz dringend ein möglichst unkindgerechtes deutsches Hip-Hop-Stück, in dem der nur knapp der Kriminalität von der Ladefläche gefallene, im Herzen aber breiweiche Rapper Candy immer wieder fordert: »Ich will meine 50 Weiber.« Ach, gibt's schon? Na gut.

23.09.2008
Ausritt ins Britpopgehege.

Vorm Charlatans-Konzert herrscht im Veranstaltungssaal jener Zustand, der im Umfeld von Rockkonzerten gerne als »gute Stimmung« bezeichnet wird: Der Laden ist ordentlich gefüllt, vorrangig mit in die Jahre gekommenen Indie-Haudegen, die ihre in den Neunzigern kultivierte Dauerjugendlichkeit wohl auch noch in die zweite Dekade dieses Jahrhunderts hinüberschleppen werden.

Tim Burgess, Sänger der heute hier aufspielenden Band, sieht im einen Moment aus, als würde er unsichtbare Rumbanüsse schütteln, im nächsten glaubt man, einen Stonehenge-Pilgerer im Zustand fortgeschrittener Entrücktheit vor sich zu haben. Auch den scheuen Achtziger-Disco-Dandy beherrscht er – alle Achtung. Doch immer wieder bricht er die Pose, lacht, zeigt ausgiebig mit dem Finger umher und schüttelt Hände.

Zweierlei fällt auf: Sänger Burgess variiert mit zunehmender Dauer des Konzerts seine Tanzdarbietungen durch einige angedeutete Schwertkämpfer-Impersonationen – die joviale Gelöstheit dieses Mannes ist im gesamten Britpop-Kontext beispiellos und beklatschenswert. Gleiches gilt wohl für die Frisur. Und: Die neuen Songs, welche die Band immer wieder einstreut, gehören zu den Höhepunkten der Show. The Charlatans können sich sogar das Spielen einer unbekannten B-Seite leisten, die so gut ist, dass viele englische Bands dafür ihre gesamten A-Seiten aufessen würden. »It's what it is, it's what it was«, singt Burgess in dem Stück. Beinahe ein Credo.

26.09.2008

Mein Neffe hat Geburtstag. Er wünscht sich von mir ein menschenverachtendes Ballerspiel. Nachdem ich zu diesem Thema alles zu ihm gesagt zu haben glaube und kein spießiger, den medialen Herausforderungen sich nicht gewachsen zeigender Sozialdemokrat sein will, kaufe ich ihm das begehrte Objekt.

Im Saturn kann ich das Spiel nicht direkt finden. Eine freundliche ältere Verkäuferin hilft mir weiter. »Da isses«, schreit sie irgendwann und deutet auf ein Cover, das schwer nach Militärverherrlichung aussieht und in mir die Frage aufkommen lässt, für welche Welt ich damals mutig in den Zivildienst gezogen bin.

»Das sieht ja schlimm aus«, sage ich.

»Ja«, antwortet sie und schaut mich durchdringend an. »Aber die Welt ist auch schlimm.«

Ich frage mich, ob junge Menschen, die beim Ballerspielen kiffen, wohl weniger gefährdet sind, eines Tages waffenbewehrt in die Schule zu stiefeln und ihre Sachkundelehrerin final zu beballern, als solche, die nur ballern. Ratlosigkeit.

Stietenroth behauptet, es sei längst widerlegt, dass diese Spiele alle jungen Menschen zu Kampfrobotern umfunktionieren würden. Er verweist in diesem Zusammenhang auf eine Fernsehsendung, die, so glaubt er sich zu erinnern, wahlweise von Anne Will, Frank Plasberg, Sandra Maischberger, Maybrit Illner oder allen vier gemeinsam moderiert wurde. Außerdem, so mein mit allen medialen Wassern gewaschener Freund, hätte ich mich ja im Alter meines Neffen auch für Splatterfilme begeistert, und darüber hinaus habe man herausgefunden, dass das virtuelle Geballere die Reflexe steigere.

»Reflexe – wofür?«, herrsche ich ihn an.

Er schlägt zu Schlichtungszwecken das Leertrinken diverser Alkoholbottiche vor, und ich stimme zu. An das Gespräch erinnere ich mich nur unzureichend. Nur an meinen Vorschlag, dass wir Maybrit Illner gemeinsam ebenso sensible wie sozialkritische Akustikgitarrenlieder mit mildem Frauenpower-Einschlag für ein Debütalbum namens »Maybrit« komponieren sollten, denn nach so etwas klänge ihr Name doch wohl viel mehr als nach einer Politshow-Moderatorin.

Nein, widersprach Stietenroth, das sei kein Liedermacherinnenname. Und zwischen zwei Schlucken hörte ich ihn nur murmeln: »Skispringerin«. Dann wechselten wir wohl das Thema.

Das Schaffen von New Order wird immer im Schatten der Vorgängerband Joy Division stehen, deren Sänger Ian Curtis sich 1980, mit erst 23, das Leben nahm; zuletzt kündete der Film »Control« von Bedeutung und Strahlkraft der von Curtis angeführten Band. Um die deutlich unauffälligeren, dabei fast genauso wichtigen New Order wirklich würdigen zu können, muss man sie einmal brüllend laut im Club gehört haben – am besten im Flackerlicht einer hysterisierten Disco des Jahres 1989. Wem dieses Glück nicht zuteilward, der kann sich nun die Verdienste dieser großen britischen Band (der wichtigsten nach The Smiths) noch einmal daheim vor Ohren führen: Die ersten fünf Alben – somit die Factory-Label-Platten der Band – erscheinen dieser Tage als De-luxe-Ausgaben, remastered und mit reichlich Bonusmaterial angereichert. Es ist Musik, so englisch wie der Genuss von *beans and toast* am frühen Sonntagmorgen, wenn es hell wird über dem Club, die innere Chemie sich normalisiert, der Körper nach Fettzufuhr ruft, die Seele aber ganz etwas anderes will. Die Melodien sind von schlichter, aber ergreifender Melancholie, dargeboten von Bernard Sumners resonanzlosem Engländer-Stimmchen, das immer klingt, als würde jemand beim ungelenken Vor-sich-Hintanzen schwere Gedanken wälzen. Darunter gibt es donnernde Rhythmik, Peter Hooks tief geschnallten Bass, und Song und Track verbinden sich auf damals ungehörte Weise. In den wenigen schwächeren Momenten setzt es mono-

185

tones Sequenzer-Geknatter und lamentable Synthie-Sounds vom Hungerhaken der Achtzigerjahre. In den besten Momenten – wie etwa dem kompletten »Technique«-Album – ist diese Musik ein Zuhause für alle, die beim Tanzen nie ganz aufhören können zu grübeln.

Ich erwäge kurz, bei meinem Neffen einzubrechen und das böse Reflexverbesserungsspiel gegen einen Stapel New Order-Neuauflagen auszutauschen. Damit der Balg begreift, dass es auch gute Popmusik gibt, und er aufhört, diesen fürchterlichen Punkrock und diesen reflexverlangsamenden Hip-Hop zu hören.

29.09.2008

Oft genug gibt es Situationen, in denen ich keinen Schimmer habe, welche Musik ich hören will. Manchmal ist es aber auch ganz einfach. Es gibt da diese eine Tür, durch die ich treten kann und hinter der sich eine ganze Welt auftut …

Wenn Teufelshörner aus dem Rührei ragen, eine Frau von ihrem eigenen Abendessen gegessen wird und seltsame Zwitterwesen lange Schatten werfen. Wenn Königin Elvis gehuldigt wird, ein gläsernes Hotel, in dem Geranien aus Telefonen wachsen, vorbeisegelt und im großen Aquarium des Seins Fische in den Bäumen sitzen. Wenn die Madonna der Wespen im Frost stirbt, die Menschheit auf Gottes Daumen tanzt und die Träume eines sterbenden Krebspatienten zum wilden Ritt in eine Vergangenheit werden, in der Vierzigerjahre-Pin-up-Girls das letzte große Juchheissassa tanzen – dann muss ich mich wohl mal wieder in einer heftigen Robyn Hitchcock-Phase befinden.

Robyn Hitchcock-Phasen überkommen mich immer im Herbst. Ach, Unfug. Im Grunde sind Hitchcock-Songs meine einzige Rettung, um den Herbst halbwegs schadlos zu überstehen, wahrscheinlich weil sie dem Herbst eine Party veranstalten. Mehr noch: Hitchcocks Songs sind Herbstlieder, Lieder des Übergangs und des Verfalls. »All of the colours ran out/round mid November-o«, heißt es in seinem Song »You & Oblivion«, andere Stücke heißen »Autumn Is Your Last Chance«, »Falling Leaves« oder

»Autumn Sea«. Viele von Hitchcocks Liedern spielen dort, wo die Farben verblassen, wo Sachen sich verflüchtigen, ineinander kompostieren oder seltsame neue Wesen aus dem Gewelk der Welt entstehen. Sie spielen an Orten und in jenen Momenten, wo man staunend und seltsam ergriffen feststellen muss, dass das Sterben ein Teil des Lebens ist und man im Übergang und in der Uneindeutigkeit – und damit in der Rätselhaftigkeit – am menschlichsten ist. Es könnte einem Thomas Manns »Zauberberg« einfallen. Stellen wie diese: »›… und wenn man sich für das Leben interessiert‹, sagte Hans Castorp, ›so interessiert man sich namentlich für den Tod. Tut man das nicht?‹«

Es ist nicht einfach für mich, über Robyn Hitchcock zu schreiben, weil ich diesen seltsamen Vogel so gerne habe.

Wenn man über ihn schreibt, dann muss man einigen allzu reflexartig verwendeten Wörtern, die in Artikeln über ihn immer auftauchen, vorab Lokalverbot erteilen. Etwa dem Wort »surreal«. Ebenso dem Wort »Spinner«. Zuallererst aber dem Wort »exzentrisch«. Denn Robyn Hitchcock als exzentrisch zu bezeichnen, ist in etwa so versimpelnd wie Freddie Mercury unentwegt das Wort »schwul« oder Bob Dylan die Wörter »Protest«, »Mundharmonika« und »Lockenkopf« hinterherzuschreiben. Mir ist egal, ob man Robyn Hitchcock für exzentrisch, für einen Spinner oder seine Songs für surreal hält. Mir ist auch egal, dass er die Hälfte seines öffentlichen Lebens in bedenklich gemusterten Hemden verbringt (tut er nämlich, muss hier auch mal gesagt werden). Robyn Hitchcock war für mein Leben so wichtig wie kein anderer Musiker. Wahrscheinlich war er sogar wichtiger als manch ein Freund. Tatsächlich denke ich an ihn sogar wie an einen Freund, weniger wie an ein Idol oder einen Lieblingsmusiker.

Die meisten Menschen, die sich ein wenig ernsthafter mit Musik – oder allgemeiner ausgedrückt: mit Kunst – beschäftigen, finden irgendwann ihren Leuchtturm – jemanden, an dessen Werk und Perspektive sie sich beim Beschippern der Daseinsozeane orientieren können. Dabei geht es nicht um Nachahmung, auch nicht um Idolaterie, sondern um Orientierung. Mein Leuchtturm ist dieser komische Typ aus Cambridge. Geht es um meine musikalische Erziehung – und ja, so etwas gibt es für mich –, dann habe ich Robyn Hitchcock alles zu verdanken. Er hat mir gezeigt, dass die Kunstform des Songs, des Liedes unerschöpfliche Möglichkeiten bietet. Seine Lieder haben mich zu einem erklärten Song-Menschen (im Gegensatz zu einem Track- oder Sound-Menschen) gemacht. Natürlich war das durch die Vorarbeit der Beatles und anderer schon angelegt: dass ich eben in Melodien denke, im Rahmen von Strophen, Refrains und Mittelteilen, die kunstvoll und überraschend zu kombinieren eine so große Herausforderung darstellt. Doch erst durch diesen Hitchcock habe ich verstanden, dass man über alles einen Song schreiben kann, selbst über Männer mit Glühbirnenköpfen, Insektenmütter, Wasserleichen und Käsesorten. Und von welchen Unaussprechlichkeiten man damit erzählen kann. Er hat mir gezeigt, dass wenn man als Künstler in einem klar abgesteckten ästhetischen Rahmen arbeitet, in diesem Rahmen alles möglich und nichts zu absurd und gewagt ist. Hitchcock hat mich mehr geprägt als jeder andere Künstler. Womöglich sogar mehr als mein Vater. Er hat mir klargemacht, dass ein Geheimnis so viel mehr bedeutet als seine Enträtselung und dass ein Rätsel mehr über die Welt und die Natur des Menschen aussagt als seine Lösung. Robyn Hitchcock ist der Mann, der mir die Unerklärbarkeit der Welt erklärt hat.

Als Solo-Musiker hat Robyn Hitchcock seit 1981 – je nach Zählweise – zwischen 23 und 28 Alben veröffentlicht. Davor war er Sänger und Songschreiber der Soft Boys, einer Band, die zur Blütezeit dessen, was Menschen als Punk zu bezeichnen pflegen, das Erbe der Sechziger (dem aufregendsten Jahrzehnt der Popmusik) fortzuschreiben versuchte – und damit natürlich zwangsläufig scheitern musste. Aus heutiger Sicht klingen die Soft Boys großartig: wie vollkommen wahnsinnige Punks, die sich als Hippies verkleidet hatten, oder umgekehrt. Damals waren sie eine kulturelle und kommerzielle Vollkatastrophe. Sie sangen »Sandra's Having Her Brain Out« oder »I Wanna Destroy You«, und wenn Syd Barrett und Sid Vicious je einen gemeinsamen weichen Punkt hätten haben können, wären es wohl die Soft Boys gewesen. Aber schon hier ging es nicht um irgendwelche experimentellen Abgefahrenheiten – es ging um Songs. Wie bei Hitchcocks Helden: Dylan, Lennon und Syd Barrett.

Ich entdeckte Hitchcock natürlich erst Jahre nach der Auflösung der Soft Boys in den späten Achtzigern, als Popmusik gerade aufgrund wässrig produzierter Schlagzeuge und grotesker Keyboard-Sounds so schlimm klang wie nie zuvor. Ich hatte damals die Beschreibung einer Hitchcock-Platte in einem Plattenversand-Katalog gelesen, den ich während des Mathe-Unterrichts unter meinem Pult durchzuplügen pflegte, und war neugierig geworden. Die Platte hieß »I Often Dream Of Trains«. Als das Album mit dem schönen tiefgrünen Cover, das einen alten Mann zeigt, der auf einem Bootssteg sitzt, eintraf, legte ich es abends auf. Eine richtige Entscheidung, denn Hitchcock-Musik ist nicht nur Herbstmusik, sondern Nachtmusik.

Zuerst hörte ich das eröffnende Instrumental »Nocturne« – eine spukige, nur auf dem Klavier gespielte Nacht-Ode, die sich anhört, als wäre sie im kerzendurchflackerten Turmzimmer eines Schlosses aufgenommen worden. Es folgt das grelle »Sometimes I Wish I Was A Pretty Girl« – ein typischer Hitchcock-Song über Grenzverwischung und Identitätsauflösung: »Sometimes I wish I was a pretty girl/so I can OOP myself in the shower«, singt er mit gedoppelter Stimme. Das »OOP« ist ein lautmalerischer Ton, und das Wort »shower« quäkt er wie von Sinnen. Es folgen die unheimliche Ballade »Cathedral« und das hysterische A-capella-Stück »Uncorrected Personality Traits«, in dem Hitchcock behauptet, selbst Marilyn Monroe sei ein Mann gewesen.

Nach diesen vier Songs war mir klar, dass meine musikalische Welt aus den Angeln gehoben war. Ich hatte bislang Freude an den Platten Lloyd Coles, der Talking Heads, der Violent Femmes, der Smiths oder Tom Waits gehabt, die mir nun alle trivial und schlicht vorkamen. Denn dieser Mann hier offerierte mir eine völlig neue Sichtweise, einen wuselnden Mikrokosmos aus düsteren, bewusstseinserweiternden, grotesk komischen Bildern. Ich höre heute andere Hitchcock-Platten öfter, aber »I Often Dream Of Trains«, dieses Quasi-Konzeptalbum über den Tod und die Schönheit des Verfalls, das er mit 29 Jahren überwiegend allein, nur auf Gitarre und Klavier, eingespielt hat, bleibt wohl bis in alle Ewigkeit mein absolutes Lieblingsalbum. Solange mich Menschen, deren Bekanntschaft ich erst vor Kurzem schloss, auf ihren Geburtstag einladen werden, so lange werde ich »I Often Dream Of Trains« als Geschenk mitbringen.

Ich versuchte nach dieser folgenschweren Begegnung mehr Platten von Hitchcock aufzutreiben, was damals in den Achtzigern gar nicht so leicht war. Niemand hörte ihn, in keinem Laden hatte er ein Fach, in Musikzeitschriften tauchte er nicht auf, und selbst Eingeweihte wussten nichts Näheres über ihn – der Mann galt als Phantom. Nach und nach jedoch häuften sich mehr und mehr Platten: Da war die bunte Pop-Platte »Fegmania« mit tollen Songs wie »My Wife & My Dead Wife« und »Egyptian Cream« (über eine Schwangere, die sich mit eben jener ägyptischen Creme einzuschmieren beliebt – ein Lied über Fruchtbarkeit). Dann entdeckte ich die elegante »Element Of Light« mit dem pumpenden »If You Were A Priest« und dem schönen »Raymond Chandler Evening«: »There's a body on the railings/that I can't identify/And I'd like to reassure you/but I'm not that kind of guy«. Am besten aber gefiel mir neben »I Often Dream Of Trains« stets »Eye«, die andere Akustikplatte Hitchcocks, wieder so eine Rätselplatte, die mit minimalem Aufwand eine ganze Welt entwirft.

Es ist der schmale Grat zwischen totalem Mumpitz und Metaphysik, zwischen Traum und Realität, zwischen wunderschönen Schrecklichkeiten und monströser Schönheit, zwischen unfreundlichen Polizisten und freundlichen Leichen, der in Hitchcocks Werk beschritten wird. Es ist eine Welt, in der Unsinn und Sinn als ebenbürtige Möglichkeiten der Weltbetrachtung erwogen werden. Deshalb ist es auch müßig, Hitchcock als Spinner einzutüten. Er selbst hat sich einmal im Zusammenhang mit diesem Vorwurf wie folgt erklärt: »Most of my songs, if they are about anything, are about the shock of existence. You know, people say, ›Well, Hitchcock writes about food, sex and death, you know, with a side order of fish and insects.‹ You know, as if I were being insanely whimsical: ›Here comes the old food, sex and death man again.‹ But you know, food, sex and death are all these sorts of corridors to life … sex to get you here, food to keep you here, and death to get you out.«

Hitchcock schreibt intuitiv und halbwegs unzensiert. Ich weiß nicht, wie er es macht, aber er editiert seinen Schreibvorgang offenbar nicht allzu sehr und ist mit einer Fantasie ausgestattet, die anderswo für ganze Stadtviertel reichen würde. Also lässt er es laufen. Er schaltet sein poetisch begabtes Hirn auf Autopilot und putzt vielleicht am Ende nur noch leicht durch. So kann tatsächlich alles passieren. »Dreaming in public« hat er es selbst mal genannt. Nur so können Texte entstehen wie der zu »The Devil's Coachman«:

Yesterday it seemed so cruel and everything was fabulous
Built of brick and made for an eternity;
Give an inch and take an inch and what you've got is where you were
The universe is based on sullen entropy
It falls apart as it goes on

Yesterday I saw the Devil in the nude, it was embarrassing
I turned away –
He was leering in the mirror when I looked again

Everything you say you won't is what you will eventually
Honesty is money in the cemetery
If he treats you horribly he's probably a Scorpio
He's a long kebap through your ovaries
The same goes out the same goes in

Yesterday I saw the Devil in a mood. He wasn't angry, but he stood around –
Biting off the legs of all his furry chums

I remember everything as if it happened years ago
Probably it did so I remember it
You are just your feelings it might give you vertigo
Falling off a high place and into it
Just as I fell into you

Yesterday I saw the Devil in my food. I wasn't hungry
But I played with it –
Blood red horns gouged through my scrambled (egg)

Yesterday I saw the Devil in my heart – I was expecting him
The doctor came –
I have to call the doctor every time we kissed

Vielleicht noch nicht einmal Hitchcocks bester Text, aber ein durchaus typischer.

Sosehr der Mann textlich alle Möglichkeiten freigeistig auslotet: Hitchcocks Musik selbst ist äußerst unabgefahren, was mir sehr entgegenkommt. Der Mann schreibt Lieder, die mal nach Syd Barrett, mal nach Bob Dylan klingen, meistens jedoch nach John Lennon, den man mit Monty Python im Schrank eingeschlossen hat. Mal ist er näher am Pop, mal näher am Folk. Aber es geht immer um einfache Akkorde und eine schöne Melodie.

Ich habe Robyn Hitchcock zwei Mal getroffen. Viel Bemerkenswertes habe ich, als ich vor ihm stand, nicht herausgebracht, ich bin viel zu sehr Fan. Meine damalige Freundin hat bei einer dieser Begegnungen ein Foto von mir und Hitchcock gemacht: Wir beide stehen da nebeneinander, ich grinse blöd, und er hat den Mund auf. Nichts deutet auf die Erhabenheit unseres Verhältnisses hin – auf die Erhabenheit unseres sehr einseitigen Verhältnisses, wie ich mir wohl eingestehen muss. Zweimal habe ich ihn bislang live gesehen. Zuletzt in Utrecht. Da durfte ich dann auch mal seine berüchtigten Stegreif-Monologe erleben, die er mit flackernden Augenlidern zwischen den Songs abfeuert und die eine Vorstellung davon geben, wie es sich anhören könnte, wenn Helge Schneider, Bob Dylan und De Chirico dieselbe Person wären. In Utrecht ging es unter anderem um Eier legende Polizisten und Christina Aguilera, die unentwegt eine Kirche auf Rädern hinter sich herzieht.

Im Laufe der Jahre ist Robyn Hitchcock deutlich heller und weniger daseinsfremdelnd geworden, eine beruhigende Entwicklung, wie ich finde. Heute schöpfen seine immer noch irritierten, wilden, alles zulassenden Songs eher aus einer Lebenszugetanheit, nicht mehr nur aus Paranoia und Schmerz. So sollte es wohl idealerweise sein.

Es wird wohl immer so weitergehen mit mir und Hitchcock. Er war immer da, egal, was mit mir gerade passierte und was ich trieb. Mehr noch als Bob Dylan hat mich Hitchcock durch mein Leben begleitet. Er war immer dabei, und ich bin mit ihm älter geworden. Er ist ungefähr 15 Jahre älter als ich, und so ist er stets ein paar Lebensphasen voraus. Vom Tod singt er inzwischen ein bisschen weniger als noch als junger Mann. Inzwischen singt er mehr vom Leben. Das trifft sich: Man kann wunderbar mit ihm durchs Leben gehen. Und langsam verfaulen.

30.09.2008

Ich glaube, ich kann inzwischen diverse Konzertlokalitäten der Stadt nur am Geruch erkennen. Das Gebäude 9 ist wohl der einzige Konzertschuppen Kölns, wo immer so viele Pils- und Kölschflaschen gleichzeitig geöffnet sind, dass einem das Bierodeur schon beim Betreten des Raums entgegenweht. Gleichzeitig ist der rustikale Laden von allen Clubs der Stadt derjenige, in der die Dichte herausragender Konzerte am höchsten ist. Auf das Glanzlicht, das an diesem Dienstagabend gesetzt werden wird, dürfte aber wohl kaum einer der rund dreihundert Anwesenden gefasst gewesen sein.

Auf den ersten Eindruck ist Bon Iver, das Projekt des Multiinstrumentalisten Justin Vernon, ein weiterer musikalischer Bartträgerverbund, der irgendwo in den Jagdgründen zwischen holzbockiger Americana und störrischer Psychedelic umherwildert. Anders aber als etwa Iron & Wine oder Devendra Banhart ist Vernons bislang einziges Album – das er im vorletzten Winter in der Einsamkeit einer Jagdhütte in Wisconsin im Alleingang aufnahm – weitaus weniger klassizistisch und offen hippiesk. Vernon, so meint man zu hören, kommt eindeutig vom Indie-Rock der Neunziger, dessen Rappeligkeit und Larmoyanz man ständig in diesen seltsam strukturierten Liedern ausmachen kann. Während bei anderen Schraten seines Schlages das fortgeschrittene Musikantentum bisweilen fast zwingend ins Epigonale führt, scheint aber gerade seine Ungelenkheit ihn zu so ungehört schöner Musik zu befähigen. Manchmal erinnert sein Album an ein wagemutig konstruiertes Traumschloss, in das es überall reinregnet.

Erwartungsgemäß eröffnen Bon Iver den Abend mit »Flume«, dem ersten Stück des Albums »For Emma, Forever Ago«. Vernon, das war zu erwarten, ist mit Bart und sich lichtender, strubbeliger Bettfrisur äußerlich ein Vertreter der Mietzahlungsproblematiker-Zunft und wirkt, als sei er gerade aufgestanden. Auch seine Mitmusiker stehen dem ungehinderten Haarwuchs eher aufgeschlossen gegenüber – abgesehen vom zweiten Gitarristen, der aussieht, als zähle er freudig die Tage bis zum Abitur. Zart schrammelt die Gitarre, und Vernons heisere Falsett-Stimme setzt ein: »I am my mother's only one/It's enough«. Bis jetzt klingt es fast vertraut: so vertraut wie eine Gruselgeschichte, durch die der Geist Will Oldhams spukt. Ohrenbetäubend laut bohrt sich plötzlich das Feedback der zweiten Gitarre nach vorne, überlagert alles – und verschwindet wieder. Dann setzt das Schlagzeug ein: schlicht rumpelnd, aber von einer unfasslichen Wucht. So wird es weitergehen: Jedes Instrument wird mit fast kindlichem Entdeckungsgeist behandelt und mit enormer Prägnanz gespielt; manchmal brechen einzelne Klänge herein, als wären sie das Schicksal selbst, und der vierstimmige Gesang klingt wie das Weinen eingemauerter Gespenster: Ausdruck und Intensität scheinen hier alles, Technik nichts zu sein. Doch der Schein trügt.

Wenn je die Formulierung vom gebannten Publikum gepasst hat, dann wohl hier: Die Zuhörer – überwiegend erstaunlich junge Vertreter jener Indie-Hörerschaft, die noch nicht an Partyabende mit den Kaiser Chiefs und ihren Freunden verloren gegangen sind – sind mucksmäuschenstill; nach den Stücken entlädt sich ohrenbetäubender Jubel, ein paar Männer gesetzteren Alters rufen »Bravo!«. Je länger Bon Iver spielen, desto deutlicher wird: Diese Herren haben sich nicht zusammengetan, um unter der Tarnung unausgeschlafenen Künstlertums Mädchen kennenzulernen; Justin Vernon und seine Begleiter sind Vollblut-Musiker.

Und ihr spröder Gestus ist ein Konzept: Ohne Weiteres könnten sie hier ein zünftiges Roots-Set vom Stapel lassen – aber warum, wenn man doch durch Verschiebung der Akzente so brüllend schöne Musik machen kann? Eine Stunde dauert das Konzert, das von den Musikern fast vollständig im Sitzen verbracht wird; am Schluss ringt Vernon um Worte des Dankes. Die Ausnahme-Band hatte ein Ausnahme-Publikum: Während der Lieder war es so still, man konnte die Bierflaschen umfallen hören.

01.10.2008

Der beste Bandname, den ich in diesem Jahr gehört habe: The War on Drugs. »Gegen Drogen« – »auf Drogen«: Schön, dass jemand diese abgründig klaffende Doppeldeutigkeit aufgespießt hat. Nach allem, was ich lese, müsste ich auch die Musik lieben. Aber auch bei akustischem Nichtgefallen – toller Bandname.

12.10.2008

Ein Bekannter erzählt mir, er habe Hannelore Schmidt, allen – vermutlich auch ihr – besser bekannt als »Loki«, interviewt. Sie sei sehr nett gewesen, berichtet der Bekannte. Mich verbindet wenig mit der Exkanzlergattin, ich kann mich eigentlich nur an eine Fernsehdokumentation erinnern – sie muss schon vor Jahren gelaufen sein –, in welcher Loki ausgiebig beim Rumkrosen in ihrer Küche zu sehen war. Ich muss bei Nennung ihres Namens immer an alte Krautrockbands denken, denn »Loki« klingt für mich wie der Spitzname irgendeiner Krautrocksängerin:

»Hannelore »Loki« Elmersbusch – mein wildes Leben zwischen Langhans und Hanf«. Oder »Loki Schulze – die Frau, die Amon Düül auseinandertrieb, erinnert sich«. So oder so: Die Frau hat einen klassischen Rockmusikerspitznamen. Es gab nämlich mal Zeiten, da war es unter Rockmusikern ein durchaus verbreiteter Brauch, einen Spitznamen zu haben. Man denke nur an den BAP-Gitarristen Klaus »Major« Heuser. Oder an »The Edge«. Oder an die Toten Hosen, bei denen alle Breiti oder Kuddel heißen, außer Campino, der heißt Campino (intern aber auch »Campi«).

Ich kann mir nicht helfen, aber Spitznamen haben bei Rockmusikern immer etwas Spießiges, na ja, zumindest doch sehr Bodenständiges. Tatsächlich gilt die Rechnung: Je zünftiger und schlichter die Band, desto höher das Spitznamenaufkommen (das sieht man auch daran, dass bei BAP und den Toten Hosen eben »alle« Spitznamen haben/hatten). Dass aber bei einer instrumentalen semi-elektronischen Art-Pop-Band mit Kunsthochschulhintergrund die Musiker Namen wie »Mufti«, »Schlurfi« oder »Bommelmann« haben, kommt nur selten vor.

Ich persönlich habe nur wenig Verständnis für Rockmusikerspitznamen; ich lasse es mir allenfalls noch gefallen, wenn sich ein alter weiß bezopfter Bluesgitarrist Eddy »The Snake« Johnston oder so nennt. (Ich habe mir den Namen gerade ausgedacht, aber ich wette, den Mann gibt es wirklich. Ich bin mir da so sicher, weil ich gerade für das ZDF auf der Popkomm tätig war, wo man (of all things!) ein Bluesrock-Festival abfilmte. Die Veranstaltung war eher trist: Drei Kameramänner turnten vor der Bühne rum, im Saal war dagegen nicht ganz so viel los. Dass Bluesrock nicht eben ein Publikumsmagnet ist, hat sich bis Berlin offenbar noch nicht rumgesprochen. Die Bluesrocker selber waren aber super – nämlich genau so, wie sich Lieschen Müller einen Bluesrocker vorstellt: In engen ausgebleichten Jeans, die Füße in Schlangenlederstiefeln, schritten sie einher und sahen unter ihren Hüten aus wie Männer, die beim Statisten-Casting für einen in Louisiana angesiedelten Coen Brothers-Film im dortigen Totengräber-Milieu mit der Begründung »zu klischeehaft« abgewiesen wurden. Jedenfalls hatten die dort umherlaufenden Musiker alle so ähnliche Namen wie Eddy »The Snake« Johnston.)

Nicht zu verwechseln sind Spitznamen natürlich mit Namen wie Prince, Bono, Morrissey oder Farin Urlaub. Das sind einfach ausgedachte Quatschnamen, von Leuten, denen klar war, dass es beim permanenten öffentlichen Beschautwerden nicht hinderlich sein kann, ein Alter Ego zu haben, dem man sein öffentliches Treiben in die Schuhe schieben kann. Es gibt Menschen, die sprechen hier von Künstlernamen. Allerdings sind alle Beispiele Künstlernamen im modernen Sinne: Sie passen besser zur dargebotenen Kunst, sind Teil einer selbst entworfenen öffentlichen Figur. Es sind nicht Künstlernamen im Sinne eines anderen, besser vermarktbaren Namens, wie er oft für Leute gewählt wird, die Djomotir Börghenststein o. ä. heißen und von dicken Siebzigerjahre-Plattenfirmenbossen mit kletschigem Haar in Andy Buchanan o. ä. umgetauft werden müssen.

Eric Claptons Beiname »Slowhand« wiederum gilt ebenfalls nicht, denn es ist ein lediglich von Journalisten, in spacken Taxifahrerjacken eingeklemmten Uralt-Fans und Idioten verwendeter Kosename, der keinerlei Alltagseinsatz gefunden haben dürfte: »Hey, Slowhand, entschuldige, aber du liegst auf meiner Freundin.« Nein, das dürfte selbst zu heftigsten Dampfkraut-in-allen-Pfeifen-Zeiten keiner Pfeife über die Lippen gegangen sein. Ähnliches gilt für fast alle angeblichen Spitznamen, über deren Träger es auf eklig gestalteten Internetseiten so oft heißt »Nicht umsonst nennen seine Fans ihn …«.

Ich selbst habe mich früher, als ich selbst noch erfolglos Musik machte, hin und wieder Eric England genannt. Das ist mir heute ein wenig peinlich, weshalb ich hier jetzt auch mit gebotener Abruptheit enden möchte.

Nachtrag: Ich hatte auch mal einen DJ-Namen, der lautete »Velvet Millionär«.

15.10.2008

Jetzt sind die Farben wirklich alle weg.

Draußen sieht es aus, als habe ein böser Mann die Welt auf Schwarz-Weiß gedreht.

Geht man in diese Welt hinaus, wird es nicht besser. Alle sehen aus wie aus dem Heim weggelaufen. Das denken wohl auch die Leute, die mir entgegenkommen. Durchkreuzt wird das »Dawn Of The Dead«-Szenario, dem ich selbst einiges an Unterdurchblutung hinzufüge, nur von Frauen in Joggingklamotten, die mit lilafarbenen Matten unterm Arm zum Yoga strömen. Immerhin *eine* Farbe: lila. Ein hagerer Hochwasserhosenträger mit Borstenschnitt kommt humpelnd von rechts ins Bild und sagt immer wieder »Lustiges Deutschland, lustiges Deutschland …« vor sich hin. Dabei sollte gerade er es eigentlich besser wissen.

Ich gehe wieder nach drinnen und erledige die Pflichten. Soll heißen: Ich höre zu Rezensionszwecken die neue Snow Patrol-CD. Sie ist schlimm.

Dieser salbungsvolle, prätentiöse Gefühlsrockpop aus England ist von allen Erfolg versprechenden Kühen, die auf den engen Weiden des Pop vor sich hin grasen, diejenige, die derzeit am schamlosesten gemolken wird. Ruhigstellungsmusik – produziert von jungen Männern, die großäugig von »Love, Love, Love« singen, sich dabei oft vor lauter Pomp verschlucken und in Posen ergehen, die sie sich nur von Simple Minds-Live-DVDs abgeguckt oder an der Stadionrock-Resterampe aufgesammelt haben können. Und diese Snow Patrol-Vögel schaffen es tatsächlich, das Kuschel-Indie-Genre in neue Dimensionen der Banalität zu führen: ödeste Nummer-sicher-Musik für ungewisse Zeiten ist das. Es soll wohl gefühlig sein, aber der Sänger wischt nur mit dem Jammerlappen. Snow Patrol pressen das, was sie für Gefühle halten, in äußerst enge Förmchen und entsagen allem Irrsinn zugunsten einfältigen musikalischen Schwadronierens. Ohrenwischerei auf flachstem Niveau. Abenteuerländlich beinah.

Entrolle kurz meine innere Yoga-Matte und atme durch.

Ich weiß: Schlechte Laune sollte ein Privileg der Jugend sein.

Mürrischkeit und Unmut können, wenn sie jungen, schnittigen Leibern entweichen, ja tatsächlich eine gewisse Anmut entfalten.

Übellaunige Männer, die der 40 entgegensegeln, sind jedoch eine eher unerfreuliche Angelegenheit. Aber es nutzt ja nichts. Und Snow Patrol bleiben trotzdem Schrott.

16.10.2008

Besuche ein Konzert der Sängerin Jenny Lewis. Ich bin doch immer wieder erstaunt, dass ich trotz emsiger Konzertgängerei in ein und derselben Stadt immer wieder auf Konzerten herumstehe, wo ich niemanden kenne. Mir kommt das durchaus gelegen, denn so kann ich relativ ungeschoren mein finsteres Handwerk verrichten und ohne ablenkende Konversation Notizen in ein kleines schwarzes Buch krakeln. Ich bin mir durchaus der Tatsache bewusst, dass ich vielen Menschen, die mich hierbei beobachten, vorkommen muss wie ein obsessiver Irrer oder ein Wichtigtuer – womöglich bin ich eine Mischung aus beidem. Angequatscht werde ich aber selten, ich glaube, den meisten Leuten steht nach Feierabend auf Konzerten nicht der Sinn danach, Konversation mit obsessiven Irren oder Wichtigtuern zu führen, das müssen sie ja schon den ganzen Tag auf der Arbeit. Und so bleibe ich denn für die Leute ein Fremder. Allerdings kein »geheimnisvoller Fremder«. Sogenannte »geheimnisvolle Fremde« haben im Kölner Ausgehalltag nichts zu suchen, der Typus des »geheimnisvollen Fremden« bleibt Italo-Western vorbehalten. Und amerikanischer Rockmusik klassischer Prägung. Die Tatsache, dass ich sowohl ein Faible für Italo-Western wie für rustikalen Ami-Rock habe (wobei ich mich für Letzteres deutlich stärker schäme), legt allerdings nahe, dass ich auch eine Schwäche für »geheimnisvolle Fremde« habe. Einer dieser Schwächen, nämlich der schambehafteten amerikanischen Rockmusik, darf heute wieder gefrönt werden. Ich müsste wohl besser statt von »amerikanischer Rockmusik« von »kalifornischer Rockmusik« sprechen.

Es ist vor allem der populären Musik zu verdanken, dass Kalifornien heute ebenso sehr ein Zustand wie ein Ort ist. Die lustigen Surf-Instrumentals von Link Wray und die musikalischen Sandburgen, die Brian Wilsons Beach Boys bauten, waren nur der unschuldige Anfang. Es folgten Drogenexzesse, künstlerische Hybris und Verschwendungssucht, Charles Manson, der Songwriter-Boom der frühen Siebziger, die kokainbetriebenen Laurel Canyon-Gelage von Joni Mitchell und Co, die Eagles und ihr »Hotel«-Song und der ganze klebrige Radiorock der Achtziger. Und was für die Musik galt und all die harmoniesuchtgeplagten Egomanen mit Gitarren, das galt auch für den ganzen Rest der kalifornischen Kultur: Nirgendwo sonst stand die Unschuld stets so nah am Abgrund wie an diesem zugleich seichtesten und bodenlosesten Ort der westlichen Zivilisation, an dem Schönheit und Stumpfsinn munter Tandem miteinander fuhren.

Auch wenn sie in Las Vegas zur Welt kam: Jenny Lewis ist im Grunde eine moderne Vorzeigekalifornierin: Sie war Kinderdarstellerin in diversen TV-Serien, geriet aber zum Glück in örtliche Indie-Pop-Zirkel, wo ihre ungewöhnlich geschmeidige Pop-Stimme und ihr Songwriting-Talent für Aufsehen sorgten. Mit ihrer Band Rilo Kiley veröffentlichte Lewis im vergangenen Jahr das abgründige Pop-Album »Into The Blacklight«, das so glatt war wie der Deckel von Stevie Nicks' Flügel und gleichzeitig Los Angeles klug und treffsicher als Porno-Moloch karikierte. Den Stadtrat von Los Angeles konnte Letzteres jedoch nicht abhalten, Lewis zur »Pioneer Woman« zu küren, was wohl in etwa bedeutet, dass man ihre Verdienste um die Kultur L.A.s zu würdigen weiß. Soeben hat die Frau, die im San Fernando Valley lebt, ein zweites Solo-Album veröffentlicht, das sie am heutigen Abend im Kölner Gebäude 9 vorstellt.

Eigentlich *ist* Jenny Lewis sogar wie Kalifornien, denkt man sich, wenn man sie so über die Bühne flattern sieht: Sie ist ein hübsches, fragiles Geschöpf mit einem Hauch von Herbheit, sie singt wie ein dringend unter Naturschutz zu stellendes Vöglein, und sie verbreitet die Aura des coolsten Mädchens von der ganzen Highschool, um das sämtliche Jungs wie die Motten flattern. Gleichzeitig liegt in ihren Zügen etwas ununterdrückbar Melancholisches, die Aura des »spoilt child« umgibt sie, aber solches Wissen hat schließlich noch keine Motte vom Flattern abhalten können. Man ist, ganz gleich ob Frau oder Mann, fasziniert von dem coolen Mädchen, ahnt aber, dass man die Welt, in der sie lebt, nur aus schlecht synchronisierten RTL-2-Serien kennt.

»Jack Killed Mom« eröffnet den Abend, ein Blues-Gospel, dessen Text eine dieser typischen sarkastischen Lewis-Geschichten erzählt. Lewis, mit Hut, sitzt am E-Piano, strahlt ins Publikum und sucht Augenkontakt. Ihre fünfköpfige Band setzt sich ausnahmslos aus jener Sorte von Musikern zusammen, die es nur in den USA gibt: langhaarige, freundliche Gesellen in Batik-Hemden und mit um den Hals baumelnden Tierzähnen – Zeitgenossen, die ohne Instrument fast nicht vorstellbar sind und die einander vermutlich mit »dude« anreden. Aber der Harmonie-Gesang, den sie vom Stapel lassen, klingt, als würden die Englein singen. Dann hängt Lewis sich eine Gitarre um und spielt den schönen Country-Schunkler »The Charging Sky«, sobald sie aber die Hände freihat und tanzt, bekommt man einen Eindruck davon, wie es ausgesehen hätte, wenn Robert Altman Pipi Langstrumpfs Jahre als Roots-Sängerin verfilmt hätte. Und doch bleibt man distanziert: Obwohl Jenny Lewis sich gelöst gibt, erstarrt das Publikum vor dieser seltsamen Mischung aus Hollywood-Anmut und Mucker-Perfektion, als müsste man zwangsläufig in einem europäischen Indie-Club ein Rest-Misstrauen gegenüber dieser Makellosigkeit wahren.

Der Trick, mit dem Jenny Lewis die Stimmung dann aber doch noch rumreißt, ist eigentlich auch nur ein Showbiz-Kniff – aber er funktioniert: Für das Stück »Acid Tongue« klettert Lewis samt Band umständlich von der Bühne und stellt sich mitten ins Publikum. »Please don't run away«, bittet sie die überforderten jungen Männer um sie herum. Dann spielt sie auf einer Akustikgitarre, viel leiser als man es für möglich halten könnte, dicht an dicht mit ihren Zuhörern den Song, schaut dabei direkt in strahlende Augen, derweil ihre Mitmusiker fünfstimmig den Chor dazu singen. Das Konzept geht auf: Das ruhige Stück mit dem bösen Text über Einsamkeit und Drogen setzt der an diesem Abend stattfindenden *Californication*-Sause ein Glanzlicht auf. (Ich muss an dieser Stelle einflechten, dass sich Frau Lewis just auf meiner Höhe positionierte und ich das unverstärkt dargebotene Stück somit im Abstand von circa zehn Zentimetern genießen durfte. Zwei Dinge werde ich in diesem Zusammenhang nur schwer dem Abyss des Vergessens überlassen können: 1. Jenny Lewis riecht gut. 2. Der Song beginnt mit den folgenden Zeilen: »I went to a copper to fix a hole in my shoe/he took one look at my face and said: I can fix that hole in you«. Beim letzten Satz hob Frau Lewis den Kopf und sah mir direkt in den Augen. Und auch wenn mir klar ist, dass dies zufällig geschah, sackte mir alles Blut in die Füße, und ich wurde zur willenlosen Motte.)

Als letzte Zugabe gibt es noch das zünftige »See Fernando«, von dem Lewis behauptet, sie habe es für einen geheimnisvollen Fremden aus Köln geschrieben. Dann lacht sie sich halb kaputt, als ahnte sie, dass es in Köln einfach keine geheimnisvollen Fremden geben kann.

17.10.2008

Liege entschieden zu lange, betäubt und oral mit Mull vollgestopft, auf der Behandlungsliege meines Zahnarztes herum. Das Warten auf den ansonsten recht versierten Mann gibt einmal mehr Anlass dazu, sich Gedanken über die musikalische Beschallung von Räumen zu machen, die nicht zwingend einer solchen bedürfen. Ich vermute, es wird bis in alle Ewigkeit so bleiben, dass Zahnarztpraxen oder Austragungsstätten physiotherapeutischer Körperverbesserungen sich von den in kulturpessimistischen Kreisen gefürchteten »Das Beste aus den 80ern, den 90ern – und von heute«-Radiostationen die Bude vollnüddeln lassen werden. So kommt man mit mullenem Mund oder in Fango verpackt immer mal wieder in den Genuss von Musik, in deren Genuss man ohnehin viel zu oft kommt. Stücke wie »In The Army Now« (Status Quo), »The Riddle« (Nik Kershaw) oder »Karma Chameleon« (Culture Club) feiern hier fröhliche Urständ bzw. werden in all ihrer Unausrottbarkeit Tag für Tag zelebriert. In meinem Stammcafé wiederum – das zwar eher einer Musikbedudelung bedarf als eine zu Gesundungszwecken eröffnete Praxis – liegt auf dem CD-Player (und leider auch darin) eine »Lounge Café Classics«-CD, die so schrecklich ist, wie sie heißt. Warum ich ein Café mit gruselerregender Musik zu meinem Stamm-Laden erwählt habe? Wegen des Kaffees und wegen der schönen großen Fenster. Dass ich die schlimme Musik für den guten Kaffee in Kauf nehme, beruhigt mich etwas, da es mir als Indiz dafür zu taugen scheint, dass ich mich über das Niveau einer Nick Hornby-Romanfigur emporgeschwungen habe und die Qualität von Musik nicht das Hauptkriterium meines Daseins geworden ist. Mir ist trotzdem schleierhaft, warum niemand auch nur ein Mindestmaß an Gestaltungskraft auf die musikalische Beplätscherung des Ladens verwendet. Wie egal können Dinge werden? Ein Wunder, dass nicht »irgendein Kaffee« gereicht wird, wenn doch auch »irgendeine Musik« reicht. Andererseits: Im Rahmen von Rockkonzerten wird umgekehrt ja auch nicht auf die Qualität des begleitenden Essens geachtet, und das, was man in den Foyers großer Konzerthallen zum Verzehr bekommt, dürfte zum Bedenklichsten gehören, was man oral in seinen Körper einführen kann. Erst vor ein paar Tagen gestand mir mein treuer Freund Stietenroth, wie er einmal in der Dortmunder Westfalenhalle bei einem Metallica-Konzert in den sehr frühen Neunzigern reichlich dem Zwiebelfleisch zugesprochen hätte, was die Erinnerung an jenes Konzert nicht eben in allzu schwelgerische Gefilde geraten ließe. Ich werde diese Information nun keinesfalls zu einer billigen Metallica-feindlichen Polemik nutzen, weise aber dennoch darauf hin, dass schlechtes Zwiebelfleisch im Rahmen von Metalkonzerten irgendwie folkloristisch in Ordnung geht.

Nach einer halben Stunde liege ich immer noch halb betäubt auf der Zahnarztliege; inzwischen läuft »Sweet Dreams« von den Eurythmics. Sollte mal wieder ein Dschungelcamp gedreht und zur Prüfung gebeten werden, können die schamlosen para-lustigen beiden Moderatoren ja künftig die Probanden wie folgt empfangen: »Tja, liebe ehemalige Seriendarstellergattin, Sie haben wohl gedacht: ›Gleich geht's hier wieder munter ans Essen von Schimpansen-Notdurft, während die Hände rechts und links in Glaskästen voll giftigen Krabbelgetiers stecken.‹ Doch weit gefehlt! Die heutige Prüfung besteht vielmehr darin, dass Sie sich ihren Mund mit Mull vollstopfen lassen und langsam auf einer Liege dem Ennui anheimfallen, während wir Sie massiv mit den finstersten aller Achtziger-Hits volldudeln.« Aus dem Nebenzimmer höre ich dumpf die Stimme des Zahnarztes. Ich schließe die Augen und denke an Jenny Lewis.

Morgen geht's zum Udo Lindenberg-Konzert.

Es gibt Menschen, die tragen in erster Linie deshalb Sonnenbrillen, um sie möglichst oft abnehmen zu können. Ich gehöre nicht dazu, ich trage überhaupt nur sehr selten Sonnenbrillen. Sonnenbrillenkäufen steht meinerseits eine Art vorauseilende

Verlustangst im Weg. Ebenso wie Regenschirme oder Portemonnaies scheinen mir Sonnenbrillen allzu sehr dazu angetan, verloren zu werden. Also kullert bei mir fröhlich das Geld in der Tasche rum, es regnet mir lustig auf den Kopf, und ich schaue mit zu Schlitzen verengten Augen in die Sonne, wie ein Schwerhöriger, der eine an ihn gerichtete Frage nicht verstanden hat.

Udo »die Linde« Lindenberg muss, glaube ich, keine Angst haben, je einer Sonnenbrille verlustig zu gehen. Dank wiederentflammten Erfolgs kann er sich ausreichend Ersatzbrillen leisten.

Ich mag Udo Lindenberg gar nicht so ungern, finde aber weite Teile seiner populäreren Songs eher schrecklich. Wann immer aber in meinem Umfeld allzu pauschal Udo Lindenberg angegriffen wird, zitiere ich einfach ein paar meiner liebsten Songzeilen. Zum Beispiel jene aus dem tollen Song »Gegen die Strömung«: »Ich geh mit dir durch Dick und Dünn, aber nicht durch Dick und Doof/Bitte schmeiß nicht gleich unsre Liebe weg, wenn ich mal mit ner anderen poof«. Allerdings gibt es von Udo Lindenberg etwa 3565 Songs, die diesen hübschen Vierzeiler thematisch noch weiter und flacher auswalzen und dabei allenfalls in nanoeskem Ausmaß variieren.

Nie wieder allerdings möchte ich darauf hingewiesen werden, dass der mild angejahrte Deutschrockpionier in seiner freien Zeit mittels Likörfarbe hingetupfte Bildchen – oder wie er es nennt: Likörelle – malt, die aussehen wie in ländlichen Pfarrheimen ausgestellte Freizeitarbeiten rot bebrillter Damen mit sozialdemokratischem Hintergrund. Überhaupt sollten Rockmusiker ihre Malarbeiten nicht öffentlich ausstellen. Als ich kürzlich einen befreundeten Maler fragte, welcher nebenbei malende Rockmusiker denn eigentlich die besten Bilder zusammenpinsele, versank dieser in langes Schweigen. Als ich, durch das Schweigen ein wenig peinlich berührt, Don van Vliet (alias Captain Beefheart) vorschlug, sah er mich nur kurz müde an – und schwieg weiter.

Es ist also eine Stimmung kritischen Wohlwollens, in der ich mich befinden werde, wenn ich mir morgen den Weg durch Tausende in freudiger Erwartung vor der Kölnarena herumlungernde

Lindenberg-Fans bahnen werde. Solange er keine Likörelle malt, dürfte der Abend jedenfalls kein Desaster werden.

Als Helge Schneider sich irgendwann zunehmend darauf verlegte, Udo Lindenberg zu parodieren, war das nicht eben sein lustigster Einfall. Schließlich war es doch gerade die Verweigerung klassischer Komödianten-Routinen wie der Parodie, die man an Schneider so liebte. Aber Helge Schneider kann es sich als Ikone der Unvorhersehbarkeit wohl leisten, nebenbei auch noch der beste Lindenberg-Imitator eines an Lindenberg-Imitatoren reichen Landes zu sein. Der Hauptunterschied zwischen dem Kauz Schneider und dem Kauz Lindenberg – die schon zusammen musizierten und auch sonst viel gemeinsam haben – ist ja der Umstand, dass die Figur Schneiders bis heute von ihrer Unvorhersehbarkeit lebt. Lindenberg dagegen lebt von seiner Vorhersehbarkeit und schreibt gerne immer wieder denselben Song: den als sprücheklopfenden Schlager verkleideten Blues des einsamen Wolfs, der gerne mal gepflegt die Melancholie-Karre schiebt. Aber so ist das eben oft, wenn man in jungen Jahren die gesamte Prallheit seiner Persönlichkeit in seine Kunst hineingewuchtet hat: Wer sich immer nur treu bleibt, ist mitunter einfach nur stehen geblieben, und manches Original entpuppt sich beim Hinaustreten aus der großen Kneipe des Lebens bei Tageslicht doch nur als Selbstkarikatur. Doch wer in Lindenberg nur die alberne Figur zu sehen gewillt ist, muss sich vor Augen führen, in welche kulturelle Ödnis er in den Siebzigern sein erstes »Hallöchen« hineinnuschelte. Dass vielen – von der BILD-Zeitung bis hin zu Hamburger Szene-Musikern – Lindenbergs Lebensleistung bewusst ist, zeigt das beispiellose Medienecho, das seine jüngste Album-Veröffentlichung nach vielen Jahren (zugleich sein erstes Nummer-1-Album) begleitete.

205

Das erste »Hallöchen«, das er am Samstagabend ins Rund der tobenden Kölnarena flötet, ist aus einem Astronautenanzug zu vernehmen, in dem Lindenberg, 62, auf die Bühne herabgelassen wird. Noch während des ersten Songs, »Woddy Woddy Wodka«, der einen Vollsuff zum »Major Tom«-Blindflug stilisiert, entsteigt er der Verkleidung. Bodyguard Eddy Kante bringt ihm noch die Schuhe auf die Bühne, und dann geht's los. Das ergraute Panikorchester, Lindenbergs legendäre Stammband, spielt extrem bauchig auf, während der Chef selbst das Mikrokabel wie ein Lasso kreisen lässt und über die Bühne eiert, als hätten sich Adriano Celentano und Pipi Langstrumpf zum Tanzen verabredet. Dass er dabei mit Hut, Matte, Riesenbrille, Röhrenhose und Schmalhans-Jäckchen aussieht wie der Anti-Lagerfeld des Deutschrock, müsste zusätzlich verwirren. Das Ergebnis läuft aber ganz klar auf die Kunstfigur Udo Lindenberg hinaus.

Der Saal steht Kopf. Tatsächlich muss man den Mann wohl einmal live vor vollem Haus erlebt haben. Hier, als Regent seiner ergebenen Fans, verliert er ein wenig von der peinlichen Type, als die er manchmal bei seinen TV-Auftritten erscheint, und es wird klar, was man an ihm hat: das tatsächlich einzige Original der deutschen Rockmusik. Nach drei Songs spricht er erst einmal ausgiebig zum »Clan der Lindianer«, und damit meint er nicht nur die übers Rund verteilten Udo-Doubles, sondern sein gesamtes rüstiges Publikum: diese Armee von Einzelgängern, für die er stellvertretend den angepassten Unangepassten gibt. Lang, breit und ein bisschen zu routiniert erzählt Lindenberg davon, wie er damals aus dem Gebüsch von »Gronau an der Donau« ans Tageslicht gekrabbelt kam, und von der Gründung des Panikorchesters im Jahr 1817. Dann kommt auch schon der nächste Song, und er tänzelt wieder fidel sein Udo-Tänzchen und schwingt das Mikrokabel. Am besten, das wird an diesem Abend deutlich klar, ist Lindenberg, wenn er seine Ich-bin-wie-ich-bin-Postulate zu allgemeingültigen Hymnen stolzer Unbeugsamkeit transzendiert — wie im neuen Song »Mein Ding«.

Natürlich landet Lindenberg an diesem Abend mal wieder viel zu oft beim Schlager. Auch gibt es viel zu viele mürbe Balladen, in denen die Distanzbeziehung gefeiert wird, viel zu viel Fertigkeits-Folklore, viel zu viel Schweinerock und viel zu viele penetrant herumsoulende Background-Sängerinnen in Lederhosen.

Auch erinnert Lindenberg bei seinen Ansagen zeitweilig ein

bisschen an den einstmals coolen Onkel, der beim letzten Familientreffen einen eher verstörenden Eindruck hinterließ, weil er sich während seiner im überkommenen Rocker-Jargon verfassten Fest-Ansprache leider zu seinen Ungunsten verfranst hatte. Doch solange vorne am Bühnenrand auch Minderjährige Lindenberg-Songs aus den Siebziger- und Achtzigerjahren mitsingen, muss man sich keine Sorgen um ihn machen. Als er im Zugabenblock erst vom Mädchen aus Ost-Berlin und dann »Sonderzug nach Pankow« singt, ist man kurz geneigt zu denken, er allein habe nur mit diesen Liedern die Mauer zum Einsturz gebracht – dabei waren das doch die Scorpions mit »Wind Of Change«.

Am Ende steht die Gewissheit, dass Lindenberg seinen Nachahmern – wie etwa dem singenden Bundespräsidenten und Vernunftsmenschen Herbert Grönemeyer, aber auch jüngeren Nachkommen – auf ewig um etliche Nasenlängen voraus sein wird, gerade weil er keine Angst vor Klischees hat. Und noch etwas ist heute klar geworden: Helge Schneider ist eben doch nur Deutschlands zweitbester Lindenberg-Parodist.

27.10.2008

Der verstörendste Aspekt am vorgestrigen Lindenrauschen in der verrappelten Arena waren vermutlich die Lindenberg-Lookalikes, von denen einige mit mir am Gästelisten-Schalter warteten. Es fällt mir schwer zu beschreiben, welcher Prüfung die eigene Sittlichkeit unterworfen wird, kommt man hinter zwei altersläadierten Lindenberg-Doubles mitsamt Hut, enger Streifenhose und Sonnenbrille zu stehen, die mit aus dem Gesicht ragender selbstgedrehter Rauchware im Lindenberg-Slang miteinander parlieren.

Freilich sollte hier kurz die Frage erörtert werden, was Menschen dazu treibt, zumindest Teile ihres Lebens als Double eines von ihnen verehrten Menschen zu verbringen. Der solcherart verehrte Künstler kann tief in seinem Herzen auf diese Form der willenlosen Anhimmelung doch gar nicht anders als angewidert reagieren. Mir sind solche Doubles, Lookalikes oder wie auch immer man sie nennen mag, bislang nur bei Morrissey und den Gebrüdern Gallagher begegnet – und eben bei Udo Lindenberg. Meditationen darüber, was diese Popstars eint, haben zu folgendem Ergebnis geführt: lautstark behauptetes Außenseitertum und ein noch lautstärkeres Kreisen um sich selbst. Demnach wären die Lookalikes verblendete Soldaten einer Außenseiter-Armee, die ihrem Führer, der ihnen ein funktionierendes Dasein außerhalb der gesellschaftlichen Schranken vorlebt, zur Not in einen sinnlosen Krieg (= ein schlechtes Album) folgen würden.

Interessant ist, dass man nur dann zum Vorbild von Lookalike-Armeen taugt, wenn man gleichzeitig bereit ist, zur Zielscheibe des allgemeinen Spotts zu werden. Aber das ist bei politischen Demagogen ja so viel anders auch nicht.

Ob es wohl auch Lookalikes des Bassisten der Eagles oder des Gitarristen der Spider Murphy Gang gibt?

I'm no trouble
I'm nothing like the trouble
That I used to be when I was somebody's double.

(Robert Forster, »Spirit«)

Es hat einen enormen Reiz, gerade am Abend der amerikanischen Präsidentenwahl ein Konzert von Vampire Weekend in einem deutschen Club zu besuchen. Die New Yorker Band hat sich um tausend Ecken herum für ihren – wie sie es nennen – »Upper West Side Soweto«-Pop ein paar afrikanische Pop-Stilismen stibitzt, die sie mit eingängigen Pop-Melodien vermischt – ein Umstand, den ihnen niemand, der auch nur halbwegs bei Verstand ist, als kulturimperialistische Geschmacklosigkeit auslegen könnte. Immer wieder blitzt in ihren Songs der naive Forschergeist von Paul Simon auf, der sich in den Achtzigern noch für sein Einverleiben afrikanischer Elemente böse Kritik anhören musste.

Vampire Weekend passen damit perfekt in ein kulturelles Umfeld, das der amerikanische Blogger Christian Lander kürzlich in seinem Buch »Stuff White People Like« liebevoll auf die Harke nahm. Lander versammelt kulturelle Phänomene, die bei urbanen, gebildeten Linken für reflexhafte Begeisterung sorgen: öffentliche Verkehrsmittel, Wes Anderson-Filme, Susan Sarandon, Wein, Apple-Produkte – und natürlich Barack Obama. Der »whitest film«, so Lander, sei »The Royal Tennenbaums«, die »whitest tv series« vermutlich »Twin Peaks«, und die »whitest band« sei ganz klar Vampire Weekend: »They're pushing it to unseen levels.« Damit sind der Band aber auch schon alle Vorwürfe gemacht. Ansonsten muss festgehalten werden, dass die vier jungen Männer das überragende Debütalbum des trüben Popjahres 2008 abgeliefert haben: eine Platte, so unbeschwert und charmant, so naiv, dreist und sehnsuchtsvoll, dass man glatt geneigt war, die Musik für etwas Neues zu halten. Zum zweiten Mal spielt die Band in diesem Jahr in Köln, und es bietet sich ein ähnliches Bild wie schon im Mai: Der Saal ist gerammelt voll mit freundlichen, giggelnden Menschen, die überwiegend in jenem Alter sind, an das sie sich idealerweise später einmal nicht mehr so gut werden erinnern können. Auf die mögliche Frage ihrer Enkel, wo sie denn in jenem Moment gewesen seien, als Obama zum Präsident gewählt worden sei, werden sie immerhin antworten können: »Keine Ahnung, aber kurz vorher war ich bei Vampire Weekend.«

»Mansard Roof« heißt der erste Song des Abends – und er klingt immer wieder ungeheuerlich: als sei Brian Wilson mit seinem Freund Van Dyke Parks unterwegs auf einer »Surfing Safari« durch fiktive Afropop-Landschaften. Die Gitarre sirrt wie ein Schwarm verliebter Mücken an einem zu heißen Abend in New York, die Keyboards wogen, und Bass und Schlagzeug machen es schwer stillzustehen. Die Musiker sehen alle aus, als würden sie sich backstage zur Entspannung lieber Filmkritiken vorlesen als jungen Mädchen ihre Paul Simon-Plattensammlungen zu zeigen; wie eine Studenten-WG, die allein von elterlichen Spenden lebt. Im Zentrum des Bühnengeschehens steht Sänger und Gitarrist Ezra Koenig, ein Klassenprimus-Typ, der so übertrieben die Augen aufreißt und grimassiert, dass man sich an die Darbietung eines poetischen Clowns auf einem Kindergeburtstag erinnert fühlt. Doch Koenig und seine drei Mitmusiker könnten venezianische Kitsch-Karnevalskostüme tragen – ihrer melodiösen Leichtfüßigkeit würde auch dies nichts anhaben können.

Mühelos reihen Vampire Weekend Hit an Hit: Da ist das jubilierende, stolpernde »Campus«, das tänzelnde »Cape Cod Kwassa Kwassa« und das dunkel funkelnde »I Stand Corrected«. Bessere Songs hat in diesem Jahr keine andere junge Band veröffentlicht: Vampire Weekend schaffen es mit Leichtigkeit, gleichzeitig sehnsüchtig, ironisch, naiv und smart zu klingen. Und dass man zu ihren Songs tanzen kann, ist sicher auch kein Nachteil. Schon nach zwanzig Minuten ist die Stimmung so freundlich euphorisch, dass man fast einen Luftballonstand in der Ecke eröffnen oder umsonst Brausegetränke an die jungen Menschen verteilen möchte. Doch immer, wenn die Musik zu putzig zu geraten droht, wird man daran erinnert, dass es hier nicht um den ersten Platz im Niedlichkeits-Wettbewerb geht.

In der Mitte des Konzerts ist es dann so weit: »The second half of the concert will make us schwitz a little more«, sagt Koenig und verkündet auch gleich, dass man an diesem historischen Abend gemeinsam einen Regenbogen der positiven Energie nach Amerika senden wolle. In diesem Statement verbinden sich ebenso wie in der Musik beide Seiten von Vampire Weekend: die ironische und die zutiefst naive. Dann spielen sie das treibende »A-Punk«, und der ganze Saal springt, als könnte man so die Welt in Ordnung hüpfen. Es muss toll sein, als junger Mensch eine so kluge Milchbrötchen-Band wie Vampire Weekend zur Hand zu haben. Nach einer guten Stunde gehen die vier Briefwähler ab. Heute Nacht werden sie sich vermutlich keine Filmkritiken vorlesen, sie werden Besseres zu tun haben.

210   07.11.2008

Es gibt törichte Zeitgenossen, die sind der Meinung, Oasis-Konzerte seien in etwa so langweilig wie unterbelichtete Fotos von sonntäglichen Fußgängerzonen. Was um aller Welt, fragen diese Menschen, soll so interessant sein an ein paar nicht mehr ganz so jungen Männern mit Plattensammler-Frisuren, die einfach nur umherstehen und mürben Kneipenrock spielen? Doch diesen Kritikern fehlt freilich jeder Sinn für den lässigen No-Nonsens-Minimalismus dieser Band, die sich nie zum im Musikgeschäft verbreiteten Animateurgehabe hat hinreißen lassen. Die sich nie rangeschmissen oder mit ihrem Publikum gemein gemacht hat – und die trotzdem immer noch mit Stolz die Band der kleinen Leute geblieben ist. Warum das so ist, das kann man an diesem Freitagabend im Rahmen eines Radiokonzerts im Kölner Gloria erleben.

Es wurde im Vorfeld ein ziemliches Brimborium um dieses Konzert veranstaltet: die laut Eigenaussage »größte Band der Welt« auf kleinstem Raum – eine überaus reizvolle Vorstellung. Die Akkreditierungswünsche der Journalisten würden von der Band selbst geprüft, hieß es. Das mochte man sich nur zu gerne vorstellen: Liam Gallagher, in einen teuren Mod-Parka gewickelt, der sich mußevoll der aus Deutschland herübergefaxten Liste widmet, sie gründlich prüft, um dann hinter dunkel getönten John Lennon-Gedenkgläsern hervorzupöbeln: »F*****g Eric Pfeil? No f*****g way!!« Doch irgendjemand hat ihn offenbar milde stimmen können.

Im Saal hat sich ein illustres Volk schon in zünftige Stimmung gebechert: Mittdreißiger mit dem Union Jack auf dem Leibchen, Jungs und Mädchen mit Oasis-Shirts aus allen Phasen der Band und etliche schon leicht angejahrte Herren, die versuchen, möglichst stark wie Liam Gallagher auszusehen – oder zumindest wie jemand, der schon mal fünf Minuten auf Liam Gallaghers Lederjacke aufpassen durfte. »O-a-sis! O-a-sis!« brüllt alles, und wer sich je gefragt haben sollte, warum die Band nur auf diesen dämlichen Namen kommen konnte, weiß es heute: Man kann ihn wahnsinnig gut betrunken skandieren.

Als um Punkt neun Uhr die Lichter ausgehen, bricht ein unfassbarer Tumult los: volle Bierbecher fliegen plötzlich durch die Luft, alles wogt hin und her, Fahnen werden entrollt, und jemand scheint ein prall gefülltes Fußballstadion in den Club getrieben zu haben. Eine fast rührend anachronistische Aggressivität liegt über dem Raum. Die Band eröffnet mit »Rock'n'Roll Star«, dem dröhnenden Anfangsstück des ersten Albums von 1994. Die

Gallagher-Brüder sehen aus wie zwei krawallwillige Osterinsel-figuren: Noel Gallagher guckt wie der blanke Hohn; Liam, diese menschliche Installation der Arroganz, hat das Gesicht zu einer einzigen Provokation geballt: Man möchte ihm nur ungern einen Kratzer in seine Beatles-Plattensammlung machen. »It's just Rock'n'Roll« singt er, den Körper seitlich verdreht wie eine schiefe Skulptur aus der TV-Sendung »Menschen stellen längst vergessene Satzzeichen nach«, dann rasselt er kurz mit dem Schellenkranz, klemmt ihn sich in den Mund und verbringt den Rest des Songs damit, auf der Bühne zu stehen und überheblich ins Rund zu starren. Dies ist seit Jahren sein bester Bühnentrick, auch heute wird er ihn noch einige Male vorführen.

Überhaupt: »Liam Gallagher und sein Schellenkranz« – irgendwann sollte man sich die Zeit nehmen, ein analytisches Essay über das Verhältnis des Oasis-Sängers zu seinem einzigen Bühnen-Instrument zu verfassen. Gallagher macht die unglublichsten Dinge damit: Er stemmt sich das Gerät in die Seite, zeigt es mehrfach ausgiebig mit ausgestrecktem Arm seinem Publikum, klemmt es sich ins Gesicht – nur im Dienste der Musik schütteln mag er es nicht.

Fast zwanzig Minuten lang halten Oasis die hohe Energie dieses Anfangs. »Layla«, »The Shock Of Lightning« und »Cigarettes & Alcohol« – all diese Songs verdichten äußerst effektiv die drei prägenden Einflüsse der Band – die Beatles, die Sex Pistols und, nun ja, Status Quo – zum unschlagbaren Wildlederschuh-Rock, den so wuchtig nur Oasis beherrschen. Die Stimmung kocht, und die Band dankt es mit der ihr eigenen Liebenswürdigkeit: Liam guckt extra oft arrogant ins Publikum und macht Firlefanz mit seinem Schellenkranz; sein Bruder Noel grient, als seien ihm gerade wieder ein paar gute Prominentenbeleidigungen eingefallen.

212 Und doch hat all das hier etwas äußerst Herzliches. Man merkt das sehr gut in der zweiten Konzerthälfte – bei der selbsterkenntnisschwangeren Anachronismus-Hymne »I'm Outta Time«, bei »Supersonic«, bei »Champagne Supernova« und natürlich bei »Don't Look Back In Anger«: Alle großen Oasis-Songs sind mitreißende Standhaftigkeitsvergewisserungen und Unbeugsam-

keitserklärungen. Und verkörpern kann diese Songs nur Liam Gallagher, der Mann, der gerade wieder stundenlang ins Publikum starrt. Wenn seine Fans ihm zujubeln, wie er da steht mit zurückgeworfenem Kopf, dann feiern sie ihn als Stellvertreter der eigenen Unkorrumpierbarkeit. Die Beatles, Oasis, womöglich seine Familie und natürlich er selbst – alles andere ist diesem Mann alberner Firlefanz.

Selbst beim Beatles-Cover »I Am The Walrus«, das seit Jahren traditionell jedes Oasis-Konzert abschließt, hat man das Gefühl, Gallagher würde den LSD-befeuerten Dada-Text John Lennons zu einem Statement des Trotzes und der Widerspenstigkeit transzendieren: »I am the eggman, they are the eggmen/I am the walrus, goo goo g'joob«. Gut möglich, dass er nicht der Eiermann und auch nicht das Walross ist. Aber er bleibt der Popstar der kleinen Leute. Und der König eines weltabgewandten Reiches namens Britpopland.

Ein Abend, der sich nicht gegensätzlicher zum vorangegangenen verhalten könnte.

Denn der Mann, der da in Jogginghose und Sweatshirt auf der Bühne steht, sieht nicht eben aus, als gehöre es zu seinen Lieblingsbeschäftigungen, sich vor ein Publikum zu stellen: Er ist stark übergewichtig, sein linker Arm zittert schwer, und das winzige Stimmchen bricht bei jedem Ton; jedes einzelne Wort liest er von einem Textblatt ab, auch wenn er gerade nicht singt, starrt er aus tiefen Augenhöhlen auf das Papier. Doch auch wenn es nicht so scheint, hat Daniel Johnston nie etwas anderes gesucht als Zuspruch und Ruhm. Er singt eins seiner berühmtesten Lieder »Caspar The Friendly Ghost«: »He was smiling through his own personal hell/dropped his last dime down a wishing well/but he was hoping too close/And then he fell/He was Casper – the friendly ghost«. Wie so oft an diesem Abend erzählt Daniel Johnston von einer seiner zahlreichen Kunstfiguren. Im Grunde aber singt er immer über sich.

Wie kein zweiter Musiker wirft der manisch depressive Song-schreiber Daniel Johnston die Frage nach dem Verhältnis von psychischer Krankheit und Kunst auf: Darf man sich so voyeuristisch an dieser traurigen Kultfigur, diesem schwer leidenden Vertreter des hypersensiblen, mit Psychopharmaka vollgepumpten Genies ergötzen? Zumindest kann man sich an der Schönheit seiner Musik erfreuen, es fiele auch schwer, dies nicht zu tun. Und doch bleibt fast so etwas wie Scham darüber, diese rohen und bisweilen verstörend schönen Lieder hören zu dürfen. Der 2004 entstandene Film »The Devil And Daniel Johnston« zeigt anschaulich, wie jeder Mensch, der den 47-Jährigen je traf, jeder Musiker, Manager oder Journalist, einen Weg finden musste, den hochtalentierten Künstler zu würdigen – und gleichzeitig den Menschen zu beschützen. Bis heute muss sich auch jedes Publikum dieser Aufgabe stellen.

Ich habe bei Johnston, den ich Ende der Achtziger für mich entdeckt habe, immer das Gefühl, nie den ganzen Preis zahlen zu können. Johnstons Geschichte ist – ähnlich wie bei Brian Wilson – die Tragödie eines naiven empfindsamen Menschen, dessen Gemüt dem Einfluss einer repressiven christlichen Erziehung und persönlichen Niederlagen nicht standhielt und der fatalerweise seine Krankheit mit Drogenkonsum befeuerte. Zu Beginn des Konzerts spielt er drei Songs ganz alleine, schnaufend und um jeden Akkordwechsel ringend. Es sieht unangenehm anstrengend aus, wie er mit der Musik kämpft, man rechnet fast damit, dass er gleich abbrechen muss. Doch so – unbegleitet und kippelig – vermitteln sich seine Lieder am besten. Johnstons Musik, die erstmals in den Achtzigern in Form daheim aufgenommener Kassetten auftauchte, war immer schon roh und unbehauen, Intonation und Rhythmik gehorchen bei ihm oft nicht den üblichen Kriterien – und doch zeugt alles von einer dichten künstlerischen Vision. Dies zieht die häufige Vermutung nach sich, man habe es bei der Kunst Daniel Johnstons mit der Veräußerung einer größtmöglichen Authentizität zu tun. Eine Einschätzung, die kaum weniger bedenklich erscheint als die Reduzierung Johnstons auf den verrückten Freak. Diese Perspektiven verbieten sich, denn gottlob ist dieser arme, arme Mann in einem Maße talentiert, von dem viele andere Songschreiber nur träumen können: Es fällt schwer, sich von seinen mal kindlich fröhlichen, mal bedrohlichen Liedern über freundliche Gespenster, King Kong, Bestattungsinstitute, Motorräder, Frankenstein, natürlich immer wieder die Liebe, vor allem aber immer wieder über den Teufel nicht angerührt zu fühlen. Auf der anderen Seite hört man Daniel Johnston natürlich auch als Selbstvergewisserung. Man trägt seine T-Shirts stolz als Ausdruck des Gefühls, sensibler zu sein als andere. Unschuldig kann man aus der Sache wohl nicht rauskommen.

In seinen besten Momenten schafft Johnston auch an diesem Abend in Köln – trotz einer gelegentlich etwas zu zünftig aufspielenden Begleitband – etwas äußerst Rares: Es gelingt ihm, Schönheit und Schrecken, Angst und Euphorie in ihren extremsten Formen auf eine Weise abzubilden, die zutiefst bewegt und inspiriert. Von den starken Medikamenten sichtlich betäubt, den Mikrofonständer wie eine Puppe umklammernd, schickt er in seinen Liedern Hoffnungsgebete in die Finsternis: »There's a heaven and there's a star for you«.

Es ist natürlich eine Art betreutes Musizieren, das hier stattfindet. Hinter der Bühne wartet Johnstons Bruder, und die Band sorgt mit ihrem warmen Velvet Underground-Getucker dafür, dass der Vortrag nicht auseinanderfällt. Mit fortschreitender Dauer wird Johnstons Stimme zwar immer brüchiger, aber auch immer lauter. Im Song »Rock'n'Roll« schildert er seine Seelenrettung, die im eigentlichen Sinne nie stattfand: »I was alone as lonely could be/I laid asleep and turned on the radio/The music to me was like a dream«. Zur Zugabe wünscht er schon mal frohe Weihnachten und singt »True Love Will Find You In The End«. Dann geht er ab und zurück in eine Welt, die unvorstellbarer ist als die gesammelten Träume Michael Jacksons. Daniel Johnstons Musik wird immer berühren, trösten und Freude bereiten. Er selbst aber kann gar nicht anders als verstören: Daniel Johnston wirkt wie eine unfreiwillige Ikone des verlorenen Kampfes eines empfindsamen Menschen gegen die Anfechtungen der Realität. Der Künstler Johnston wiederum hat den Kampf gegen die Unbilden des Daseins gewonnen. Oder wie er selbst singt: »I live my broken dream«.

Mein 39. Geburtstag.

Es ist Zeit anzuerkennen, dass mein Plan, die »Band für Afrika« wiederzuvereinen, gescheitert ist.

Ich weiß, die Depression eines Geburtstags ist wohl kaum dazu angetan, aus einem solchen Eingeständnis abzuleiten, dass auch andere Herzensprojekte eher nicht realisiert werden können. Trotzdem natürlich die bangen Gedanken:

Werde ich es noch schaffen, den ehemaligen Rockschlager-Langweiler und heutigen GEMA-Aufsichtsrat Stefan Waggershausen zu einem karriereumspannenden Interview zu bewegen?

Werde ich die gewieften Hintermänner des Kinderprojekts Manuel & Pony (»Das Lied von Manuel«) stellen und über das Phänomen des Spätsiebziger-Kinderschlagers befragen dürfen?

Werde ich gemeinsam mit Herman van Veen einen poetischen Regenschirmtanz einstudieren dürfen?

Und selbst wenn nicht, es ist alles nicht schlimm, zumal Stietenroth zu meinem heutigen Festtag ein echter Coup gelungen ist. Er hat es vollbracht, das rückblickend vollkommen idiosynkratische Erfolgsprojekt DÖF anlässlich meines Festtags zu einer einmaligen Reunion zu bewegen, das nun schon den ganzen Tag auf meinem Balkon zusammengepfercht ihren Gassenhauer »Codo (Und ich düse im Sauseschritt)« zum Besten gibt.

Man muss es erst mal schaffen, einen ganz normalen Raum so zu betreten wie Tom Jones. Aber wenn man sein Leben lang Showtreppen heruntertänzelt und breite Casino-Bühnen auf- und abgeschritten ist, dann ist die Kunst des großen Auftritts wohl einfach ins Blut übergangen. Und jetzt kommt er also durch die Tür einer Suite im Kölner Hyatt, und es wirkt fast, als beträte mit ihm eine ganze verblasste Epoche des Showgeschäfts das Zimmer.

Jones schafft es, mehrere goldene Ketten und Armbändchen sowie eine dicke, blau getönte Sonnenbrille zu tragen und trotzdem nicht wie eine Karikatur zu wirken. Im Gegenteil: Er wirkt äußerst einnehmend. Im Grunde sieht Tom Jones aus wie ein

schwerreicher Box-Promoter; er ist groß, schwer höhensonnen-
versengt, und nach seinem markigen Händedruck möchte man
erst mal in Kur fahren. Er trägt eine goldene Halskette, eine dicke Uhr und ein goldenes Armkettchen, in dessen Innenseite womöglich ein Frauenname eingraviert ist. Er spricht auch wie ein
Box-Promoter: laut und tief, die Stimme erinnert an etwas, das
man so donnernd zuletzt bei einer werkgetreuen »Götz von Ber-
lichingen«-Aufführung gehört hat. Eigentlich singt er ja sogar wie
Box-Promoter.

Ich mag Tom Jones sehr gerne, und ihn heute hier zu treffen, ist
ein Highlight für mich. Womöglich ist er ein Macho, vielleicht
gar ein Konservativer (in einem Thread im Internet wird er als
»tory cunt« bezeichnet), Gott behüte, am Ende fährt er sogar ein
ekliges Auto. Mir ist das egal. Ich mag ihn vor allem, weil seine
Musik die einzige war, auf die mein verstorbener Vater und ich
uns auf gemeinsamen Autofahrten einigen konnten. Ich muss das
Jones natürlich erzählen. Er freut sich sogar höflich darüber und
lacht sein gulpiges Weinbrandlachen.

Wer dieser Tage unvorbereitet auf einen Song aus Jones' neuem
Album stößt, der mag zunächst einem Fehlschluss unterliegen:
»Ach, hör mal – noch so ein wildes Mädchen, das so schönen
Sixties-Soul-Pop macht wie Amy Winehouse und Duffy.« Dabei
kommt Jones, der 1940 als Thomas Jones-Woodward im walisi-
schen Pontypridd zur Welt kam, neben Dusty Springfield wohl
die Patenrolle für diesen funkensprühenden Beat-Soul und charmanten Cocktail-Pop zu. Doch auch wenn auf »24 Hours« die
Sechziger-Jukebox dröhnt, bis die Koteletten brennen – Nostal-
gie interessiert Jones nicht: »Es ist mir wichtig, dass ich nicht
herumsitze und mich erinnere, sondern weiter jeden Tag neue
Erinnerungen erschaffe«, sagt er mit dieser schweren Anpacker-
Stimme. »Ich bin heute ein besserer Sänger – und ein besser
Mensch, ich möchte keinesfalls noch einmal 18 sein.« Dies sagt
ein Mann, der sich vor einigen Jahren einer kosmetischen Operation unterzog. »Nun«, sagt Jones. »als Thomas Woodward hätte ich das vermutlich nicht getan. Aber ich sehe das pragmatisch:
Im Showgeschäft wird man viel fotografiert und muss so gut aus-

sehen wie möglich. Mein Arzt in Los Angeles sagte: »Das Wichtigste ist, dass Sie danach noch aussehen wie Tom Jones.« Also habe ich mir die Falten an den Augen entfernen und Fett unter den Wangen absaugen lassen. Und um die Narben zu verbergen, trage ich jetzt diesen Bart. Mein Vater hatte auch so einen – aber er hatte keine Narben drunter«, sagt Jones und gluckst kehlig.

Man merkt schnell, dass es womöglich nichts gibt, worüber er nicht zu sprechen bereit wäre. Dazu ist er zu lange dabei, und für falsche Behutsamkeiten hat er sein Tigerbadehosen-Image stets zu gerne bedient. Jones' Karriere begann 1964, als er von dem Agenten und Songschreiber Gordon Mills entdeckt und nach London geschleppt wurde. Mills erkannte, dass der Mann mit der Knapp-3-Oktaven-Stimme und dem wüsten Bühnengebaren eine große Nummer werden könnte – und behielt recht: Gleich die zweite, von Mills mitgeschriebene Single »It's Not Unusual«, ein nicht mal zweiminütiges cleveres Pop-Kleinod, wurde ein Nummer-1-Hit. Es folgten weitere stilvolle Gassenhauer: »What's New, Pussycat?«, »Thunderball«, »Green, Green Grass Of Home«, »Detroit City«, »Delilah«. Jones' Größe kann man recht gut an seinen B-Seiten messen: Ein Song wie Bacharachs enorm kniffliges »Promise Her Anything« brachte nur Jones so souverän nach Hause. Seine Hits und die überschäumenden, selbstironischen Bühnenshows schlossen die Lücke zwischen der Beatlemania und großen Croonern wie Sinatra oder Andy Williams: Der Bergarbeitersohn mit der schwarzen Stimme war der Smoking-Sänger des kleines Mannes. Und der großen Mädchen.

Es war 1968 in New York, als weibliche Fans anfingen, erst Zimmerschlüssel und dann Unterwäsche auf die Bühne zu werfen. Jones ließ sich nicht lumpen, trank bei seinen Shows Champagner aus Damenschuhen und verbrachte fast ebenso viel Zeit mit launigem Flirten und Sprücheklopfen wie mit Singen. Ist er ein Opfer seines Images? »Mir wurde es erst klar, als ich Kritiken über mich las. Da stand dann oft mehr über das Geschrei und das Unterwäschewerfen als über meine Stimme. Ich wollte immer eine gute Show abziehen, aber ich wollte nie, dass mein Image alles übernimmt.« Dass Jones in seiner wilden Zeit kein Kind von

Traurigkeit war, kann man sich denken. Dennoch ist er seit 51 Jahren – seit seinem 16. Lebensjahr – mit seiner Frau Linda verheiratet, mit der er einen Sohn hat. Ihr ist die bebende Ballade »The Road« gewidmet. »The road always leads back to you«, singt er darin. War seine Frau denn niemals verletzt ob all der Damengeschichten? Er lächelt und reibt mit seinen großen Händen auf der Tischplatte umher; wenn er so aussieht, möchte man am liebsten, dass er an Weihnachten zum Essen kommt. »Doch, sie war verletzt … aber ich war immer diskret. Ich habe nie etwas vor ihrer Nase getan. Und sie hat immer klar gesagt: Ich habe Thomas Woodward geheiratet, nicht Tom Jones. Trotz allem haben Linda und ich nie unsere Nähe und unseren gegenseitigen Respekt verloren. Ich wollte sie niemals verlassen und sie mich nicht. Nie.«

»24 Hours« ist Jones' bestes Album seit Ende der Sechziger – und das erste, an dem er als Autor mitschrieb. Es beginnt als Partyplatte und wird in der zweiten Hälfte immer ernster, manchmal fast düster. Jones singt – wie immer ein wenig zu dick aufgetragen, aber gerade deshalb ja so reizvoll – von Vergänglichkeit, vom Alter und vom Tod. Und er singt Bruce Springsteens »The Hitter«. Manchmal hat man fast den Eindruck, es sei ein gemeinsames Album von Tom Jones und Thomas Woodward. Nein, sagt er, Angst vorm Tod habe er nicht. »Ich fühle mich heute mit 68 ziemlich kugelsicher. Das ist ein gutes Alter – freuen Sie sich drauf«. Dann gibt es noch mal einen festen Händedruck, und als er geht, fragt man sich schon, ob das gerade nun Thomas Woodward oder Tom Jones war.

Ein fordernder Abend für Kölner Ausgänger. Die Stadt ist von einem imposanten, weihnachtskartenkompatiblen Schneeschleier bedeckt. Drinnen im offiziell ausverkauften Luxor lässt es sich vergleichsweise gut aushalten, wenn man bedenkt, dass man hier normalerweise bei vollem Haus an die Peripherie seiner Menschenfreundlichkeit geführt wird. Vermutlich konnten etliche Kartenbesitzer aufgrund des Wintereinbruchs nicht anreisen –

ein Verdacht, der auch dadurch genährt wird, dass sich draußen in Schneeangelegenheiten offenbar uninformierte junge Menschen ängstlich an den Hauswänden entlangtasten, fast so, als durchwanderten sie ein Katastrophengebiet. Es ist halb elf; das äußerst heterogene Publikum im Luxor – Kapuzenpullijungs, Clubgänger mit im Dunkeln leuchtenden Armbändern, Hornbrillenmänner, viele hibbelige junge Mädchen, müde Musikkritiker – hat sich schon an zwei Vorgruppen erfreut, nun läuft vom Band »Rasputin« von Boney M., und keinen wundert's.

Um Viertel vor elf die Hauptband. Foals aus dem englischen Oxford werden am Ende des Jahres in vielen Lieblingslisten ganz oben stehen. Das junge Quintett präsentiert auf seinem im Frühjahr erschienenen Debütalbum »Antidotes« ein summendes Wespennest von Stücken, mit dem sie alle ähnlichen Bands weit hinter sich lassen: eine nervöse, unablässig drückende und quengelnde Mischung aus Post-Punk, Krautrock, House, Dschungel- und Steppen-Pop. Foals machen das, was Soziologen früher als »aufpeitschende Musik« zu bezeichnen pflegten. Sie sind eine Indie-Band für Leute, die keine Indie-Bands mögen.

Das erste Stück »French Open« beginnt als Para-Reggae und galoppiert dann wie wahnsinnig los. So viel Bewegung war selten auf der Luxor-Bühne zu sehen: Bassist und Gitarrist springen umher, gerade so als hätten sie keine sperrigen Instrumente umhängen. Am Bühnenrand steht der kleine, erst 21-jährige Yannis Philippakis und singt, als wären Cure-Sänger Robert Smith und der Ex-Talking Heads-Chef David Byrne zusammen im Aufzug stecken geblieben. »Un peu d'air sur la terre«, skandiert er immer wieder, und alles springt auf und ab, zappelt und tanzt, als sei das hier kein Konzert, sondern ein auf einem Trampolin abgehaltener Amphetaminabhängigenkongress.

Es ist nicht einfach zu sagen, was die Qualität dieser Band ausmacht: Foals haben nur zwei wirklich gute Stücke – das zweite, neben »French Open«, ist die tolle Single »Cassius« –, und von Songs im engeren Sinne kann man eh gar nicht sprechen. Es ist die Logik des Tracks, die dieser Musik innewohnt: Klangelemente werden aufeinandergeschichtet, hinzu- und wegaddiert, ganz wie in der House-Musik. Dies jedoch geschieht konsequent: Es findet sich kein Gramm Rock'n'Roll in diesen Stücken. Das Beste an Foals ist, dass es ihnen gelingt, gleichzeitig neurotisch, melancholisch und extrem energetisch zu klingen. Wie die Jugend, möchte man kurz denken, bis einem einfällt, dass Jugend heute oft wirkt wie ein Aufstand des gesunden Menschenverstands. Nicht jedoch an diesem Abend. Nach einer guten Stunde stolpern die Zuschauer verschwitzt nach draußen und starren in den Schnee, als sei er ein überirdischer Spezialeffekt.

02.12.2008

Sehe mir in der Pressevorführung Heinrich Breloers Verfilmung der »Buddenbrooks« an. Wie mein Beisitzer Stietenroth zu Recht bemerkt: ein selten feiger Film. Feige Kameraführung, feige Darstellungen, feige Regie, feiges Licht, feige Ausstattung. Wird Böses gesagt, treten die Akteure in blaues Licht – deutsches Bürgerkino zum Nebenbei-Kartoffelschälen. Ein Film für Kutschenfans und Kopfsteinpflaster-Fetischisten.

19.12.2008

Eingelullt und von gütiger Jahresendstimmung wattiert, sitze ich am Computer und brenne lieb gewonnenen Menschen CDs mit Lieblingsmusik des laufenden Jahres. Bin beruhigt, wie viel mir doch noch gefällt.

Trotzdem: Die Welt hatte auch in diesem Jahr wieder vom Zuwenigen zu viel.

2009

Um ein bisschen mehr wie der polternde Gonzo-Autor Lester Bangs rüberzukommen, habe ich gerade im angetrunkenen Zustand und in unzureichender Kleidung auf der Straße ein paar Verwünschungen ausgestoßen. Ich halte es für meine musikjournalistische Pflicht, auf diesen Seiten auch ein wenig mit der zerrupften Remmidemmi-Fahne zu wedeln und dies mit der gebotenen Authentizität zu unterfüttern. Es ist aber rein gar nichts passiert, niemand nahm Notiz. Vielleicht müsste ich eher öffentlichkeitswirksam mit irgendeiner umstrittenen Rockband abhängen, aber das ist mir zu anstrengend. Ich werfe noch rasch einen alten Fernseher auf die Straße, brülle zweimal halblaut »Scheiß Indie-Folk!« und gehe dann zu Bett.

Eine bekannte deutsche Tageszeitung ruft das neue Album der Gruppe Animal Collective schon jetzt zur Platte des Jahres aus: »Frühe Platte des Jahres« ist der Artikel im Blatt überschrieben, das offenbar danach trachtet, zur deutschen Antwort auf das britische Revolverblatt NME zu werden. Was für ein Unfug. Welches Jahr überhaupt? Wie kann eine Sache auf welchem Sektor auch immer zur erfolgreichsten/wichtigsten/schönsten/bedeutendsten/orangeangemaltesten eines Jahres werden, wenn das Jahr noch gar nicht hat Jahr werden dürfen? Kann mal bitte jemand das Jahr, das noch gar nicht werden durfte, gegen irgendwelche dahergelaufenen Animal Collective-Alben, nein, falsch, unfair: gegen vorschnell überschwappende Rezensenten in Schutz nehmen?

225

Auch der Einstieg in den Artikel ist ulkig: »Verrückte Welt des Internets« steht da als erster Satz. Eine Erklärung für diesen Artikelbeginn folgt ebenfalls: »Lange ist es nicht her, da fieberten Musikfreunde noch heißen Herzens den Erscheinungstermin eines neuen Albums herbei. Und nun? Wird noch genauso gefiebert. Nur wartet man nicht mehr auf das Erscheinen der Platte, sondern darauf, wann sie durchsickert. Wann es einen sogenannten ›Leak‹ gibt, wann die Stücke in den Tauschbörsen des Internets auftauchen, weil irgendjemand, meist ein Plattenfirmenangestellter, sie illegal online stellt.«

Mit anderen Worten: eine kulturell und technisch mehr als logische Entwicklung. Aber verrückt? Nein, verrückt ist am Internet mal gar nichts. Mein Freund Stietenroth ist verrückt. Die meisten Kegelfreunde meiner Mutter auch. Westerwelle womöglich. Aber das Internet? Ganz sicher nicht. Das Internet ist so banal, vulgär und unverrückt wie die BILD-Zeitung. Denn es neigt zum Trivialen.

Das zeigt sich auch immer wieder recht eindringlich an netzwerkbildenden Seiten wie Xing oder Facebook.

Freunde und Kollegen – darunter auch Stietenroth – hatten mir gegenüber vor vielen Monden die Kontaktplattform Xing immer wieder als tolle Möglichkeit zur beruflichen Kommunikation gepriesen; vermutlich fielen auch Worte wie »Vernetzung« und »Verlinkung«. Da stolze Solitäre wie ich ab und an denken, dass sie die Sache mit der Eigensinnigkeit ja nicht bis weit über die Grenzen der Weltfremdheit hinaus treiben müssen, sagte ich mir wohl eines Tages ›Ach, trag dich da mal ein, es wird schon nicht schaden‹, stieg von meinem hohen Ross der Internetfeindlichkeit, und in einem so schwachen wie panischen Anflug von beruflicher Vereinsamungsangst trug ich mich eines Tages dort ein.

Nun steht dort seit einigen Monaten ein von mir verfasster blödsinniger Unfug, den ich nicht mehr gelöscht kriege. Die Folge sind fast täglich eintrudelnde Mails von Xing: »André Wiebenkötter (Name geändert) möchte Kontakt zu Ihnen aufnehmen.«

Wer ist André Wiebenkötter? Ein schwerreicher, aber linksfühlender Medienmogul, der 34 unabhängige Zeitungen zu seinem Imperium zählt und meine schreiberischen Dienste in Anspruch nehmen möchte?

Ich öffne den Link, komme auf die Xing-Seite, und André Wiebenkötter entpuppt sich als lang vergessene Gestalt aus meiner

Realschulklasse, die ich 1987 verließ. »Mensch Pfeil, du hier?«, schreibt er. Und: »Hast ja ganz andere Haare als früher.«

Auf diesem Niveau bewegen sich die meisten meiner Kontakte bei Xing.

Allgemein lässt sich sagen, dass ich durch Xing wieder Kontakt zu Menschen haben könnte, die ich eigentlich lange aus meinem Gedächtnis gestrichen hatte und deren Kontaktfreude in Richtung meiner Person auch nicht sonderlich tief empfundenen Ursprungs sein kann, denn »sooo eng« waren wir eigentlich nie. Dank Xing sind mir Namen wieder ins Gedächtnis gerufen worden, die ich eigentlich zum Ende meiner Pubertät im großen Garten des gnädigen Vergessens verschachert hatte: Claudia Uphoff, Oliver Golombeck, Patrizia Wienand, Sandra Gleicher (alle durch kreatives Neuverbinden von Vor- und Zuname geändert). Solche Namen verkörpern für mich weitaus stärker die Achtzigerjahre als Limahl-Haare, Simmons-E-Drums oder Achtziger-Retro-Fanatiker, die runde Brote mit kleineren eckigen Käseläppchen belegen (von Achtziger-Retro-Fanatikern, die eckige Brote mit kleineren runden Käseläppchen belegen, ganz zu schweigen).

10.01.2009

Auf der Bühne steht ein junger Mann, der aussieht, als sei es sein Hauptanliegen, das, was gemeinhin mit der klischierten Formulierung vom »Traumschwiegersohn« benannt wird, im Körper eines Models mit Eiskunstlaufvergangenheit zur Vollendung zu bringen. Der Mann trägt legere Freizeitkleidung, verfügt über brüllend weiße Zähne und weiß mit einem neckischen blonden Zöpflein zu begeistern, das ihn im Kreise von altertümlichen Konformisten vermutlich als altertümlichen Non-Konformisten erscheinen lässt.

227

Ich befinde mich in der Lanxess-Arena zu Köln. Bei mir ist meine liebe Mutter. Wir lauschen äußerst unterschiedlich gestimmt einem Konzert des jungen Stargeigers David Garrett, für das ich ihr zu Weihnachten zwei Konzertkarten geschenkt hatte. Ich habe so etwas zum letzten Mal gemacht.

Mutter hatte den jungen Mann in einer Talkshow gesehen und war von der »Natürlichkeit« des blondbezopften Gecken noch ärger angetan als von seinem Geigenspiel. Garrett, um es kurz zu machen, ist einer jener Vögel, die entweder Klassik im Rockarrangement oder Rock im Klassikarrangement darbieten, beides als irre verrückte Idee verkaufen und beides eigentlich besser lassen sollten. Im Grunde ist der Mann das Gegenteil von allem, was ich mag; würde mir das Abendland irgendetwas bedeuten, ich würde Garrett wohl auch als Untergang desselben bezeichnen. Mutter aber sah dies anders, und da ich ihr eine Freude machen wollte, kaufte ich zwei Karten und sorgte so für weihnachtsabendliches Wohlbefinden.

Doch jetzt, wo es so weit ist, jetzt, wo der blonde Fatzke geigt, als gelte es, das alte im Rockpopmilieu längst verpönte Virtuosen- und Schnelligkeitsgehampel im Classic Rock und der Rock-Klassik rollenden Auges wiederaufersteht zu lassen; jetzt ist alles viel schlimmer, als ich es mir in meinen bangsten Fantasien hätte ausmalen können. Garrett lässt wirklich kein Teufelsgeiger-Klischee aus und weiß zwischen den Stücken mit Ansagen zu punkten, die in ihrer stammelnden Anbiederung und aggressiv koketten Schüchternheit an Kirchentagsauftritte besonders betulicher Rock-Kaplane denken lassen.

Geht es der Klassikmusikindustrie wirklich noch so viel schlechter, dass sie auf solche Typen bauen muss, die hohe Kunst auf dem Niveau einer Spät-Siebziger-Schulaula-Musikaufführung an den Käufer bringen müssen? Braucht die Klassik überhaupt diesen Popstar-Apparat? Darf denn gar nichts so langweilig bleiben, wie es ist? Wo sind sie hin, die genialen, aber eitlen Geiger; die kauzigen, unnahbaren Cello-Virtuosen und die rätselhaften Oboen-Magier, denen man sich aufgrund ihrer offensichtlichen Seltsamkeit nicht zu nähern wagt, die man aber bebenden Herzens für ihr elitäres Können verehrt?

Immer wieder knufft sie mir verschwörerisch in die Seite und ruft strahlend: »Du bist doch Musikkritiker, jetzt sag doch mal was.« Ich sage nichts. Nie könnte ich meiner Mutter diesen Abend verderben. Garrett geigt inzwischen »Thunderstruck« von AC/DC. Was hätte ich auch sagen sollen: »Mutter, du bist fehlgeleitet! Lass ab! Du irrst!« Für solch eine grundsätzliche Anfechtung scheint meine eigentlich sehr kluge Lieblingsverwandte deutlich zu gefühlsüberschwappt und glücklich.

Also beiße ich die Zähne zusammen, stimme in die wiederholt zum Ausdruck gebrachte Wertschätzung für Garretts Natürlichkeit mit ein, lobe einmal gar seine Virtuosität und hasse Besserwisserei, meinen Zynismus und meinen ganzen dämlichen Beruf.

Die häufig gehörte Behauptung, musikalische Nebenprojekte namhafter Musiker erreichten oft durch ihre von aller Innovationslast befreite Ambitionslosigkeit einen besonderen Reiz, ist äußerst fragwürdig. Es gilt festzuhalten: Auch die mit scheinbar leichter Hand hingeworfenen Solo-Platten gelangweilter Bassisten, deren stadienfüllende Hauptband gerade fünf Jahre pausiert, können in Verquastheit und Hybris erstarren. Im Falle der Band Little Joy trifft das Klischee vom Charme des Nebensächlichen ausnahmsweise jedoch zu. Die Band, deren Kern der hauptberufliche Strokes-Schlagzeuger Fabrizio Moretti, Los Hermanos-Sänger Rodrigo Amarante und die Multiinstrumentalistin und Sängerin Binki Shapiro bilden, veröffentlichte im November ein gerade mal halbstündiges Album mit zehn kurzen Songs, deren verhuschter Liebreiz alle Indie-Pop-Veröffentlichungen des vergangenen Jahres überstrahlt. Ein Umstand, der auch daraus resultiert, dass die Lieder bei aller Ungespreiztheit enorm sorgfältig komponiert und instrumentiert sind. Die Scheinbeiläufigkeit dieser Musik ist also nicht nur ein Produkt ihrer sorglosen Schöpfung, sondern ebenso sehr ein künstlerisches Statement: Little Joys Debüt ist ein Album von berückender Bedeutungslosigkeit, das klingt wie ein im verknallten Zustand zusammengestelltes Mixtape für sommerliche Autofahrten, von dem man als Hörer, hätte man nichts Wichtigeres zu tun, seinerseits alle Songs auf zehn verschiedene Mixtapes für sommerliche Autofahrten zu verteilen versucht ist. Wie ernst es den Musikern mit ihrem Projekt ist, zeigt im Übrigen die Tatsache, dass sich die Band in diesen

Tagen auf eine Tournee durch Europa begeben hat; am Montagabend machen Little Joy halt im Kölner Gebäude 9.

Sänger Rodrigo Amarante beginnt das Konzert vor recht leerem Haus alleine und singt mit seiner schönen bettlägerigen Stimme das an alte Tropicália-Stücke angelehnte Lied »Evaporar«. Für den luftdurchpusteten Popsong »Next Time Around« kommt dann die komplette Band auf die Bühne. Die fünf Musiker sehen aus, wie sie sich anhören: als wollten sie sich heute Abend mal so richtig schön in einer New Yorker off-Galerie einen hinter den Knorpel brausen – dabei stammt die Band doch aus Los Angeles. Fabrizio Moretti – hier nicht am Schlagzeug, sondern an der Gitarre – trägt zu seinem cremefarbenen Flatterjackett eine Frisur, die sich nur ausnehmend schöne Menschen leisten können; seine Stirn ziert ein indisches Bindi, womöglich hat er sich aber auch nur ein Gitarrenplektrum auf die Stirn geklebt. Am anderen Ende der Bühne steht Binki Shapiro – Typ: schlecht durchblutetes Beat-Mädchen mit Kunst-Background – und schüttelt einen Schellenkranz, auch ein langhaariger Bassist steht umher, der aussieht, als trüge er eine Groucho Marx-Maske. »Mama, someday you'll be so proud of me/You see me hanging in a New York Gallery«, singt Aramante im dritten Song »How To Hang A Warhol«, und das Bild rundet sich ab. Mehr und mehr beginnt das Konzert einem angetrunkenen Auftritt auf einer WG-Party zu ähneln: Die Musiker tauschen ihre Instrumente wie andere Menschen E-Mail-Adressen und müssen dabei acht geben, nicht übereinander zu stolpern; plötzlich stehen drei weitere Menschen auf der Bühne, schütteln Rasseln und singen Chorgesänge in Mikrofone, vermutlich hat man es hier mit dem Tourbusfahrer und seinen beiden besten Freunden zu tun; nach einigen Songs kommt ein weiterer Mensch auf die Bühne, aber nur um hinten beim Schlagzeuger ein Bier zu trinken; die Kommunikation ist von alkoholisierter Albernheit geprägt; kaum jemand auf der Bühne, dem nicht irgendwelche Rauchwaren aus dem Mund ragen.

Die schönsten Momente haben Little Joy, wenn Binki Shapiro für zwei, drei Stücke den Hauptgesang übernimmt und dabei stimmlich an eine Mischung aus Astrud Gilberto, Moe Tucker und Françoise Hardy, optisch jedoch vor allem an Letztere erinnert. Die von ihr im Halbschlaf vorgetragene Velvet Underground-Pastiche »Don't Watch Me Dancing« ist eigentlich ein Stück, für das nicht mehr als zwei Gitarren nötig sind, tatsächlich stehen aber insgesamt vier Gitarristen auf der Bühne. Das Schöne ist, dass dennoch nichts hier egal oder willkürlich wirkt, und so macht sich auch im Publikum Begeisterung breit; bei der eingestreuten Coverversion »Walkin' Back To Happiness« wird sogar getanzt. Nach kaum einer Stunde ist tugendhafterweise auch schon Schluss. Längere Konzerte kann Fabrizio Moretti dann vielleicht ja irgendwann wieder mit seiner Hauptband geben. Was für ein Abend!

14.01.2009

Ich habe mir heute am Hebel des Beifahrersitzes so schlimm den Finger geklemmt, dass ich auf der Straße laut vor Schmerz um Hilfe schreiend auf mich aufmerksam machen musste, um dann von einer herbeieilenden Frau aus der Falle befreit zu werden. Gerade noch hing ich eitlen Plänen nach, da schnappte der Rücksitz meines Autos nach hinten, krümmte meine Finger ungünstig, und ich fand mich eingeklemmt wie ein winselndes Rehkitz in der Falle eines bösen rauschebärtigen Jägers. Nichts ging: Ein »Nach vorne« war ohne fremde Hilfe, aufgrund der Parksituation, unmöglich, und bei einer »Nach hinten«-Bewegung hätte ich mir zwei Finger gebrochen. Das Ganze war erniedrigend: Auf einer stark befahrenen Einkaufsstraße seines Wohnviertels schreiend um die Aufmerksamkeit vorbeispazierender Nachbarn zu buhlen, ist keine schöne Erfahrung, zumal nicht, wenn sie von schlimmem Schmerz und der panischen Angst vor dem bevorstehenden karrierebeendenden Fingerbruch begleitet wird. Ich schreibe dies nur auf, weil es Ereignisse wie die heutige Lektion in Demut sind, die uns auf die wesentlichen Dinge zurückwerfen. Wesentliche Dinge wie: Finger.

Die Pflicht ruft. Ach was, sie bittet zum Tanz – und wenn die Pflicht Herrenwahl hat, dann sind ihr geschwollene blaue Finger egal.

Schon das erste Bild, das sich mir am Sonntagabend beim Betreten des Kölner Palladiums bietet, ist kaum dazu angetan, sensiblen Kulturpessimisten die Angst vorm Sittenverfall zu nehmen: Viertausend Menschen – manche davon mit orangen Bauarbeiterwesten bekleidet, manche einfach nur in Klarsichtfolie gewickelt, viele mit Leuchtstäben ausgerüstet – springen klatschnass geschwitzt auf und ab. Eine grundsätzliche Aufgeschlossenheit gegenüber alkoholischen Anfechtungen ist in zahlreichen Fällen deutlich sichtbar, in manchem muss sogar Schlimmeres angenommen werden. Noch ist überhaupt keine Band auf der Bühne, stattdessen laufen auf der Leinwand aufrührerische Neunzigerjahre-Matschfestival-Hits (»Jump Around« von House Of Pain, »Around The World« von Daft Punk), aber die Menge wogt bereits grölend hin und her, als stünden zehn Hauptbands gleichzeitig auf der Bühne, gelegentlich fliegt auch schon mal ein Schuh gegen den Bühnenvorhang. Das sei noch gar nix, weiß ein Zuschauer zu berichten, in Dortmund hätte das Publikum die halbe Halle demontiert.

Der Aufstieg der Hamburger Band Deichkind verlief durchaus seltsam: Begonnen hat die Karriere der Musiker Ende der Neunziger als launige Vertreter der zweiten Generation des Hamburger Rap-Booms; im Gegensatz zu anderen Kollegen fanden Deichkind jedoch länger nicht zu einem eigenen Stil. Nachdem der Hanse-Hip-Hop um die Mitte dieses Jahrzehnts kommerziell und künstlerisch nahezu bedeutungslos geworden war, waren es ausgerechnet Deichkind, die mit einem völlig anderen Ansatz Erfolge feiern konnten: In ästhetisch strittigem Aufzug kombinierten sie ihre Liebe zum Paradiesvogel-Techno mit einem beherzten Asi-Hedonismus und dem subversiven modernen Hamburg-Humor, der von dem stilvoll depressiven Kollektiv Studio Braun feingeschliffen und berühmt gemacht wurde. Die Deichkind-Lieder wurden mehr und mehr zu Notizen aus einer unscharfen Parallelwelt, in der das nächste Bier die einzig verlässliche Konstante zu sein schien. Bei Konzerten kombinieren sie seither die Künstlich-keit von Techno mit der Monstrosität des Heavy Metal und insze-nierten Massenbierduschen als hedonistische Rituale einer flam-boyanten Proll-Kultur, die, so scheint es, etwas so Elementares wie Doofheit nicht RTL und der BILD-Zeitung überlassen und den Außenseiter wieder zum unberechenbaren Aufrührer ma-chen möchte – auch wenn er nur gegen die hohen Bierpreise und das Verbot alberner Kopfbedeckungen am Arbeitsplatz rebelliert.

Gegen zwanzig vor neun wogen dann ohrenbetäubende Bässe über das tobende Rund; Deichkind eröffnen den Abend mit »23 Dohlen«, einer paranoiden Kifferfantasie. Die Künstler sind in Kostüme aus Gaffer-Tape, schwarzen Müllsäcken und Signal-farbstreifen verpackt und sehen ungefähr aus wie von Techno-tänzern gestaltete Verkehrszeichen, die versucht haben, sich als Vögel zu verkleiden. Nach dem Stück legen sich alle Beteiligten erst mal geschlagene zwei Minuten regungslos hin, der Lärm-pegel in der Halle schwillt konstant an, und bald skandiert der ganze Saal den Refrain des Stücks »Hört ihr die Signale«: »Kein Gott, kein Staat – lieber was zum Saufen!« Doch erst mal spielt die Band »Dicker Bauch« und lässt es sich nicht nehmen, manch ebensolchen vorzuführen, wie man sich überhaupt zwar gerne maskiert, aber die Unzulänglichkeiten seines Körpers gerne be-reitwillig demonstriert. Über weite Teile des Konzerts herrscht eine Stimmung wie auf einer durch unkontrollierten Drogenkon-sum aus dem Ruder gelaufenen Volksbühnen-Probe: Skelette schwanken herum, die Kulissen sehen aus, als hätte der Film-regisseur Michel Gondry einen Techno-Albtraum, Bürostühle und Schlauchboote dienen als kostengünstige Requisiten. Im Pu-blikum herrscht ein Zustand, der mit frei laufender Power-Hyste-rie nur unzureichend beschrieben ist. Selten habe ich mir über die Unversehrtheit eher schmächtiger Heranwachsender in einer hin und her wogenden Menschenanhäufung so viel Sorgen ge-macht wie an diesem Abend. Irgendwo in diesem sympathisch aggressiven Mob befindet sich heute auch mein Neffe und sam-melt schöne Erinnerungen und bleibende Bilder für den Rest sei-nes Lebens.

Dass auf Dauer, bei aller Konsequenz der unterhaltsamen Inszenierung, eine leichte Leere bleibt, liegt daran, dass sich Deichkinds Subversivität tatsächlich fast nur in der Dissidenz der Doofheit und der beständig gefeierten Säufersolidarität erschöpft: »Kein Mensch ist illegal, schon gar nicht, wenn er breit ist«, singen sie. Doch anders als bei den humoristischen Vorbildern Studio Braun ist bei Deichkind zu wenig depressive Distinktion, zu wenig stilvolle Ratlosigkeit im Spiel. Sie haben meist eine Antwort, eine ironisch gebrochene freilich, aber man kennt sie leider schon vom Fun-Punk: Bier und Rumhängen. Nach dem Konzert strömt das aufgepeitschte Publikum nach draußen. Gegenüber im E-Werk ist gerade eine Karnevalssitzung zu Ende gegangen, und der Kitt der Köln-Kultur verschmilzt die mittelverdienenden Karnevalisten und die para-proletarischen Deichkind-Krawallisten, bis kein Unterschied mehr zu erkennen ist.

22.01.2009

Ricky Wilson, der Sänger der Kaiser Chiefs, hat ein Problem, das in seinem Gewerbe so weitverbreitet wie gefürchtet ist. Wollte man es euphemistisch formulieren, müsste man sagen: Ricky Wilson hat komplett die Stimme kaputt – zerschlissen von zu viel Gebrüll, feuchten Feiern und verschleppten Erkältungen vermutlich. In der Praxis kommt man mit obiger Beschreibung allerdings nicht weiter. Das, was von Ricky Wilson am Mittwochabend in der Kölner Live Music Hall zu hören ist, gemahnt stark an Motörheads Lemmy Kilmister beim Absingen von modernen Karnevalsliedern. »I'm not up to this next one singing-wise«, krächzt Wilson ins Publikum, »are you?« Und natürlich hilft das Publikum gerne aus. Die Beschaffenheit der Kaiser Chiefs-Musik ist für den angeschlagenen Sänger Fluch und Segen zugleich: Fluch, weil diese Sorte Vollrausch-kompatibler Kneipenmusik dazu prädestiniert ist, Stimmen unverbesserlicher Nimmermüder zu ruinieren. Und Segen, weil die Lieder derart simpel sind, dass man jederzeit an sein textsicheres Publikum abgeben kann.

Die Kaiser Chiefs gründeten sich vor gut fünf Jahren im nordenglischen Leeds und veröffentlichten zeitgleich mit vielen ähnlichen Bands im Jahr 2005 ihr Debütalbum. Ähnlich wie etlichen Kollegen ging es den Kaiser Chiefs von vornherein darum, im Genre sonst verbreiteten Behutsamkeiten und Uneindeutigkeiten die Proberaumtür zu weisen und stattdessen gezielt auf blankgetanzte Discoböden hin zu musizieren. Allerdings fehlt ihnen jeder Glam: Keine andere Band gibt sich derzeit so geheimnislos und bierzeltwillig wie die Kaiser Chiefs. Auch heute Abend sehen die Musiker nicht aus wie geheimnisvolle Rockstars, eher wie eine arg angeschlagene Dartspielertruppe im Pub. Mit Ausnahme des Gitarristen, dem es gefällt, ganz gegen den Stil seiner Mitmusiker exakt wie ein Mitglied der Byrds im Jahr 1965 auszusehen, er spielt seine große Gitarre sogar ganz wie Gene Clark trotzig unterm Kinn.

Die Kaiser Chiefs werfen ohne falsche Rücksicht auf Kritikerschelte alles zusammen, wo Popmusik draufsteht: Man stelle sich die enthemmte Belegschaft einer Fußballkurve beim Absingen der größten Hits von Blur und Madness vor, dann in etwa bekommt man einen Eindruck der Musik der Kaiser Chiefs. Es ist Rummelplatz-Indie-Rock, Gebrauchsmusik für Leute, die »Alternative« sagen, um Musik zu beschreiben, die nicht Hip-Hop, R'n'B oder Erwachsenengenudel ist. Kombiniert wird das Ganze bei den Kaiser Chiefs mit mitunter treffsicheren Alltagsbeobachtungstexten, wie sie bei den Kinks oder The Jam noch eine Seltenheit waren, die heute jedoch ein Standard im englischen Pop sind. Man ist geneigt, sich vor lauter Alltagsbeobachterei britischer Rockstars zu wünschen, es würde mal wieder jemand über seltsame Vogelarten oder verwunschene Zauberseen singen. Dabei tun genau das wiederum ja derzeit fast alle Amerikaner.

In ihren schwächeren Momenten hören sich die Songs der Kaiser Chiefs an, als müsse man dazu in gelbe Latzschlaghosen gehüllt, konfettibestäubt und neckisch grinsend Polonaisen tanzen. Aber wenn sie einen Hit in Händen haben, dann vergeigen sie ihn auch nicht: Songs wie »Ruby« und »Oh My God!« lassen jeden Ort, an dem sich jugendliches Gemüt langmacht, in Sekundenschnelle hochkochen. So auch hier. Trotzdem erinnern die Kaiser Chiefs ein bisschen an eine partywillige, fröhliche Jungs-Clique, mit der sich hübsche, unnahbare Mädchen gern zum Ausgehen

umgeben. Verlieben werden sich diese Mädchen jedoch irgendwann in andere, in nachdenkliche und geheimnisvollere Jungs.
Aber heute ist Feierabend, und der Schiffschaukelbremser in mir
macht gern ein bisschen mit.

27.01.2009

Oh Gott, Selig sind wieder zusammen. Und jetzt???

28.01.2009

In den vergangenen drei Jahren hatte ich keinen TV-Anschluss.
Ursprünglich technischen Unzulänglichkeiten geschuldet, war es
mir bald ganz recht, von gewissen medialen Gleichschaltungsme-
chanismen abgekoppelt zu sein. Da ich mir zum DVD-Schauen
nun aber einen neuen Fernseher zugelegt habe, erscheint es mir
äußerst logisch, meinen halbgaren, wie bereits angedeutet haupt-
sächlich durch technische Doofheit motivierten Fernseh-Boykott
aufzugeben, zumal die verbreitete Unsitte, aus einem Gebrechen
oder einer Unfähigkeit eine Ideologie abzuleiten, egal auf welchem Gebiet, geächtet werden muss.

Stietenroth kommt vorbei und schließt mit ein paar geschickten
Handgriffen das Gerät an. In Sekundenschnelle schwappen mir
unzählige TV-Sender ins Haus. Es ist gegen 17 Uhr nachmittags.
Ich sehe verbeulte und/oder heulende Gesichter, ich sehe verstö-
rende Frisuren, heulende Feuerwehr-Sirenen, plappernde Trash-
Prominente, kochende Hände über brutzelnden Pfannen, auf
Laufbänder gestanzte Aktien-Indizes, Frauen, die starren Blicks
Karten legen, und Männer, die mit ebenso starrem Blick Bohr-
maschinen anwerfen; ich sehe Polizisten vor brennenden Scheu-
nen in Landesrundfunkanstalts-Mikrofone sprechen, und ich
sehe Menschen in Fernsehstudios, die aussehen wie Solariums-
Empfangszimmer (die Studios, nicht die Menschen; die sehen
aus wie Teig). Ich sehe all das, was ich mehrere Jahre nicht mehr
sehen musste. Viel geändert hat sich seither nicht. Sobald der
Fernseher geht, fühlt man sich ein bisschen arbeitslos.

236

Amazon ist grausam gerecht. Man muss sich dort nur einmal zu Recherchezwecken ein The Rasmus-Album angeschaut haben, schon wird man ab sofort inflationär mit Empfehlungen verwöhnt, die völlig in die falsche Richtung laufen und ein unangenehmes musikalisches Grusel-Psychogramm entstehen lassen: »Unsere Empfehlungen für Sie: ›Dark Horse‹ von Nickelback – ›Reamonn – Through The Eyes Of A Child‹.« Wenn man jetzt aus Versehen oder aus purem Irrsinn auch noch eine dieser beiden CDs anklickt, ist man auf ewig verloren und wird mit Schreckensempfehlungen aus der Perlenketten- und Unterhemdenträgerhölle bombardiert, bis einen der finale Rasmus daniederbarbiert.

Gemeinhin wird ja angenommen, dass die Popkultur von heute nichts mehr mit dem gedankenlosen Treiben in den Neunzigern und den ersten zwei Jahren dieses Jahrtausends zu tun hat, als alle noch glaubten, der ganze Quatsch könnte ewig so weitergehen. Inzwischen, so die verbreitete Meinung, ist alles anders, zerdachter, reflektierter, und viel brackige Suppe ist den Bach runtergeflossen.

Heute Nachmittag musste ich jedoch feststellen, dass man nur mal wieder bei VIVA reinzuzappen braucht – und alles sieht noch genauso aus wie früher. Ich war fast gerührt angesichts dessen, was ich da sehen musste. Vor allem auf dem Sektor der gänzlich enthirnten Tanzmusik für heimreisende Bundeswehr-Soldaten und ländliche Discogänger (= Techno) hat sich wenig getan; die Videos sehen immer noch aus wie vor zehn Jahren: Männer mit Glatzen oder streitbaren Haartrachten stehen wild gestikulierend und mit den Händen mythische Zeichen formend hinter DJ-Pulten, derweil vermeintlich sexuell aufreizende Tänzerinnen zeitlose S/M-Folklore-Klamotten zur Schau tragen. Ich verbringe ein paar herrliche Minuten.

237

Dann kommt Peter Fox mit »Haus am See« und formuliert eine eher konservative Vision. Als ich mich dabei ertappe, a) den Song gar nicht so schlecht zu finden und b) Foxens Lebensabendstraum halbwegs zu teilen, schalte ich verstört weg.

Heute erscheint in Deutschland (ein knappes halbes Jahr später als in Großbritannien) das Debütalbum der Band Glasvegas. Nun sollte Popalben, die mit einem mehr als einminütigen atmosphärischen Intro beginnen, ja im Grunde mit Skepsis begegnet werden. Was dahinterkommt, ist selten das ganze mühsame Dröhnwerk zu Beginn wert. Wenn zudem im ersten Song der Platte geschlagene 31 Mal das Wort »Baby« gesungen wird, müsste man sich eigentlich der rockmusikalischen Klischees überdrüssig abwenden und weiter seltene Vinyl-Schutzhüllen sortieren. Bei der britischen Band Glasvegas kommt irritierenderweise auch noch hinzu, dass man in besagtem Song ansonsten fast kein Wort versteht, was am argen schottischen Akzent des Sängers liegt, der in dieser Rumpeligkeit im Pop noch nicht zu hören war. Ein atmosphäreheischender Anfang also, inflationäres »Baby«-Gesinge und ein derber schottischer Akzent: Geht's noch schlimmer? Ja, so zum Beispiel: Die Musik, die sich zu diesen Mundartsveräußerungen gesellt, röhrt, fiept und bollert wie ein matschiges Open-Air-Festival in den frühen Neunzigern. Es ist englische Fahnenschwenker- und Thekenstuhlsturzmusik, dröhnend und sentimental. Und es ist tatsächlich kaum ein Wort zu verstehen. Immer nur »Baby«. Es ist herrlich!

Man hört den Song namens »Flowers & Football Tops« noch einmal, denn da ist etwas zu spüren, was man lange nicht gehört, besser vielleicht: gefühlt hat. Da ist ein Sog in der Musik von Glasvegas, ein Beben und Drängen, vor allem aber ein Sehnen, das wehtut wie eine peinliche Krankheit. Sollte man dereinst doch mal wieder gebrochenen Herzens verlassen werden, dann bitte zu diesem Stück. Es gibt eine großartige Stelle gegen Ende des Songs, wo Sänger James Allan, ein Mann mit Haartolle und schwarzer Lederjacke, seinen ersten großen Moment hat: Das bombastische Schmettern bricht ab, und Allan schluchzt zur schlichten Schnulzenmodulation G/Bm/C/D mit seiner gleichzeitig wehmütigen und aufgekratzten Kneipencroonerstimme seine offenkundigen Lieblingswörter »Baby – My Baby«. Siebenmal. Dann, kurz bevor alles wieder einsetzt, flüstert er nur leise: »… is gone«, und die ganze gewaltige Soundwelle schwappt wieder über den Song. Schon zu diesem Zeitpunkt würde man diesem James Allan bereitwillig sein Vermögen vermachen. Was für ein Abschiedslied, was für ein Schlussmachen-auf-der-Showtreppe-Moment – volle Punktzahl! Dann liest man den unverständlichen Text genauer – und erschrickt: Es geht um keine böse Freundin, der Song bildet unverschnitten den Schmerz eines Elternteils über den gewaltsamen, rassistisch motivierten Tod des Kindes ab – nicht eben das Material, aus dem Stadionhymnen geschnitzt werden. So also beginnt die erfolgreichste und eigentümlichste britische Gitarrenrockplatte seit Ewigkeiten. Aber was macht diese Band wirklich so außergewöhnlich: das, was man beim Hören sehr diffus fühlt – dass es Allan ungewohnt ernst zu sein scheint, womit auch immer –, oder das, was man erfährt, wenn man sich mit Glasvegas und ihrer kurzen Geschichte voller Schönheit und Irrwitz beschäftigt? Versuchen wir's mit Letzterem.

»Moment«, wird mancher hier einwenden: »Was gibt es da nachzusinnen? Diese Glasvegas-Heinis machen doch nur britischen Prahlhans-Rock, der sich für keinen Kitsch zu schade ist.« Stimmt fast genau – bloß wann gab es das zuletzt aus England: pathetischen, kitschfreudigen Prahlhans-Rock? Die Zeiten der großen britischen Gitarrenhymnen sind schließlich vorbei: Nachdem Franz Ferdinand vor Jahren mit dem Diktat des Windjackenrock, wie er von Oasis und The Verve perfektioniert und zu weit getrieben wurde, Schluss machten, scheint das Königreich in einem Zustand der Pathos-Phobie erstarrt. Wohin das Ohr auch schweift: nur wahnsinnig clevere, dabei aber seltsam kühle Bands, die gebetsmühlenartig von sich behaupten, eigentlich ja Tanzmusik zu machen, mathematische Strukturen auf Musik zu übertragen und ansonsten angeblich nur uralten Soul und elektronische Musik zu hören. Wer »Britpop« sagt, fliegt raus oder ist einfach nur schlecht wie Razorlight oder die Kooks. Die einstmals große Stärke der britischen Popmusik, blässliche Stumpfheit zu überlebensgroßer Musik zu transzendieren und stellvertretend für Tausende andere Loser den Mund aufzumachen, scheint in den verkoksten Spätneunzigern verloren gegangen zu sein.

Vermutlich braucht es da einfach so einen wie diesen Glasvegas-Sänger James Allan, der behauptet, diese beherzt auf jede Drüse drückenden Proll-Dramen als Arbeitsloser geschrieben zu haben. Lieder, die immer wieder wie Liebeslieder klingen, den Hörer aber in die Abgründe der britischen Arbeiterklasse schubsen: Songs, die sich exakt so anhören wie der Bandname. Es geht um tapfere Sozialarbeiterinnen (der Hit »Geraldine«), um jugendliche Gewalt (»Go Square Go«) und – im meisterlichen »Daddy's Gone« – um abwesende Väter. Alles gesungen mit diesem Akzent, der mehr nach einem wunderschönen Gebrechen klingt als nach einem Dialekt. Allans Zeilen sind dabei weitestgehend frei von Kitsch; der Pomp, das Triefende (das »Vegas«) resultiert in erster Linie aus der Vortragsweise – hierin und nicht einfach nur in der Verschmelzung von süffigem Prä-Beatles-Teenie-Pop und Noise-Sturzbächen liegt das Genie der Band. Allan, ein ehemaliger Fußballer mit Profi-Ambitionen, wird in seiner Heimat längst als aufmüpfiger Proll-Poet gehandelt. Sicher auch weil er aussieht, als hätten sich Joe Strummer und der Komiker Ricky Gervais zu einem gemeinsamen Gesichtsausdruck verabredet. Der Rest der Glasvegas-Musiker erweckt den Eindruck, als sei die Band die letzte Gelegenheit gewesen, um nicht als bester Dartspieler in einem Glasgower Pub zu enden. Von James Allans besinnlicher Ader kündet auch das jüngste Glasvegas-Projekt: Als die Band, zu deren frühen Förderern der Oasis-Entdecker Alan McGee zählt, ihren Major-Vertrag unterschrieb, ließ sie sich zusichern, kurz nach ihrem Debüt gleich noch ein Weihnachtsalbum »in Transsilvanien« aufnehmen und nachlegen zu dürfen. Die Plattenfirma glaubte an einen Witz. Aber Glasvegas war es ernst. So erschien Ende letzten Jahres, kurz nach der regulären Platte (die in Deutschland, wie gesagt, erst heute erscheint), ein Weihnachts-Mini-Album, das tatsächlich zum Großteil in einer transsilvanischen Kirche aufgenommen wurde. Eine Irrsinns-Vision, die so viel Sinn ergibt wie der Bandname und das Konzept vom prolligen Pomp. Es sind eben letztlich nicht die Songs, die Glasvegas so besonders machen. Es ist der Ausdruck, der offensichtliche Wille, zu weit zu gehen, der diese Band so groß macht. Und ein bisschen der schottische Akzent. Denn ganz ehrlich: Wer braucht im Pop schon mehr als das Wort »Baby«?

Ich weiß nicht, ob es sich so liest, aber ehrlich: Ich bin begeistert.

Der Glasvegas-Sänger sagt übrigens in irgendeinem Interview, das ich kürzlich las, auf seinen bollerigen Akzent angesprochen, die Isländer Sigur Rós gingen doch viel extremer mit Sprache um als er. Das kann ich nicht überprüfen, da Sigur Rós zu den wenigen Bands zählen, deren Musik gegenüber ich eine schwere Annäherungsangst pflege. Das mag dumm sein, aber mir ist das zu offensichtlich poetisch. Und jetzt kommt's noch schlimmer: Ich glaube, ich mag generell keine Musik aus Island, was somit auch das Werk einer prominenten, von vielen Menschen geschätzten Sängerin, deren Name so ähnlich klingt wie eine türkische Teigtasche, umfasst. Ich glaube, ich habe – nun wird es nachgerade dumm – einfach Angst vor allem, was elfenhaft sein könnte. Ein dummes Vorurteil, über das promovierte Islandisten sicher nur kehlig lachen können. Vielleicht ist die Verbindung Island-Elfen ja auch total falsch, leider ist sie bei mir aber so fest zementiert wie bei Minister Schäuble die Angst vor Terroristen. Ich mag einfach keine Elfen. Zu Elfen fällt mir nur folgender Zweizeiler ein, den ich vor Jahren verfasste:

> Ich wusste, du musst eine Elfe sein
> Denn ich sah unterm Tisch dein Elfenbein

31.01.2009

Wäre ich Schutzbeauftragter für aussterbende Wörter, würde ich hier wohl von Teenie-Pop sprechen. Ich stehe zu Berichterstattungszwecken auf einem Konzert der unter zunehmender Erfolgsverknappung leidenden Ex-Rockstars The Rasmus und genieße den glockenhellen Jubel um mich herum. Die Musik ist nicht so dolle: Es ist jene Sorte Rockhandwerk, das sich vortrefflich für »Romantic Rock«-Zusammenstellungen eignet, mit denen Tätowierstudios und ländliche Billard-Kneipen beschallt werden und auf deren Cover Einhörner durch Nebelschwaden streifen.

Sänger Lauri Ylönen, ein kleiner Mann mit wasserstoffblonder Frisur, die sich so nicht durchsetzen wird, springt zur Freude des Publikums unentwegt auf und ab und dirigiert den stets verlässlichen Chor der tausend Teenager. Manchmal gemahnen The Rasmus irritierend stark an Achtzigerjahre-Dauerwellen-Rock und Pop-Metal, wie ihn Europe oder Foreigner zu verantworten hatten – nur mit dem Unterschied, dass The Rasmus den alten Sarg mit der Aufschrift »Kitschrock« noch durch den Schlamm etlicher finnischer Rockfestivals geschleift haben. Den begeisterten Menschen im Saal dürften derlei Referenzen egal sein, und auch die mitunter eigentümliche Bildhaftigkeit der Texte steht der Begeisterung nicht im Weg herum. Im Song »Justify« singt Ylönen beispielsweise die herrliche Bon Jovi-im-Vollrausch-Zeile »The last goodbye burns in my mind«. Bei mir fängt langsam auch irgendetwas an zu brennen. Ich bitte um die Rechnung und reise ab.

04.02.2009

Hörte gerade im Autoradio erstmals die neue U2-Single »Get On Your Boots«. Das Stück ist grellblöde Ohrenwischerei für Event-Agentur-Leiter und partyfrohe Angestellte im Rechnungswesen. Mieft nach Altherrenrock in viel zu jugendlicher Hose.

Ich finde U2 nicht vollkommen fürchterlich; U2-Hass zählt unter Musikkritikern – ähnlich wie der Tote Hosen-Verdruss – ja zu den simpelsten Standard-Disziplinen, aber das allein wäre ja noch kein Grund, sie nicht ganz so schlimm zu finden. Ich bin durchaus kein Freund des von U2 vorherrschenden Klischees – dem der salbungsvollen, von der eigenen Wirkung angeschickerten Superrockschwergewichte, die entschieden zu oft in flatternden Mänteln und mit Sonnenbrillen, die man selbst verhassten Patentanten nicht ins Gesicht wünschen würde, zu Ringeling-Gitarren auf felsigen Anhöhen herumstehen. Aber ein paar Stücke sind trotzdem ganz hübsch, wenn man sich das demagogische Gedröhne wegdenkt.

Die neue Single zählt nicht dazu. Es ist ein blöder Wir-sind-wieder-da-Krachbummpeng-Event-Pophit mit blödem verzerrtem

Bass, der zudem auch noch wahnsinnig gerne im schon vor Jahren davongezuckelten Dancerock-Zug mitreisen möchte. Im Wesentlichen klingt der Song wie »We Didn't Start The Fire« von Billy Joel für Menschen, deren Lieblingsfilm »The Matrix« ist.

Das hauptsächliche Problem an U2 sind aber ja auch längst nicht mehr U2 selbst: Früher mochte man U2 oder man mochte sie nicht. Sofern Letzteres der Fall war, konnte man das Werk der Band jedoch wenigstens halbwegs weiträumig umfahren. Heute ist das anders: Eine äußerst unerfreuliche Entwicklung dieses Jahrzehnts war die fortschreitende U2isierung der halben Pop- und Rockmusik – U2 sind längst nicht mehr nur eine Band, sondern ein Zustand. Ob nun Coldplay, Muse, Keane, Razorlight, Starsailor, Snow Patrol oder The Killers, selbst die wirklich guten Kings of Leon: All diese im Kern sehr unterschiedlichen Bands scheinen zu glauben, dass eine Orientierung am akustischen Fahnengewedel und Bergmassiv-Rock von U2 automatisch Größe und Strahlkraft nach sich zöge. Tut es nicht.

Am Abend höre ich mit halbem Interesse in das Album rein, das Journalisten als share zur Verfügung gestellt wurde.

Es ist schon seltsam: Im albumeröffnenden Titelsong heult Bono mit geschwollener Halsschlagader, als gelte es in nur einem Song allen Nachahmern zu zeigen, wie man einen ordentlich von sich selbst berauschten Gesangspart einsingt. Dieser Hang zum Irren wird von vielen vergessen, die in Bono immer nur die eitle Charity-Lady sehen. Und doch gibt der Song einen seltsamen Eindruck davon, wie es klänge, wenn U2 nach strategischen Skizzen der Killers einen Coldplay-Song spielten: das eigene Spiegelbild – vollgestellt mit Epigonen.

»I'm playing with fire, til the fire played with me« singt Bono an anderer Stelle. Der Künstler als Gefangener des eigenen Images – der Mann ist reflektierter, als seine Gegner wahrhaben möchten. Aber er kann beruhigt sein: U2 sind immer noch die besten U2, ob man sie nun mag oder nicht. Natürlich – das gehört sich so bei dieser Band – wird's auch mal richtig doof: »Every generation gets a chance to change the world« behauptet Bono auf dem Niveau eines Werbeslogans der Telekommunikationsindustrie. Und gerade, wenn man glaubt, ihn als Karikatur seiner selbst festnageln zu können, singt er den Schlüsselsatz des Albums: »The right to be ridiculous is something I hold dear«. Womöglich liegt in diesem Satz ja auch der Unterschied zu den kühlen U2-Nachäffern der ausgehenden Nullerjahre: U2 hatten schon immer mehr Humor, als mancher Kritiker hätte wahrhaben wollen. Für den Fan alter Schule aber wird ein anderer Indikator wichtig sein, um die Qualität dieser Platte zu bemessen. Beruhigt wird er feststellen: Man kann zur Musik dieser Band immer noch wahnsinnig gut mit im Wind flatternden Klamotten auf felsigen Anhöhen herumstehen.

05.02.2009

Apropos felsige Anhöhen:

Es ist erst Anfang Februar, aber schon jetzt hat der Hype um die Krise auch meine Tätigkeitsfelder erreicht. Heute wurde mir von zwei Auftraggebern signalisiert, dass man nicht mehr so viele Artikel abnehmen könne wie bislang. Man müsse sparen, heißt es. Ich vermag hier in meiner einsamen Kemenate nicht zu beurteilen, wie viel vorauseilende Rezessionsangst hier im Spiel ist. Ich reagiere aber ebenfalls dominoeffektartig, indem ich sogleich mehrere Süßwarenkäufe storniere.

Generell ist Popmusik als Thema im feuilletonistischen Umfeld nach wie vor nicht allzu gerne gesehen. Oder vielleicht erst ab dem Moment, wo es um die allgemein interessanten Zerschossenheiten von moribundem Pop-Personal der Liga Winehouse und Konsorten oder um Pro7- oder RTL-gesponsorte Arena-Stars geht. Ansonsten bleibt Pop, wie es ein hier zu seinem eigenen Schutz nicht benannter Redakteur einer großen Tageszeitung formuliert, etwas, was »von den Kollegen eher als Hobby statt als Arbeit aufgefasst wird«. Dort hingegen, wo man sich für Pop interessiert, ist kein Geld vorhanden. Für die hiesige Pop-Kritik ist das fatal, weil sie folglich bald ausschließlich von Selbstausbeutern, hysterischen Fans und anderen völligen Daseinsproblematikern betrieben werden kann.

Ein Thema, das hingegen im Feuilleton erstaunlich gut geht, ist Fernsehen. Auf bigotteste Art werden ganze Glossen, Leitartikel, Kritiken und Interviews zu niedersten Trash-Sendungen gefüllt. Der Grund ist klar: Seriös zu rechtfertigen ist die intensive Berichterstattung durch die Tatsache, dass jedes Dschungelcamp, jede Gottschalk-Wette und jeder Kerner-Talk den Gemütszustand der Nation besser abbilden als die meisten anderen Indikatoren. Gleichzeitig hängt man sich natürlich auch selbst an die Themen ran: Ein süffisanter Dschungel-Verriss, ja selbst eine (schein-)differenzierte Betrachtung zum Thema wird auch von Leuten gelesen, die bei vier Zeilen einer Theaterkritik eigentlich schon vornüber in ihr drittes Frühstück fallen (allerdings ist die Theaterkritik ja über den Hochkultur-Bonus zu rechtfertigen; Popmusik aber, dieses Medium, das weder intelligent noch doof genug zu sein scheint, um die Welt abbilden zu können, hängt genau dazwischen). Wahrscheinlich muss ich mehr Fernsehen gucken.

07.02.2009

Sortiere meine Steuerunterlagen und höre dabei den eiernden, zerschepperten Garage-Punk der Black Lips. Komme mir dabei vor, als würde ich nackend die Sakristei einer ländlichen katholischen Kirche im bergischen Land putzen und dabei von einem maskierten Leder-Cowboy ausgepeitscht werden.

Lux Interior, der Sänger der Cramps, ist, wie ich gerade erst lese, im Alter von 62 Jahren an einer Herzerkrankung verstorben. Ich war nie ein großer Cramps-Fan, aber die Band war mir zutiefst sympathisch, und eine Gestalt wie Interior, die sich selbst aus den dampfenden Resten von Roy Orbison, Junkie-Folklore, Striplokal-Sleaze, Liebe zu atavistischem Rock'n'Roll und purer Exploitation zusammengebastelt zu haben schien, musste man mögen. In den Achtzigern kaufte ich mir mein einziges Cramps-Album »A Date With Elvis«. Live durfte ich die Band leider nie erleben, aber ihren – vergleichsweise gediegenen – Song »Kizmiaz« habe ich fast an jedem meiner DJ-Abende aufgelegt. Man ist immer geneigt zu sagen: So einer wie Interior wird

nie wieder auftauchen. Aber ich glaube, gerade indem man sagt,
Typen wie Interior wird es immer wieder geben, erweist man ihrer absurden Lebensprallheit eine besondere Ehre. Egal wie doof
die Welt noch werden mag: Es wird immer wieder Verrückte geben, die bereit sind, im Namen der Kunst und der Schönheit die
Kerzen an beiden Enden anzuzünden.

08.02.2009

Die traurig stimmende Nachricht vom Tod Lux Interiors ist auch
ein Anlass, um über den Zustand der Rockmusik zu meditieren. Mit Interior ist dem Rock'n'Roll in ohnehin schon schwierigen Zeiten ein weiteres Stück Wahnsinn abhandengekommen;
Charaktere wie er, die all ihr Außenseitertum in eine hysterische
Kunstfigur überführten, für deren enthemmten Irrsinn sie sich
jedoch in jedem Moment haftbar machten, sind mehr als rar geworden. Doch halt: Wer sich sorgt, die Rockmusik könnte künftig
vollkommen zum Opfer des gesunden Menschenverstands werden, der sollte möglichst rasch ein Konzert der Black Lips besuchen, was mir am heutigen Sonntagabend vergönnt war.

Die Band gründete sich im Jahr 2000 in Atlanta, Georgia und
spielt einen unfassbar kaputten Garagen-Punk, der all die zeitgenössischen Indie-Rockstars wie Bon Jovi-Coverbands klingen
lässt. Es ist wohlgemerkt nicht der meistenteils öde Punk der
britischen 77er-Schule, den sich die Black Lips einverleibt haben; die Band spielt vielmehr psychotischen Sixties-Punk, der
so übersteuert scheppert, als würden sich die Sonics, die Seeds,
Velvet Underground und die Rolling Stones der Brian Jones-
Phase einen äußerst schlecht isolierten Proberaum teilen und
zum Leidwesen aller Anwohner immer gleichzeitig und im Voll-
rausch proben. Dazu strahlen die Musiker eine rar gewordene
naive Gefährlichkeit und Unberechenbarkeit aus, die ihre Energie aus Langeweile, Übermut und Nichtzugehörigkeitsgefühlen
speist. Es wirkt fast schon anachronistisch, wie die Black Lips
Rock'n'Roll als Spielwiese für frei laufenden Irrsinn auf Stelzen
begreifen. Manchmal treiben sie es auch zu weit: Ihre Tour durch
Indien musste die Band im Januar abbrechen, nachdem Gitarrist

Cole Alexander nackt ins Publikum gesprungen war und so den Ärger von Zuschauern, Promotern und den lokalen Behörden erregt hatte.

Besagter Cole Alexander zeigt sich auch beim Auftritt der Black Lips am Sonntagabend im Kölner Gebäude 9 als Fixpunkt innerhalb der Band. Dem jungen Schnauzbartträger scheint wenig an klassischer Rockmusiker-Couture gelegen zu sein: Er trägt einen Räuber-Hotzenplotz-Hut, den er in freigeistiger Manier mit einer Art Imperatoren-Umhang kombiniert. Ständig springt er von seinem Gesangsmikrofon zu einem zweiten, in der Bühnenmitte platzierten Mikrofon, in das er unter theatralischen Zuckungen Kieks-, Zisch- und Gurgellaute absondert, die durch etliche Echokammern geschickt werden. Dann plötzlich wälzt er sich auf dem Boden oder verteilt Zungenküsse an seine Mitmusiker; immer wieder wirft er den Kopf in den Nacken und spuckt hoch in die Luft, wobei er wiederholt ungebremst hinfällt. Die anderen Bandmitglieder machen im Vergleich zu Cole einen eher ungefestigten, psychisch instabilen Eindruck.

Die Musik der Black Lips ist ein böses Rumpeln und Zerren, eine verhallte Botschaft von der düsteren Seite der späten Sechziger: Der im Wechsel oder unisono vorgetragene Gesang, der alle erdenklichen Stimm-Defekte gleichzeitig aufzuweisen scheint, bellt und nölt wie hinter tausend Türen weggesperrt, immer wieder endet das atavistische Gepolter in wüsten Freakouts. Der fast komatös wirkende Leadgitarrist Ian Saint Pé, ein Zeitgenosse, den man, so scheint es, besser nicht mit verantwortungsvollen Aufgaben betrauen sollte, spielt häufig nachgestellte Sitar-Parts, die gerade noch so solide exekutiert werden, dass man nicht von völligem Dilettantismus sprechen muss, dazu rasselt ein Schellenkranz, und die zweite Gitarre scheint den Song zerfräsen zu wollen. Dann im nächsten Moment wirken die Black Lips wie eine Schüler-Band, die gerade eine obszöne Klassenfahrtshymne geschrieben hat. Der Kniff ist, dass die Black Lips Psychedelia spielen, als wären sie sturzbetrunken, während ihr Punkrock argen LSD-Missbrauch vermuten lässt, was ihre Stücke aus den üblichen Verwertungsrastern fallen lässt. All das wäre nur halb so interessant, wenn die Band nicht so gute Songs schriebe, die in Händen musikstrategisch ambitionierterer Menschen durchaus zu Hits werden könnten. Um es noch einmal klar zu sagen: Das Ganze ist ganz und gar einmalig in seinem mal kindischen, mal bedrohlichen Draufgängertum. Man merkt: Der Einsatz ist hoch, der Vortrag leidenschaftlich und unabgesichert, und in dem stilistisch klar abgegrenzten Rahmen könnte hier jederzeit alles passieren, denn handwerkliche Regeln und übliche Peinlichkeitsraster scheinen hier außer Kraft gesetzt. Das überträgt sich auch aufs Publikum, dem es egal ist, ob es Go-Go-Tänze aufführt oder als Pogo-Pulk hin und her wabert. Stietenroth steht neben mir, und das Wasser der Begeisterung läuft ihm aus dem Gesicht. Am Ende sammeln die Musiker am Bühnenrand Umarmungen, Geschenke und Zettel mit Telefonnummern ein. Der alte Sack namens Punk scheint sich für diesen Abend noch einmal hochgerappelt zu haben. Fühle mich ernstlich von Begeisterung übermannt. Am liebsten würde ich gleich selbst zehn eigene Garagen-Punk-Bands gründen – oder mir auch so einen Hotzenplotz-Hut kaufen. Lux Interior wäre stolz auf diese Band gewesen.

14.02.2009

Der Neffe deutet am Telefon abermals berufliche Desorientiertheiten an.

Während ich ihm so zuhöre, wird mir, auch wenn ich dies vielleicht schon diffus geahnt habe, erstmals richtig bewusst, dass ich heute exakt den Beruf ausübe, den ich schon im Alter von etwa 12, 13 Jahren, als ich meine ersten Musikzeitschriften las, kühn ins Auge gefasst hatte. Es ist wirklich wahr: Ich wollte schon damals über Musik schreiben.

Ich erzähle meinem Neffen davon, doch mir schwappt allenfalls milde Begeisterung über die zielstrebige und knallharte Umsetzung meiner schon im Jugendalter geschmiedeten Pläne entgegen.

Kele Okereke ist mit einem Lächeln ausgestattet, um das man ihn nur beneiden kann. Egal wie dunkel getönt es heute hier musikalisch bisweilen zugehen mag: Der Sänger von Bloc Party strahlt, als wäre gerade eine Ladung Glück über seinem Leben abgeworfen worden. Oder als hätte er die Antwort auf eine alle anderen zermürbende Frage.

Ich schaue mir seine Band Bloc Party im Palladium an. Bloc Party sind eine clevere Band, manchmal gar ein bisschen zu clever, dabei sehen sie, wie sie da so auf die Bühne geschlufft kommen, aus wie vier im Online-Gewerbe tätige verpennte Dauerpraktikanten. Aber der Druck, den ihre Musik vom ersten Moment an durch den Club pumpt, ist einigermaßen konkurrenzlos. Das kann die Band gut: Clever packt sie ihre Stücke voll mit Hooks, Schlüsselreizen und Enthemmungstriggern; da fällt es kaum auf, dass es bis zum vierten Song dauert, bis die erste gute Melodie des Abends zu hören ist. »This next one is about hating your job«, moderiert Okereke das Stück populistisch an, »if you hate your job, scream out loud!« Es folgt das fabelhafte »Waiting For The 7:18«, der beste Song vom allzu gestelzten letzten Album »A Weekend In The City«, und Okereke singt, als hätte Cure-Chef Robert Smith ein Soul-Album aufgenommen. Es ist diese Sorte Song, die dafür sorgt, dass das Konzert nicht zur reinen energetischen Leistungsschau verkommt, dabei würden Bloc Party selbst damit durchkommen: Wann immer sie ein bisschen Sehnsucht und Melodie zulassen, werden sie zur wirklich großartigen Band; aber selbst in ihren schwächsten Momenten halten sie all die Versprechen von Gitarrenpop als Tanzmusik ein, die ihre Kollegen von Franz Ferdinand mit ihrem ersten Album gegeben haben und denen sie seither hinterherlaufen.

Die Demarkationslinie zwischen Song und Track ist bei Bloc Party weitaus verschwommener als bei den meisten anderen Bands ihrer Generation. Das sieht man auch daran, mit welch unterschiedlichen popkulturellen Körperreflexen das ungebremst umherfliegende Publikum auf die musikalischen Reize reagiert: Manche üben sich in rüdem Pogo, andere betreiben in Neunzigerjahre-Manier Crowd Surfing, ein Großteil tanzt, als käme die

Musik vom Band, manche fallen einfach nur um. Klatschanimationen sind sie alle nicht abgeneigt. Eine Band für den ganzen Körper.

Nach etwa anderthalb Stunden verabschiedet sich die Band mit einem ihrer besten Songs: »Helicopter« vom Debütalbum »Silent Alarm«. Und noch einmal kommt alles zusammen, was diese Band besonders macht. Und wieder ist zu sehen: Wie man sich dazu bewegt, ist fast egal. Hauptsache, man bewegt sich.

Die CD habe ich trotzdem verschenkt.

19.02.2009

Wache mitten in der Nacht schweißgebadet auf.

Mir träumte, meine deutsche Synchronstimme sei Mola Adebisi.

Egal, wohin ich kam, es entfuhren mir nur quäkende, überbetonte Laute, die alle klangen wie äußerst unsachgemäß von einem Teleprompter abgelesen.

Es war noch nicht mal so, dass ich mich in einem Film befunden hatte. In meinem Traum war es nun einmal so, dass ich in meinem ganz vulgären Alltagsleben von Mola Adebisi synchronisiert wurde. Es ging einfach nicht weg.

»Das Leben ist kein Film«, heißt es oft, nicht immer frei von Bedauern, aus realitätswilligem Munde. Das stimmt vermutlich und ist gut so. Wirklich schlimm aber wäre es, wenn das Leben doch ein Film wäre und man selbst eine fürchterliche Synchronstimme abbekommen hätte.

20.02.2009

Die Universal feiert Morrissey, den viel geliebten Daseinsentnervten und Zwangsabgrenzer, und sich für den »höchsten Chartentry als Solo-Künstler in Deutschland«. Die Kriterien werden tatsächlich immer schwachsinniger: Wäre er – statt auf Platz 4 – hinter 50 Emo-Core-Bands auf Platz 77 eingestiegen, ließe sich dasselbe über die CD behaupten.

Ich muss gestehen, dass bei aller hohen Sympathie für Morrissey das aktuelle Album »Years Of Refusal« an mir vorbeigegangen ist. Oder anders: Ich mag mich gerade nicht an diesen musikalischen Ort namens Morrissey begeben. Es ist gerade wohl nicht die richtige Zeit bei mir für den Zwangsabgrenzer und Vereinzelungsaktivisten Morrissey, möglicherweise habe ich gerade eine milde Phase. Was automatisch zu bedeuten scheint, dass ich der genervten Tante Morrissey gerade nicht die rechte Milde entgegenbringen kann (tatsächlich muss man Morrissey ja bisweilen verteidigen wie ein extrem nerviges Familienmitglied, das sich an Heiligabend schon wieder nicht der Einladung würdig erwiesen hat: »Sie hat's doch immer so schwer gehabt«, »Ich möchte mal wissen, wie sonderbar DU wärst, wenn du immer allein gewesen wärst!«).

Morrissey – so sehe ich das gerade, ohne sein neues, von Stietenroth mit Schaum vor dem Mund angepriesenes Album gehört zu haben – hat das über ihn herrschende Klischee zur Grundlage seiner späten Karriere gemacht. Inzwischen ist er mir persönlich ein bisschen zu sehr zur hauptberuflich von der Hässlichkeit allen Seins beleidigten Leberwurst geworden. Für alle oben stehenden Zeilen würde er mir wahrscheinlich allenfalls das berühmte »müde Lächeln« zuteilwerden lassen, für die »Leberwurst« aber würde er mich womöglich streng angucken.

Morrissey – ein verspäteter, aber sicherer vierter Platz in der Liste der Popmusiker, mit denen ich niemals in einem Aufzug feststecken möchte.

27.02.2009

Der 21. März 2009 wird als historisches Datum in die Musikgeschichte eingehen: An diesem Tag wird der Post-Indie-Rock der Nullerjahre, der 2001 mit den Strokes seinen Siegeszug antrat und seither so verschiedenartige Bands wie Franz Ferdinand oder die Kings of Leon produzierte, im Musik-Block der großen Samstagabend-Sause »Wetten, dass..?« ankommen. Als erste Band des erfolgreichen Marktsegments »Gitarrenrock mit kurzer Lederjacke« wird der Status Quo-Fan Thomas Gottschalk die schwedische Band Mando Diao begrüßen. Es gab ja mal Zeiten, da war man bei »Wetten, dass..?« vor der Popkultur halbwegs sicher: Damals standen Menschen wie Chris de Burgh, Joe Cocker oder Tina Turner vor wunderbar altertümlichen Studiodekos, in denen immer neonbeleuchtete Telefonzellen, überdimensionale zerlaufende Dalí-Uhren, durchgesägte Auto-Wracks, Kerzenleuchter und große Fenster mit flatternden Vorhängen relativ bezugslos nebeneinanderstanden. Ich hätte mich früher nur zu gerne mal in einer »Wetten, dass..?«-Musikauftritts-Deko fotografieren lassen. Einmal saß ich sogar aus beruflichen Gründen im Publikum, es muss etwa 1999 im österreichischen Dornbirn gewesen sein. David Bowie war zu Gast, und der seiner Darbietung vorangehende Auftritt des gebetsmühlenartig als Chamäleon bezeichneten Musikers jenseits der Kameras, also nur vor dem Teil des Hallenpublikums, der direkt vor seinem Auftrittsort saß, war schon die ganze Reise wert. Gottschalk moderierte noch irgendwo im anderen Flügel der charmelosen Mehrzweckhalle umher, da kam Bowie raus, positionierte sich und grinste – aufgrund der auch für ihn nicht irritationsfreien Tatsache, dass er sich als Weltstar zwei Minuten lang doof vor ein mit Reaktionsverbot belegtes Publikum stellen musste – lustig ins Rund. Ein seltener Anblick: ein wartender Weltstar, der einfach nur in der Gegend herumsteht. Mir fiel damals auf, dass Bowie sehr hohe Schuhe trug. Als sein Auftritt begann, war dann auch gleich recht klar, warum er dies tat: Von allen Seiten wurde dermaßen viel Trockeneisnebel in Richtung des eher kleinwüchsigen Mannes gepumpt, dass man ohne die Schuhe allenfalls noch seine Haare hätte aus dem Nebel emporragen sehen.

Aber Mando Diaos Auftauchen bei »Wetten, dass..?« ist natürlich keineswegs den persönlichen Vorlieben eines neuen Showpraktikanten in die Schuhe zu schieben, der Gottschalk in einer ruhigen Minute zwischen zwei »Mit dem Zweiten sieht man besser«-Fotoshootings zum Auftritt seiner Lieblingsband breitgequatscht hat. Die schwedische Band hat sich längst zu samstagabendlichen ZDF-Ehren empormusiziert: Das Quintett aus Borlänge hat vor Kurzem sein fünftes Album »Give Me Fire« veröffentlicht, das direkt von 0 auf 1 in die deutschen Albumcharts einstieg. Auch der enervierend hohlen Single »Dance With Somebody«, die sich etliche Wochen in der Top 3 hielt, war kaum zu entgehen, sobald man sich in die Nähe eines Radios begab. Man ist »angekommen«.

Dass die Schweden alle anderen Bands ihrer Generation kommerziell weit hinter sich gelassen haben, ist kaum verwunderlich. Mando Diao waren einfach immer das entscheidende bisschen stumpfer als der Rest. Sie hatten ja auch schließlich bei den Besten gelernt: Die zu Best-of-Compilations der Herablassung geballten Gesichter ihrer beiden Sänger Gustaf Norén und Björn Dixgård wiesen sie stets als Schüler des großen Gesichtsexpressionisten Liam Gallagher aus. Auch die Hybris, das eigene Schaffen betreffend, haben sie von den Gebrüdern Gallagher gelernt. Allerdings ging ihrer Musik bislang die schwerreiche Bauchigkeit ab, die zuletzt bei Oasis der Wertschätzung oft hinderlich im Weg herumstand. Mando Diao setzen stattdessen auf Midtempo-Sixties-Garagen-Rock mit leichtem Soul-Anstrich und der Melodieseligkeit einer Britpop-Jukebox. Mit dieser Mischung arbeiteten sie sich kontinuierlich weiter nach oben – vor allem in Deutschland. Und wer in Deutschland ganz oben ankommt, der landet eben in den medialen Strafzentren – also in den Sendungen von Beckmann oder Gottschalk. Angesichts des Oktoberfest-Indie-Rocks von Mando Diao nur eine folgerichtige Entwicklung.

Sollte ich mir mit diesem Eintrag alle Chancen auf Erfüllung meines eingangs geäußerten Wunsches vermasselt haben – einmal in einer Frühneunziger-»Wetten, dass..?«-Musikauftritts-Deko fotografiert zu werden –, so bereue ich dies zutiefst. Ich biete als Entschuldigung an, mir sofort das neue Album des ehemaligen Hausstars der Sendung, Chris de Burgh, zu kaufen. Sollte es kein neues Album von Herrn de Burgh geben, würde ich mich sogar bereiterklären, es zu produzieren.

Auf meinem Nachhauseweg werde ich eines Plakates ansichtig, das fast jeden Stromkasten meines Viertels ziert. Es handelt sich um eine von der Stadt Köln subventionierte Kulturveranstaltung mit dem Titel »Festival all'Italiana«. Der Untertitel lautet: »jenseits von Pasta und Amore«, was offenbar auf den Drang der Organisatoren verweist, ein progressives Italienbild zu zeichnen. Gleich neben dem Slogan prangt das Symbol der Veranstaltung: ein affektiert tänzelnder Harlekin. Ich finde, ein Harlekin ist ein noch viel ekelhafteres Symbol für italienische Kultur als ein dunkelhaariges Paar, das sich, im Kuss vereinend, über einen dampfenden Nudelteller beugt.

Ebenso gut könnte man eine Deutsch-Kulturveranstaltung mit dem Untertitel »Deutschland – jenseits von Lederhose und Autowaschen« mit der Darstellung eines hornbebrillten Kabarettisten im Rollkragenpullover illustrieren.

Gerne würde ich den Veranstaltern mit einem Filmabend ihr Italienbild zurechtbiegen, bei dem ich italienischen Filmfertigungsstätten entstammende Meisterwerke des übel beleumundeten Bahnhofskinos wie »Mädchen in den Krallen teuflischer Bestien«, »Wenn du krepierst – lebe ich« oder »Schön, nackt und liebestoll« aufführen würde. Jedem Freund des schuldigen Sehens rate ich zum von Knabbergebäck begleiteten Betrachten dieser Filme.

01.03.2009

Sehe gemeinsam mit Stietenroth zum zweiten Mal den Film »Der Knochenmann« mit Josef Hader in der Hauptrolle. Man möchte angesichts dieses großartigen österreichischen Thrillers stellvertretend für den gesamten deutschen Filmbetrieb vor lauter Scham im Boden versinken. »Der Knochenmann« spielt äußerst virtuos auf der Flöte vom abgründigen Österreich und verpflanzt Elemente von Tobe Hoopers »Texas Chainsaw Massacre« in die Steiermark, wo ein Brathendl-Wirt mordend versucht, der Erpressung durch einen jugoslawischen Zuhälter zu entgehen. Wolfgang Murnberger hat hier einen der besten Filme gemacht, die ich seit Langem gesehen habe. Es stimmt tatsächlich alles: »Der Knochenmann« sieht wunderschön aus und hat ein perfektes Timing: Immer, wenn man die Ebene der stumpfen Zerfleischung und Fleischvertilgung gerade vergessen hat und freudig der Handlung folgt, wird wieder ein Brathendl-Tablett durchs Bild getragen; auch die Parallelmontagen, die das Komische und das Anrührende, das Brutale und das Heitere aufeinanderknallen lassen, sind perfekt. Die Darsteller – Hader, Minichmayr, Bierbichler – verschwinden hinter ihren Rollen, man hat in keinem Moment das Gefühl, hier »spiele« jemand irgendetwas.

Was den »Knochenmann« jedoch zu mehr als einem sehr guten Film, nämlich zu einem besonderen Film macht, sind drei andere Komponenten: Da sind zum einen die in die Handlung eingewobenen Liebesgeschichten. Es sind – allen voran die Begegnung von Hader und Minichmayr – ungelenke, äußerst alltägliche und gerade darum so ungesehene Annäherungsgeschichten: Da wird gestarrt, aneinander vorbeigeredet, einander missverstanden und etwas verschämter, viel zu kurzer Sex praktiziert. Zum anderen bedient sich der Film – vor allem mit der Darstellung des Brenner durch Josef Hader – einer ganz selbstverständlichen Lakonie. Es gibt nichts Schlimmeres als aufgesetzte Lakonie (was wie ein Widerspruch klingt – »aufgesetzte Lakonie« –, ist leider ein weitverbreitetes Gebrechen im komödiantischen Kino). Zum Dritten zeigt der Film, dass man gerade die vermeintlichen Unzulänglichkeiten des Lokalen mit all seiner Hässlichkeit benutzen muss, um eine Identität zu erlangen. Der Film tut in keinem Moment so, als könnte er irgendwo anders spielen als hier, im Löschenkohl-Hof unter einer Autobahnbrücke in der verschneiten Steiermark. Bitte, sollten sich in Ihrem Bekanntenkreis deutsche Komödien- oder Thrillerregisseure, Jung- und Alt-Schauspieler befinden – schicken Sie sie in den »Knochenmann«.

02.03.2009

Der Krisenclown tanzt im Achteck: Ein weiterer von mir mit Musik-Texten belieferter Auftraggeber schwächelt und teilt mir mit, künftig nicht mehr ganz so häufig meine Dienste in Anspruch nehmen zu können. Ich glaube, ich muss das »Kommando großer Schuh« auflösen, mit dem ich doch eigentlich in diesem Jahr öffentlich der Verschwendungssucht frönen wollte. Ich bin weiß Gott kein Krisenexperte, und mein Wissen über wirtschaftliche Belange erfreut sich einer gesunden Limitiertheit, aber ich werde das Gefühl nicht los, als würde der tatsächlichen Krise auf vielen Gebieten eine ebenso verheerende wie hysterische Angst vorausgaloppieren, die viele mit der eigentlichen Krise verwechseln.

Zusätzlich für fade Laune sorgt, dass es dem Suppenkoch in meinem Stammcafé heute gefiel, ein ganzes Salzbergwerk in meinem Essen unterbringen zu müssen.

Ein darauffolgender Gang zum Kiosk sollte mir einen Überblick über das gegenwärtige Zeitungsangebot verschaffen: Wo gibt es Märkte? Welche Cover funkeln besonders vielversprechend? Wem könnte ich meine Dienste antragen? Ich stelle fest: Auch wenn angeblich niemand mehr Autos kauft, scheint der Autozeitschriftenmarkt einigermaßen intakt zu sein. Was heißt das für mich? Werde ich demnächst in sportliche Lederjacken mit rückwärtigem Aufdruck gehüllt und mit im Fahrtwind flatternden Haar in knatternden Zwölfzylindern sitzen und auf Kosten des Springerverlags die Umwelt verpesten? Ich denke: nein. Vielleicht sollte ich ja der ZEIT eine Witzseite anbieten, auf der ich auch ein wenig auf dem von mir bislang viel zu wenig beackerten Feld der Polit-Karikatur dilettieren könnte.

Oder aber ich wandele auf den von Menschen wie Matthias Horx breitgetretenen Pfaden des Zukunftsforscherberufs, jenes überaus ehrbaren und seriösen Handwerks für scheinintellektuelle Ehrgeizlinge. Ich glaube, das könnte mir liegen. Ich würde drei, vier Umsonst-Praktikanten einstellen, diese unter dem Versprechen, ihnen dafür umsonst Zugang zu irgendeiner deutschen Trashfilm-Premiere zu verschaffen, auf die Straße jagen, wo sie sich bitte mal die aktuellen Hosentrends bei 12- bis 44-Jährigen anschauen sollen. Die Unterlagen werte ich dann nachts bei ein paar Pullen Rotwein aus und verkaufe sie anderntags an hörige Hosenhersteller.

Auch eine Möglichkeit wäre es, den Ansatz Mickey Rourkes aufzugreifen, der sich ja auch eben erst wieder nach vorne gewrestlet hat: Ich spiele einfach ein paar Jahre lang die fertige Karte, lasse mir das Gesicht in einen seltsamen Parallelzustand operieren, kokettiere kurz beiläufig mit einer Boxerkarriere – nur um schließlich in 15, 20 Jahren ein beispielloses Autoren-Comeback

mit ebenso rüden wie rührenden Haudrauf-Geschichten zu feiern.

Ansonsten könnte ich mir noch einen Karaoke-Maschinen-
Verleih denken. Ich glaube, ich kann mich erst mal wieder beruhigt hinlegen: Unrealistische Ideen für die nächsten Krisenjahre
hätte ich genug.

06.03.2009

Unter ihrem Slogan »Gute Musik ist besser« kündigt die Kölner
Traditionsplattenfirma EMI heute in einem Newsletter eine Platte der Band BAP als das »bislang längste Live-Album einer deutschen Band« an.

Ist es nicht herrlich, wenn in Ermangelung tatsächlichen Inhalts und relevanter Informationen alles egal wird und in Ermangelung tatsächlicher Superlative einfach *irgendeine* Information
zum maßstabsvortäuschenden Kriterium aufgepumpt wird? Darf
ich bitte für die EMI demnächst weitere Ankündigungsschreiben
für Künstler ihres prall besetzten Pools verfassen?

»Kylie Minogue – die kleinste Frau, die je eine Arena
    füllen durfte«
»Robbie Williams – der langabwesendste Superstar seit
    dem bislang längsten Live-Album einer deutschen Band«
»EMI – die kölnste Plattenfirma der Welt«
»Die Beatles – die toteste beste Band der Welt«
»Various Artists – die meisten Künstler mit den meisten
    Liedern«

Da fällt mir ein, dass ich tatsächlich mal unter einem frühen
Programmdirektor des Senders VIVA ZWEI diente (der damals
noch eine Abspielstation für Erwachsenen-orientierten »Wetten,
dass..?«-Poprock vom Schlage Tina Turner, Joe Cocker etc. war),
der mich eines Tages mit einem seltsamen Anliegen in sein Büro
bat: Er habe mal die Charts durchgeschaut; wir müssten uns unbedingt mal mehr mit dieser Band namens »Various Artists« beschäftigen, die verkauften doch Platten wie doof, aber nirgendwo
gäbe es Informationen.

Was der besagte Ex-Programmdirektor heute beruflich macht, weiß ich nicht, vielleicht schreibt er ja Newsletter für die EMI.

Es muss hier gesagt werden, dass bei der EMI natürlich überwiegend sehr fachkundige Menschen gearbeitet haben und arbeiten, mit denen ich sehr angenehme Arbeitserfahrungen verbinde. Allerdings sei, wo ich schon mal dabei bin, dringend noch die folgende Anekdote überliefert:

Es muss in den frühen Tagen dieses Jahrtausends gewesen sein, als ich wegen eines irrationalen Interviewanliegens bei der Zentrale der Plattenfirma anrief:
»Guten Tag, Pfeil mein Name, es geht um Brian Wilson – können Sie mich da bitte mit der zuständigen Person verbinden?«
Nach einer Pause und emsigem Geraschel kam die Antwort:
»Tut mir leid, ein Herr Wilson arbeitet nicht bei uns.«

09.03.2009

Ich habe heute eine Mail von den Gebrüdern Blattschuss bekommen. Wer kann schon einen Tagebucheintrag mit einem Satz von solcher Schlagkraft beginnen. Thomas Mann wohl kaum. Der Umstand, dass sich Beppo Pohlmann, seines Zeichens Sänger und Texter der Gebrüder Blattschuss, bei mir meldete, verdankt sich eines perfiden Bestrafungsritus zwischen meinem Freund Stietenroth und mir. Wann immer einer von uns beiden vom anderen genervt ist, setzt es eine Strafe. Allerdings nicht irgendeine. Seit Jahren schon tragen wir uns, um den jeweils anderen zu quälen, in Newsletter nervender Musiker ein. Ich habe es Stietenroths eiskalter Bösartigkeit zu verdanken, dass ich einmal monatlich elektronische Post von den Levellers, Mickie Krause und einem Peter Maffay-Fanclub bekomme. Aus Dank habe ich ihn im Newsletter-Verteiler der Sportfreunde Stiller eingetragen (die er hasst wie keine andere Band), und als er mir mal ganz besonders auf die Nerven gegangen ist, habe ich unter Hinterlassung seiner Mail-Adresse an den Fanclub von Klaus Lage geschrieben: Ob man dort Hilfe beim Aufpeppen von Klaus Lages Homepage brauchen könne oder ob es die Möglichkeit gebe, Lage-Merchandise auf Konzerten zu verkaufen.

Dieser letzten Bestrafungsaktion habe ich nun wohl den jüngsten Vergeltungsschlag Stietenroths zu verdanken. Der Mail von Beppo Pohlmann entnehme ich, dass Stietenroth die Gebrüder Blattschuss als musikalisches Glanzlicht für meinen angeblich in diesem Sommer stattfindenden 50. Geburtstag angefragt hat. Pohlmann nämlich schreibt nun, dass er eigentlich nicht an Auftritten in Köln interessiert sei, es sei denn, ich könnte die Gage von 1250 (wochentags) bzw. 1500 Euro (samstags) berappen, eine Fahrtkostenpauschale in Höhe von 250 Euro zahlen und ein Mittelklassehotel für zwei Personen (= er und der andere »Gebrüder«) übernehmen. Man trete übrigens mit Halbplayback auf.

Diesmal ist Stietenroth eindeutig zu weit gegangen, ich werde ihn umgehend als Bühnentänzer bei irgendeiner mittelalterlich gestimmten Schwarz-Metal-Band anmelden. Wir sprechen übrigens nie über diese Mails, wenn wir uns treffen. Es ist eine Sache, die sich auf rein digitaler Ebene immer weiter hochschaukelt.

Gerade kam noch eine Mail von Pohlmann. Er hat den Braten gerochen, meinen Namen in die Suchmaschine eingegeben und mich als Schreiber enttarnt. In seiner zweiten Mail schreibt er, dass er an vermeintlich enthüllenden Artikeln über abgehalfterte Ex-Stars nicht interessiert sei und dass er mir beruhigend versichern könne, für sein täglich Brot durchaus noch sorgen zu können. Ich bin ein bisschen beruhigt, denn ich wollte mich keinesfalls mit den Gebrüdern Blattschuss anlegen. Ich bin mit diesem Blödelzeug groß geworden und wünsche den Herren aufrichtig eine noch möglichst lang anhaltende Karriere. Gleiches kann ich über Krause, Maffay oder die Levellers nicht sagen.

Auf dem Konzert des derzeit erfolgreichsten deutschen Popmusikers Peter Fox bin ich der vermutlich einzige von rund 20 000 Zuschauern in der von mir starrsinnig weiter als Kölnarena bezeichneten »Lanxess-Arena«, der sitzt. Ich perfektioniere derzeit eine starke Erkältung, die sich zur Freude Stietenroths und zahlreicher Bekannter vor allem in einer Entzündung der Stimmbänder niederschlägt, was zur Folge hat, dass ich nicht sprechen darf. Aber ich muss ja auch nicht reden. Ich sitze einfach nur rum und gucke und höre.

Eröffnet wird der Abend leider von einer mit viel gutem Willen als »quirlig« zu bezeichnenden Reggae-Sängerin namens Ce'Cile – »straight from Jamaica«, wie sie selbst und ihr mitgebrachter Anheizer nicht müde werden zu betonen. Selbst reggaefreundlichen Menschen wie mir geht ihr klischierter Folklore-Käse aber rasch auf die Nerven, und selbst dem in mildeste Güte gerauchten Kiffer müsste ihre Musik eigentlich das Hasch aus der Mischung blasen. »If you love Jamaica, if you love Bob Marley, please lighten up your cellphones«, brüllt sie einmal. Und kommt sogar damit durch. Hätte ich intakte Stimmbänder, würde ich jetzt schimpfen, aber die neben mir aufflammenden Gruß-adressen an Bob Marley und Jamaika zeigen, dass dies hier vielleicht einfach nicht meine Party ist.

Danach wird dann aber alles besser: Man muss beileibe kein leidenschaftlicher Sammler eigenhändig ausgeschnippelter Peter Fox-Artikel sein, um anzuerkennen, dass der Mann im hiesigen Popbetrieb derzeit alle anderen weit hinter sich lässt. Mehr noch als bei seinem ebenfalls dem Hip-Hop von der Grabschaufel gefallenen Hamburger Pendant Jan Delay gründet sich das Gesamtkunstwerk Fox auf einer so eigensinnigen wie massenmitreißenden Ästhetik, gegen die man nur mit viel Verdrießlichkeit ankommt.

Was andere geübte Ausverkäufer der Lanxess-Arena oft nicht schaffen, gelingt dem sonnenbebrillten Peter Fox gleich vom ersten Takt an: Jeder hier in Deutschlands größter Konzerthalle, egal ob Mann oder Frau, ist sofort auf den Beinen, und alle lassen sie ihre Körper Dinge tun, die auf ein beneidenswert niedriges Schamgefühl schließen lassen. Es geht auch kaum anders bei diesem seltsamen Fall von grundguter Konsenspartymusik.

Auch zu sehen gibt es viel, und anders als sonst bei Spektakeln dieser Größenordnung, die zwangsläufig auf choreografierte Schauwerte setzen müssen, folgt die Show der Musik und gründet sich ganz und gar auf Rhythmus: Vor allem die vier Showtrommler im Anzug von der amerikanischen Drumline Cold Steel sind schön anzuschauen und ernten für ihre elegante Trommelakrobatik immer wieder Szenenapplaus.

Es ist Fox hoch anzurechnen, dass er selbst in solch einer riesigen Halle keinen Deut von seinem klar abgezirkelten Konzept abweicht und sich nie in Ranschmeiße ergeht. Vermutlich könnte er gar nicht: »Ihr da oben auf den Rängen, fallt da nicht runter, das sieht ja aus, als wäre es eine andere Stadt«, sagt er allenfalls – aber immer in seiner ureigenen überakzentuierten Zeitlupensprechweise. Man konnte wohl vorhersehen, dass Fox und die Feierlaune der Kölner ein überschäumendes Ganzes ergeben würden. Dass der Mann mit dem Affenfimmel aber hier derart gekonnt die Kokosnuss klauen würde, war nicht zu ahnen.

16.03.2009

Bin immer noch zwangsstumm. Meine Stimme klingt wie die eines berühmten Rockstars im Stadium der tourneebedingten Früh-Moribundität. Ich habe früher mal in der Oper gearbeitet. Dort durfte ich beobachten, dass die Opernsänger nicht nur alle recht eitle und leibesvolle Fatzkes waren, sondern auch in stetiger Panik vor einer Erkältung lebten. Oft standen sie wie befreundete Bergmassive auf den Hinterbühnen zu zweit beisammen und zeigten einander verstohlen irgendwelche Käpselchen. »Hier, die kriegst du nur in Holland, sind hierzulande verboten«, hieß es manchmal. Heute hätte ich gerne eine dieser illegalen stimmbalsamierenden Pillen. Opernsänger sind übrigens auch die einzigen mir bekannten Menschen, die laut schmunzeln können. Vielen entfährt, wenn sie lächeln ein honigsüßer warmer Ton, ein tiefes »Mmmmmmmmm«. Meine Erfahrungen mit Opernsängern gründen sich, das sollte ich hinzufügen, auf die frühen Neunzigerjahre. Ich habe mich verändert und die Opernsänger sicher auch.

Auf Konzerten stört mich meine Heiserkeit aber wenig, da bin ich ohnehin eher ein Schweiger. Zumal beim heutigen.

Seit einigen Jahren schon erfreut sich zeitgenössische französische Popmusik – gemeinhin unter dem Banner »Nouvelle Scène Française« zusammengepfercht – auch hierzulande einer zunehmenden Beliebtheit. Man sollte wohl nicht den Fehler machen, von einer tatsächlichen, sich bohemistisch gebärdenden Szene auszugehen, deren Mitglieder rauchend und debattierend in Bars herumsitzen und nebenbei wissbegierigen ARTE-Fernsehteams in die Mikrofone diktieren, welche musikalischen Barrikaden man gemeinsam niederzureißen gedenke. Natürlich, es kommt gelegentlich zu Zusammenarbeiten, der eine schreibt für den anderen, der andere produziert den einen. Aber das Wort Szene spiegelt nicht annähernd die Unterschiedlichkeit all der Künstler wider, deren Musiken allenfalls eint, dass sie meist ungezwungen stilvoll und beneidenswert selbstverständlich daherkommen. Selbstverständlich auch deshalb, weil sich die jungen französischen Popmusiker nicht nur im leichtherzigen Dialog mit der eigenen Kultur, sondern auch im transatlantischen Zwiegespräch befinden. Beste Beispiele sind wohl die beiden Musikerinnen Marianne Dissard und Françoiz Breut, die auf ihren jeweils letzten Platten moderne Chansons auf den staubdurchpusteten Wüsten-Rock Arizonas, Americana und amerikanischen Garagenrock treffen lassen: Die Musik ist amerikanisch, die Stimmung aber ganz und gar europäisch. Da ist es nur schlüssig, dass die hiesige Plattenfirma der beiden Künstlerinnen, das für seine kenntnisreiche Arbeit nicht genug zu lobende Label Le Pop, die Damen auf gemeinsame Tournee schickt. Am Sonntagabend machte der »Les Filles«-Abend halt im ausverkauften Kölner Stadtgarten.

Marianne Dissard, die im vergangenen Jahr mit der recht eleganten Songsammlung »L'entredeux« debütierte, eröffnet den Abend. Und enttäuscht zunächst erst einmal etwas. Dissards Album, das sie gemeinsam mit Joey Burns, dem Kopf der Band Calexico, in ihrer Wahlheimat Tuscon, Arizona schrieb, ist eine hitzemüde, immer etwas dunkle, gelegentlich von wattigen Streichern durchwehte Platte. Im Stadtgarten bietet sie ihre Stücke – natürlich aus Kostengründen – nur von einem Gitarristen und einem Schlagzeuger begleitet dar. Dissards Lieder können diese Zwangsabrüstung ganz gut aushalten, sie gewinnen jedoch zunächst keine eigene Strahlkraft durch die kargeren Arrangements. Oft klingt es schlicht, als habe der Bassist den Bandbus verpasst, da können die beiden hippiesken Begleitmusiker noch so gut aufspielen. Marianne Dissard selbst, eine dunkel flüsternde Frau des Typs »vielfache Katzenhalterin«, die »mysteriös« zu nennen man geneigt ist, singt dazu ungleich rustikaler und ausdruckswilliger als auf Platte; bei »Ce visage-là« bedient sie eine singende Säge. Erst nach einigen Songs, beim weiten Wüstenlied »Merci de rien du tout« bekommt die Darbietung ihre eigene Logik, und das berückende »Sans-façon« klingt sogar noch viel schöner als auf Platte. Am Ende fällt im Publikum eine Flasche auf den Boden und zerbricht. »Quel enthusiasme«, haucht Dissard mit dem Anflug eines Lächelns.

Die darauf folgende 39-jährige Françoiz Breut ist in Deutschland eine der beliebtesten französischen Musikerinnen. Vier Alben hat sie bislang veröffentlicht, das letzte, »L'Aveuglette«, war eine der besten und eigensinnigsten Platten des letzten Jahres. Erstmals hatte Breut alle Songs mit ihrer Band geschrieben, wohingegen sie früher oft eigens für sie komponiertes Material von Musikern wie Joey Burns, Dominique A oder David-Ivar Herman Düne interpretierte. Was sie und ihre beiden Musiker auf der Bühne mit diesen Songs veranstalten, gehört zum Wundersamsten und zugleich Präzisesten, was derzeit auf den Pop-Bühnen dieser Welt gespielt wird. Ein Banjo eröffnet das seltsame Song-Gespinst »Mouchoir de poche«. Françoiz Breut, klein und ewig mädchenhaft, sieht wie immer aus wie die Kinderbuchillustratorin, die sie nebenberuflich tatsächlich ist. »Auf gut Glück« könnte man ihren Albumtitel übersetzen, und tatsächlich tastet sich ihre Musik ohne Rücksicht auf gängige Strukturen an Orte, wo noch niemand vor ihr gewesen zu sein scheint. In sich verschobene Klopf-Rhythmen bilden die Basis dieser warmen Kunstlieder, die darüberliegenden verhallten Gitarren, Chöre und Melodika-Sprenksel scheinen aus lang vergessenen Klangräumen herüberzuwehen. Breut selbst singt mit geschlossenen Augen und führt versonnen lächelnd seltsame Auf-der-Stelle-Tänze auf, die an eine kaputte Aufziehpuppe gemahnen. Zwischen den Songs legt sie immer wieder knisternde Schallplatten auf, die ihren Liedern als atmosphärische Intros dienen: Grillenzirpen ist zu hören, ein Raketencountdown, Schifffahrtssignale. Bei der abermals von einem Banjo getragenen Schlussnummer landen Breut und ihre großartigen beiden Musiker fast bei so etwas wie einer Anverwandlung von Appalachen-Folk. Breuts Musik ist offenbar Weltreisemusik – und kann so doch nur von einer Französin stammen.

20.03.2009

Es ist tiefe Nacht. Irgendwo zwischen gestriger Mühsal und morgigem Anforderungstamtam ist mir die Zeit verloren gegangen. Soeben habe ich die letzte Folge der bislang letzten Staffel der amerikanischen Pay-TV-Serie »Dexter« gesehen. Nun sitze ich in Serien-Belangen so dermaßen auf dem Trockenen, dass es aus dem DVD-Player staubt.

Stietenroth behauptet zwar hartnäckig, es gebe auch anderes im Leben, aber hier liegt meines Erachtens mal wieder einer der für meinen anpassungsfähigen Freund so typischen Fälle von Einfältigkeit vor. Ich will es ihm nachsehen, er ist ja erst bei Staffel 2, dieser Narr.

Es sei hier gesagt, dass ich zu jenen Menschen zähle, die amerikanische Pay-TV-Serien für die derzeitige Schaumkrone der popkulturellen Schöpfung halten. Schlicht deshalb, weil im Erzählrahmen dieser Serien Dinge möglich sind, die weder Kino noch übliches TV leisten können. Zum einen, weil diese Serien nicht die Hürden ärgerlich in der Handlung umherstehender Werbebreaks nehmen müssen, somit also auf die üblichen vorhersehbaren Spannungskurven verzichten können; zum anderen weil sie wegen ihrer über mehrere Staffeln ausgebreiteten epischen Erzählweise in puncto Handlungsverlauf und Charakterzeichnung eine Tiefe erzeugen können, die sonst im audiovisuellen Bereich nicht möglich ist.

Meine Favoriten sind (in dieser Reihenfolge – und ich bin halbwegs stolz, hier erst zum zweiten Mal das schreiberische Billigmedium der Liste zu verwenden):

1. The Sopranos
2. Six Feet Under
3. Deadwood
4. The Wire
5. Dexter

Wer sich nur halbwegs für die Abbildung von Daseinstiefe im popkulturellen Rahmen interessiert, der möge sich hier die Pupillen blutig gucken.

Jede dieser ausufernden Serien arbeitet sich an einem oder mehreren der großen Reizthemen der Menschheitsgeschichte ab: Bei den »Sopranos« ist es die Familie (es geht um Loyalität, Ehre, Erziehung, Treue und Vertrauen – aber auch um das Verschwimmen der Grenzen von Gut und Böse); bei »Six Feet Under« wird aus der immer brutalen Endgültigkeit des Todes auf die Optionen des Lebens geblickt, das fast immer wert ist, gelebt zu werden; bei »Deadwood« geht es um Amerika, um Zivilisation und Menschwerdung; bei »The Wire« wird endgültig klar, dass Gut und Böse stets in derselben Garage parken.

»Dexter« – eine Serie des Senders »Showtime« über einen bei der Miami-Polizei als Forensiker tätigen jungen Mann, der nach Dienstschluss seiner Leidenschaft fürs Morden frönt – fasziniert mich vor allem deshalb, weil hier das Thema des kultivierten Außenseiter-Daseins (gerade im distinktionslüsternen Pop-Rahmen ja sehr beliebt) auf die absolute Spitze getrieben wird: Man kann Menschenfremdelei und Daseinsdünkel wohl durch nichts mehr auf die Spitze treiben als durch seriellen Mord. Hieraus und aus der geschickten Darstellung Dexters als linkische Identifikationsfigur bezieht die Serie ihren Reiz.

Der vielfach öffentlich gestrauchelte Pete Doherty hat eine schöne neue Platte gemacht. Und nicht nur das. Im Begleitschreiben seiner Plattenfirma wird der nunmehr Ausgenüchterte in Bezug auf die öffentliche Wahrnehmung seiner neuen Musik, immerhin der ersten nur unter seinem Namen veröffentlichten, mit den folgenden Worten zitiert: »Insbesondere die Meinung von Kritikern interessiert mich, weil ich auf die Meinung diverser Leute immer vertrauen kann. Wenn dich sowieso jemand mag, mag er auch deine neuen Songs. Kritiker betrachten sie hingegen viel weniger subjektiv und bohren tiefer. Ich warte schon darauf, ganz ehrlich.«

Abgesehen davon, dass das mit dem Tieferbohren und der mangelnden Subjektivität so natürlich nicht stimmt: Was für ein erfrischendes Statement. Zumal im Musikgeschäft, wo doch fast all die langweiligen Bands so eitel wie gebetsmühlenhaft daherlügen, doch alles »nur für die Fans« zu machen, schließlich seien die es doch, »die wirklich zählen«. Ich glaube hier mal so ganz blind in den Raum hinein, die besten Fans haben tatsächlich die Bands, die sich nicht sonderlich um ihre Fans scheren. Und die berühmte deutsche Altpunkpopband Die Ärzte, die ihr Publikum analog zur Selbsttitulierung als »Die beste Band der Welt« immer wieder »die besten Fans der Welt« nennt, spielt auch hier mal wieder genau auf Messers Schneide der kunstvoll ironisierten Massenfanhaltung.

27.03.2009

Es gibt im Wesentlichen drei Sorten von Rockstar-Autobiografien: Die einen enthalten geradezu inflationär oft Sätze wie »Ich wachte in einem riesigen Berg weißen Pulvers auf; neben mir lag Amanda, aber ich hielt sie für Pam.« Dann wieder gibt es jene, die zu wenige solcher Sätze enthalten. Und dann gibt es Bob Dylans »Chronicles«, wo ausschweifend und angenehm bekenntnisverweigernd die Möblierung von New Yorker Zimmern in den frühen Sechzigern beschrieben wird.

266 Die derzeit meinen Nachttisch veredelnde Autobiografie des ehemaligen Eagles-Gitarristen und »Hotel California«-Mitkomponisten Don Felder mit dem Titel »Mein Leben mit den Eagles« fällt in Kategorie Nummer zwei. Es ist das Buch eines Insiders, der auf Außenseiter macht. Die Geschichte eines Mannes, der unter Aufbietung all seines gesunden Menschenverstands durchs

Rockgeschäft stolpert und sich wundert, dass um ihn herum alle, statt einfach nur fröhlich Musik zu machen, mehr und mehr durchdrehen.

Die Eagles, jene Gruppe, in die es den talentierten Session-Musiker Felder Anfang der Siebziger verschlägt, gilt bis heute als Vorzeigeband für die Entwicklung der kalifornischen Rockmusik – weg von den naiven Idealen der Hippie-Ära hin zu Paranoia, Verschwendungssucht, Geldgier und Exzess. Felder und seine Co-Autorin Wendy Holden beschreiben detailliert die Koks-Exzesse, Groupie-Rekrutierungen und Hahnenkämpfe, die den Tour-Alltag der Gruppe in den Siebzigern bestimmten, doch zieht Felder es vor, sich eine etwas feige wirkende Beobachter-Rolle zu geben. Schon zu Beginn des Buchs macht er immer wieder und oftmals unfreiwillig komisch deutlich, was für ein freundlicher und naiver Bursche er doch im Grunde ist: »Wenn ihr mit den Zahlungen nicht nachkommt, habe ich für den Rest meines Lebens eine schlechte Kreditbonität«, pampt er einmal ein paar seiner Hippiefreunde an. Ein Satz, den man in dieser Knackigkeit sonst in Rockstar-Autobiografien vergeblich sucht. Und während die Eagles bei ihren geschäftlichen Meetings versuchen, sich über den Tisch zu ziehen, bewundert Felder des Managers »Geschick im Umgang mit Steuerfragen«. Felder tut zwar nie so, als habe er sich bei all den Exzessen völlig zurückgehalten, und doch müht er sich arg den Eindruck zu erwecken, er sei wie ein Einäugiger unter den Betriebsblinden durch das Rockstargeschäft spaziert. Wenn er nach langen Tourneen zu Freundin und Kind zurückkehrt, gibt er die Rockstarrolle vorher ab: »Es war wie ein Kostüm, das auf meine Rückkehr wartete.«

An manchen Stellen liest sich »Mein Leben mit den Eagles« wie eine Parodie auf einen archaischen Rockstar-Wahn, den heute vielleicht allenfalls noch wandelnde Klischeeverwalter wie die Kings of Leon pflegen. Doch Passagen wie jene, in der Eagles-Kopf Glenn Frey schlechte Laune bekommt, weil seine Suite über keinen Whirlpool verfügt, sind mitunter dröge geschrieben und nutzen nie wirklich ihr komisches Potenzial. Es ist vor allem diese Abwesenheit wirklichen Humors, die das Buch so verklemmt wirken lässt. Am Ende wird man das Gefühl nicht los, dass jede Rockstar-Parodie von Jack Black mehr Authentizität besitzt.

28.03.2009

Jetzt blogge ich auch noch. Und das auch noch umsonst. Die freundlichen Kollegen von der FAZ lassen mich vertrauensvoll machen, wenngleich es an Geld offenbar ein wenig klammt.

Hätte sich meine Oma vor Jahren zu mir hinaufgebeugt und gesagt: »Junge, sei nicht so eitel, auch du wirst eines Tages bloggen« – ich hätte sie vermutlich auf eine Runde gemeinsames Lachen eingeladen. Aber nun bin ich eben Blogger. Also, entweder ist das der Anfang oder das Ende, ich weiß es noch nicht. So ähnlich dachte man wohl damals auch, als der erste Drumcomputer vom Himmel fiel.

»Ach komm, halb so wild«, sagt Stietenroth. »Hank Moody bloggt auch« und spielt damit auf unseren derzeitigen Lieblingsserienstar an, einen sexsüchtigen abgehalfterten L.A.-Schreiber, der vom sexsüchtigen, abgehalfterten David Duchovny gegeben wird.

30.03.2009

Vor ein paar Wochen hatte ich das Vergnügen, den leibhaftigen Bud Spencer zu treffen. Ein feiner Mann und ein menschliches Massiv. Fast regungslos saß er da und ließ zur Unterstreichung seiner lakonischen Ausführungen nur seine kleinen Äuglein lustig umherkullern. Auf meine Frage, ob er, der in Neapel geboren wurde, aber in Rom lebt, sich mehr als Neapolitaner oder als Römer fühle, antwortete er, noch bevor ich meine Frage beenden konnte, nur: »Ich bin Neapolitaner, von Kopf bis Fuß.« Woran man das denn am besten feststellen könne, fragte ich weiter. Darauf Spencer: »Sie sollten mich mal singen hören.« Das hätte ich gerne getan, aber Herrn Spencer zu einer Gesangsdarbietung aufzufordern, habe ich mich nicht getraut, da er mir ob solcher Respektlosigkeit vermutlich eher zu einer Audienz beim Backpfeifenorchester verholfen hätte. Auch die vor rund fünf Jahren eingesungene einzige CD des Mannes konnte ich bislang nirgendwo auftreiben.

Vor schier nicht zu umfahrender Daueranwesenheit ist dagegen immer die Musik, die man eben nicht hören möchte. Die des musikalischen Sparkontoquintetts Silbermond zum Beispiel. Doch halt! Das Herumtrampeln auf Silbermond gehört gleich nach dem Herumtrampeln auf den Toten Hosen und dem Herumtrampeln auf U2 zu den billigsten Standard-Disziplinen des Musikjournalismus, da kann sich von mir aus die Wut-Kolumne des Leverkusener Hassanzeigers drum kümmern.

Mir ist vielmehr der mild kulturpessimistische Punkt wichtig, dass es in Zeiten absoluter Allesverfügbarkeit auch mal ganz schön ist, wenn irgendetwas *nicht* erhältlich ist. Es gibt zum Beispiel bis heute Momente, in denen ich mich ein bisschen freue, dass es mir bis heute nicht gelungen ist, den Soundtrack zu John Woos Film »The Killer« aufzutreiben, der ein herzzerknetendes Liebeslied in kantonesischer Sprache enthält. Sollte ich je in einem gut sitzenden Anzug in einer Straßenpfütze aufgefunden werden, in der sich sonst, wenn ich nicht darin herumliege, Achtzigerjahre-Neon-Schriftzeichen zu spiegeln pflegen, dann bitte zu diesem Lied. Das Stück zu kaufen brauche ich aber nicht, es ist mir tief ins Hirn einmassiert.

Die paar Musiken, die mir die rare Chance eröffnen, sie nie besitzen zu können, behalten vor allem eins: etwas Geheimnisvolles. Und »das Geheimnisvolle« war es auch, das mich am Anfang meiner Musikhörerkarriere überhaupt dem Pop in die Hände getrieben hat. Wichtige Jahre meines Lebens habe ich freudig an Musiken verschwendet, über deren Schöpfer – vor allem von ihnen selbst – fast nichts herauszubekommen war (mitunter war das ganz gut). Heute aber ist jeder Musiker auch Blogger, hat eine MySpace-Seite mit 3452 Freunden, veröffentlicht unentwegt mit wackeliger Handkamera gefilmte Studio-Tagebücher und bringt Alben heraus, denen ungefragt als Dreingabe Filmchen hinzugefügt wurden, darin sich Produzenten, Freunde, Cover-Gestalter und andere Langweiler zur aktuellen Produktion des Musikers äußern. Ich will das alles nicht sehen. Lassen Sie es mich so sagen: Morrissey doesn't blog.

Vor zwei Wochen traf ich die Band Maxïmo Park anlässlich ihres im Mai erscheinenden neuen Albums zum Interview. Im Vorfeld überlegte ich lange, warum ich mit den meisten dieser jungen Bands im Grunde meines Herzens nichts anfangen kann. Dabei haben sie alle exakt die richtigen Einflüsse, reden vernünftiges Zeugs, und man sollte sicher dringend mal mit ihnen zusammen ins Kino gehen. Aber ihre Musik gibt mir wenig. Ich entdeckte dann auf der Maxïmo Park-Platte ein Stück namens »Under A Cloud Of Mystery«, worin der Ich-Erzähler sein Gegenüber fragt, warum in Dreiteufelsnamen man sich nicht immer unter einer Wolke des Geheimnisvollen begegnen könne. Warum das nicht geht – und auch nicht wünschenswert ist –, scheint mir offenkundig, aber mir wurde schlagartig klar, was mich an all diesen jungen Bands irritiert: Es weht nicht der Hauch eines Geheimnisses um sie. Ich habe das Gefühl, alles über sie zu wissen.

Als ich Paul Smith, den freundlichen Sänger der Band, angesichts dieses Songs darauf anspreche, ob er mein Problem nachvollziehen könne und ob auch er der Meinung sei, dass man heute doch ein wenig überinformiert sei, was seine Lieblingsbands angeht, antwortet dieser: »Ich verstehe, was du meinst. Aber ich glaube, jede Band hat die Wahl, so viel oder so wenig über sich zu verraten, wie sie will. Ich finde, bei Musik geht es um das Kommunizieren von Gefühlen und darum, etwas mit dem Publikum zu teilen. Deswegen weiß noch lange nicht jeder, was ich in meiner Freizeit mache. Darüber hinaus gab es früher eine viel zu große Barriere zwischen Publikum und Band, die für einen völlig unverhältnismäßigen Götzenkult gesorgt hat. Rock'n'Roll-Verhalten ist in meinen Augen etwas Peinliches und Stereotypes, und ich ziehe es vor, keine Wolke der Mythologie über mir hängen zu haben.«

Da hat er auch wieder recht. Ein vernünftiger junger Mann, dieser Paul Smith. Aber eben auch: ein bisschen langweilig.

Vielleicht höre ich ja deswegen in letzter Zeit wieder so gerne meine mühevoll angehäuften Adriano Celentano-Platten. Mein Italienisch ist durchaus brauchbar, aber von den Texten verstehe ich relativ wenig. Es bleibt somit zwangsläufig ein letztes Geheimnis, zumal der Mann seine durchaus widersprüchlichen Standpunkte seit Jahren nicht mehr öffentlich kommentiert. Auch sei an dieser Stelle gestanden, dass ich zuletzt – sehr zur Freude meines angestammten Schallplattenverkäufers – mit dem Aufkaufen alter Italopop-Sampler begonnen habe. Man kann in diesen Zeiten mit nichts so sehr mein Herz erfreuen wie mit Alan Sorrentis makellosem Popsong »Tu sei l'unica donna per me«. Wahrscheinlich war ich in meinem früheren Leben Italiener, ich wusste doch, dass ich nicht immer Musikkritiker gewesen sein kann!

Ach, ich hätte Bud Spencer doch um ein Liedchen bitten sollen. Ich glaube nicht, dass er mir, um es mit seiner deutschen Synchronstimme zu sagen, eins auf die Knüsen gegeben hätte. Denn wie sang schon vor rund dreißig Jahren der vergessene Italo-Rockstar Toto Cutugno: »Lasciate mi cantare/con la chitarra in mano/Lasciate mi cantare …/sono un italiano!«

Und jetzt alle, auch bitte die Damen oben in den Logen …

31.03.2009

Ein bisschen ist es mit der Popmusik bei mir ja wie mit Freundinnen: Ich erwarte einfach zu viel.

Ich erwarte Sachen, die gar nicht geleistet werden können, und kann daher fast nur enttäuscht werden von der Popmusik.

Ich glaube, wir werden uns trennen müssen.

Bald.

Aber ich bin bereit, es noch mal zu versuchen.

01.04.2009

Die kleine Frau mit den kurzen wasserstoffblonden Haaren hüpft in Schuhen über die Bühne, auf denen die meisten anderen Frauen vermutlich noch nicht einmal unfallfrei gehen könnten. Ihr knapper Glitzerfummel gibt den Blick auf eine trainierte Bauchmuskulatur frei, die man diesseits der Salat-Buffets von Los Angeles so selten zu sehen bekommt. Mit angekratzter Stimme trällert sie einen ihrer typischen pappigen Allerwelts-Poprocksongs über Außenseitertum und das große Trotzdem: »Everyday I fight a war against the mirror« singt sie und verflucht Britney Spears: »She's so pretty/That just ain't me«. Man merkt womöglich schon: Wer Probleme mit widersprüchlichen Popstars hat, der dürfte an diesem Abend in der ausverkauften Kölnarena gar nicht mehr aus dem Wundern herauskommen.

Es gibt nicht wenige sensible Menschen, die im letzten Jahr starken Anstoß an Katy Perrys so nervigem wie spekulativem Welthit »I Kissed A Girl« nahmen. Wenn es aber eine Person gibt, die wirklich Grund gehabt hätte, das Stück zu verfluchen, dann ist es wohl Pink. Ausschließlich deshalb wohlgemerkt, weil Frau Perry da mit einem einzigen Liedlein den Rahm von Pinks gesamter Karriere und ihrem mühevoll aufgebauten mild angelesbelten Radau-Image abgeschöpft hatte. Seit etwa neun Jahren wird Pink als rüpelhafter Gegenentwurf zu den anderen US-Mainstream-Mädchen verkauft – und das, obwohl sie mehr oder weniger die gleiche Musik macht wie all die Kelly Clarksons und Britney Spears und sich teilweise gar die Songschreiber und Produzenten mit ihnen und dem halben US-Mainstream teilt. Ihr einziger musikhistorisch relevanter Eintrag mit dem infektiösen Zwei-Akkord-Schrubber »Get That Party Started« liegt nun auch schon sieben Jahre zurück – danach folgte allenfalls eingängiger, aber klischierter Highschool-Pop mit Ihr-könnt-mich-mal-Lyrik. Man muss das tatsächlich aus den Füßen haben, um bei Pinks Live-Show Spaß zu bekommen: Was die 29-jährige Sängerin da seit Jahren betreibt, ist weniger ein echtes Abgrenzen als vielmehr das kluge Besetzen einer Nische – auch Millionen von Außenseitern wollen schließlich glatt produzierte Pop-Alben kaufen. Pink mag insofern das böse Mädchen aus der Klasse sein, das raucht, trinkt und flucht. Zum Unterricht kommt sie trotzdem jeden Tag.

Und dort hat sie womöglich mehr gelernt als all ihre Kolleginnen zusammen. Für die Live-Umsetzung ihres »Funhouse«-Albums bedient sich Pink der für derlei Riesenshows ja gerne verwendeten Zirkus- und Jahrmarktsoptik: Das Bühnenbild erinnert ans Eingangsportal einer Spaßbude auf der Kirmes; ständig hüpfen als Gaukler kostümierte Tänzer umher. Doch Pink und ihre Bühnenkumpane holen aus dieser Ausgangssituation mit vielen Zerrspiegeln, Aufblasclowns und tänzerischen Irrsinnstaten das Maximum heraus und sprengen den Rahmen sogar einige Male: Beim Trennungssong »So What« springen plötzlich vier Frauen in Unterwäsche auf einem herzförmigen Bett herum und hauen einem männlichen Kollegen die Kissen um die Ohren. Zu einer zur Masturbationsballade umgestalteten Coverversion des Divinyls-Hits »I Touch Myself« rekelt sich die Sängerin auf einer roten Chaiselongue, aus der sich ihr plötzlich lüsterne Hände entgegenrecken. Etwas avantgardistisch wird es bei »U And Ur Hand«: Da gesellen sich drei Tänzer in seltsamen Lederfetisch-Klamotten, auf denen oben rote Hahnenkämme befestigt sind, zu der Sängerin und gebärden sich wüst. Als sie abgehen, fragt man sich schon: »Wer waren die Leute?«

Und doch funktioniert diese Nummern-Revue bestens, was sich natürlich vor allem dem beträchtlichen Charme Pinks verdankt, der man wegen ihrer Unermüdlichkeit irgendwann jeden Autoscooter-Song und jede billige Provokation verzeiht. Lediglich im Mittelteil geht das Kalkül der Show nach hinten los: Für den überlangen akustischen Zwischenblock entsteigt Pink der parapornoesken Gewandung und setzt sich, nunmehr ganz das kumpelige Nebenan-Mädchen, barfuß, in Jeans und T-Shirt ans vordere Ende des Laufstegs, um in handelsüblicher Unplugged-Darreichung das nur schwer erträgliche Familienzerrüttungsdrama »Family Portrait« aufzuführen. Während dieser Phase der Show kommt man leider nicht umhin, der Sängerin eine massive Balladenschwäche attestieren zu müssen. Abzugspunkte auch für den wallehaarigen Lead-Gitarristen, der sich mehrere taktische Nerv-Soli zuschulden kommen lässt, die einzig dem Zweck dienen, dass sich der Star hinter der Bühne umziehen kann.

Am Schluss brennt die Entertainment-Kerze dann an allen Enden: Kopfüber hängt die Sängerin in zehn Meter Höhe am Trapez – und singt auch noch dabei. Das ist gleichermaßen beeindruckend wie seltsam: »Warum tun sich diese Popstars heutzutage all diesen Irrsinn an?«, denke ich mir und ahne doch, warum solch ein zirzensisches Crossover von Show- und Sportgeschäft heutzutage nottut. Wieder auf dem Boden angekommen, lässt Pink noch Queens »Bohemian Rhapsody« und Gnarls Barkleys »Crazy« folgen, singt aber kaum noch selbst. Bei »Get That Party Started« ahnt man warum: Die Stimme ist nur noch eine Ruine. Danach ist Schluss. Im Grunde fehlte nur »I Kissed A Girl«.

05.04.2009

Manch sensible Seele hat es schon beklagt: Nie läuft in wichtigen Momenten die richtige Musik. Andererseits: Mit ein bisschen Mühe kann man dem abhelfen – indem man selbst singt. So tanzte ich vor Jahren einmal mit einer Dame einen folgenschweren Kennenlerntanz zu einer nur von uns beiden a cappella gesungenen Version des Beach Boys-Songs »God Only Knows« – und das, obwohl wir uns in einem prall gefüllten Club befanden, in dem laut dröhnend irgendwelcher Britpop-Schmonz das akustische Zepter schwang.

Bei einer Trennung wäre das natürlich so nicht möglich:

»Schatz, lass uns bitte, während du mit den Vasen wirfst und mich einen Versager schimpfst, doch gemeinsam ›By The Time I Get To Phoenix‹ singen.« Solch einen Wunsch zu äußern wäre ebenso töricht, wie ein Trennungsgespräch zu unterbrechen, indem man sagt:

»Merk dir bitte, was du sagen wolltest, ich will nur rasch die traurige Portishead-CD dazu einlegen.«

Das Gute an oben beklagtem Missstand ist: Es handelt sich nur um ein Schein-Problem. Tatsächlich ist Musik ja eben nicht zur vervollkommnenden Untermalung einschneidender Momente da; vielmehr findet sie ihren Einsatz meist eben an undramatischem Orte. Musik sollte funktionsfrei sein und selbstzweckhaft gehört werden, weshalb ich auch situationsorientierte Kompilationen und Dateien (»Songs zum Kochen«, »Musik zum Joggen«, »Lieder zum Staubsaugen«) ablehne. Gerade erst so – durch Nichtzugeschnittenheit und Unbedingtheit – kann sie nichtige Alltagsangelegenheiten transzendieren und in Zustände höherer Kostbarkeit dudeln. Als akustische Gelenkschmiere in Le-

274

bensaugenblicken von besonderer Tragweite muss Musik jedoch zwangsläufig versagen.

Anders ist es im Kino, wo Musik dem Zuschauer meist vorschreiben soll, was er zu empfinden hat. Gehen Menschen in Kinofilmen auseinander, so hören wir meist Pompöses und Geigenlastiges in Moll (Ich meine hier nicht das »Auseinandergehen« im Sinne der Gewichtszunahme). Verfolgt eine Person eine andere, so wird in der Regel perkussives Musikmaterial verwendet. In Momenten der Spannungserzeugung wiederum sind häufig experimentelle oder dissonante Klänge zu vernehmen.

Entscheidend zu häufig finden seit den Neunzigern anstelle eines echten Scores auch einfach nur irgendwelche in Vergessenheit geratenen ollen Popsongs Verwendung, die sich hernach häufig einer gewissen Wiederentdeckung – vor allem in den Auflege-Sets mitteloriginneller Kneipen-DJs – erfreuen. Allerdings sind mir Kneipen-DJs, die vor Kurzem durch einen Filmeinsatz der Vergessenheit entrissene Popsongs abfeuern, immer noch lieber als solche, die nur dissonante Spannungsmusiken auflegen, die beim genüsslichen Bierkonsum eine Stimmung aufkommen lassen, als würden sich Bernard Herrmann und Michael Small gegenseitig durch den Orkus jagen. Hier in Köln gibt es Kneipen, in denen derart überambitionierte Schrägmusikabende verbreiteter sind, als man sich vorstellen mag. Manche dieser Abende, auch das sei gesagt, sind sehr gut.

Da ich gerade in Preisverleihungslaune bin, will ich mir an dieser Stelle rasch einen Smoking überstülpen und den Eric Pfeil-Award für den besten zuletzt gehörten klassischen Filmscore an die Sofa Surfers für ihre Musik zu Wolfgang Murnbergers »Der Knochenmann« verleihen. Gerade in den spannenden Momenten begeistert die Kunst der österreichischen Atmosphäriker durch Präzision und ihre zurückhaltende Stiefschwester Reduktion: Zumeist ist nur eine simple, in die Schneelandschaft des Films geworfene Schlagzeug-Figur zu hören. Die Zeiten können nicht so schlecht sein, solange sich noch junge motivierte Filmmusikkomponisten verschwörerisch angucken und beschließen: »Komm, wir werfen ein Schlagzeug in den Schnee.«

Interessant scheint mir in diesem Zusammenhang der neue Jonathan Demme-Film »Rachel Getting Married« zu sein: Demme (hinter dessen Namen in Klammern meist »Das Schweigen der Lämmer« steht, ein Brauch, mit dem auch hier nicht gebrochen werden soll) ist ein Mann, der schon häufig das Thema Musik in den Mittelpunkt seiner Filme stellte. Die Talking Heads hat er abgefilmt, Neil Young – und meinen ganz persönlichen Lieblingsmusiker Robyn Hitchcock.

In seinem famosen neuen Film »Rachel Getting Married« nun denkt er den Dogma-Ansatz unter anderem dahingehend um die Ecke, dass er keinen klassischen *off*-Soundtrack verwendet, sondern die zu hörende Musik stets im *on* entsteht. Simpel gesagt: Wenn Musik zu hören ist, wird diese von einem im Film (=auf der Hochzeit) anwesenden Musiker hergestellt. Bei der Hochzeit steht eben eine Hochzeitsband in der Nähe der Torte herum und musiziert quasi live *on film*. Ein zumindest interessanter Einfall, den man derzeit im Kino bestaunen kann.

Der Bandleader der Hochzeitskapelle ist übrigens wieder Robyn Hitchcock, dessen Platten man alle kaufen sollte, wenn man diese Welt zu einem besseren Ort machen will.

Ach, wenn Jonathan Demme doch meinen letzten Gang zum Supermarkt zu den Klängen der Musik von Robyn Hitchcock verfilmt hätte – es wäre so viel spannender gewesen. So ist nicht viel dabei herumgekommen. Ich werde jetzt den Versuch unternehmen, das Leertrinken eines Wasserglases mit Richard Wagners Walkürenritt irgendwohin zu transzendieren.

Am kommenden Montag tritt in meiner schönen, von Zirbelschnurrbartträgern nur noch minimal verschandelten Heimatstadt Köln der Songschreiber Lloyd Cole auf. Cole und vor allem seiner ersten Platte »Rattlesnakes« habe ich es zu verdanken, dass ich in den Achtzigern überhaupt erst damit angefangen habe, Popmusik als Möglichkeit zum Weltbegreifen aufzufassen. Ohne Lloyd Cole wäre ich womöglich Deutschrockfan, Breakdancer oder etwas Schlimmeres geworden.

Als ich ihm dies vor Jahren bei einem Interview sagte, antwortete er, ohne eine Miene zu verziehen, nur: »And – do you still listen to music?« »Yes of course«, gab ich zur Antwort. Daraufhin er nur knapp: »Good.«

Derselbe Lloyd Cole sorgte in demselben Gespräch bei mir für ungezügelt emporschwappende Begeisterung, weil er etwas äußerst Rares tat: Er pries lautstark den Beruf des Musikkritikers. Cole sagte sinngemäß, es gebe zu viel Musik, durch die er sich allein gar nicht durchhören könne. Also bedürfe er der Vorauswahl durch vertrauensvolle Musikkritiker, die ihm auch schon mal klarmachten, warum er sich irgendetwas gar nicht erst anhören müsse. Solche Bestätigung tut gut in einem Gewerbe, das ja so schlecht beleumundet ist wie sonst nur das des GEZ-Prüfers, des chemiedüngenden Old-School-Bauern oder des Mietkillers.

Das Leben von Musikkritikern ist im Gegensatz zu den oben genannten Professionen jedoch vergleichsweise öde. Entgegen anderslautenden Gerüchten liegt man nicht den halben Tag betrunken in den Tourbussen oder Umkleideräumen irgendwelcher Rockbands herum, deren Konzert man dann am Abend verreißt oder bejubelt. Ich glaube auch nicht, dass dies in jener Zeit, die gemeinhin als die Siebzigerjahre bezeichnet wird, so gewesen ist. Kritikerlegenden wie Cameron Crowe und Lester Bangs mögen sich mit etlichen langhaarigen Jeanswestenträgern den Bekanntenkreis und auf- und abpeitschende Rauschmittel geteilt haben. Die meisten Musikkritiker saßen aber wohl auch damals schon bei schlechtem Licht einsam am Schreibtisch.

Doch auch wenn mein Werk so schmal ist wie die Hüfte eines durchschnittlichen britischen Neo-Wave-Musikers und ich nur wenige Rockstar-Handynummern besitze, fühle ich mich geehrt, dass ausgerechnet mein Leben nun als welterste Verfilmung einer Musikkritiker-Biografie auf die Leinwand gebracht werden soll. Pünktlich zur nächsten Popkomm wird »Die Tastatur der Töne«, so der Titel, in die Kinos kommen.

Dargestellt werde ich, so der jetzige Stand, von sieben verschiedenen Hauptdarstellern, die alle eine andere Facette meiner schillernden Persönlichkeit abbilden sollen. Eine dieser Facetten wird verkörpert von der Pop-Sängerin Lady Gaga, was allerorts für einen ziemlichen Coup gehalten wird. Eine andere Facette wird durch den Komiker Markus Maria Profitlich auf die Leinwand gebracht. Ob ich gegen Letzteres denn nichts unternehmen könne, fragen mich nun seit Tagen schon besorgte Freunde und Kollegen, aber auf die Besetzung habe ich natürlich keinerlei Einfluss. Jede andere Annahme zeugt nur von Kenntnislosigkeit des Filmgeschäfts.

Allerdings arbeite ich beratend am Soundtrack mit. Täglich treffe ich mich mit den Musikverantwortlichen des Films. Sehr nette Leute. Gar nicht so, wie man sich Filmmenschen vorstellt. Ich spiele ihnen viele Sachen vor, die mir relevant erscheinen; meistens schütteln die Musikverantwortlichen den Kopf, dafür bringen sie jedes Mal Teilchen und Milchschaumplörre mit. Aber die Rechte für die Verwendung der Songs »Santa Maria« und »Das Lied von Manuel«, so sagen sie, hätten sie schon.

So ein guter Austausch zwischen Popmusik und Kino ist nicht üblich. Es ist ja sonst immer etwas schwierig, wenn sich Filmgeschäft und Musikgeschäft begegnen. Das wurde mir schon klar, als ich vor Jahren mal als Buchautor für die Eröffnungsgala der Berlinale zuständig war. Die Rolling Stones samt Martin Scorsese hatten sich angekündigt, um den öden Konzertfilm »Shine A Line« einer langsam wegdösenden Öffentlichkeit vorzustellen.

»Scorsese + Stones = Wahnsinn! Besser noch als Lady Gaga und Markus Maria Profitlich in einem Film!«, dachte man sich bei der Berlinale wohl und veranstaltete nicht unverständlicherweise ein tüchtiges Bohei nebst anschließendem Tamtam um das Ganze.

Mein Auftrag lautete, so etwas wie »Rock'n'Roll« in das Buch zu bringen. Ein Vorhaben, das in etwa so gut gelang wie die Verteidigung des soeben verdonnerten schießfreudigen Superproduzenten Phil Spector. Irgendwann wurden Vorschläge laut, denen zufolge Berlinale-Intendant Dieter Kosslick doch im Chuck Berry-esken Duckwalk samt E-Gitarre auf die Bühne kommen sollte. Auch bat man mich, möglichst oft dem Rolling Stones-Werk entrissene Phrasen wie »It's only Rock'n'Roll« oder »Let's spend the night together« in den Moderationstexten zu verwenden. Ich fragte, ob das nicht ein bisschen albern sei, aber da war man anderer Meinung.

Als die Rolling Stones (die man – so lernte ich von ihrem englischen »Publisher« – niemals und unter gar keinen Umständen in ihrer Gegenwart kumpelig als »Stones« bezeichnen darf, sofern man nicht ihre sofortige Abreise riskieren möchte) dann einmarschierten, taten sie das, was sie immer tun: Sie trugen enge Kinderanzüge, benahmen sich angestrengt agil und zeigten für die Kameras in allerhand Richtungen, wo es überhaupt nichts zu zeigen gab – ähnlich wie es auch amerikanische Präsidenten gerne tun. Mancher fand das wohl »sehr professionell«. Auch lehnten sie unentwegt lässig beieinander auf der Schulter und taten so, als würden sie sich Sachen ins Ohr raunen. Ich bezweifle, dass da wirklich etwas gesagt wurde.

Ich möchte hier keineswegs pauschal über die Rolling Stones lästern. Ich mag viele ihrer Stücke – vor allem einige Seltsamkeiten ihrer mittleren Jahre, speziell die Disco- und Reggae-Versuche. Aber ich finde es schade, dass sie – im Gegensatz etwa zu Dylan – nie das Altern zum Teil ihres Schaffens gemacht haben. Das hätte sie für mich retten können.

Ich erzähle das auch, weil diese Episode in der Verfilmung meines Musikkritikerlebens nicht vorkommen wird. »Zu teuer!«, wie der Regisseur mir heute am Telefon entgegenblaffte. Und wer denn bitte überhaupt die Rolling Stones spielen solle? Da hat er wohl recht.

Ich glaube, ich sage die Sache mit dem Film ab. Es gibt Wichtigeres. Lloyd Cole-Platten zum Beispiel. Der sang mal über zuviel Rock'n'Roll am falschen Ort und im falschen Leben die folgenden schönen Zeilen:

I tried to rock
I did not try to fail
I did not fail to see

That what it takes to rock
Is that which I have not

Holly Golightly hat vor vielen Jahren ihr Herz verloren. An die simplen Spielarten der populären Musik – an Garagen-Rock, an Sixties-Punk, an rohen Country und Blues. Anfang der Neunziger spielte die heute 42-jährige Londonerin in der Band Thee Headcoatees. Seit 1995 veröffentlichte sie mehr als ein Dutzend eigener Alben mit wundervoller atavistischer Popmusik, zuletzt erschienen zwei Platten mit ihrer Begleitband The Brokeoffs. Heute spielen Holly und die Brokeoffs im schuhkartonartigen Studio 672.

Die Brokeoffs, das ist nicht unbedeutend, bestehen lediglich aus dem amerikanischen Musiker Lawyer Dave, einem langhaarigen Grantler mit der Aura eines freundlichen Totengräbers, der am linken Bühnenrand sitzt, Gitarre spielt und gleichzeitig mit den Füßen das rudimentäre Schlagzeug bearbeitet. Rechts neben ihm steht Holly Golightly, spielt schnörkellos Gitarre und singt mit dieser einmalig schönen Quäk-Stimme, die immer klingt, als würde Patsy Cline eine Fünfzigerjahre-Zeichentrickente synchronisieren.

Die angezerrten Gitarren schlieren, der Rhythmus eiert – genauso soll es sein bei dieser Blues-Anverwandlung, die das inflationär vergebene Prädikat »zeitlos« ausnahmsweise mal verdient hat. Es ist die ganz rohe Ursuppe des Blues, die hier hochgekocht und mit derbem Country gekreuzt wird: Stellenweise glaubt man eine Ahnung davon zu bekommen, wie es sich anhörte, wenn die White Stripes Straßenmusik machen würden.

Obwohl die Songs natürlich tüchtig mit Düsternis, Säufertum und roher Gewalt kokettieren, steht der Spaß im Vordergrund. Vor allem Holly Golightly schafft es, den ganzen Abend über so freundlich und herzerwärmend zu lächeln, dass man sich von ihr gerne mal die Geschichte des Garagenrock erklären lassen würde.

Der Club ist so klein, dass es sich nicht lohnt, für die Zugabe abzugehen. Stattdessen drehen sich die beiden nur kurz um. »We just had to write two more songs«, meldet sich Holly Golightly nach einer halben Minute zurück. Als es dann vorbei ist, würde ich am liebsten mit den beiden als Schlagzeugroadie die Welt bereisen – im vermutlich kleinsten Tourbus der Welt.

Mitten im Song »The Impossible Girl« erzählt Lloyd Cole eine Geschichte. Er räumt ein, sie nicht zum ersten Mal zu erzählen, aber sie ist sehr gut. Ein Freund habe ihm mal eine Live-Aufnahme des gebetsmühlenartig als Schockrocker bezeichneten Alice Cooper vorgespielt, auf der dieser seinen angeblich feministisch intendierten Song »Only Women Bleed« mit den Worten ansagt: »Not even Lloyd Cole has written a song about menstruation.« Für ihn, Cole, sei vor allem eins eindrücklich an dieser Geschichte: »Alice Cooper knows who I am.« Die tatsächliche Pointe der Geschichte aber folgt erst noch: »Sorry Alice«, sagt Cole nur knapp und wiederholt die erste Strophe dieses schönen Liedes über ein unmögliches Mädchen: »Bloody Monday afternoon/ You want to blame it on the moon/But she says: No, no.«

Mitte der Achtziger war Lloyd Cole, 48, ein Popstar. Ein Schwarm der studentischen Hipster-Mädchen und Held zahlreicher verwirrter Jungs. Ein paar Platten lang war der Brite mit Haartolle und Bücherwurmaura für viele der einzige Texter, den man neben Morrissey dulden mochte. Lloyd Coles Meisterschaft liegt auf dem Gebiet des neurotischen Liebesliedes – noch heute, wo sich Themen wie Alter, Gesetztheit und Midlife Crisis in sein Werk geschlichen haben. Anders als Morrissey leugnet er die Möglichkeit von Liebe aber nicht, für Cole ist sie vielmehr ein grausamer und fintenreicher Kampf, in den er immer wieder hineintapert, der aber unter einer wärmenden Decke wohliger Melodiosität gefochten wird. Dabei ist er doch längst »old enough to know better«, wie sein grantig schönes Altherrenlied gleichen Titels bemerkt.

Bei seinem Konzert am Montag in der Kulturkirche in Köln wirkt Cole über weite Strecken wie ein graumelierter, etwas angespannter Professor für englische Literatur. Bekleidet mit jener

Sorte Freizeitkleidung, die nur Menschen tragen, die weder mit Freizeit noch mit Freizeitkleidung eigentlich etwas anfangen können, lässt er unruhig seine blassen, daseinsmisstrauischen Augen schweifen. Wenn er lächelt, dann immer etwas gequält. Man ahnt, dass die Dünnhäutigkeit und Feinnervigkeit seiner Stücke nicht von ungefähr kommen. Sein Material aber hat Cole souverän im Griff.

Er eröffnet mit dem virtuosen »Women In A Bar«, in dem der Held des Stücks irritiert sein genügsames Altern zur Kenntnis nimmt. Selbst Scarlett Johansson kann ihm nichts mehr anhaben. Nach dem anschließenden »Don't Look Back« erklärt Cole, dass er den Auftritt in zwei Blöcke aufgeteilt habe. Der erste beinhalte weitere dieser depressiven Songs, im zweiten könnten sich die Dinge womöglich etwas aufhellen. In der Pause dazwischen werde er alles signieren, was man ihm unter die Nase halte – alles außer Körperteilen: »I don't do bodyparts anymore.«

Es geht weiter mit alten und neuen Songs, wobei vor allem die zerdehnten und zerpflückten Versionen früher Hits wie »Rattlesnakes« die Tiefe dieser Lieder offenlegen. Waren es früher vor allem die »Girls« und »Babes«, an denen er sich mit überschlagender Stimme abgearbeitet hat, so hat er sein Song-Personal heute um depressive Seriengucker, gut getarnte Serienmörder, labile Familienväter und korrumpierte Idealisten erweitert. In einem neuen Stück spielt der angenehm unauthentische Autor mit dem Problem, dass der Songschreiber häufig mit seinem Material verwechselt wird, aber Cole beteuert: »I'm more than a song.« Das Publikum sitzt andächtig in den engen, knirschenden Holzbänken der Kulturkirche, am Ende eines jeden Songs bricht begeisterter Jubel los. Ein Stimmproblem beendet vorzeitig den ersten Block, doch danach ist Cole wieder ganz auf der Höhe, obwohl er mit der Akustik kämpft. Am Schluss entschuldigt er sich für seine »grumpiness«, ein geringeres Publikum, so vermutet er, hätte ihn wohl kaum damit durchkommen lassen. Dabei hätte zumindest ich ihm das bereitwillig als eine besonders nonchalante Form des englischen Humors ausgelegt.

Immer diese Realität mit ihren blöden Einfällen!

Gerade läuft das neue Phoenix-Album. Eine gute Platte, wie immer bei dieser besonderen Band. Doch wird mir der Genuss der Platte empfindlich vergällt durch eine Horde Nachbarn, die mir böse von draußen in die Wohnung hineingrillt. Also: Fenster zu. Zwangsabschottung, und das zu dieser Jahreszeit. Und bei dieser Musik.

Aus der Warte des greisen Musikkritikers, der alles natürlich schon siebzehnfach gehört hat, könnte man sagen: Phoenix sind Steely Dan für Download-Jugendliche. Aber ich habe das Glück, gar nicht so viel von Steely Dan zu kennen – eine Äußerung, mit der ich mich in den Augen vieler vermutlich mit Schmackes ins musikjournalistische Aus schieße. Das ist womöglich so ähnlich wie ein Filmkritiker, der Tarkowski für einen russischen Korn hält. Das ist mir aber ziemlich egal. Ohne etwas gegen die Band zu haben, halte ich also noch mal in aller Deutlichkeit fest: Ich kenne kaum etwas von Steely Dan. Das hat sicher auch damit zu tun, dass Steely Dan gemeinhin von Musikkritikerseite gerne zugeschrieben wird, sie hätten einige der wichtigsten Alben der Musikgeschichte zusammengedudelt. Das mag sein. Aber die meisten wichtigen Alben der Musikgeschichte mag ich gar nicht. Vor allem nicht jene, auf denen Led und Zeppelin steht oder Depeche und Mode oder Radio und Head, dann schon wesentlich lieber die mit Steely und Dan, wobei Steely für mich ganz klar derjenige von den beiden ist, der die besseren Hosen anhatte.

Womöglich wird das irgendwann aber noch mal etwas mit Steely Dan und mir. Ich bin nämlich ein Phasenmensch. Schon meine Mutter sagte immer zu mir: »Sohn, du bist ein Phasenmensch, du wirst es schwer haben, aber versuch es als Chance zu begreifen.« Ich kann jederzeit mit allen möglichen musikalischen Spielarten und Bands eine Phase bekommen, häufig mit solchen, die bis dahin stets starkes Misstrauen, wenn nicht sogar Ablehnung in mir hervorgerufen haben. Von daher gehe ich davon aus, dass ich irgendwann noch mal in eine ausgeprägte Led Zeppelin-Phase geraten werde. Bei allen Menschen, die mich in dieser Phase kennenlernen werden, möchte ich mich schon jetzt präventiv entschuldigen, vor allem für das Tragen von fransigen Jeanswesten. Ich werde wohl nicht anders gekonnt haben.

Nun aber läuft erst einmal Phoenix, die wieder einmal klingen wie eine Horde französischer Austauschroboter in einem hippen Mädchenpensionat. Und die Nachbarn grillen weiter. Ich öffne das Fenster einen Spaltbreit. Mir fällt auf, dass die Nachbarn ihr schauerliches Treiben nicht mit Musik untermalen – das gibt es ja heute fast gar nicht mehr: Sachen, bei denen keine Musik läuft. Aber die grillenden Outdoor-Vulgaristen brauchen auch gar keine Musik, denn sie reden viel. Weniger allerdings als die Menschen vor ein paar Tagen beim Kölner Konzert der tollen Holly Golightly (die ich gerne als große Schwester hätte, aber das nur am Rande). Mir ist es vergleichsweise unverständlich, wie man Eintritt für ein Konzert bezahlt, auf dem man dann herumsteht und ununterbrochen einander vollplappert und überhaupt nicht der Musik zuhört. Überall ist Musik, meistens schlechte. Und wenn sie dann mal gut wird, wird sie von allen zugequatscht. Zum Glück ist Holly Golightly eine robuste Frau. Sie freute sich an den begeisterten Zuhörern und ließ sich die Laune vom Heer der Plapperer nicht verderben.

Besagtes Laber-Heer bestand übrigens keineswegs nur aus undankbarem Download-Gesindel, auch junge Burschen des Typs »hysterischer Vinylsammler« quatschten, dass es nur so qualmte. Mir ist übrigens vor einigen Tagen in einem Gespräch aufgefallen, dass ich noch nie einen Song irgendwo heruntergeladen habe. Weder legal, noch illegal, vor allem aber nicht illegal. Ich habe auch noch nie einen Frosch aufgeblasen, mit einer Schlange gekämpft, ein Haus gebaut, mich geprügelt, Heroin genommen oder an einem Wettreiten auf dem Rücken purpurfarbener Fantasietiere teilgenommen, aber die Sache mit dem Nichtherunterladen scheint mir aussagekräftiger.

So ganz passt das jetzt nicht. Aber hier eine Liste von zehn weiteren Pop-Gepflogenheiten, die ich noch nie praktiziert habe:

1. Ich habe mir noch nie auf einem Konzert mein T-Shirt vom Leib gerissen.
2. Ich habe noch nie auf einem Konzert mitgeklatscht. (Mitklatschen ist das Schlimmste – und leider ja inzwischen auch auf Indie-Konzerten, wo früher mürrisches Umherstehen zum guten Ton gehörte, angekommen. Noch schlimmer ist, dass auch sogenannte »coole« Bands inzwischen Mitklatsch-Animation betreiben, als gelte es, jahrzehntelang zu Recht geschmähte Klatschmärsche bei »Der blaue Bock« und sonst wo zu rehabilitieren. Wer weiß, worin der Reiz des Mitklatschens besteht, der möge es mir dringend mitteilen.)
3. Ich habe noch nie Pogo oder Stagediving betrieben, auch habe ich noch nie bei einer Wall of Death mein Mütchen gekühlt noch sonst irgendwelchen martialischen Formen des Tanzes gefrönt.
4. Ich habe noch nie »Buh« gerufen noch sonst auf irgendeine Art meinem Missfallen an der Musik durch lautstarke Bekundungen Ausdruck verliehen. Auch geworfen habe ich noch nie etwas.
5. Ich habe noch nie auf einem Konzert endlose verwackelte Schrottaufnahmen mit dem Handy gemacht und anderntags bei YouTube eingestellt (damit die Leute, denen man die ganze Zeit das Handy vor die Nase gehalten hat, wenigstens bei YouTube das Konzert sehen können).
6. Ich bin noch nie zu einer Autogrammstunde gegangen (habe mir aber schon Autogramme geben lassen).
7. Ich war noch nie freiwillig Mitglied in einem Fanclub.
8. Ich habe noch nie gescratcht.
9. Ich habe mich noch nie für einen Schwarzen gehalten.
10. Ich habe noch nie DSDS für »Pop« gehalten.

Hier muss ich nun für heute enden, da es soeben klopft. Vermutlich steht eine Creedence Clearwater Revival-Phase vor der Tür und bittet um Einlass. Vielleicht sind es aber auch nur die nachbarlichen Bratmaxe, die mich hinzubitten möchten. Dann beginnt womöglich eine Bratphase.

Mit dem Ansinnen, die Konjunktur durch den gezielten Kauf einer Louis de Funès-DVD anzukurbeln, trat ich vor ein paar Tagen durch das Tor eines großen Kölner CD- und DVD-Fachhandels. Dort ereignete sich etwas Merkwürdiges.

Beim Umherschleichen durch die Gänge wurde ich der durch den weitläufigen Laden dudelnden Musik gewahr. Ungute Musik, wie ich fand. »Nanu, ist denn schon wieder Karneval?«, dachte ich wohl, und wenn ich zu solchen Missfallensbekundungen neigen würde, hätte ich wohl die Stirn gerunzelt und mit den Augen gerollt (oder umgekehrt). Ich hörte eine Quetschkommode (wie man in Köln das Akkordeon nennt), einen jovial rumpelnden Rhythmus und einen Sänger, der mit kratziger Stimme dazu sang und auf Theken-Raubein machte. Alles klang schlimm nach Kölner Mundartgerumpel – nach Tränen im Kölsch, nach schnurrbärtiger Sentimentalität, lederner Weste und nach dickem Bauch. Es war keine klassische Karnevalsmusik, die da spielte, aber doch zweifelsohne rheinisches Mundartgedudel. Vor Jahren trieb in Köln eine Band ihr Unwesen, die der Meinung erlegen war, Tom Waits-Songs auf Kölsch darzubieten sei eine durchaus verfolgenswerte Idee. »The Piano Has Been Drinking« hieß die Band, und sie hat dem Begriff »fieses Kunsthandwerk« etliche weitere Facetten hinzugefügt. So in etwa klang auch die Musik, die da nun durch das große Fachgeschäft nüddelte.
   Dann erschrak ich. Wie angewurzelt blieb ich plötzlich stehen. Mir wurde nämlich schlagartig klar, dass es sich bei der Musik, die meine Missfallensreflexe reizte, um die neue CD meines Helden Bob Dylan handelte, die an eben jenem Tag erschienen war. Ich brach den DVD-Kaufversuch ab und verließ strammen Schrittes den Laden, vermutlich augenrunzelnd und stirnrollend.

286

Ich mag Bob Dylan immer noch sehr. Aber die Tatsache, dass ich meinen Lieblingsmusiker für ein in eine Lederweste gehülltes Kölschrock-Urgestein halten konnte, hat mich nachhaltig verwirrt. Noch heute sitze ich in Gesprächen oft abwesend da, starre ins Leere, und Freunde müssen mich erst mühsam aus meinen

Gedanken reißen. Es sind weniger Gedanken, die um Bob Dylan kreisen, als vielmehr um Populärmusik aus Köln.

Die Verbindung »Köln und Popmusik« ist als problematisch zu bezeichnen – nicht nur zur Karnevalszeit, wo hier im Schatten des Doms ja Menschen, die sich vorher noch nie gesehen haben, nach diversen Bieren bereitwillig ein Zebrakostüm teilen. Der Grund für die explosive Verbindung liegt darin, dass Brauchtum und Folklore in Köln nicht wie andernorts von kauzigen Bewahrungsvereinen geschützt werden müssen, sondern sich einer frappierenden Gesundheit erfreuen. Soll heißen: Sogar jene Kölner, die nicht täglich ihre Höhner-Schnauzbärte striegeln und sentimentalen Blickes in ihrer Willy Millowitsch-Autogrammkartensammlung blättern, haben in der Regel kein Problem damit, zu närrischer Musik und lokalen Brauereiprodukten kostümiert durch die Gegend zu springen und Kumpelhaftigkeit zu demonstrieren.

Man ist hier so. Mehr noch: Selbst wenn man hier nicht so ist, wird man irgendwann so.

Auch gibt es Sachen, die so nur in Köln passieren können.

Oft schon musste ich etwa miterleben, wie alternde Showgrößen über die Bühne der Kölner Lanxess-Arena schlichen und routiniert irgendetwas Ranschmeißerisches über die Stadt sagten. »Cologne, you are a great audience«, so etwas in der Art. Häufig wurde ich Zeuge, wie alleine eine solche Erwähnung des Stadtnamens durch den Künstler dafür sorgte, dass das tobsüchtige Publikum sofort mit dem vieltausendkehligen Absingen des Köln-Schlagers »Viva Colonia« begann. Selbst die sechsjährige Nichte Stietenroths hörte ich das Lied kürzlich singen. Ich habe Stietenroth dringend geraten, ihr sofort Stubenarrest zu geben und ihr mehrere ihrer liebsten Spielzeuge wegzunehmen.

Bis heute wird in Köln Menschen, die sich dem Karneval gegenüber disparat zeigen, Freudlosigkeit und innere Vergletscherung vorgeworfen. Ich trage den Vorwurf mit Fassung, da er schließlich meistens von Menschen geäußert wird, die kein Problem damit haben, in Ringelstrümpfen und mit Zipfelmütze, mit necki-

schen Teufelchen-Hörnern auf dem Kopf oder schlicht in einen
Müllsack gewickelt Imitationen von Lebensfreude herauszublö-
ken. Ich bin in einem karnevalistisch hochmotivierten Dorf auf-
gewachsen, vor meinem Fenster baute sich früher an jedem Alt-
weiber-Donnerstag der Voiswinkeler Karnevalszug auf. Ich bin
fürs Leben geschädigt, von Männern in Matrosenkostümen und
dicken Bankdirektoren mit Fliegenpilz-Hütchen und übergroßer
Spaßmuster-Fliege um den Hals. Ich habe meines Erachtens ein
Recht auf meinen Verdruss, und ich bin jederzeit bereit, ihn Po-
litessen mit kleinen Narrenkappen-Ansteckern am Revers entge-
genzubrüllen.

Erschwerend kam hinzu, dass ich früher, in den Achtzigern, als
ich einen diffusen Mix aus Punk- und Hippielook pflegte, an den
Karnevalstagen praktisch nicht vor die Tür gehen konnte, weil
akute Gefahr bestand, dass man meine mühsam auf Distinktion, Krawall und Gegenkultur gebürstete Garderobe für ein Kostüm halten konnte. Aber die eigentliche Karnevalszeit ist hier in
Köln noch nicht einmal das größte Problem. Denn der Kölner
denkt progressiv über die eigentlichen Festtage hinaus. Wenn das
alle machen würden – wir kämen aus dem Weihnachtsunfug gar
nicht mehr raus.

Wann immer der Kölner – auch außerhalb der Karnevalszeit –
unter Zuhilfenahme brauchtümelnder Popmusik die Möglichkeit
hat, so zu tun, als sei Karneval, tut er dies auch. In jeder größeren
Stadt gibt es bekanntlich alljährliche Laufwettbewerbe, gemeinhin Marathon genannt. Auch in Köln. Allerdings passiert es nur
hier, dass die Hälfte der Mitlaufenden Karnevalsorden umhängen
hat, als großes Kölschglas oder Flickenclown verkleidet ist oder
doch zumindest einen Maikäferhut trägt. Der Sport rückt so ein
wenig in den Hintergrund. Köln kölnt, wo es nur kann.

Gerade ruft Stietenroth an und berichtet von einem Ereignis, das
sich zutrug, als er gestern seine Nichte an der Schule ablud. Als
er sie am Tor verabschiedete, stand da auch eine Mutter mit einem hysterisch weinenden Kind. »Aber Annika«, sagte die Mutter in nervig verständnisvollem Ton, »jetzt wein doch nicht so, du

weißt doch, dass du mittwochnachmittags immer Hip-Hop hast.«
Dieser Satz hat meinen Tag gerettet. Es ist alles doch nicht so
schlimm. Ich habe vor lauter Begeisterung erst mal eine Death-
Rap-Band gegründet, mir die neue Dylan-Platte gekauft, mich in
drei Karnevalsvereinen angemeldet und meine Nachbarn zum gemeinsamen Absingen von »Viva Colonia« in den Garten gebeten.

Der Samstag des 1.-Mai-Wochenendes gegen 0 Uhr.
   Ich stehe im Tsunami-Club, einem charmanten roten Keller-
raum in der Kölner Südstadt. Einer jener Läden, dessen Wände
von einem Klebefilm aus Alkohol, Teer, Schweiß und Schlimmerem überzogen zu sein scheinen.
   Es ist relativ leer, was vor allem daran liegen dürfte, dass die
vorangegangenen zwei Abende selbst bei den Feierwilligsten Spuren hinterlassen haben. Doch die, die da sind, zelebrieren tap-
fer ihren akuten Gesichtsherbst und tanzen oder bewegen sich
doch zumindest. Auf der kleinen Bühne des Tsunami steht der
Hamburger Musiker Knarf Rellöm mit seiner famosen Band, der
Knarf Rellöm Trinity. »Kommt nach vorne«, sprechsingt er mit
freundlicher Suggestivität, »sonst wird das Konzert scheiße. Diejenigen, die hinten stehen, müssen schubsen.«

Ich trinke meinen zweiten Cuba Libre, gebe mich wie immer
etwas bewegungsunwillig und denke mal wieder darüber nach,
dass ich einen seltsamen Beruf habe. Meine Mutter sieht das,
glaube ich, genauso. Immer noch. Vor mir steht ein baumlanger,
plauderfreudiger Typ, auf dessen T-Shirt »Der deutsche Fernseh-
preis« steht. Komische Welt.
   Dann hat mich Knarf Rellöm, der vermutlich einen deutlich
seltsameren Beruf hat als ich, wieder ganz in seinem Bann. Der
Mann, der seit Anfang der Neunziger mit verschiedenen Bands
Platten von verlässlicher kommerzieller Erfolglosigkeit herstellt,
ist mit seiner Trinity bei hochgradig wortvirtuoser Körpermusik angekommen. Es elektrokracht, pumpt, bratzt und stampft auf goldenen Stelzen. Rellöm, in einen Kaftan gekleidet und mit Dame
Edna-esker Sonnenbrille im Gesicht, spielt eine herrlich rüde

Bo-Diddley-trifft-Kralle-Krawinkel-Gitarre dazu und singt über den so nachgebastelten wie tief empfundenen Elektro-P-Funk seiner Band referenzpralle Texte, die man in einer Welt, in der das Tragen bedruckter T-Shirts nicht kompletten Idioten vorbehalten wäre, auf T-Shirts drucken müsste. Allein die ersten Zeilen, die Rellöm singt, bringen Unzulänglichkeit, Attitüde, Albernheit und Pose seines Werks wunderbar auf den Punkt:

»Ihr meint, wir sind aus Hamburg/Nein, das sind wir nicht/Wir sind auch nicht aus Deutschland/Nein, wir sind vom Mars.«
    Es geht viel um Deutschtölpelei in seinen Texten, aber auch um die stinkende Leiche Indie-Rock, und alles ist durchdrungen von der so irritierten wie selbstverständlichen linken Attitüde, die vielen Hamburger Bands eigen ist. Rellöm singt weiter:
    »Ich hatte Drogen genommen/Amerikanische Chemie/Dann sah ich den Kopf/den Kopf meiner Mutter im Aquarium.« Der Refrain dazu: »Move your ass and your mind will follow.« Ich stehe eher still, aber mein Kopf tanzt. Nach noch einem Getränk reise ich ab. Das Herz tanzt nämlich auch.

Tags zuvor weilte ich anlässlich eines Geburtstages in einem persischen Restaurant, wo zur Authentisierung des Geschehens auch Bauchtanz geboten wurde. In freundlicher Runde saßlag ich also ohne Schuhe an einem flachen rückenunfreundlichen Tischchen, als gegen 23 Uhr die Bauchtänzerin aus den tuchverhangenen Kulissen gesprungen kam und mit dem begann, was Bauchtänzerinnen eben so tun, wenn sie nicht gerade freihaben. Die Begleitautomatik der Hausmusikanten des Restaurants ballerte so ohrenbetäubend laut, dass mir kaum etwas übrig blieb, als mich in die Darbietung zu versenken. Ich hätte alles andere auch als unhöflich und kulturell verkrampft empfunden. Es wirkt doch etwas albern, wenn man eine Bauchtänzerin vor der Nase herumspringen hat, aber weiter trotzig in seinem Essen herumstochert oder den Anstrich der Wand studiert. Doch welcher Schrecken durchfuhr mich, als ich zur Kenntnis nehmen musste, dass die Bauchtänzerin an den um uns gelegenen Tischen damit begann, Herren zum Aufstehen und Mittanzen zu bewegen. »Free your WHAT and WHAT will follow???« Ich rutschte so tief unter den

Tisch, wie es das flache Möbel zuließ, zückte mein Handy, begann hektisch darauf einzutippen, mit der anderen Hand hielt ich mir gleichzeitig die Speisekarte vors Gesicht und begann gleichzeitig ein tiefes Gespräch mit meiner Sitznachbarin. Ich sah wohl aus wie der Achtzigerjahre-Ehemann-Darsteller Herbert Bötticher in einer seiner zahlreichen Ich-sitze-mit-der-jungen-Freundin-im-Restaurant-und-die-Ehefrau-kommt-vorbei-da-halte-ich-mir-wohl-besser-mal-die-Speisekarte-vors-Gesicht-Szenen. Oder wie ein besonders verkrampfter Westeuropäer, der nicht von einer Bauchtänzerin angesprochen werden will.

Die Bauchtänzerin dachte sich wohl: »Aha, mal wieder einer von denen, vermutlich Musikjournalist«, und sah generös davon ab, mich zu sich zu bitten. Der Abend endete glimpflich, zugleich hat sich in meinem Freundeskreis mein Nichttänzer-Image deutlich verfestigt: »Ja, ja, über Musik schreiben, das kann er, der feine Herr, aber zum Tanzen ist er sich zu fein.«
Ich weiß nicht, ob es das ist. Ich tanze ja durchaus, nur nicht mit dem Körper. Ich glaube durchaus nicht, dass ich nicht des üblichen Tanzens befähigt wäre. Es gibt mir nur einfach nichts. Ich verstehe, dass man solches bei einem mit Musik befassten Menschen seltsam finden kann. Womöglich sogar unnatürlich. Aber wie sagte doch schon der wunderbare Knarf Rellöm: »Natürlich interessiert mich nicht.«

Ich glaube im Übrigen auch nicht, dass Tanzen uns aus der Krise befreien wird (weder aus der popmusikalischen noch aus sonst irgendeiner), eine These, die nicht nur die übermorgen von mir zum Konzert zu besuchenden Yeah Yeah Yeahs zu vertreten scheinen. Auch Maxïmo Park, Franz Fififant, Bloc Party usw. werden es nicht richten. Eher schon Jarvis Cocker, über dessen tolle neue Platte ich schon wieder nichts geschrieben habe.

05.05.2009

An Karen O kann es nicht liegen. Ihr mag man es kaum anlasten, dass Indie-Rock eine so alberne Angelegenheit geworden ist; und auch, dass das Kölner Konzert ihrer Band Yeah Yeah Yeahs ein seltsam schales Gefühl hinterlässt, möchte man zuallerletzt ihr in die Schuhe schieben. Denn eigentlich macht Karen O alles richtig – weil anders. Gegen halb zehn betritt sie mit ihren Musikern die Bühne der vollgepackten Live Music Hall und sieht dabei exakt so aus, wie sich Lieschen Müller eine New Yorker Kunstpunk-Sirene vorstellt: In eine Art blau-rot gemusterten Kimono gehüllt, den sie mit getigerten Leggins und bommelbehangenen Radfahrerhandschuhen kombiniert, breitet sie langsam die Arme aus. Erst dann setzt die Musik ein.

»Runaway«, das langsam anschwellende Eröffnungsstück, klingt gleichzeitig nach koreanischem Märchenwaldrock und russischer Eiskunstlaufmusik und gibt der Sängerin Gelegenheit, ein paar ihrer Posen vorzuführen. Manches erweckt den Eindruck, als wolle die Frau im lustigen Designerfummel obskure Tiere nachstellen, es könnten aber auch asiatische Kampfkunstposen mit Namen wie »Der Kranich« oder »Die fliegende Schnecke« sein, die sie da vorführt. So lustig es aussieht, so wenig lächerlich ist es doch. Karen Os Posen haben nichts Klischiertes, Charismaheischendes oder Gespreiztes; man merkt, es macht ihr einfach Spaß, sich so zu bewegen, wie es ihr gerade in den Sinn kommt. »I was feeling sad/Can't help looking back«, singt sie, und man ahnt, dass ihre Kunst wohl eher im Ausdruck liegt. Und wenn sie später die Zeilen »Off with your head/dance 'til you're dead« proklamiert, ist das zwar angenehm unrockistisch, man hat diesen Lösungsansatz in den letzten Jahren aber auch schon ziemlich oft um die Denkerfalten gehauen bekommen.

Rasch ist die Band beim aufgekratzten New Yorker Galeristen-Punk ihrer Frühphase angekommen. Karen O hüpft grinsend auf einem Bein herum, als habe sie mindestens zwölf Gründe gleichzeitig, sich zu freuen – sie für dieses beherzte Auftreten nicht zu mögen, ist eigentlich unmöglich. Bei »Black Tongue« regnet es Konfetti – doch halt, dies hier ist Konzept-Pop: Es sind kleine Ypsilons, die da herabregnen. Karen O springt weiter, sie jodelt, krächzt, säuselt, tiriliert, zwischendurch spuckt sie immer wieder Wasserfontänen in die Höhe – man spricht im ältlichen Rockjournalistenjargon hier ja gerne vom »Allesgeben«. Ihre Mitmusiker pflegen dazu eine progressive Form des Muckertums: Was Schlagzeuger Brian Chase und Gitarrist Nick Zinner heute hier bieten, hat mit para-dilettantischem Indie-Geschraddel nichts zu tun. Man lernt: Auch krawalliger Kunst-Punk ist inzwischen im Spektrum des beflissenen, präzisen Musizierens angekommen.

Alles an diesem Abend ist Ereignis und Dynamik. Am allermeisten Karen O. Es ist toll zu sehen, wie sie es schafft, so ungeschützt körperlich zu agieren, ohne auch nur einen Moment auf nackte Haut oder bewährte sexualisierte Codes zu setzen. Gleichzeitig liegt in eben jener eigentümlichen Präsenz das Problem ihrer Band: Sobald die Bühnenfigur Karen O in den Hintergrund tritt und das Spektakel aufhört, wird es öde. Die Musik der Yeah Yeah Yeahs strahlt bei aller Wucht und Unklischiertheit eine seltsame Leere aus. Fast so, als sei jemand mit viel Brimborium öffentlich auf eine Apfelsinenkiste geklettert, nur um zu erklären, dass im Grunde alle okay sind und einfach viel mehr tanzen müssen. Womöglich ist ja doch Karen O an allem schuld.

Stietenroth und ich gehen ins Kino.

Leider verpasse ich weite Teile der Werbung, da mein Freund meint, mir erläutern zu müssen, warum The Piano Has Been Drinking eine gute Kölner Band gewesen seien. Erstens, so Stietenroth, seien die Hauptprotagonisten sehr sympathisch. Das kann ich bestätigen: Der Sänger lieh mir vor rund 15 Jahren mal, als ich in meiner Phase als mittelloser Langzeitstudent vor einem Süßigkeitenautomaten stand und in meinen Taschen kramte, eine Mark. Man muss dazu sagen, dass der Automat im Kölner Schauspielhaus stand, wo ich als Aushilfsrequisiteur und er als Schauspieler war. Ich habe ihm die Mark nie wiedergegeben.

Der Gitarrist der Band wiederum sitzt öfters bei meinem Stamm-Italiener rum und sieht aus wie die Verkörperung des sympathischen Um-die-Fünfzigers.

Okay, sympathisch sind sie also.

Stietenroths zweites Argument aber lässt mich im Kino laut werden: Die Band, so mein Mitsitzer, sänge wenigstens »echtes Kölsch« und nicht dieses »Oxford-Kölsch« wie Niedecken und Co.

Ich glaube, ich finde nichts ekliger als »echtes Kölsch«. Was das denn bitte für ein Wert sei, schrie ich und musste von anderen Kinowerbungsinteressierten zur Ordnung gerufen werden. »Echtes Kölsch?« – Pah. Mir ist doch egal, ob irgendwer echtes Sächsisch oder echtes Cockney singt.

Im Übrigen, fuhr ich nunmehr im harschen Flüsterton fort, sei Niedecken derselben linksalternativen Südstadt-Suppe entsprungen wie die The Piano Has Been Drinking-Musiker – und Niedecken, der sei mir tatsächlich ganz sympathisch. Irgendwann, wenn ich mal ganz viel Zeit habe, werde ich Wolfgang Niedecken rehabilitieren. Ich werde dabei vermutlich auf Fördergelder aus irgendwelchen Kölner Stiftungen angewiesen sein, und man könnte mir vorwerfen, meine Niedecken-Verteidigung sei aus denselben Brauchtumstöpfen gefördert wie der Fliegenpilzhut und die Blödel-Fliege, die der Oberbürgermeister am Rosenmontag trägt, aber das bin ich bereit in Kauf zu nehmen.

10.05.2009

Als ich mit meinem roten Mädchen-Auto die Schanzenstraße in Köln-Mülheim entlangfahre, ist diese ist wegen doppelter Konzertbelegung mal wieder arg beparkt. Im Palladium spielt der durch nächtliche Dauerwerbesendungen berüchtigte Kirmesschlagersänger Michael Wendler; gegenüber im E-Werk geben die kalifornischen Punk-Pop-Superstars Green Day ein werbewirksames Club-Konzert vor kleinem Publikum. Entsprechend wohlwollend, dabei jedoch auch hochgradig unhitzig ist die Stimmung in der kleinen Halle. Bei Wendler drüben dürfte der Lallemann schon jetzt im Achteck tanzen.

Natürlich ist es ungerecht, dass bei Bands, die ihre Wurzeln im zweieinhalbminütigen Dreiakkordgeknüppel haben, so viel schärfer auf mögliche Fehler und Unsitten der Spätphase geschaut wird als bei anderen erfolgreichen Rockstars. Aber mit dem Punk-Detektor kommt an diesem Abend ohnehin niemand weiter; es ist vielmehr das ganze hobbykrawallige Festivalrock-Setting, das hier zu bestaunen ist: »Rock am Ring«- und »Pulp Fiction«-T-

Shirts werden getragen, auch Ärzte- und Metallica-Schriftzüge sind reichlich vertreten, die Stimmung hat etwas Zeltlagerhaftes. Auf dem Banner, das im Bühnenhinteren hängt, prangt unter zwei Totenköpfen die Zeile »21 Century Breakdown« – der Titel des neuen Green Day-Albums. Schon jetzt fotografiert und filmt jeder nahezu alles; früher wären viele hier wohl Schmalspurfilmer gewesen, heute sind sie Rockkonzertgänger. »Stimmung!«, brüllt einer krächzend. Doch die kommt erst auf, als die zu Aufpeitschungszwecken abgespielte CD mit den Punk-Hits hängen bleibt. Noch mehr kocht der Saal, als oben auf der Empore der hauptberufliche Promi Elton gesichtet wird. Alles feixt, grölt und fotografiert. Zum Glück kommen dann jedoch schon vom Band die Ramones mit »Do You Remember Rock'n'Roll Radio«, und Green Day betreten die Bühne.

Im Grunde waren Green Day schon als Spaßrock-Veteranen abgeschrieben, als sie sich im Jahr 2004 mit ihrem Album »American Idiot«, einer Konzeptplatte über das Bush-Amerika, in die alleroberste Stadionrock-Liga spielten und so quasi zu den Michael Moores des MTV-Rock wurden. Und auch die neuen Songtexte möchten gerne wieder als »scharfsinnig« und »ironisch« bezeichnet werden, wenngleich die Musik zunehmend in bauchigen Posen erstarrt.

Das Eröffnungsstück klingt stark nach dem Fernsehgarten-Rocker Bryan Adams. Schwer zu sagen, für oder gegen wen dies spricht. Sänger Billie Joe Armstrong, mit Kajalbemalung und schwarz gefärbten Haaren, gibt von Anfang an den wilden Jungen: Unermüdlich springt er umher, feuert den Saal an, startet »Eee-ho«-Chöre und reißt die Gitarre gen Hallendecke. Auch seine Kollegen sind sich für keine Anheize und keine Animation zu schade. »Do you know your enemy?«, skandiert bei der neuen Single der ganze Saal, und man darf vermuten, dass hier wirklich alle den Feind kennen, den einfachen. Ansonsten wird mitgefilmt und fotografiert, bis die Digitalchips Dalí-esk dahinschmelzen. Gerade so, als gelte es den ersten Schultag seiner Kinder einer desinteressierten Nachwelt zu erhalten. Aber nicht genug damit, dass die ganze Konzertzeit mit sichtversperrender Filmerei und Knipserei verbracht wird – jedes Bild wird auch sogleich ausgiebig begutachtet und herumgezeigt, während vorne munter weitermusiziert wird. Auch beliebt ist es, den Partner so vor der im Hintergrund umherspringenden Band abzulichten, als handele es sich bei dieser um einen dekorativen Wasserfall, eine Baulichkeit, einen bronzefarbenen Stillsteh-Artisten in der Fußgängerzone oder einen lustig geformten Gesteinsklumpen.

Wie wenig kann man bitte im Moment sein wollen? Ich finde es zugegebenermaßen auch spannender, während eines Green Day-Konzerts die Wand anzugucken oder an Polynomdivision zu denken. Aber diese jungen Filmamateure hatten doch schließlich im Gegensatz zu mir Eintritt bezahlt, nur um hier nichts mitzukriegen.

Aber so nah, denken sich wohl viele, werden sie dieser Band nie wieder kommen, und Billie Joe Armstrong gibt sich tatsächlich enorm verbindlich und verbringt weite Teile des Konzerts auf den Monitorboxen. Auch der Rest der Band drückt tüchtig auf die Tube. Aber alles mieft mir einfach ein wenig zu sehr nach dieser Art antrainierter Power und Unermüdlichkeit, die sich moderne Rockstars jenseits der Dreißigermitte gerne von amerikanischen Fitnessprofis beibiegen lassen. Ständig wird Kraft, Spielfreude, Partywut und Unerschrockenheit demonstriert. Dazu passt die Musik, die viel zu muskulär tönt, um noch als Punkrock beschimpft zu werden.

Bei »Murder City« übt sich der Saal in festivalerprobtem Pogo, selbst hier recken sich aus dem Getümmel noch filmende Handys und Digitalkameras empor. Musik, der man nicht zuhören muss, kann man ja ruhig abfilmen, möchte man fast grummelnd bemerken. So langsam werde ich zu jung für den ganzen Quatsch mit der Pop- und Rockmusik. Doch was will man sich beschweren: Im Grunde ist dies hier grundguter California-Punk, der nur leider viel zu viel Neunzigerjahre-Schwartigkeit und Tätowierstudio-Härte verströmt. Man kann die Musikerverkleidungen der Band albern, die Posen zu klischiert und den Allerwelts-Rock zu allerweltsrockig finden, auf Dauer ist es jedoch schwer, sich gegen so viel Melodieseligkeit zu wehren. Was am Ende siegt, ist mal wieder das Prinzip des amerikanischen Showgeschäfts – Bruce Springsteen arbeitet ähnlich mit Authentizität und Inszenierung. Womöglich sind Green Day einfach die beste Festivalrockband der Welt. Drüben bei Michael Wendler hätte man jedoch auch jede Menge Spaß haben können. Lediglich die Tätowierungen waren da vermutlich schlechter. Oder besser. Ich kenne mich mit Tätowierungen nicht so gut aus.

13.05.2009

Das Käsesubstitut auf Fertigpizzen heißt Analogkäse. Vor ein paar Jahren noch wäre das der Name für ein trivial-ironisches Elektronik-Duo aus Berlin gewesen. Manches ändert sich auch zum Besseren.

Mich lässt der wahrscheinlich heute bei YouTube ausgiebig und verwackelt zu bestaunende Green Day-Auftritt nicht in Ruhe. Wenn ich die irre systemfeindliche und konsumkritische Arena-Rockband Green Day wäre, würde ich meine Zuschauer auffordern, auf der Stelle alle Handys und Digitalkameras auf den Boden zu schmeißen und als Zeichen der Selbstbestimmung zu zertrampeln. Aber zum Glück bin ich nicht Green Day, denn dann wäre ich über und über mit Quatsch tätowiert.

Da die irre punkigen und sicherlich auch ganz toll auf dem Boden gebliebenen Green Day aber an der Filmerei keinen Anstoß nehmen, muss ich wohl selbst eine Band gründen. Und wenn es nur ist, um meinem Publikum das Geknipse zu untersagen.

Notgedrungen müsste ich mit dieser Band aber auch Musik machen, das versteht sich. Einen Song habe ich gerade schon geschrieben, vermutlich wird es eine B-Seite. Das Stück heißt »Josie, wir können unsere Liebe nicht auf unserer gemeinsamen Begeisterung für Autos aufbauen«.

Mir ist nämlich aufgefallen, dass es früher im deutschen Pop tollere Namensnennungen gab. Heute heißen Leute in deutschsprachigen Popsongs meistens »Bettina«. Früher, in den Siebzigerjahren etwa, hatten die Menschen in Schlagern Namen wie »Josie« oder »Rocky«. Dem Alltag entsprach das zwar nicht unbedingt, aber warum bitte sollte Popmusik auch dem Alltag gerecht werden?

Natürlich müsste die Band auch einen Namen haben. Nichts zu Kompliziertes, das mag ich nicht bei Bandnamen. Ich denke momentan an so etwas wie »The No«. Ist aber vielleicht etwas negativ. »The Yes« geht aber nicht, weil ich es mir derzeit unmöglich leisten kann, wegen Namensähnlichkeit von Jon Anderson oder sonst irgendeinem Altstar des Progressive Rock verklagt zu werden (auch »Jethro Tull« scheidet aus, denn von dem notorisch auf einem Bein herumstehenden IAN Anderson, mit dem ich JON Anderson häufig verwechsle, möchte ich auch nicht verklagt werden).

Dann vielleicht besser »The Ja« – in England gelten deutsche Wörter ja immer noch als chic. Auf jeden Fall müsste es ein simpler, aber auch etwas dämlicher Name sein. Als ich vor anderthalb Wochen beim Konzert der sympathischen Werftarbeiter-Popband Glasvegas stand, fiel mir nämlich auf, dass erfolgreiche Bands meistens unglaublich dämliche Namen haben: The Beatles, The Rolling Stones, Oasis, Glasvegas, Silbermond, die Flippers. Allzu interessante Namen wirken dagegen oft studentisch.

Apropos The Beatles. Vor einiger Zeit begegnete mein Freund Stietenroth mit seiner damals sechsjährigen Nichte einem Bekannten namens Ingo.

Als sich die beiden nach kurzem Gespräch wieder verabschiedet hatten, fragte seine Nichte: »Der hieß ja wie der von den Beatles.«

»Nein«, sagte Stietenroth. »Nicht Ringo – der gerade hieß Ingo.«

»Ach, ist doch fast dasselbe.«

John, Paul, George und Ingo.

Ich finde, der zuletzt nur noch selten an Kinder vergebene Name Ingo wird durch diese klangliche Ähnlichkeit tatsächlich enorm aufgewertet. Ich habe sogleich eine A-Seite zur bereits erwähnten B-Seite geschrieben: »Ingo, du und ich können, wenn wir ganz fest daran glauben, diesem Unsinn mit der Knipserei auf Konzerten ein Ende machen.«

Wird eigentlich auf Konzerten weniger geklatscht, seit alle die ganze Zeit mit technischem Gerät herumhantieren? Ich werde mir zu diesem Zweck mal zwei Live-Alben im Direktvergleich – eins aus den frühen Achtzigern und eins von heute – anhören und demnächst darüber berichten. Sie werden mit mir übereinstimmen, dass es enorm wichtig ist, dass endlich mal jemand so etwas recherchiert. Außerdem ist auf diese Art – wenn auch nur vorübergehend – ein weiterer alternder Musikjournalist weg von der Straße.

Nachtrag:
   Meine Band heißt seit gerade und bis zum nächsten Tagebuch-Eintrag »Die Ingo Anderson Band«. Ich glaube, wir machen Bluesrock.

Stietenroth hat am Kiosk eine neue Frauenzeitschrift entdeckt. Sie heißt »Meine Schuld«. Ich glaube, alle anderen Indizien dafür, dass die Welt vollkommen aus den Fugen ist und mit Pappnase gen Abgrund tanzt, sind nur noch Zuckerguss auf der Torte der Doofheit.

»Irony is over«, murmelte Jarvis Cocker vor zwölf Jahren am Ende des Songs »The Day After The Revolution« vom Pulp-Album »This Is Hardcore«. Es ist einer seiner berühmtesten Slogans – und wahrscheinlich die ironischste Zeile, die er je geschrieben hat.
   Wann immer Jarvis Cocker, inzwischen 45, musikalisch in Erscheinung tritt, fällt erst auf, wie öde die Zeit ohne ihn war. Wie schlimm es war, als während seiner Abwesenheit wirklich Schluss war mit der hohen Kunst der Ironie und wieder die albernen Clowns und die selbstbesoffenen Pathetiker am Ruder

waren. Selbst Morrissey-Alben vermochten in jenen Zeiten kaum zu trösten: Im Direktvergleich ist der ehemalige Smiths-Sänger dann doch nur eine selbstsüchtige beleidigte Tante. Nein, es steht nicht gut um die Ironie im Pop. Was vor allem daran liegt, dass die meisten, die sich dieses Stilmittels zu bedienen glauben, es immer noch als ein Werkzeug zur Distanzierung von allem und jedem begreifen. Dabei handelt es sich doch vielmehr um eine schwer zu handhabende Waffe, mit der man, gekonnt eingesetzt, jeden Quatsch bloßlegen kann. Eine Waffe wohlgemerkt, deren gekonnten Einsatz man nur in der Verteidigung lernen kann. Und verteidigen musste sich der dürre, vaterlos aufgewachsene Schlacks und Brillenträger Jarvis Cocker schon früh. Die zwangsläufig kultivierte Außenseiter-Rolle als kunstsinniger Pop-Schnösel lebte er bei Pulp in dermaßen vielschichtiger und kluger Musik aus, dass der gesamte restliche Neunzigerjahre-Britpop dagegen wie ein großes Wildlederschuhweitwerfen vor Union-Jack-Beflaggung wirkte.

Nachdem Cocker die Aktivitäten mit Pulp 2002 eingestellt hatte, versuchte er sein Image als neunmalkluger Dandy zu brechen, indem er sich vorübergehend den Künstlernamen Darren Spooner zulegte und mit schwarz geschminktem Gesicht und als Skelett kostümiert mit dem Elektro-Goth-Duo Relaxed Muscle auftrat. Ein Schritt, der für Cocker möglicherweise einen erwünschten Bruch erzeugt hat, seinen Ruf als unvorhersehbarer Spinner jedoch nur noch mehr gefestigt haben dürfte. Danach hörte man eine Weile nichts von ihm. Cocker hatte geheiratet und war nach Paris gezogen. Erst 2006 erschien sein erstes offizielles Soloalbum »Jarvis«, auf dem er sich mit herrlichem Orchideenzüchterpop als klassischer englischer Exzentriker präsentierte und über dicke Kinder, christliche Riten, üble Lebensgefährten und noch üblere Politiker sang. Es war ein Album, das wirkte wie der Brief eines zurückgezogen lebenden Kauzes, der viele besorgte Schreiben seiner alten Freunde aus der großen Stadt hat unbeantwortet bleiben lassen und der sich nun endlich mal wieder meldete. Neurotischer Bibliotheks- und Gartendurchwanderungspop war das meistens, produziert von einem einstmals wilden Mann, der scheinbar Frieden gefunden hatte, aber in keiner Sekunde verleugnen mochte, dass er immer noch bisswillig war.

Als die Platte erschien, sah Cocker aus wie eine Mischung aus einem sexsüchtigen Galeristen und einer öffentlichkeitsscheuen französischen Romanautorin. Beim Konzert, das ich damals in der nicht sonderlich gut gefüllten Live Music Hall miterleben durfte, verteilte er zu Anfang erst mal ein paar Süßigkeiten ans Publikum – und warf sich daraufhin in seine patentierten Bühnenposen: Sein spargeliger Körper krümmte sich, buckelte, tänzelte, er kreiste mit dem Becken, fuchtelte mit den Händen umher und ließ sich immer wieder auf die Knie fallen, wie das Männer jenseits der 40 womöglich besser nicht mehr tun sollten. Manchmal sah er aus wie ein vom Teufel besessener Englischreferendar vor einer viel zu grellen Def Leppard-Lichtanlage. Und auch die Ironie war wieder da: »You feel alright?«, fragte er irgendwann, nur um sogleich festzustellen, dass diese Phrase womöglich doch ein bisschen zu rock'n'rollig sei. Und korrigierte sich: »You're all healthy?«

Das war 2007. Heute sieht Cocker im Grunde immer noch aus wie eine Mischung aus sexsüchtigem Galeristen und französischer Romanautorin, nur trägt er inzwischen noch einen Bart, den er sich auf einer ganz und gar unironischen Reise mit zahlreichen anderen Künstlern und Wissenschaftlern nach West-Grönland hat wachsen lassen (also: die Reise hat er mit den Künstlern und Wissenschaftlern gemacht, den Bart hat er sich alleine wachsen lassen, obwohl …).

»Further Complications« heißt nun Cockers zweite Solo-Platte. Der elegante, oft üppige Gewächshaus-Pop des letzten Albums ist pumpender, zupackender Rock-Musik gewichen; Früh-Siebziger-Rock wohlgemerkt, der Elemente von Glam, Mod-Musik und Pubrock zusammenführt. Prä-Doppelhalsgitarren-Rock, wenn man so möchte. Produziert hat passenderweise der große No-Nonsense-Anti-Produzent Steve Albini, dessen größte Leistung sicherlich die frühen Pixies-Platten waren. Nichts an diesen Songs ist schwartig oder zu dick aufgetragen. Und es ist auch nichts ironisch – nicht an der Musik. Cocker hat sich – weder mit Pulp noch solo – je an der Neuerfindung der Popmusik versucht; er war vielmehr immer ein Inszenator: Die Kunst des Performers und Musikers Jarvis Cocker bestand stets in der Inszenierung seiner hibbeligen, neurotischen Kunstfigur vor dem Hintergrund des jeweiligen Genres. Doch noch nie wirkte er dabei so virtuos wie bei dem Funken sprühenden Kneipenrock auf »Further Complications«: Mit dem kleinen Finger dirigiert er die Band durch Laut/Leise-Schwankungen, fährt die Songs mit seiner spitzen, aber ausdrucksprallen Stimme hoch und reißt sie wieder zu Boden. Interessant, dass erst jemand wie er kommen musste, um mal wieder eine unpeinliche Rock-Platte mit Massenappeal hinzubekommen.

Der Kniff sind natürlich die Texte – und hier hat sie dann auch wieder freien Ausritt, die große alte Dame Ironie. Der Titelsong feiert das Leben als große Party der Probleme: Er sei nicht in Armut geboren, also benötige er irgendein Betrübnis, am besten eine Abhängigkeit, um seine Persönlichkeit zu kultivieren. Und wo das domestizierte Leid am besten gedeiht, weiß Cocker natürlich auch: »You want to suffer? Go to a Rock Show.«

Am besten aber ist er, wenn er in die Niederungen zwischenmenschlicher Missverständnisse hinabsteigt, in die Vorhölle von Liebe und Lust: »He says that he wants to make love to you/But instead of ›to‹ shouldn't that be ›with‹?«, fragt er in »Leftovers«. Und bei keinem macht es so viel Spaß wie bei Jarvis Cocker, wenn er von sich im gleichnamigen Song behauptet »I Never Said I Was Deep« und den sexsüchtigen Beschränkten spielt: »My lack of knowledge is vast/and my horizons are narrow«. Selbstironie, die sich nicht in Koketterie erschöpft, ist doch immer noch die schönste Form der Ironie.

302 »Ihr macht das me-ga-geil!«

Der Anklatschanimateur mit der Glitzerjacke und der blondierten Kinderfrisur rennt hektisch und kurzatmig über den Laufsteg. In der Hand hält er aus unerfindlichen Gründen eine Aufblasgitarre, es könnte auch eine Sexpuppe sein. Seine Stimme überschlägt sich und bricht: »Das wird eine hammergeile Show!« Die vor der Bühne eingepferchten Jugendlichen sehen's ähnlich und kreischen, als würden sie mit kaltem Wasser abgeduscht. Dass die Jugend leicht zu missbrauchendes Klatschvieh ist, kann man ja als zynischen Standpunkt geißeln. Mit denen hier kann man's allerdings wirklich machen. Kurz fühlt man sich an Noel Gallaghers Vorschlag, keine Musik mehr an Jugendliche zu verkaufen, erinnert. Doch erstens kaufen Jugendliche ohnehin keine Musik mehr, und zweitens kaufen Erwachsene ja meistens den schlimmeren Quatsch. Manche sogar Oasis-CDs.

Stietenroth und ich befinden uns beim »Comet«, dem »wichtigsten Musikpreis Deutschlands«, so die zuständigen Verantwortungslosen. Ausgetragen wird die Sause in der Arena zu Oberhausen, die sich in einem beklemmenden Vergnügungspark mit »Sandkunst-Anlage« und künstlich angelegten Seen befindet. In der Halle sitzen wir neben der »transsexuellen Entertainerin« (Wikipedia) Lorielle London, die aussieht, als würde sie heute Abend noch in einem italienischen Endzeitfilm mitspielen, was vermutlich nicht ganz auszuschließen ist. Im Foyer bot sich zuvor ein ungleich tristeres Bild: ledergesichtige Elektroschrott-Produzenten mit gefärbten Haaren, experimentell geformten Sonnenbrillen und Klamotten, die wirken wie vom Ed Hardy-Wühltisch gefallen; rüstige Mittvierziger in bunten Turnschuhen mit blondiertem Irokesen-Kamm, mit ihren Anzügen überforderte Menschen aus der Türsteher-Szene und Pornostar-Lookalikes, die sich alle an Red Bull schadlos halten. Auf dem Rücken einer braun gebrannten Enddreißigerin prangt der tätowierte Satz: »Jede Veränderung beginnt in uns«.

Zurück in der Halle. »Gleich geht's los«, kreischt der blondierte Anheizer, nachdem er ein Tokio Hotel-Lookalike aus dem Publikum als Lichtdouble benutzt und dafür mit einem Comet-Poster beschenkt hat: »In sieben, in sechs, in fünf …« Als es dunkel wird, fällt sein Gesicht erschöpft zusammen. Es wummst und bummert, und ein ausnehmend unmitreißendes Medley aus aktuellen Mädchenhits (Lady Gaga, Katy Perry, Pink) wird von einer Horde Tänzerinnen unter ulkigen Windungen dargeboten. Ein paar Hundert Handys erglühen und filmen mit, was sonst vergessen werden könnte.

Nach der Eröffnung entert Oliver Pocher die Bühne. »Dies ist euer Preis«, erinnert er die jugendlichen Hobbyfilmer. Vorne, am Rand der Absperrung, stehen einige, die keine Hand fürs Handy frei haben, weil sie ein Transparent halten müssen. »Jimi, wenn du da bist, ist alles perfekt«, steht auf einer an den charismatischen Lauselümmel Jimi Blue Ochsenknecht adressierten Pappe. »Wir sind nur wegen Tokio Hotel hier«, erklärt eine andere. Auf einer dritten steht »Oliver Pocher hat einen kleinen Schwanz«.

Der erste Laudator ist der unvermeidliche H. P. Baxxter. Er beginnt seine Rede mit den Worten »De-de-dep-de-de-de-de-de« und endet mit »Hier sind die Nominierten – wicked«. Siegreich hervor geht der entweder von sich selbst oder verschnittenem Juxpulver berauschte Schlangenmensch Mark Medlock, der wahrscheinlich vor lauter Umhergezappele nie wieder vernünftig gehen können wird und mir mit seinem unruhigen Umhergetitsche inneren Seegang bereitet. Baxxter zeigt Verständnis und wagt eine Umarmung. Glockenhelles Gekreische.

Danach schwanken die von den Veranstaltern listig zusammengesteckten Samy Deluxe und Gerald Asamoah auf die Bühne und verleihen irgendetwas an Stefanie Heinzelmann – eine polarisierende Entscheidung, für die sich im Rund nur wenige Kreischwillige finden. Wir wagen ein paar »Bravo«-Rufe, um zu gucken, was passiert. Es passiert nichts.

In der Werbeunterbrechung drückt der blondierte Pausen-Zampano wieder massiv auf die Puderquaste. Er zerrt einen Typen aus Berlin auf die Bühne, der irgendwo gewonnen hat, dass er heute Abend hier seine Human-Beatbox-Künste verramschen darf. Wo er schon mal da ist, muss er auch gleich noch als Lichtdouble herhalten – denn: Der Aufgangsapplaus muss noch mal geübt werden. Das war zwar gut eben, das ginge aber sicher noch besser.

Als Nächstes gewinnt die Mädchenanhäufung Monrose irgendetwas; bei der Dankesrede wirken die drei Kinder, als hätten sie soeben einen Erdrutsch und drei Entführungen überlebt.

Auftritt Jeanette Biedermann. Sie singt ein Lied über einen Boy, der »material« ist, derweil ihre Band sonnenbebrillte Quatschbewegungen macht und unzureichend bekleidete Tänzer mit Leuchtstangen herumfuchteln. Von dem Geld, das in die

Leuchtstäbe investiert wurde, so schießt es uns durch den Kopf, könnten wir locker zwei Monate lang durchsaufen.

Als wir gerade einnicken wollen, werden wir von einer ohrenbetäubenden Durchsage wieder hochgepeitscht: »Hier sind Ross Anthony und Jimi Blue Ochsenknecht!« Namen haben die jungen Leute heute, da wären ja nicht mal Pornoproduzenten der Achtziger draufgekommen. Die beiden verleihen irgendetwas an Tokio Hotel. Die sind nicht da, ebenso wie Peter Fox und Silbermond. Es scheint, als hätten alle Hochkaräter mutwillig das Land verlassen, um hier nicht mittun zu müssen. Immerhin: Es gibt eine Video-Grußbotschaft von Tokio Hotel, die von der halben Halle mit dem Handy mitgefilmt wird.

Während Stefanie Heinzelmanns Version von »The Unforgiven« (im Original von der Cholerikerband Metallica) dösen wir weg, versuchen dabei aber nicht auf den Schoß der »transsexuellen Entertainerin« (Wikipedia) Lorielle London zu sacken. »In vier Minuten sind wir wieder drauf«, droht unser Freund, der Pausenclown. Im Halbschlaf nehmen wir wahr, dass Cassandra Steen und der Ich + Ich-Sänger irgendwelche Nachdenklichkeitsvortäuschungen von sich geben (»Keiner weiß mehr, wie er aussieht – oder wie er heißt/Alle hier sind auf der Flucht – die Tränen sind aus Eis«), dass Detlev D Soost irgendetwas vortanzt und dass die gesammelten VIVA-Moderatoren in einem Anflug von unverhohlenem Zynismus einen ironisch gemeinten Appell »gegen schlechte Musik« auf den desinteressierten Saal loslassen.

Wir wachen erst wieder auf, als der Rapper Snoop Dogg angekündigt wird. Der hat sich von einem russischen Millionärserben kaufen lassen, um ein bisschen auf dessen Platte mitzurappen, ist aber so zubetoniert, dass er während seines Playbacks vergisst, das Mikro zum Mund zu führen und stattdessen lieber mit dem Rücken zum Publikum eierig umherwippt und die halb nackten Tänzerinnen begafft. Wie sang schon der große Philosoph und Schweißbandträger Mark Knopfler: »Money for nothing and the chicks for free.«

Mit einem Shuttlebus fahren wir zur Aftershow-Party in der nahe gelegenen Turbinenhalle. Auch die Dame mit den inneren Veränderungen auf der äußeren Rinde ist wieder dabei. Am Eingang der Halle lungern ein paar Dreiviertelprominente, die sich gerne fotografieren lassen würden, herum, doch der Paparazzi-Mob kennt kein Mitleid: Oliver Pocher ist mit seiner neuen Freundin, der Theaterregisseurin und Politaktivistin Sandy Meyer-Wölden, vor Ort. Bislang gibt es von beiden kein Foto, der Preis ist heiß.

Ansonsten verhärtet sich der auf der Verleihung entstandene Eindruck: Alle sehen aus wie 60-jährige Techno-Opas in schlechten Lederjacken, Callcenter-Popper auf Koks und Schaumpartyflyerverteiler; dazwischen sind hin und wieder auch Menschen zu sehen.

Das Catering auf der Party wird von McDonald's besorgt, was man konsequent, peinlich oder me-ga-geil finden kann. Wir trinken ein paar Gin Tonics, vermutlich auf Kosten von Peter Fox und Silbermond, deren Plattenverkäufe hier alles stützen dürften.

An der Gin-Ausschenke verwechselt uns jemand mit dem Komikerduo Rosenstolz. Wir reagieren zunächst empört, weil wir lieber mit Ich + Ich verwechselt werden würden, aber – wenn wir halt so aussehen … Noch ein Getränk.

Weiter drinnen im Tanzsaal, den man durch einen von Klopapier, Damenbinden und weggeworfenen McDonald's-Papieren in schultoilettenartigen Zustand überführten Gang erreicht, läuft ununterbrochen der fiese Faithless-Hit »Insomnia«. Womöglich läuft er in Wirklichkeit kein einziges Mal, aber alles, was die DJs hier aus ihren Laptops abfeuern, klingt wie »Insomnia«. H. P. Baxxter steht im weißen Hemd an der Bar, sieht aus wie ein menschliches Strahlenfeld und begrüßt begeistert jeden, den er kennt und den er nicht kennt. Der ehemals hoffnungsvolle Nachwuchs-Rapper Eko Fresh fragt, ob wir ihn fotografieren würden. Wir lehnen ab. Sein Gesicht ballt sich zu einem Ausdruck des Nichtbegreifenwollens und Eventuelleinsreinhauenmöchtens; wir können jedoch glaubwürdig erklären, dass wir nun mal keine Paparazzi seien. Er lässt sich auf ein Privatfoto runterhandeln und tänzelt irgendwann von dannen.

Snoop Dogg ist nicht da; er sei, so heißt es, für viel Geld auf eine Party in Duisburg eingeladen worden. Dafür haben die jüngsten DSDS-Nichtgewinner alle viel Spaß auf der Feier. Sie nuckeln an verrückten Getränken und tragen alle Palästinensertücher.

Nun wird uns ein bisschen langweilig. Noch einen Burger? Ach guck mal, da hinten sind … wer ist das noch mal? Die betreffenden Personen werden von uns bald als die ehemalige VIVA-Schreckschraube Daisy Dee und der MTV-Kasper Patrice enttarnt, was durchaus Rückschlüsse auf unsere TV-Sehgewohnheiten zulässt. Wir ertränken die Erkenntnis rasch.

Um zwei Uhr rutschen uns die Köpfe aufs Kinn. H. P. Baxxter begrüßt immer noch strahlend allerhand Leute. Beim Verlassen des Saals läuft »Insomnia« von Faithless. Am Ausgang warten immer noch die großbrüstigen F-Prominenten auf mitleidige Fotografen. Die Tränen sind aus Eis. Doch jede Veränderung beginnt in uns.

01.06.2009

Wer schon immer wissen wollte, wie in etwa das Gegenteil zu einer Comet-Verleihung ausschaut, der sollte dringend mal ein Konzert von Scott Matthew besuchen. »Gediegen« ist das Wort. In den engen Bänken des protestantischen Gotteshauses in Köln-Nippes herrscht an diesem Abend eine Andachtsstille, die Ruhefetischisten begeistern muss.

Matthews Musik ist mir – hierin dem Werk des Kollegen Anthony nicht unähnlich – ein bisschen zu sehr in den eigenen verstiegenen Ausdruck verknallt; die süffige Tiefempfundenheit kaschiert doch manch dürren Moment im Songwriting. Aber solange Musik noch für anderthalb Stunden das Brabbeln der Welt zum Verstummen bringen kann, ist noch nicht alles verloren.

02.06.2009

Ob ich die Band Hockey interviewen wolle, fragt die Plattenfirma.

Ich gucke mir die Fotos der Musiker kurz an. Sie tragen enge Hosen, haben Tücher an den Gürtelschlaufen baumeln und sind schnurrbärtiger, als es mein ästhetisches Barometer zulässt. Nein, ich will nicht.

Spätestens seit dem Interview mit Maxïmo Park habe ich beschlossen, keine jungen Bands mehr zu interviewen, die mir nur noch wie musizierende Fans vorkommen. Entweder sind sie mir in der Regel zu dämlich – oder zu vernünftig.

Dann interviewe ich lieber sexuell verwirrte Menschen wie Devendra Banhart oder Tom Jones.

03.06.2009

Ich plane einen Roman.

Situationen aus dem Leben eines zunehmend musikverdrossenen Musikjournalisten.

»Sind das Sie?«, wird mich der Journalist der Bergisch Gladbacher Parkhauspostille fragen.

»Nein«, werde ich lügen und dabei sympathisch und ganz natürlich erscheinend lachen und fortfahren, dass ich doch hoffentlich ein bisschen weniger weltfremd und übellaunig sei als die sich exakt mit mir deckende Hauptfigur.

04.06.2009

Den Mittwochabend verbringe ich damit, auf dem Radiokonzert der Nervenzusammenbruch-Popper Placebo interessierten Menschen im Weg herumzustehen.

Seinen Höhepunkt erreicht der Abend allerdings schon um halb neun. Doch niemand sonst interessiert sich für die drei Männer, die zu jener Stunde die Bühne des Gloria-Theaters in Köln betreten und sich an Gitarre, Bass und Schlagzeug platzieren. Dabei gibt das Trio ein prachtvolles Bild ab: Der Gitarrist ist ein kräftiger Metal-Koloss, dem man lieber keine Schramme ins Instrument machen möchte; der Schlagzeuger trägt eine Rockabilly-Frisur, die er mit einem beachtlichen Rauschebart kombiniert, und der Bassist ist ein grauhaariger Herr mit Kassengestell, über dessen Bauch sich ein T-Shirt mit dem Aufdruck »Die Rebel Scum« spannt. Schade eigentlich, dass die drei gar keine Musik machen, sondern nur ein bisschen an den Instrumenten herumdrehen und – im Saal kaum hörbar – Laute wie »Tscha!« oder »Sssssssst« ins Mikro zischen. Und schade, dass nicht traditionell einfach die Roadies der jeweiligen Band vor dem Konzert zwei, drei Stücke ungezwungener Freizeitmusik spielen dürfen. Statt einer Vorband zum Beispiel. Man sollte das dringend überdenken. Zumindest im vorliegenden Fall hätte es interessant werden können, was die drei Männer zuwege gebracht hätten. Auf jeden Fall etwas Besseres als den üblichen Vorgruppen-Mumpitz.

Um drei nach neun kommt dann die echte Band auf die Bühne, und das Geschrei ist groß.

Das Londoner Trio Placebo spielt an diesem Abend ein vergleichsweise intimes Clubkonzert. Anlass ist das denkbar unzeitgemäße Wiederauftauchen dieser mir absolut schleierhaften Band: Placebo, deren Jahrtausendwende-Rockpop mir gerade fast schon rührend unzeitgemäß erscheint, veröffentlichen in dieser Woche ihr sechstes Album »Battle For The Sun«. Ein Album, für das die Plattenfirma im Infoschreiben die klischierte Geschichte der gebrochenen Band erzählt, die nur durch einen Neuzugang (Schlagzeuger Steve Forrest) vor dem Implodieren bewahrt werden konnte. Entsprechend anders und neu sei nun alles, so Placebo-Sänger Brian Molko in demselben Info; man sei froh, dass der neue Mann für frischen Wind sorge und »uns noch einmal Kinder sein lässt«. Doch Molko ist nicht nur ein Freund abgedroschener Promo-Phrasen, er ist es auch, der Placebo halbwegs unverkennbar machte: In der Vergangenheit spielte er meist den überspannten, geschminkten Mädchenmann – eine Rolle, in der er sich leider allzu oft erschöpfte. Seine kühle Stimme jedoch ließ die Band immer aus dem Heer all der anderen Festivalrock-Gruppen herausragen. Wie ein Edelstahlmesser schnitt sein Organ durch den Metal-Pop-Käse seiner Band und ließ so mitunter sehr hübschen Nervenzusammenbruchrock entstehen. Heute hält er sich vergleichsweise zurück: Molko trägt nur dezentes Make-up und einen strengen Zopf. Hauptsache, er kommt nie auf die Idee, ein Rüschenhemd dazu tragen zu wollen, sonst sieht er am Ende aus wie ein Statist in einem Kostümfilm.

»I need a change of skin«, singt Molko im drängelnden Eröffnungssong, und das Spiel des neuen Trommlers klingt beinah so tätowiert, wie er aussieht. Es folgt das ebenfalls neue »Ashtray

Heart«, das zu ungewohnt heiterem Hüpfburg-Gerocke mal wieder die üblichen S/M-Bilder heranzieht. Molko spart sich dazu fast jegliches Gegockel, er verzieht lediglich beim Singen das Gesicht zu einer manisch-depressiven Harlekin-Grimasse.

Der Schwerpunkt liegt deutlich auf den Stücken der neuen Platte. Vieles versackt jedoch leider in dem üblichen druckvollen Effektgeräte-Rock, den die Band schon zu oft gemacht hat. Etliche Stücke – wie die banale Single »For What It's Worth« – bleiben nur gekonnte Inszenierung und wollen einfach nicht zum Song werden. Zu oft hören sich diese Lacklederlieder an, als seien sie bei der Endauswahl vom Soundtrack eines schlechten Comic-Actionfilms geflogen. Wer je wissen wollte, wie zwanghaft schwul eine Rockband klingen kann, der höre mal bei Placebo rein. Der Druck, den das Ganze live entwickelt, ist allerdings beachtlich, und vielleicht ist es ja nur logisch, nicht mehr so aufs Songwriting, sondern auf Dynamik zu achten, wo doch Platten nur noch Vehikel für wesentlich ertragreichere Live-Shows sind. Auf den Festivals im Sommer werden Placebo mit dieser Musik definitiv zum Besseren gehören. Und auch hier kennt der Jubel keine Grenzen. Nach dem obligatorischen »Taste In Men« kommen dann die drei Roadies wieder und packen ein.

05.06.2009

Jetzt soll also tatsächlich ein Buch hieraus werden.

Ausgerechnet jetzt.

Ausgerechnet jetzt, wo die Nachfrage nach meinen Artikeln ausdünnt wie Brian Molkos Haar.

Popmusik fällt als Erstes von der Rampe, wenn es darum geht, von freien Autoren angebotene Kultur-Themen zu drucken. Aber, so ist zu hören, freien Sportschreibern geht es auch nicht besser. Die haben nur den Vorteil, dass nicht gleichzeitig auch noch der Fußball aufhört zu funktionieren.

Ich glaube ja, dass Brian Molko ein Haarteil trägt. Meines Erachtens hatte er vor Jahren weniger Haare als heute. Darf ich das überhaupt schreiben, wenn das hier ein Buch wird? Wenn man dem Feuilleton Glauben darf, wird ja heute jeder Verlag ständig verklagt, weil Autoren nur noch schlimme Sachen über ihre Mitmenschen schreiben. Ich könnte auf diese Art der Maxim Biller der Popkritik werden. Will ich das? Ich habe nie etwas von Maxim Biller gelesen, nicht mal seine »viel gelesene Kolumne« »100 Zeilen Hass«. Ich habe ihn nur mal zu meiner Zeit als TV-Autor in eine Show einladen lassen, weil ich ihn diffus interessant fand. Er hatte damals eine gezielt schlecht aufgenommene Platte mit Lagerfeuersongs ohne Lagerfeuer aufgenommen. Ich kann mich jedoch nur noch an die Zeile »Lost In Translation‹ ist kein Film« erinnern, die mir sehr gefiel.

Ich glaube, ich darf nicht schreiben »Brian Molko trägt ein Haarteil«. Allerdings darf ich »Ich glaube, Brian Molko trägt ein Haarteil« schreiben.

Ein Buch also.

Muss ich dann auf Lesereise gehen? Das könnte anstrengend werden. Ich hab's doch so mit dem Rücken. Und wenn ich dann auf schlechten Matratzen bei freundlichen Pfarrersleuten im Hunsrück im Gästezimmer liege, geht es mir bestimmt bald noch schlechter. Aber vielleicht tritt ja morgens die Pfarrerstochter mit einem Frühstückstablett an mein Lager, und während ich mein Brot mit von den Pfarrersleuten selbst gestampfter Leberwurst bestreiche, spielt mir die sympathische Kommunikationswissenschaftsstudentin auf ihrem ipod ihre Lieblingslieder vor.

Doch noch etwas anderes sorgt mich bezüglich der Lesereisen: Ich weiß gar nicht, ob ich überhaupt zum Vortrag tauge. Schon meiner Musikerkarriere machte mein Lampenfieber einen Strich durch die Rechnung. Ich werde ja schon nervös, wenn ich vor mehr als anderthalb Leuten einen Standpunkt darlegen soll. Gibt es auch Autoren, die nicht öffentlich lesen? Beziehungsweise: Gibt es auch sehr gut verdienende, viele Bücher absetzende Autoren, die nicht öffentlich lesen?

Ich muss mal meine Lektorin fragen.

08.06.2009

Als ich am Samstagnachmittag aus meinem Zelt auf dem »Rock am Ring«-Gelände krieche, um im Regen nach meinen Schuhen zu suchen, stelle ich fest, dass ich gepierct bin. Zwischen Nase und Brust habe ich eine Metallkette hängen. Das war gestern um diese Zeit aber noch nicht so, denke ich, während ich ein erstes Bier gegen die Schmerzen öffne. Weitaus mehr noch beschämt mich das The Prodigy-XXL-T-Shirt, das im Wind um meinen Körper flattert. Meins ist es nicht. Wo ist überhaupt die mit meinen Initialen bestickte Herrenhandtasche? Wo ist mein goldener Umhang?? Ein paar diffuse Erinnerungen blitzen auf: Steffi aus Leverkusen. Mehrere Typen namens Tobi (fast alle außer Steffi heißen hier offensichtlich Tobi). Und natürlich Pille und Ratte aus Duisburg, mit denen ich Bier aus einer Aufblaspuppe getrunken habe. Der Regen wird stärker. In der Ferne spielt jemand auf Bongos, aus einem portablen CD-Player plärrt Metallica. Meine jüngste musikberichterstatterische Undercover-Mission scheint ziemlich missglückt zu sein …

Nein, halt: Ich war natürlich nicht bei »Rock am Ring«. Ich habe für so etwas gar nicht die geeigneten Schuhe. Aber ich habe mir im Fernsehen die Live-Übertragung auf MTV angeschaut, was aufreibend genug war. Mindestens drei Kilo werde ich dabei verloren haben.

Allzu reflexartige Benickung genießt ja die Behauptung, im Musikfernsehen gebe es überhaupt keine Musik mehr zu hören. Zunächst einmal ist das ja eher eine gute Nachricht: Musik ist ohnehin überall – und meistens ist es die falsche. Und die Tatsache, dass der Sender MTV am Wochenende emsig live von »Rock am Ring« berichtete, hat in mir die Überzeugung verfestigt, dass der Niedergang des Musikfernsehens eine eher zu begrüßende Sache ist.

Freitags schalte ich noch eher zufällig in das Konzert der Killers hinein. Eine Band, die wirkt, als sei sie von zwei scientologischen Plattenfirmen-A&Rs beim Golfspielen ausgedacht worden. Kalt wie kalte Kloßbrühe. Alles klingt wie eine Mischung aus New Order mit Pathos und U2 ohne Pathos; die Killers sind in ihrem kalkulierten Kitschwillen immer eine Nuance zu peinlich oder nie peinlich genug. Zumindest solange man sie nicht nur hört. Ein Versuch: Augen zu – besser. Augen wieder auf: seltsam.

Trotzdem: Dem glückseligen Massenmitklatsch der 85 000 Zuschauer tut das keinen Abbruch, und bei ein paar ihrer leib- und seelenlosen Konsenskracher wippe auch ich daheim im Takt mit. Trotzdem weht ein eisiger Wind über die Bühne. Brandon Flowers, der Sänger, ist von ganz besonders faszinierender Faszinationslosigkeit: Mit unstetem Blick rennt er auf der Bühne umher, gestikuliert eher unmotiviert und scheint tatsächlich der Android zu sein, den er doch eigentlich nur spielen möchte. Als um 12 die Nachbarn wegen der Lautstärke mit Backpfeifen drohen, schalte ich ab und setze die Schnitzarbeiten an meiner Weihnachtskrippe fort.

Gibt es die amerikanischen Tätowierstudiorocker von Korn eigentlich immer noch oder schon wieder? So oder so – es gibt sie. Und als ich am nächsten Abend wieder bei der »Rock am Ring«-Übertragung lande, wird folgende Erkenntnis unausweichlich: Der stets und zu Recht als »Alien-Schöpfer« bezeichnete H. R. Giger hat sicherlich in seinem Leben allerhand Quatsch zusammenmontiert, aber einen irre gruselig aussehenden H. R.-Giger-Mikrofonständer für den Korn-Sänger zusammenzuschrauben, war sicherlich eine seiner dubiosesten Arbeiten. Kurz keimt in mir der Wunsch auf, mir sofort von H. R. Giger einen Eierbecher oder ein Mofa gestalten zu lassen, da wiegt mich der kinnbärtige Augenbrauenpiercingrock von Korn auch schon in den Schlaf.

Geweckt werde ich von den rüstigen Ravern von The Prodigy, die das Festival zur apokalyptischen Hüpfburg-Party umfunktionieren. So langsam beginnt die Rückwärtsgewandheit des Programms mich zu irritieren, ich suche im Schrank kurz nach alten Klamotten von vor neun Jahren, sie passen nicht mehr. Es folgt ein arg langweiliges Interview der beängstigend routinierten und von ihrem Sender als »ultra urban« angepriesenen MTV-Moderatorin Hadnet mit dem wie immer hinter einer Maske verborgenen Slipknot-Sänger, der mit Sätzen wie »You do what you gotta do« zu fesseln versteht.

Auf der Bühne verwirren mich Slipknot endgültig: Wie kann man sich denn mit allerhand Faschingstand und Lederzierrat als Monster verkleiden, sich aber trotzdem wie ganz normale Rockmusiker bewegen? Monster, die ein Bein auf die Monitorbox stellen und den Zeigefinger recken, verwirren mich. Wenigstens ein

Gebrechen könnten die Musiker vortäuschen oder zumindest doch hinken.

Vollends verwirrt bin ich dann am Sonntag, als allen Ernstes Fred Durst, der muffige Kappenaugust des Rap-Rock, mit seiner ebenfalls längst aufgelöst gehofften Band Limp Bizkit auf der Bühne steht. Sollte nicht als Nächstes das Frühneunziger-Revival kommen? Wie soll das klappen, wenn bei »Rock am Ring« munter abgehalfterte Bands aus den *späten* Neunzigern herumhüpfen und vom Publikum auch noch zu ihrem Tun ermutigt werden?

Ich gehe ins Bett. Nach langem Herumwälzen schlafe ich ein. Im Traum erscheinen mir Tobi und Tobi aus Jülich und H. R. Giger, der einen gruselig aussehenden Regenschirm und eine metallene Weihnachtskrippe für mich gestaltet hat. Ich lehne die Präsente ab. Tobi und Tobi wiederum haben meine Herrenhandtasche wiedergefunden. Immerhin.

09.06.2009

Bei der gestrigen Rock-am-Ring-Berichterstattung wurden auch immer wieder Mikrofone in die Gesichter regendurchnässter Fans geschoben. Auf die Frage, warum diese oder jene Band denn so toll sei, wurde stets geantwortet: »Weil sie rocken.«

Ein Einheitskriterium – wenngleich für eine Veranstaltung wie ROCK am Ring kein so abwegiges, das muss ich zugeben.

Trotzdem bedeutet »Rocken« übersetzt natürlich vor allem Regelbeherzigung. Wer rockt, der macht mit. Wer nicht rockt, ist ein Langweiler, ein Spinner, ein Rumsteher, ein Denker, einer, der die gute Laune verderben will, einer, der »wohl keinen Spaß haben« kann, einer, der »immer irgendwas zu motzen« findet, einer, der »sich wohl für was Besseres« hält.

Rocken ist Pief-Scheiße. Nur wer sich an die Gesetze des Festivalbetriebs hält und den Ballermann ordentlich im Achteck springen lässt, der »rockt«. Rocken ist im Grunde längst das jugendliche Spießer-Kriterium überhaupt geworden und folgt einer »Da hab ich für mein Geld was bekommen«-Logik, wie sie auch von »All you can eat«-Essern geschätzt wird.

Überhaupt ist es ja in allen Disziplinen zum obersten Kriterium geworden, ob irgendetwas rockt oder nicht. Selbst die eigentlich ja nicht aufs Vokabular gefallenen Ärzte sangen ja vor Jahren, um einer verkrampften Person ihre Unlockerheit klarzustanzen: »Du bist unrockbar.« Ich bin gerne unrockbar. Oder schwer rockbar.

Rocken ist einfach nur das Bedienen von Mindestanforderungen.

Kein schlechtes Jahr für gute Platten bislang.

Meine momentan liebste – noch vor der neuen noch nicht veröffentlichten Turner Cody- und der Delta Spirit-Platte – ist das neue Album von Bill Callahan, der mir erstmals in den tiefen Neunzigern mit seinem noch als Smog veröffentlichten Lo-Fi-Gespinst »A Hit« begegnete. Sein neues Album heißt »Sometimes I Wish We Were An Eagle« (ein schöner Satz zum Thema Zweisamkeit) und ist schon ein paar Monate draußen.

»I used to be sort of blind/Now I can sort of see«, murmelt Callahans tiefe, knäckebrottrockene Stimme irgendwo auf dem neuen Album. Wahrscheinlich hat Bill Callahan schon immer ein bisschen mehr gewusst als andere, und womöglich haben ihm als Liedautor auch immer mehr interessante Bäume den Blick auf den langweiligen Wald verstellt als anderen. Den Wahltexaner als Singer/Songwriter zu bezeichnen ist ja ohnehin im Grunde eine Beleidigung, da die Bezeichnung für einen seltsamen Vogel wie ihn viel zu kurz greift: Wie sich auf seinem jüngsten Album die tollkühn arrangierten Streicher über die schlichten Backings und das tickende Schlagzeug legen und wie Callahan darüber wie der körperloseste Soul-Sänger der Welt seine Haiku-artigen Texte zerbröselt, das ist einmalig und zeigt, wie man anrühren kann, ohne auf die Ausdruckstube zu drücken. Callahans Lieder lösen ein ums andere Mal die Gegensätze auf: Strenge trifft auf Schwelgerei, Schlichtheit auf Prunk, alles wird zum Fluss, zum Lied ohne Strophe und Refrain. Höhepunkt des Albums ist neben dem orientalisierten »The Wind And The Dove« das harmonisch simple, aber unglaublich gravitätische »Too Many Birds«. Die Stelle, wo Callahan über ein sich unermüdlich wiederholendes Akkordschema in aller Ruhe anderthalb Minuten lang den Satz »If you could only stop your heart beat for one heartbeat«

Wort für Wort aufbaut, ist wunderschön und unglaublich elegant. Ich könnte derzeit nichts anderes hören als immer nur diese Stelle. Vielleicht loope ich sie mir und flute dann damit durch große Lautsprecher meine Straße.

Ich soll mir in seinem Hamburger Studio mit anderen Journalisten die neue Platte des Soulpop-Sängers Jan Delay anhören. Ich mag Delay als Typen ganz gerne – und so viel echte Popstars mit eigenen Klangvorstellungen und Stilwillen laufen hierzulande ja auch nicht frei herum. Allerdings nerven mich derlei Situationen immer arg, weil ich ungern Musik in Anwesenheit ihrer Schöpfer höre. Auch kann ich mir vorstellen, dass Musiker nicht sonderlich darauf erpicht sind, einer Horde stoppelbärtiger Journalisten, die unentwegt auf iphones und anderes Gerät einhacken und in der Studioküche nach Häppchen wühlen, ihre neue Musik vorzuspielen. Also eher nicht.

Bei Jan Delay muss ich jedes Mal wehmütig an ein frühes Interview mit seiner alten Hip-Hop-Band, den Beginnern (damals noch: Absolute Beginner), bei Fast Forward zurückdenken. Aus irgendwelchen Gründen wollte die Band beim Interview ein Schwein zubereiten. Das machte man damals beim Musikfernsehen so: Man konnte nicht einfach mit den Musikern herumsitzen und sprechen, man musste immer etwas machen. Gerne etwas mit brutaler Zwangsanbindung an ihren Bandnamen oder ihren aktuellen Albumtitel (was für den wahlmalteser Grantelsänger Phillip Boa sicherlich oft zur Folge hatte, dass ihm Interviews in Zoos, nicht unweit von Schlangengehegen, aufgedrängt wurden).

Mit den Beginnern ein Schwein zuzubereiten war allerdings in Ordnung, da sich hierdurch beim besten Willen kein rechter Bezug zur Band herstellen ließ und der ganzen Aktion somit eine angenehme Sinnlosigkeit anhaftete.

Als Austragungsort der Schweinezubereitung wählten wir damals die Küche unserer lieben und kundigen Redakteurin J. Diese sah sich nach vollendetem Interview und der Abreise von Rest-Redaktion und Musikern mit der Situation konfrontiert, ein riesiges Schwein in der Küche zu haben. Ein paar Tage wusste sie nicht recht, wohin mit dem toten Tier (zumal die Zubereitung zu wünschen übrig ließ und sie selbst dem Fleischverzehr nicht allzu zugetan war). Man muss es wohl so sagen: J. war mit der Situation überfordert, und die restliche Redaktion tat alles, um sie damit alleinezulassen. Nach einem weiteren Tag der Ratlosigkeit rief sie des Nachts einen Freund an und trug in ihrer Hilflosigkeit mit diesem das komplette in einen Müllsack gewickelte Schwein in einen nahe gelegenen Park, wo sie es zwischen einigen Büschen, nahe einem Abfalleimer, ablegten.

Jahre später sollte dieselbe Redakteurin eines Abends jäh aus der Fernsehcouch emporschießen, als sie in einer WDR-Sendung eines Interviews mit zwei Männern von der Stadtreinigung ansichtig wurde. Was denn das Seltsamste sei, was sie je irgendwo hätten entsorgen müssen, wurden die offenbar täglich von allerhand seltsamen Müllfunden auf die Probe gestellten tapferen Männer gefragt. Nun, antworteten die beiden, das wirklich Bescheuertste, das sie je gefunden hätten, sei ein halb fertig zubereitetes Schwein mitsamt Apfel im Mund in einem Kölner Park gewesen.

Mein Text über das »Rock am Ring«-Festival sorgt im Internet für unerwartete Entrüstung, mit der meine Eitelkeit wenig anfangen kann. Ich versuche es so zu sehen, dass – mehr noch als der Künstler – der Kritiker wohl Kritik aushalten können muss. Allerdings sind die Kommentare der schäumenden Rock/Internet-Schnittmenge bisweilen etwas Furcht einflößend. Auch klingelt mein Telefon in letzter Zeit auffallend oft, ohne dass sich, nachdem ich stundenlang dümmlich »Hallo? Hallo?« in den Hörer krähe, jemand meldet. Ich glaube, ich lasse mich mal ganz rasch überall austragen, wo meine Telefonnummer stehen könnte. Habe gerade tatsächlich ein wenig Sorge, dass bald Menschen in Slipknot-Kostümen in meinen Hausflur eindringen und aus lauter Wut über meine Abwesenheit sich an der ebendort platzierten Gehhilfe von Frau Bosbach aus dem dritten Stock vergehen.

Dieter Gorny hat die Popkomm abgesagt.

Oliver Kahn hat die Fußballweltmeisterschaft abgesagt.

Dirk Bach hat den CSD abgesagt.

Klaus Lage hat die Rockmusik abgesagt.

Und ich lösche heute Abend das Internet, damit endlich Ruhe ist.

Im Grunde ist es nur konsequent, die Popkomm abzusagen: Tolle Musik gab es in den letzten Jahren dort ohnehin kaum; ich selbst habe 2008 fast nur greise Bluesrocker zu hören bekommen.

Außerdem muss sich Dieter Gorny ja auf seine Karriere als SPD-Kanzlerkandidat vorbereiten. Er könnte in ein paar Jahren ganz famos gegen den derzeitigen Junge-Unions-Vorsitzenden Phillip Mißfelder antreten. Der hat auch nichts zu sagen, steckt seine unmarkante Nase aber überall rein, wo es nach Öffentlichkeit riecht.

Die Popkomm wiederum könnte vom Noch-Wirtschaftsminister und zukünftigen Rave- und Elekro-Beauftragten der Bundesregierung Karl-Theodor Freiherr zu Guttenberg neue Impulse erhalten. Schließlich hat der Mann seine Frau, Informationen der BILD-Zeitung zufolge, auf der Love Parade kennengelernt. Das ist neu! Früher haben Bundesminister ihre Frauen ja noch auf Speedmetalkonzerten oder Armdrückwettbewerben kennengelernt – gut, dass hier endlich jemand für frischen Wind sorgt.

Übermorgen interviewe ich nun doch noch Jan Delay. Morgen geht's aber erst mal zum Heavy Metal. Genauer gesagt zu den Umlaut-Fans von der Mötley Crüe.

Liebevoll tätowierte Menschen mit Bierdosen in der Hand säumen die gewundene Schanzenstraße in Köln. Der Unterschied zu einem Metallica- oder auch einem AC/DC-Publikum ist überdeutlich: Hier haben sich nicht einfach ein paar dickliche Alltagsgeknechtete ihre Band-T-Shirts über die Plauzen gezogen – hier geht es um Stil und Szene: Viel toupiertes und blondiertes Haar ist zu sehen, Leopardenmusterstrümpfe, Leder und munter gemusterte Stirnbänder; viele Herren haben Kajal aufgetragen, und selbst die üblichen Metal-Kutten scheinen mit dem Glam vergangener Tage bestäubt zu sein. Auffällig viele junge Frauen in Original-Achtziger-Rock-Montur laufen umher. Eine freundliche, feierwillige Härte liegt in der Luft. Auch auf den Parkplätzen trinkt man sich schon in Vorfreude. Ein junger Mann fordert auf seinem T-Shirt: »Fuck dance, let's fuck«. Später vielleicht. Drinnen in der Halle sieht es ähnlich aus: wie ein Kongress für folkloristische Härte, wie eine Wiedersehensfeier alter Haudegen. Pfandbecher gibt es heute ausnahmsweise mal keine, sie würden wohl zu gut als Wurfgeschosse taugen.

Mötley Crüe, die Band, die an diesem Abend vor ausverkauftem Haus spielt, lässt all die wilden Geschichten, die man sich über andere Rockbands erzählt, wie Putzigkeiten aus dem Vormittagsprogramm klingen. Sie sind die Band, vor der einen geschmackvolle Plattensammler immer gewarnt haben: ein lallendes Rock-Klischee, eine Rock'n'Roll-Zeitbombe auf Rädern, eine große Sause im Testosteron-Stadl, ein kalifornischer Albtraum auf Stelzen. Die Geschichte von Tommy Lee, Mick Mars, Vince Neil und Nikki Sixx – ausgiebig breitgewalzt in der hysterischen Autobiografie »The Dirt« – ist eine Geschichte von Drogen und Alkohol, von Blut und Exkrementen, von Tod und Wiederbelebung, von Sex, Krankheiten und hohem Haarspray-Verbrauch, von Härte und Haue. Und vom Weitermachen. Und selbst, wenn nur die Hälfte stimmt, möchte man die vier Herren besser nicht auf seine Haustiere aufpassen lassen. Musikalisch ist die Band eher in niederen Qualitätsregionen daheim: Im Grunde sind Mötley Crüe eine hysterische Pop-Band in Metal-Klamotten – und damit der quintessenzielle Hair-Metal-Act.

319

Bevor es auf das Konzert geht, darf ich Vince Neil, den Sänger der Band, zum Interview treffen. Wenn Nikki Sixx der kreative Kopf der Band ist, Tommy Lee der nimmerpartymüde Proll-Celebrity und Mick Mars der depressive tragische Opa, dann ist Vince Neil wohl der Rammbock und blondierte Prügelprinz der

Gruppe. Es war Neil, der sich noch bis vor wenigen Jahren immer wieder Rückfälle in den Alkoholismus leistete – und es war er, der meistens verstrickt war, wenn sich irgendwo jemand wehtat. Tragischer Höhepunkt war sicherlich der durch seine Besoffenheit verschuldete Unfalltod des Hanoi Rocks-Schlagzeugers Razzle, der eigentlich nur mit Neil Biernachschub besorgen wollte.

Ansonsten trieb Neil stets das, was kalifornische Metal-Helden eben so treiben: Er hatte mehr Groupies als David Lee Roth und Tom Jones zusammen, injizierte jahrelang Kokain, gründete Fitness- und Tattooläden, versuchte sich auf dem Pornofilmsektor und als Gastronom, ließ auf MTV sein Gesicht liften, fuhr Autorennen und verprügelte immer mal wieder irgendwelche Türsteher und Ehefrauen. Zwischendurch heiratete er viermal – darunter Ende der Achtziger auch eine Schlammwrestlerin!

Der Vince Neil, der, noch ohne Kajal und wilde Bühnenklamotten, nun in der kleinen Umkleidekabine sitzt, ist dagegen ein eher schüchterner Zeitgenosse; man könnte auch sagen, er ist langweilig. Auf die meisten Fragen antwortet der Mann, der vor einigen Jahren sein ausgiebiges Gesichtslifting fürs Fernsehen mitfilmen ließ, mit einem unsicheren »Man, what can I say?«, woraufhin ein verlegenes Lachen durch blitzweiße Zahnreihen folgt. Manchmal wird er aber auch richtiggehend komisch – wenngleich nicht freiwillig. Auf die Frage, was er denn von »Emo« halte, guckt er nur völlig verständnislos: »Emo? Was soll das sein?« Und nach kurzer Erklärung: »Man, sounds depressing.« Lieber hört er Frank Sinatra – oder AC/DC. Schon Grunge war dem Mann, der in den Achtzigern wie die Amanda Lear des Metal aussah, ein Dorn im Auge: »Das war alles scheiße. Bands, die aussehen wie ihre Fans – so ein Unsinn! Wenn man ein Rockstar ist, dann muss man auch so aussehen, alles andere ist Quatsch.«

320   Aber mehr kommt nicht. Neil ist ein Entertainment-Routinier durch und durch. Seine besten Sprüche hat er wohl seinerzeit für die Mötley Crüe-Biografie dem Co-Autor diktiert. Warum sollte er sie auch legendenpflegenderweise in jedem Interview noch einmal herunterbeten. Wahrscheinlich kann man sich von dem Mann wahnsinnig gut die Tattooläden, Striplokale und Spiel-

salons von L. A. zeigen lassen, in Interviews gibt er nicht viel her. Launiger ist das Konzert.

Zunächst gilt es demütig anzuerkennen: Metal-Fans feiern auf Konzerten inbrünstiger, intensiver – und uniformer. 4000 tätowierte Arme recken sich im Takt, und Vince Neil braucht kaum selbst zu singen. Links von ihm steht Bassist Nikki Sixx, ein ewiger Johnny Thunders-Lookalike mit toupierten Haaren und Tüchern am Gürtel. Rechts steht gekrümmt und nahezu regungslos der unter einer schweren Knochenerkrankung leidende Mick Mars, spielt seine durch unzählige Effekte gejagte Motorradgitarre und sieht dabei mit seinen langen schwarzen Haaren aus wie eine Jahrmarktsoma, die aus der Hand lesen kann. Vince Neil selbst sieht eigentlich nur wie ein Metal-Sänger aus – beziehungsweise wie ein Iron-Man-Teilnehmer, der nebenbei in Fantasy-Filmen mitspielt. Es dröhnt und brettert; das Ende des ersten Stücks ist länger als der eigentliche Song.

Irgendwann kommt auch der unvermeidliche Trommler Tommy Lee an den Bühnenrand geschlendert, lallt mit Neandertalerstimme etwas über »fucking Kölsch« und verteilt Jägermeister ans Publikum. Dann springt Vince Neil wieder wie angestochen mit flatternden Haaren umher, und sogar der tapsige Mick Mars wagt ein paar unsichere Schritte. Dennoch: Die Zeiten, in denen nicht ganz klar war, ob Mötley Crüe nun mehr von Koks, Heroin, Alkohol oder Haarspray abhängig waren, sind definitiv vorbei. Was früher nur mit Drogen zu bewerkstelligen war, geht heute wohl nur mit Fitness. Aber geniale Primitiv-Hits wie »Girls, Girls, Girls« (mit akustischem Motorradintro) zünden immer noch.

Als Zugabe gibt es bei der Ballade »Home Sweet Home« noch vorgetäuschte Kuscheligkeit am Papp-Piano. Auch hier singt das Publikum den Song. Und man erkennt mal wieder: Es mag im Metal um Außenseitertum und Rebellion gehen. Vor allem aber geht es um Heimat.

Dem Künstler ist nach Sonne.

Und weil es im Kölner Hilton keinen Balkon gibt, ziehe ich mit dem ganzen Jan Delay-Tross einmal über die menschenbewimmelte Domplatte in ein anderes Domizil. Dort angekommen, lässt sich Jan Phillip Eißfeldt – heute mal nicht im angeschnöselten Herr von Eden-Zwirn, sondern in klassischer B-Boy-Montur – auf dem Balkon mit prachtvollem Domblick in einen Stuhl fallen und legt Sonnencreme auf. Das bewusst nicht abgeschnippelte Nike-Schild an seinen blauen Turnschuhen flattert lustig in der milden Brise. Er zündet sich eine American Spirit an.

Es macht Spaß, sich mit ihm zu unterhalten: Er ist humorvoll, selbstironisch und intelligent. Da ist es relativ egal, dass ich mit seiner Musik wenig anfangen kann. Als Popmusik lässt sie sich aber problemlos verteidigen – und das ist oft nötig: Ich kenne nicht wenige Menschen, die Delays Musik für öden Besserverdiener-Funk mit hohem unkünstlerischen Berufsmusiker-Appeal halten, aber wer dies als ernsthaften Vorwurf erhebt, kritisiert im Grunde das ganze Genre und hat sich wohl lange nicht mehr für zeitgenössische Standards in der schwarzen Musik interessiert: Auch international wird, sobald es groovebetont werden soll, heute stets ordentlich herumgemuckt. Die häufig gehörte Kritik, Delays Band musiziere allenfalls auf dem Niveau einer zusammengemieteten TV-Late-Night-Showband, ist daher absolut unbegründet: Die Musiker von Disko No. 1 zitieren vielmehr die hibbeligen Funk-Routinen von Altmeistern wie The Meters und würzen mit Prince, James Brown und Disco.

Jan Delay ist ein Konsens-Popstar. Neben Peter Fox der hierzulande wohl einzige. Einer, der ganz und gar zu seinen Bedingungen – und mit seinen Einschränkungen – so groß und erfolgreich geworden ist. Doch nicht genug damit, dass Delay das überstrapazierte Popstar-Etikett dank einer wohlüberlegt zusammengebastelten Identität aus Haltung, Stil und Pose tatsächlich mit Stolz zu tragen vermag – er kann den Begriff darüber hinaus auch noch reflektieren. Eine Kombination, die in Deutschland noch seltener ist als vierblättrige Grastüten auf Rosenstolz-Konzerten.

Wie immer aber, wenn jemand so groß wird, treten die sich für Kritiker haltenden Motzköpfe und kleingeistigen Nöler auf den Plan. Im Falle Delays lautet der Vorwurf in etwa: Ja, der Typ ist halbwegs schillernd, und ja, so viele seiner Art laufen hierzulande nicht rum. Aber er ist doch schon ein ziemlich widersprüchlicher Charakter. Mancher nennt ihn gar bigott. Wie kann es sein, fragen sich Delays Kritiker, dass man einerseits auf links macht, andererseits aber einem Markenfetischismus oberster Kajüte frönt? Wie kann es sein, dass man »Ich möchte nicht, dass ihr meine Lieder singt« wettert, aber lustig jeden Stefan Raab-Auftritt mitnimmt? Wie kann es sein, dass man gegen Konzerne hetzt, Indie-Firmen lobt und gleichzeitig Nike trägt? Wie kann man gegen deutsche Kartoffelköpfe wettern und andererseits die Verhängung einer Radioquote für deutschsprachige Musik fordern? Wie kann man sich unentwegt gegen alles und jeden lautstark abgrenzen, sich aber auch mit unzähligen Langweilern so gemein machen?

Aber warum so miesepetrig? Im Gegensatz zu solch unterschiedlichen musikalischen Ödnissen wie Silbermond – mit denen er gemeinsam gesungen hat – oder Fettes Brot, mit denen er früher mal gemeinsam die Hip-Hop-Bühnen geteilt hat, ist Delay einer, der Fragen provoziert, an dem man sich – welch ein Geschenk! – reiben und abarbeiten kann. Am besten wohl, wenn er direkt vor einem sitzt.

Und so unterhalten wir uns eine Stunde lang in der brüllenden Kölner Sonne über die Freuden der Widersprüchlichkeit und der Unperfektheit in Kunst und Wirklichkeit. Und die paar Freiheiten, die man sich eben nimmt und die eben nicht jeder auf die deutsche Zimmerpalme gebrachte Indie-Sittenwächter und angebliche No-Go-Areas beaufsichtigende Kultur-Sicherheitsbeamte kapieren muss.

Denn: Freiheit – darum ging es doch irgendwann mal in der Kunst, oder?

Aber warum verlangen wir von Künstlern, die wir doch für ihre Unberechenbarkeit schätzen sollten, dass sie so dogmatisch sind, wie wir es selbst niemals hinbekämen? Warum tun wir so, als müssten die Bob Dylans, Morrisseys und Jan Delays dieser Welt irgendwelche Wahlversprechen einhalten? Vielleicht liegt es daran, dass wir – von unserer eigenen Unperfektheit enttäuscht – unsere Perfektionsansprüche und nichteinhaltbaren Maßstäbe nur zu gerne an öffentliche Personen weiterdelegieren – an prominente Maulaufmacher und Ikonen, die alles so viel toller machen sollen als wir selbst. Doch wehe, die öffentliche Person wagt es, ihren Anspruch auf Menschlichkeit und künstlerische Freiheit anzumelden. Dann wird rasch das eigene Unvermögen kleingeistig der Ikone vorgeworfen, die sich doch früher so weit aus dem Fenster gelehnt hat. Weil sie besser sein muss als wir selbst, sonst könnten wir vielleicht an gar nichts mehr glauben. Es fällt eben leichter, der öffentlichen Figur seine Nike-Turnschuhe vorzuwerfen, als sich selbst anzukreiden, dass man schon wieder die Platte eines Indie-Musikers illegal runtergeladen hat. Dass Freiheit nicht mit Willkür gleichzusetzen ist, versteht sich in dem Zusammenhang wohl von selbst.

25.06.2009

Das sind die besten Abende: Wenn man sich eigentlich nichts Besonderes verspricht – womöglich sogar überhaupt keine Lust hat – und dann das Seltene, Besondere eintritt.

Doch eins vorab:
Ich weiß, es klingt vielleicht töricht, aber ich will mir nicht vorwerfen lassen, es geahnt und niemandem gesagt zu haben:
Wenn demnächst all den Maxïmo Parks und Franz Ferdinands reihenweise die Mädchen weglaufen, dann liegt es an den deutschen Liedermachern. An Männern mit nachlässigem Haarwuchs und knirschenden Akustikgitarren. Zumindest anlässlich des Kölner Auftritts des Sängers Gisbert zu Knyphausen muss auf Rezensentenseite erstaunt festgestellt werden, dass mehr als die Hälfte des Publikums aus versonnen dreinblickenden jungen Damen besteht, die eigentlich an einem solchen Sommerabend Besseres zu tun haben müssten, als nachdenklichen Burschen mit Sorgenfalten beim Singen zuzuhören. War das damals auf Burg Waldeck auch schon so mit dem hohen Mädchenanteil, als

Franz Josef Degenhardt erstmals beim großen europäischen Liedersingen die Gitarre hochschnallte?

Aber natürlich ist es verfrüht, von einem Boom zu sprechen – wenngleich Knyphausens Konzert im Rahmen des 1. Kölner Schlaraffentags stattfindet, einem überwiegend von männlichen Neo-Bänkelsängern geprägten Mini-Festival.

Nachdem den restlichen Abend über das Lieblingsthema aller jungen Sänger – die Ratlosigkeit – überwiegend allzu selbstgefällig und gespielt nonchalant abgehandelt wurde (wenngleich es auch lichte Momente gab), betritt gegen elf zu akustischem Vogelgezwitscher Gisbert Wilhelm Enno Freiherr zu Innhausen und Knyphausen, wie er mit vollem Namen prunkvoll heißt, die Bühne. Knyphausen, mit 14-Tage-Bart und Jeanshemd, ist einer jener jungen Männer, die deutlich älter wirken, als sie sind. Er singt durchgehend mit geschlossenen Augen und mit Nachdruck – und seine offensichtliche Ernsthaftigkeit macht von vornherein einen angenehmen Unterschied zum Restprogramm aus. In Knyphausens Liedern scheint kein Platz zu sein für aufgesetzte Putzigkeiten oder Koketterie, und auch wenn er pointiert wird, merkt man, dass es ihm dabei todernst ist: »Ich und die Leidenschaft – was für eine ungewohnte Kombination/Ich weiß auch nicht so genau, wie das passieren konnte« singt er in »Flugangst«, ein paar Songs später heißt es »Noch viel Spaß mit deiner Zukunft/Ich will sehen, wie du an ihr zerbrichst«. So ernst er wirkt – Knyphausen hat Humor, aber er ist tief in diesen Liedern vergraben, und das macht sie besonders.

Im Hintergrund hat er eine großartige – wie er betont: noch namenlose – Band, und wenn diese den Stücken durch beherztes Aufspielen manchmal die letzte Sogkraft verleiht, ist man geneigt, an die vielen famosen Momente zu denken, die man mit der aufgelösten Band Blumfeld verbracht hat. Doch diese Lücke kann und will Knyphausen nicht schließen, das vermag nur Blumfeld-Sänger Jochen Distelmeyer selbst. Knyphausen ist tatsächlich mehr Liedermacher-Erbe und deutlich weniger Pop-interessiert. Am besten ist er, wenn er aus Songs, die sich als Liebeslieder anschleichen, musikalische Identitätskrisen macht und dabei aus dem Alltäglichen eine Attitüde herausschält.

Weit nach 12 Uhr nachts endet das furiose Konzert. Der ernste Dichter winkt noch einmal, und die Mädchen schlurfen selig mit oder ohne ihre Jungs in die Sommernacht.

Wir befinden uns im Kölner King Georg, als uns die Nachricht vom Tod Michael Jacksons erreicht.

Einige von uns kommen gerade vom Kings of Leon-Konzert in der Kölnarena, andere halten sich schon länger in unserem Lieblings-Etablissement auf, weil hier heute Abend der Musiker Jens Friebe aus seinem Buch »52 Wochenenden« gelesen hat.

Gegen halb eins hat es der Erste gehört – über Twitter. Noch ist es ein Gerücht, und es hört sich an wie das albernste Gerücht der Welt. Ich muss an den hiesigen Zeitungs-Verkäufer denken, der allabendlich mit seiner frischen Druckware durch die Kneipen zieht und die Kundschaft stets mit der Begrüßung »Bruce Willis ist tot« zu ködern versucht.

Und jetzt twittert uns diese seltsame Information in den Abend. Eben noch hatte mir eine Freundin von ihrer ersten Twitter-Erfahrung erzählt: Bei einem Weltrekordversuch im Dauerpianospielen seien dem Musiker Gonzales die Stücke ausgegangen, und sie habe begeistert ihre Lieblingsstücke getwittert – die tatsächlich prompt gespielt wurden. Ich war gerade dabei, meine kulturpessimistischen Reflexe zucken zu lassen, als die Information an unseren Stehtisch gelangt.

Sofort werden alle verfügbaren iPhones gezückt. Noch ist von Herzstillstand, Krankenhaus und Wiederbelebung die Rede. Der findige DJ spielt bereits »Beat It« – wo hat er diesen Song jetzt her? Wahrscheinlich hat man das »Thriller«-Album als im Auflegegewerbe tätiger Mensch ohnehin immer in der Tasche. Dann ist es Gewissheit: Michael Jackson ist tot, meldet die Los Angeles Times. Es ist eine monströse Nachricht, egal, was man von dem Mann gehalten haben mag. Es fühlt sich komisch an.

Michael Jackson war immer präsent für uns Pop-verdorbene Spätdreißiger. Im Guten wie im Schlechten. Er war der größte Star der schwarzen Popmusik, und er ist vor unseren Augen zu einer tragischen Gestalt geworden, gegen die Elvis wie der freundliche Herr aus der Nachbarwohnung wirkt. Inzwischen spielt der DJ »Thriller«.

Einer aus der Runde erzählt, er sei nur wegen Eddie Van Halens Solo in »Beat It« Michael Jackson-Fan geworden, ein anderer guckt mehr als bedröppelt und sagt, er habe jetzt wohl seinen ganz persönlichen Kurt Cobain-Moment, ein Dritter bemerkt abwesend, er sei immer davon ausgegangen, vor Michael Jackson zu sterben.

Es ist fast so, als wären gleichzeitig die eigene Oma, der hassgeliebte Klassenkasper, der kauzige Dorfpfarrer und der Bundespräsident gestorben: Immerhin war Jackson, egal wie man zu ihm stand, einfach der erfolgreichste und berühmteste Vertreter einer Kunstform, die uns so viel bedeutet: Popmusik. Es scheint fast konsequent, dass zum Zeitpunkt des industriellen Niedergangs nun der Mann abtritt, der mit 750 Millionen verkauften Tonträgern fast wie ein Leistungssportler einer aussterbenden Sportart wirkt. Und dennoch ist dies ein nachträglicher Tod, denn künstlerisch war das visionäre, aber hyperlabile Genie Jackson natürlich schon lange nicht mehr reanimierbar.

Ich will gar nicht so tun, als wäre ich ein wahnsinnig großer Michael Jackson-Fan gewesen. Als Jarvis Cocker vor Jahren einen Auftritt Jacksons störte, da klatschte ich dem zwangsironischen Milchbart Cocker innerlich Beifall für seine Unverfrorenheit, einer so von sich selbst besoffenen Figur die aufgeblähte Show vermasselt zu haben.

Trotzdem: Wie kann einem Michael Jackson egal sein, wenn man in den Untiefen seiner Pubertät mit den »Thriller«-Hits konfrontiert wurde: mit »Beat It«, mit dem Titelsong des Albums – und natürlich vor allem mit seinem schönsten Achtziger-Song überhaupt, »Billie Jean«. Ich hege eine höchst komplizierte Hassliebe zu diesen Songs, die zu Beginn der Achtziger immer liefen, wenn ich gerne etwas anderes gehört hätte, und die ich erst nach

Jahren mögen konnte. »Off The Wall«, eins der besten Party-Alben aller Zeiten, habe ich auch erst spät schätzen gelernt – es steht jetzt gerade ganz vorne im Plattenstapel.

Ich will hier ansonsten nicht heucheln. Den Rest zum Thema werden bessere, fachkundigere Nachrufe und die Biografen klären.

29.06.2009

Sky Saxon, der Sänger der Seeds, ist auch tot. Aber es scheint derzeit kein anderes Thema auf der Welt zu geben als Michael Jackson.

Es ist erstaunlich, aber ein paar Tage später – Jacksons Tod war inzwischen Aufmacher der Tagesschau, Titelgeschichte in allen Tageszeitungen, Gegenstand unzähliger Analysen, Essays, Live-Schalten, Studiogespräche, Sondersendungen und Faseleien – muss man feststellen: Da musste erst eine abgemeldete Popgröße sterben, damit sich die Medien mal wieder mit etwas auch nur halbwegs Musikalischem beschäftigen.

Es wird tatsächlich, auch in den dämlichsten Focus-Artikeln und in den hohlsten RTL-Sondersendungen und selbst, wenn es wirklich fast nur noch um Schmier und Kindergartenpsychologie geht, wieder über Pop gesprochen.

Ich rufe meinen 17-jährigen Neffen an, um herauszufinden, wie »die Jugend« zu Michael Jackson steht. Der Neffe sagt, die Todesnachricht habe ihn schon ein wenig berührt. Nein, Jackson sei für ihn vor allem ein Popmusiker und keine wandelnde Celebrity-Tragödie gewesen. Er habe jetzt allerdings nicht viel Zeit, meine Fragen zu beantworten, er müsse jetzt aufs Summer Jam.

Mein Gott, das »Summer Jam« – der Albtraum eines jeden sensiblen Musikfreundes: 20 000 weich gekiffte Verzeckte in der prallen Sonne, die zu schwulenfeindlichem Ragga-Geballere erdverbundene Tänze aufführen. Ist das nicht erst in einer Woche?

Ja, sagt der Neffe, aber er und seine Freunde schlügen schon heute in der Nähe des Kölner Festivalgeländes ihre Zelte auf.

Mein Gott, knospende Jugend im Sommer. Ich wünsche ihm viel Spaß. Beim Auflegen kugele ich mir den Arm aus. Ich werde meinen Physiotherapeuten aufsuchen müssen.

Zwischendurch mal wieder ein Film.

Wenn die Pornodarstellerin Sasha Grey demnächst als Haupt-darstellerin in Steven Soderberghs Film »The Girlfriend Experience« zu sehen ist, dann sagt dies weitaus mehr über die Durchsetzungskraft und das Talent der 21-Jährigen aus als über das Karrieresprungbrett Porno. In Jens Hoffmanns Dokumentar-film »9to5 Days in Porn«, den ich mir gestern Abend angeschaut habe, steht Grey noch ganz am Anfang ihrer Karriere. Ihre Kollegen sehe sie als Werkzeug, sagt Grey typisch schnoddrig und selbstbewusst an einer Stelle des Films: »Sie sind meine Knarre, mit der ich schieße.« In der Einstellung darauf tanzt sie in Jeans und Top mit ihrem Freund Ian zu Pianogeklimper über einen von der Abendsonne beschienenen Parkplatz: fast ein Independent-Girl-Idyll.

18 Monate hat der Münchner Filmemacher Jens Hoffmann im Valley gedreht und ist den Antistars, bösen Jungs, Vorderdamen und Hintermännern des Genres extrem nah auf die Pelle gerückt. Er hat einen Film gedreht, der alle Vorurteile gegenüber der Pornoindustrie bestätigt – und oft genug auf hysterische Art übertrifft: Hoffmanns slicke Bilder schwanken zwischen grotesken Beiläufigkeiten und entlarvenden Detailansichten; er porträtiert ein Filmgenre, das vom totalen Sehen und Zeigen lebt, und verschiebt dafür den Blickwinkel.

So rührend und entlarvend der Film bisweilen ist, sosehr er die Bigotterie im Gewerbe – und beim Zuschauer! – aufdeckt: Er präsentiert Porno als härteste Spielart von Pop (der ja, wie einem gerade von den Boulevardmedien anlässlich des Jackson-Todes erklärt wird, auch ein dreckiges, obszönes Geschäft ist).

In den Achtzigern hat Heinz Rudolf Kunze mal einen ganz guten Song mit dem Titel »Pornos« geschrieben. Um den ganzen Text zu lesen, muss man im Internet übrigens »Heinz Rudolf Kunze Pornos« eingeben, das finde ich lustig.

03.07.2009

Als ich unlängst auf dem Kölner Konzert der Frisuren-Metal-Band Mötley Crüe weilte – s. hierzu auch mein Eintrag von vor ein paar Tagen –, wurde ich im Foyer der Halle von einem tätowierten jungen Mann gezielt angerülpst. Ich war hierüber allenfalls mild empört, denn schließlich befand ich mich sichtlich auf der falschen Party: Weder trug ich die erforderlichen Metal-Folklore-Trachten, noch war ich mit irgendwelchen anderen Insignien der Härte ausgestattet. Ich habe aber, das muss ich zugeben, vor allem deshalb von einer Maßregelung des Mannes abgesehen, weil man mich sonst womöglich kollektiv verhauen hätte. Ich schreibe das nur, um ein wenig den Eindruck zu erwecken, mein Beruf sei nicht ganz ungefährlich.

Ansonsten soll es heute um etwas ganz anderes gehen. Ich möchte nämlich einen ambitionierten musikberichterstatterischen Versuch wagen. Hintergrund ist der Umstand, dass ich vor einer Woche die Konsens-Rockband Kings of Leon in der Kölner Lanxess-Arena zu besichtigen die Freude hatte. In derselben von enormer Weitläufigkeit und akustischer Rappeligkeit geprägten Halle sah ich vor Wochen auch den 80-jährigen Orchesterleiter James Last. Daher erfolgt heute exklusiv an dieser Stelle

DER GROSSE KINGS OF LEON/
JAMES LAST-KONZERTVERGLEICH

Zunächst ist zu sagen, dass die Kings of Leon momentan ja überall sind. So scheint es Fernsehschaffenden derzeit schlichtweg unmöglich zu sein, einen Magazin-Beitrag über Wasserski, Baggerseen, Eisessen, Jugendsexualität, Alterssexualität, Kanalreinigungsarbeiten, Zebras oder antike Streichelkeramik herzustellen, ohne dafür die Musik der Kings of Leon zu verwenden. Lediglich in Michael Jackson-Berichten läuft nur selten etwas von den Kings of Leon. Auch im Radio dudelt dauernd »Sex On Fire« oder irgendein anderes Werk der amerikanischen Band. Und jetzt sind sie auch noch die erste Band des Post-2000er-Indie-Booms, die es in Deutschlands größte Konzertarena schafft. Das hätte den ehedem zauselhaarigen Burschen vor Jahren, als sie noch klangen, als seien Velvet Underground mit Schmackes in den Heuschober von Creedence Clearwater Revival gebrettert, niemand zugetraut.

Wenn man sagt, die Kings of Leon sind überall, muss man der Fairness halber auch sogleich anführen, dass James Last nun wirklich schon überall war: Als Käpt'n James beschipperte der ehemalige Bassist mit seinem fröhlichen Orchester sämtliche seichten Musikgewässer und ließ dabei keine billige Hafenrundfahrt aus. Auch die Partykellergelage meiner Eltern wurden von Lasts Platten regelmäßig in obere Entrücktheitskategorien geschossen.

Erstes Vergleichskriterium sollte der Konzertanfang sein.

Hier liegen die Kings of Leon klar vorne. Im lediglich von flackerndem Geblitze durchzuckten Dunkel zu Boxkampf-tauglicher klassischer Musik auf die Bühne zu kommen, ist zwar ein häufig genutztes Einstiegsbrimborium, funktioniert aber auch verlässlich gut.

Bei James Last habe ich den Anfang leider verpasst, aber ich glaube kaum, dass der rüstige Orchesterleiter an dieser Front punkten konnte. Wenn mich allerdings mehr als vier Leserbriefe erreichen, in denen glaubhaft (und unter Verwendung von Bildmaterial) dargelegt wird, dass James Last zu Beginn seiner Shows stets auf einer aus dem Hallenhinteren abgeschossenen Kanonenkugel einreitet, bin ich bereit, meine Punktevergabe hier zu korrigieren.

Vergleichskriterium Nummer 2: Humor

Ein ganz klarer Sieg für James Last. Das liegt erstens daran, dass die Kings of Leon in etwa so humorvoll sind wie ein müder Deutscher im Stau (ein Punkt, der sie als Rockband eben gerade so toll macht).

Zweitens ist James Last einfach extrem lustig. Was er zwischen den Stücken da abzieht, lässt an einen alten Playboy an der Hotelbartheke denken. »Die können blasen!«, ruft er bei der Musikervorstellung seinen Trompetern hinterher, auch die »Po-Ebene« einer seiner Sängerinnen wird vom Meister gerühmt. Last demonstriert auch popkulturelle Kenntnis: »Kennt ihr Amy Winehouse?«, ruft er irgendwann ins Publikum, nachdem er seinem Gitarristen argen Brandy-Konsum unterstellt hat. »Die muss auch nach jeder Produktion einen einschenken.« Dann spielt er »Rehab«.

Vergleichskriterium 3: Kleidung
Auch hier ein großes Plus für James Last, da die Kings of Leon in ihren Rockröhrenhosen inzwischen aussehen wie leidlich modisch gekleidete Handyverkäufer. So etwas darf im großen Rockgeschäft nicht sein. Auch Vince Neil, der Mötley Crüe-Sänger, sagte mir vor zwei Wochen kopfschüttelnd im Interview, er habe Grunge vor allem deshalb so blöd gefunden, weil die Bands alle aussahen wie ihre eigenen Fans.
James Last dagegen trägt einen feinen Anzug. In der Pause zieht er sich sogar um und kommt in einem Jackett zurück, dessen Muster mich an ein altes Sofa meiner Oma erinnert. Trotzdem flott!

Vergleichskriterium 4: die Hits
Hier siegen Leon, die Profis! »Sex On Fire« ist tatsächlich genau der seltene Fall von einem Konsens-Hit, den ich gerne und ohne falsche Scham mit 14 000 anderen Menschen teilen mag.
James Last spielt zwar auch »Morgens um sieben ist die Welt noch in Ordnung« (Szenenapplaus), aber auch Murks wie eine endlose Fassung von Green Days »When September Comes«.

Vergleichskriterium 5: Stimmung
Hier hat wiederum der Easy-Listening-Handdampf die Nase vorn. Bei den Kings of Leon wird stumpf mitgeklatscht – die unterste Schublade menschlicher Rhythmus-Regung. Bei LL Cool James formiert sich beim nachgespielten Pink-Hit »So What« tatsächlich eine Polonaise, die munter durch die Arena

zieht. Angeführt wird diese von einem Mann, der einen gelben Regenschirm mit einem Entengesicht darauf rhythmisch auf und ab führt! Man muss es wohl gesehen haben. Auch Paartanz ist zu bestaunen.

Ich halte fest: James Last siegt gegen die Kings of Leon mit einem verdienten 3:2. Hätte ich allerdings das Kriterium »Solistenleistungen« herangezogen, hätten die Rockmusikanten gleichgezogen, da sie auf unnötiges Gitarrengenüddel fast komplett verzichten. Lasts Gitarrist hingegen bot unter antiquiert wirkenden Körperkrümmungen ein paar angeberische Instrumentenfachhandelmitarbeiter-Soli dar, für deren effekthascherische Aufdringlichkeit jeder Nachwuchsgitarrist zur Strafe sein Instrument hätte aufessen müssen. Kategorien wie »Merchandise«, »klangliche Brillanz« oder »Sexualität« mussten leider aus Platzgründen geopfert werden.

Zosch! Jamie T öffnet sein drittes Bier an diesem Nachmittag. Wir sind soeben von der Dachterrasse des Kölner EMI-Towers vor dem einsetzenden Gewitter in den Raum geflüchtet, wo er sein Reisegepäck – eine abgewetzte lederne Umhängetasche – abgestellt hat. »Guck dir das an, das ist alles, was ich unterwegs dabeihabe. Das ist derzeit mein Leben.« Dann, als fiele ihm auf, dass er gerade etwas selbstmitleidig geklungen hat, bemüht er sich, den Eindruck sofort wieder zu korrigieren: »Aber ich liebe das so.« Er zündet sich eine Benson & Hedges an, fläzt sich aufs Sofa und zeigt auf die Bilder an der Wand: »Art or crap?«, fragt er rhetorisch mit seinem ruppigen Londoner Pommesbuden-Akzent, nur um sich selbst rasch mit »Probably crap« zu antworten. Dann nimmt er einen beherzten Schluck Bier, rülpst und wirft sich wieder ins Sofa zurück.

333

Was für eine Fresse, ach, was für ein Typ! Am liebsten möchte man sich Jamie T packen und mit ihm auf der Stelle eine englische Arbeiterklassenkomödie drehen. Mit seiner halb kindischen, halb angeberischen Rotzlümmel-Art hat der 23-jährige Jamie Treays aus dem bürgerlichen Wimbledon seine Landsleute vor gut zwei Jahren im Sturm erobert: Auf »Panic Prevention«, dem an allen Enden rappelnden Debütalbum, kombinierte er seine Liebe zu frühem Reggae und Ska mit der straßenklugen Raubeinigkeit eines Joe Strummer, der Folk-Punk-Attitüde eines Billy Bragg und dem Eklektizismus von Beck und den Beastie Boys. Doch es waren mindestens so sehr seine alltagsprallen Texte über lange Londoner Nächte, die ihn zum Liebling aller coolen Mädchen mit Gitarrenband-Überdruss machten – und die ihm arg oberflächliche Vergleiche mit anderen nationalen Pop-Heiligtümern wie Mike Skinner alias The Streets oder Lily Allen einbrachten.

Treays schrieb sein Debüt, das er mit seinem Kumpel Ben Bones kostengünstig zu Hause aufnahm, noch als Teenager im heimischen Jugendzimmer. Entsprechend verwirrt war er, als dann der große Erfolg über ihn hereinbrach: »Calm Down Dearest« wurde ein Top-10-Hit, das Album vergoldet, und für den Mercury Award war er auch noch nominiert. Mancher, der damals zu einem seiner Konzerte ging, rechnete mit einer Bauchladung des hochgejubelten Debütanten, doch die Shows gehörten zum Erfrischendsten, was man in den letzten Jahren auf der Bühne erleben konnte – auch wenn seine Band, bestehend nur aus »best friends«, den Eindruck einer wandelnden Selbsthilfegruppe für Gras- und Playstation-süchtige Kapuzenpulliträger erweckte. Aber spielen konnten die Burschen, dass es eine echte Freude war. Treays Stimme klang in echt noch umwerfender als auf Platte – wie ein höhnischer Wind, der frech durch enge Nebenhöhlen pfeift. Unablässig verteilte er Tapes und scherzte mit den ersten Reihen: »Is this a press conference?«, fragte er die schnatternden Gören einmal. »Salvador« kam im doppelten Tempo, »Calm Down Dearest« bog Gelenke und Gemüter, und »Back In The Game«, bei dem er so schön die Vokale quetscht und die Konsonanten kappt, ging am Schluss in ein »Paradise City«-Cover über. Die Band wollte man am Schluss am liebsten mit nach Hause nehmen – allen voran den wahnsinnig lässigen Bassisten. Bewegt man sich eigentlich automatisch so cool, wenn man einen Bass umhängen hat, fragte ich mich damals. Der Keyboarder dagegen sah derart zubetoniert aus, als würde er gleich der

Länge nach auf seine Tastatur klatschen. Zusammen mit ihrem Frontmann aber ließ diese Band etwas entstehen, von dem man des Öfteren geneigt war zu denken, es wäre neu. Dabei war es nur wild.

Nach der Tour jedoch fühlte Jamie T sich ausgebrannt: Er kam nach Hause und stellte fest, dass dort kein Leben, kein Alltag auf ihn wartete. Er kaufte sich ein Haus in Wimbledon und versuchte sich auszuruhen. Doch schon nach einem Monat sprudelte er wieder über vor neuen Songs. Wie so oft bei Jamie T war er auf neue alte Musik gestoßen, die ihn begeistert und inspiriert hatte. Diesmal aber war es ein besonders schwerwiegender Fall – Jamie T hatte Bob Dylan entdeckt. Er grinst begeistert durch seine schiefen Zähne: »Die Leute haben mir jahrelang Scheiße über Dylan erzählt: dass er nicht singen kann usw. Und dann gab es diesen Moment, es war ein Zufall, wie so oft, und er hatte mich am Haken.« Es war Dylans zweites Album, »The Freewheelin' Bob Dylan«, das ihm den Einstieg in die alleserklärende Wunderwelt Dylans verschaffte. »Was ich daran liebe, ist, dass er so dreist, so vorlaut und so jung ist. Er verarscht sie alle, aber die Leute kapieren die Ironie bei Dylan ja meistens nicht. Er hat die Situation, in der er sich damals befand, genau durchschaut: Er sollte ein Sprachrohr sein. Und damit hat er gespielt.« Ob er einen Lieblingssong hat? Treays muss nicht lange überlegen: »›Bob Dylan's Blues‹: (fängt an zu singen) ›Well, The Lone Ranger and Tonto/they are ridin' down the line/fixin' everybody's problems/everybody's except mine/Somebody musta tol'em/I was doin' fine‹. Er ist so ein faszinierender Charakter, von dem Kaliber gibt's ja nicht viele. Ich liebe die Tatsache, dass niemand wirklich weiß, wer Bob Dylan eigentlich ist.«

Bob Dylan, die Specials, The Clash, amerikanischer Post-Punk und alter Hip-Hop: Jamie Ts Inspirationsquellen verweisen alle in die Vergangenheit, da verwundert es schon, dass er es schafft, so frisch zu klingen, dass die restlichen britischen Hungerhaken nach »Musizieren nach Zahlen« klingen. Das liegt vor allem an dieser unglaublichen Leichtigkeit und Selbstverständlichkeit: »Kings & Queens« ist deutlich songorientierter als der Vorgänger – und trotzdem ist es eine der tanzbarsten britischen Pop-Platten seit Langem. Vor allem vor dem Hintergrund der nicht eben unangestrengten Versuche britischer Indie-Streber wie Maxïmo Park oder Franz Ferdinand, ihren nachgebastelten Waverock schwärzer und discoesker – und damit sinnlicher – klingen zu lassen, begeistert die Dreistigkeit und Nonchalance, mit der Jamie T schwarze Rhythmik und britische Plaudertaschenlieder Petting betreiben lässt. Auch wenn das Ergebnis natürlich ein ganz anderes als bei den öden Maximofanten ist.

Aber wie kann es sein, dass ein 23-Jähriger so gar nichts mit zeitgenössischer Musik anfangen kann? Jamie T versucht eine typische Erklärung: »Vielleicht liegt es ja daran, dass moderne Musik scheiße ist. Es ist aber auch so leicht, sich in die alten Sachen zu versenken, du kannst da ganze Welten entdecken. Als ich 15 war, gab mir James, mein Bassist, eine Desmond Dekker-Platte. Dann entdeckte ich Don Drummond. Ich war verfickte 15 Jahre alt, hörte dieses Zeug und bin durchgedreht! All meine Freunde rannten in Nirvana-Shirts rum, und ich habe von Ska gepredigt – das macht einfach viel mehr Spaß. Und wenn man einmal angefixt ist, findet man ja auch kein Ende. Ich habe immer noch nicht den Anschluss ans Heute gefunden, aber ich versuch's.« Zosch! Das nächste Bier.

Es ist aus hiesiger Perspektive nahezu unmöglich, Jamie Ts Musik nicht als Londoner Schmelztiegel-Pop zu hören und somit als durch und durch englisch zu empfinden – zumal bei diesen schnappschussartigen Texten aus dem englischen Alltag. »Meine größte Sorge ist, dass sich in England alle mehr und mehr zu Tode langweilen«, nuschelt Treays mit der nächsten Zigarette zwischen den Lippen. »Mit Langeweile kommen viele sehr schlechte Sachen. England ist gerade extrem öde, aber aus dieser Ödnis kann, um es positiv zu sehen, nur etwas Neues, Großartiges entstehen. Es ist ein ganz natürlicher Prozess: Etwas bricht zusammen, und etwas Neues entsteht, ich glaube, an so einem Punkt sind wir gerade. Aber im Moment ist es nur sauöde.«

Auch dieses Mal war wieder Jamies alter Freund Ben Bones extrem wichtig für das Album. Außer den beiden wurde niemand ins Studio gelassen – von einem von Stephen Street produzierten Song abgesehen: »Ben hat mir all das technische Gerät beigebracht. Er hat mir logic erklärt, womit ich ja meine Platten produziere. Er ist einer der wenigen, der sofort versteht, was ich will, was ich meine, welchen Klang ich suche usw. Ben ist mein bester Freund, mit ihm zusammen erlebe ich meine euphorischsten Momente. I'm Robin and he's Batman.« Mit seinen Band-Kumpels im Studio zu arbeiten, kam für den Einzelgänger jedoch nicht infrage: »Ich bin noch nicht so weit. Ehrlich gesagt, ich weiß gar nicht, wie man sich als Teil einer Band verhält. Ich bin gerne mit meinen Jungs auf Tour, wie gesagt, sie sind meine besten Freunde. Aber ich brauche es auch, alleine zu sein. Und kreativ sein kann ich – außer mit Ben – sowieso nur alleine. Ist eben so. Ich muss mein Ding durchziehen.« Man hatte es natürlich längst geahnt: Bei Jamie T ist es wie bei allen wirklich Guten: Er kann schlichtweg nicht anders.

07.07.2009

Immer da, wo Element Of Crime sind, bin ich selten.

09.07.2009

Auf Popkonzerten trifft man ja mitunter Leute, die man nie treffen wollte. Und manchen kommt man sogar beklemmend nah. Ein bisschen ist es wie beim Autofahren: Konzerte scheinen aus den Menschen ihre düstersten Seiten herauszuholen. Der eine schubst und rempelt rüde, um einen besseren Platz zu bekommen, andere wiederum verteidigen bockig ihren Standort wie Strandtouristen ihre Liegestühle. Und das Schöne ist: Man kann ganz leicht in beide Rollen selbst hineingeraten. Ich bin heute eher der Platzverteidiger und ertappe mich einige Male beim entnervten Dreinschauen.

Dass es im Kölner Luxor so voll geworden ist, verdankt das Duo La Roux – bestehend aus Sängerin Elly Jackson und Produzent Ben Langmaid – einer beträchtlichen Internetbejubelung nebst anschließendem Pressetumult; Elly Jackson dürfte seither ebenso viele Modeshootings absolviert haben, wie es wohlwollende Rezensionen für das Album gab. Eben erst stieg die Single »Bulletproof« in England auf Platz 1 der Charts ein, das Album folgte kurz darauf auf Platz 2. Es ist noch einmal die ganz große Achtziger-Tastatur, auf die sich hier mit Schmackes draufgesetzt wird: La Roux werfen munter Ideen von Bands wie Yazoo, Human League oder den Eurythmics durcheinander und unterfüttern diese mit zeitgenössischem elektronischen Wumms – es bleibt zu hoffen, dass sich in der Folge solch lustvollen Wiederkäuens nicht auch noch Blödelbands wie die Thompson Twins zu einer Wiedervereinigung animiert fühlen.

Ein Clip auf YouTube, der La Roux bei einem NME-Auftritt zeigt, ließ am Nachmittag schlimmste Sorgen in mir emporsprießen: Elly Jackson trifft da so ziemlich keinen einzigen Ton. Auf Platte vermag die hohe heisere Sonderstimme der Frau ja durchaus zu erfreuen, live, so steht so befürchten, ist sie einfach nur eine weitere Person, die nicht singen kann. Doch beim Kölner Konzert geht, was da angeht, alles gut.

Zum Konzert ist Elly Jackson mit drei Gastmusikern angereist, Produzent Langmaid, so ist zu hören, hält sich lieber im Hintergrund. Singend kommt sie auf die Bühne: Mit steil emporgesprayter Haartolle, goldener Jacke und Riesenamulett sieht sie aus wie ein britischer Harlekin in der Achtzigerjahre-Dorfdisco. Und trotzdem wirkt sie nicht einfach nur affig. Bei La Roux ist es wie bei den zahlreichen bärtigen Neo-Hippiebarden, denen man ja ebenfalls allzu rasch bloße Nachstellerei alter Pop-Posen vorwirft: Würde all diese offen rückwärtsgewandte Musik keinen Dialog mit dem Hier und Jetzt eingehen, wäre sie wohl allenfalls für Nostalgiker interessant. Doch den Stücken von La Roux ist bei aller freudigen Kenntnis von Achtziger-Schlüsselreizen zugleich auch die Reflexion über diese Effekte eingebaut, und das überwiegend recht junge Publikum reagiert mit munterem Gequietsche. Eines muss allerdings gesagt sein: Elektronische Drumpads, wie sie ein blondierter junger Mann am linken Bühnenrand betrommelt, sehen heute noch dämlicher aus als damals.

Das Problem von La Roux ist indes ein anderes: So außergewöhnlich Elly Jacksons Stimme für zwei, drei Stücke klingt – man stelle sich eine Androiden-Version von Annie Lennox vor –, sosehr beginnt sie danach in ihrer Unnuanciertheit massiv zu nerven. Auch ihre Bühnenfigur gibt nicht viel her, sie fügt allenfalls dem Begriff »spröde« ein paar ungeahnte Facetten hinzu. Man kann diese Unterkühltheit wahnsinnig konsequent finden, man kann aber auch einfach gelangweilt vornüberkippen. Zum Glück steht da ja ein anderer Strandliegestuhl, der einen auffängt.

Was bleibt, sind zwei tolle Singles: »In For The Kill« und »Bulletproof«. »Have a good dance«, ruft Elly Jackson vor Letzterem. Nach dem Song wird es hell, eine Zugabe gibt es nicht. Wäre auch nicht nötig gewesen.

10.07.2009

Es war das erste Konzert für Stietenroths Nichte.

Und einen besseren Einstieg als Brian Wilson hätte sie wohl kaum erwischen können. Zumal der Austragungsort des Konzertes dem kindlichen Drang nach Bewegung im Freien entgegenkam. Stietenroth und ich hätten allerdings lieber in einem würdigeren Ambiente Wilsons Musik gelauscht (wie es uns vor Jahren mal in der Alten Oper in Frankfurt vergönnt war).

Der Bonner Museumsplatz ist nämlich ein Auftrittsort von recht eigentümlichem Charme. Wer auch immer die zwischen zwei Museen eingepferchte Freilichtbühne mit dem sich davor befindlichen knirschenden Kiesplatz und den Kurort-Atmosphäre suggerierenden Stuhlreihen betritt, wirkt automatisch ein wenig wie der abgehalfterte »Oldie-Act« auf einem Stadtfest in der Provinz. Man durfte gespannt sein, wie dieser Ort wohl Brian Wilson, dem unfassbarsten aller Sechzigerjahre-Überlebenden, bekommen würde.

Brian Wilson, 67, gilt heute noch vor Dylan und noch vor Lennon & McCartney als das größte Genie der Popgeschichte. Dieser Ruf bedingt sich natürlich zu einem Großteil aus seiner tragischen Biografie – allerdings ist Wilsons Lebensgeschichte, die von schwerer psychischer Krankheit, Drogenexzessen, Verlust,

Größenwahn und einer fast schon aggressiven Naivität geprägt ist, nicht einfach nur eine gute Rockstargeschichte, die man Neueinsteigern zwischen zwei Platten mal eben herunterbetet – sie ist von seiner Musik schlicht nicht zu trennen: Wer das Beach Boys-Album »Pet Sounds« oder die dunklen kalifornischen Albtraumlieder auf »Surf's Up« zum ersten Mal hört, wird sofort spüren, dass dieser Mann einen hohen Preis für seine Kunst gezahlt hat. Seit den späten Neunzigern ist Wilson, der jahrelang nur depressiv im Bett lag, noch länger einem raffgierigen Therapeuten ausgeliefert war und heute aufgrund seiner Medikamentierung stets den Eindruck eines abwesenden alten Mannes macht, künstlerisch aktiver denn je. Er ging mit »Pet Sounds« auf Tour, vollendete das »Smile«-Projekt, das ihn Ende der Sechziger endgültig dem Irrsinn in die Arme laufen ließ, und veröffentlicht regelmäßig neue Platten.

Schon um 19 Uhr betritt er mit seiner Band die Bühne und haut erst mal ein paar Hits raus: »California Girls«, »I Get Around«, »Surfer Girl«. Wie immer sitzt der tapsig wirkende Wilson in Jogginghose und mit Laufschuhen hinter seinem Keyboard, starrt unverwandt auf den Teleprompter und wirkt, während alles um ihn herum tanzt und feixt, wie ein Jubilar, der seine eigene Ehrenfeier nur im Halbschlaf miterlebt. Ab und zu klatscht er mit oder gestikuliert seltsam auswendig gelernt. Wenn dann am Songende der Applaus aufbrandet, sitzt er einfach nur regungslos da und starrt aus leeren, ängstlichen Augen ins Publikum. Wüsste man nicht um die Geschichte dieses Mannes – es wäre einfach nur seltsam.

Nach einer kurzen Pause nimmt das Konzert dann – um es jugendsprachlich auszudrücken – Fahrt auf: Wilson eröffnet den zweiten Teil mit der Phil Spector-Ehrerbietung »Then I Kissed Her«. Nach drei Songs ruft er »Goodnight everybody«. Was viele kurz für ein Anzeichen von Verwirrung halten, war aber nur ein Scherz. Spätestens ab »All Summer Long« hat Wilson dann die Musik im Griff – oder die Musik ihn. Selbst die komplizierte Song-Kathedrale »God Only Knows« (»the best song of my whole career«) bröckelt dank Wilsons sicherer Intonation nicht; die Band spielt dazu lustvoll, aber nie zünftig – es dürfte unmöglich sein, diese Stücke routiniert und freudlos herunterzudreschen. Vor der Bühne kann man inzwischen die Oldieradiohörer von den Fans des Pop-Avantgardisten Wilson nicht mehr unterscheiden. Aber warum sollte man auch: Sind Menschen jenseits der sechzig, die in wettertüchtigen Funktionsjacken Twist tanzen, peinlich? Nein, nicht bei dieser Musik. Denn die Beach Boys-Songs gehören ihnen mindestens genauso sehr wie uns nachgeborenen »Pet Sounds«-Jüngern, und sie dürfen sich dazu bewegen, wie sie wollen. Brian Wilson würde vermutlich ähnlich tanzen, wenn er es noch könnte. Und so bietet sich denn ein schönes Bild an diesem denkbar unkalifornischen deutschen Regensommertag: Alte Herren mit Haarkranz krümmen sich entfesselt, derweil ihre Frauen am Fotohandy dilettieren; ein paar Um-die-Vierziger wischen sich die Tränen aus den Augen oder schütteln nur fassungslos den Kopf. Für Rührung sorgt beides: diese unantastbar schöne Musik und der tapfere Mann, der sie als einzige Möglichkeit zur Kommunikation mit der Welt nutzt. Selten hat die Maske des Show-Profis so rührend schief gesessen wie bei Wilson. Auch wenn er sich bewegt wie ein Greis, wirkt er doch im Grunde wie ein Kind, das so tut, als ob nichts wäre, dem aber doch alles anzusehen ist, was niemand sehen soll.

Als Zugabe setzt es noch »Surfin USA« (der Lieblingssong von Stietenroths Nichte), »Barbara Ann« und »Help Me Rhonda«, diese großen Sorgenverdrängungslieder, diese eskapistischen Gespinste über die Freuden des Daseins, die selbst zu erfahren ihrem Schöpfer nie vergönnt war. Der Museumsplatz indes hat ihm nichts anhaben können, und noch in der U-Bahn singen ältere Männer »Don't Worry Baby«. Einer der Männer tritt sogar an unseren Platz, beugt sich zu Stietenroths Nichte hinab und raunt: »Weißt du eigentlich, dass du da eben eine Legende gesehen hast?« »Ja, haha, das ahnt sie wohl«, antwortet Stietenroth onkelhaft verlegen, derweil das Kind dem Mann nur in den von einer zünftigen Fahne durchwedelten Rachen starrt. »Nein«, sagt der Mann schwankend, aber bestimmt, »das kann sie nicht ahnen. Aber in ein paar Jahren wird sie es wissen.«

Vor wenigen Tagen wurde ich auf der Straße Zeuge eines erregten Disputs zwischen zwei Männern mediterraner Herkunft. Das Gespräch hatte im Wesentlichen die Frage zum Gegenstand, wer der beiden wohl der Tollere sei. Irgendwann brüllte der eine: »Du hast ja noch nicht mal Haare!« Das stimmte wohl, der andere hatte eine Glatze. »Na und?«, gab der zur Antwort und verwies im Gegenzug allen Ernstes darauf, dass sein Auto die besseren Einspritzdüsen vorweisen könne. »Is' mir egal«, blaffte der Erste zurück, »ein echter Mann muss Haare haben!«

Es soll daher – inspiriert durch diesen Diskurs – heute von einem Thema die Rede sein, das für die Popmusik wichtiger war und ist als die Erfindung der CD, der Beatles, des Starschnitts und der dreihalsigen Bassgitarre zusammen: Haare. Haare sind im Grunde alles in der Popmusik. Fragen Sie hierzu mal Brian Molko von Placebo! Der spaziert derzeit, nachdem er lange Anzeichen fortschreitenden Kahlens aufwies, wieder mit sattem Bewuchs durch die Gegend. Arbeitet er mit der Elton John-Methode und trägt ein Pferd auf dem Kopf? Oder orientiert er sich an Beau Bridges, der als Bar-Pianist in »The Fabulous Baker Boys« seine Tonsur mit schwarzem Schuhspray verschwinden lässt? Beide Varianten sind so lustig wie legitim.

Haare sind natürlich vor allem deshalb wichtig im Popbetrieb, weil ihre Umgestaltung die simpelste Art und Weise darstellt, sich »neu zu erfinden«, wie es gebetsmühlenartig heißt, sobald jemand anders aussieht als drei Wochen zuvor. Bei Musikern wiederum, die irgendwann auf einer Stammfrisur einrasten, ist oft diese Haartracht das entscheidende Markenzeichen. Ich möchte in diesem Zusammenhang die allenfalls mittelsteile These wagen, dass so unterschiedliche Menschen wie La Roux, Morrissey, Robert Plant, Leo Sayer, Paul Weller und Right Said Fred ohne ihre Signaturfrisuren nicht halb so erfolgreich geworden wären, wie es der Fall ist.

Echte Pannen kommen übrigens erstaunlich selten vor. Die schlimmsten Frisurenausfälle leisteten sich meines Erachtens die beiden Ex-Rausch-Kumpane Lou Reed und David Bowie in den Neunzigern, wobei die jeweiligen Frisuren auf diametrale Art misslungen waren: Reed sah aus wie sein eigener Gitarrenroadie aus den Achtzigern, und Bowie erweckte den Eindruck, mit einer 17-jährigen Frisörin mit Vorliebe für Cyberwelten liiert zu sein. In einer ganz eigenen Liga spielt natürlich Phil Spector, der – neben Sinatra und Bobby Darin – große Toupettträger der Popmusik.

Interessanterweise hat der berühmte Radiomoderator Bob Dylan in seiner Theme Time Radio Hour bislang noch keine Sendung an das Thema »Haare« verschwendet. Diese Feststellung eines Bekannten ließ mich kürzlich darüber meditieren, welche Haarlieder mir so alles einfallen. Es waren nicht viele. Erstaunlich bei diesem für die Popmusik doch so wichtigen Thema!

Nach dem Titelstück des »Hair«-Musicals kam mir zuerst »Golden Hair« von Syd Barrett in den Sinn – die Vertonung eines James Joyce-Gedichts als so luftiges wie geheimnisvolles Folk-Gezupfe. Vermutlich mein Lieblingslied zum Thema Haare. Dann fielen mir die Ärzte mit »Mein Baby war beim Frisör« und ihr Themenalbum »Le Frisur« ein. Tom Liwa – in jeder Hinsicht das Gegenteil von Die Ärzte – schrieb in den Achtzigern mal ein hippiesk gestimmtes Lied mit dem tollen Titel »Busy Letting My Hair Grow«, und mein Lieblingsmusiker Robyn Hitchcock kann mit »August Hair« und »Star Of Hairs« sogar zwei Einträge verbuchen.

Jetzt verlässt mich ein wenig das Interesse am Thema, aber da ich schon bei Körperumgestaltungen bin: Ich habe neulich festgestellt, dass ich so gut wie keine Platten von tätowierten Musikern besitze, sich aber sehr viele tätowierte Menschen in meinem Bekanntenkreis tummeln. Was heißt das? Dass all meine Bekannten Korn, alten Punkrock und Metal hören, ich aber nur deutsche Liedermacher, italienische Schlagersänger und Katie Melua? Oder ist Katie Melua am Ende gar auch tätowiert, macht aber kein großes Tamtam darum? Immer diese Fragen …

Noch eine Frage, die unbeantwortet blieb, mich aber noch einmal kurz zum Thema Haare zurückbringt, musste ich vorgestern stellen. Da habe ich nämlich entdeckt, dass auf der nahe gelegenen Einkaufsstraße ein junger Frisörbetrieb mit dem

343

Namen »Hairkiller« aufgemacht hat. Ich bin erst mal hinein-
gegangen und habe gefragt, ob man denn wohl auch Frisuren-
sprengungen vornähme, das sei doch in L.A. gerade sehr beliebt:
sich einfach die existierende Frisur in die Luft jagen lassen und
danach mit einer rauchenden Ruine auf dem Kopf weiter durch
die Gegend laufen. Man gab mir keine Antwort.

Apropos Haarkiller: Bands sind in Frisuren-Angelegenheiten normalerweise recht homogene Truppen. Die in Fragen des Haares
unhomogenste zeitgenössische Band sind wohl The Killers. Neben ihrem Jahrzehnthit »Human« noch etwas, was mich an dieser Gurkengruppe fasziniert.

25.07.2009

Während sich andere Poplegenden um ihr Alterswerk kümmern,
hat es sich David Bowie ja in den letzten Jahren zur Hauptauf-
gabe gemacht, mit zahlreichen jungen Lieblingsbands für Fotos
zu posieren. Vor allem für TV on The Radio aus Brooklyn schlug
zuletzt des Meisters Herz. Überhaupt gibt es nicht wenige Leute, die das Quintett für die wichtigste Band ihrer Zeit halten. Der
Eindruck, TV on The Radio könnten womöglich selbst dieser An-
sicht sein, vergällt vielen wiederum die Freude an der Band – und
mal ganz ehrlich: Gibt es etwas Schlimmeres als »wichtige Rockbands«? Tatsächlich haben die Alben der Band etwas Verquas-
tes, Aufgeblasenes und Bedeutungshuberisches. Alles an dieser
Musik schreit nach Grenzüberschreitung, Experiment, Ambiti-
on und Attitüde, weshalb sich beim Hören ihrer verschwenderisch mit Reizen und Effekten behangenen Platten auch schon
mal ein leichter Kopfschmerz einstellen kann. Ja – wenn man der
Band aus Brooklyn, die im letzten Herbst ihr drittes Album veröffentlichte, Böses wollte, könnte man sagen, TV on The Radio
machten Wichtigtuermusik. Aber das ist wohl eher ein Problem
der Annäherung an diese Band. Denn im Konzert, wo das ständi-
ge Gerattere, Gesirre und Gesumme durch Sogkraft, Druck und
Körperlichkeit ersetzt wird, kann das Quintett – nun, zwar nicht
berühren, aber doch zumindest stark beeindrucken.

344

Gegen neun kommen die Musiker ohne jedes Anfangs-Trara auf die Bühne der Kölner Live Music Hall geschlurft. Es ist extrem heiß in dem prall gefüllten Club, da passt es ganz gut, dass die Band nach einigem atmosphärischen Anfangsgezischel und -gebimmel mit dem langsam wogenden »Love Dog« startet. Beim folgenden »The Wrong Way« zieht das Tempo schon enorm an, und bei »Halfway Home« ist die Band dann ganz bei sich: Sänger Tunde Adebimpe, ein Riese mit Schlaumeierbrille, dreht beim Singen an allerhand Effektgeräten herum – zumindest solange er nicht mit den Armen wedelnd über die Bühne hüpft. Links von ihm steht der Gitarrist und zweite Sänger Kyp Malone, der mit seinem beeindruckenden grau gefleckten Rauschebart aussieht wie ein weiser Mann, den man dringend mal zu Belangen des inneren Einklangs befragen sollte. Ganz rechts findet sich das einzige weiße Bandmitglied, der Gitarrist und Produzent David Sitek, der vom britischen NME im vergangenen Jahr zum größten Innovator des Pop gekürt wurde. An Siteks Gitarre baumelt ein Windspiel – das kann man für blödsinnigen Mucker-Unfug halten, man kann aber auch einfach tanzen. Und das tun hier fast alle, auch wenn die Luft mehr und mehr zum Umfallen einlädt.

Es macht schon Spaß, dieser Band zuzuhören: Mal klingt es, als hätten sich Brian Eno und Prince gemeinsam einen Song zusammengetwittert, dann wieder hat man den Eindruck, der junge Peter Gabriel würde mit ein paar New Yorker Avantgarde-Heinis Partymusik spielen, und schon ein Stück weiter hört es sich ungefähr so an wie ein David Byrne-Konzeptalbum über Sex und Besessenheit. TV on The Radio machen wilden Collagen-Pop, der Elektronik, Indie-Rock, Funk und ganz viel Progrock übereinanderklebt und das Ganze dann mit dem Spachtel bearbeitet. Was beim Konzert tatsächlich den entscheidenden Unterschied macht, ist der Rhythmus, der so zwingend die Party diktiert, dass gar kein großes Gegrübel über die Konstruiertheit all dessen aufkommen kann.

345

Keine Frage: TV on The Radio wollen viel zu viel, sie sind schrecklich ambitioniert, und ihre Musik ist von fast aggressiver Cleverness. Aber sie wissen auch, wie man einen Club ins Tanzdelirium spielt.

Mit dem für meine Verhältnisse ungewöhnlich präzisen Ansinnen, mir einen ganz bestimmten Tonträger zu kaufen, betrat ich
am Samstag gegen 18 Uhr die Kölner Filiale eines großen Musik-
fachhandels. Bei dem begehrten Objekt handelte es sich um den
letztjährigen Killers-Hit »Human«, den ich als Vinylsingle zu erwerben trachtete. Ich bin zugegebenermaßen recht spät auf das
Stück gekommen, aber lange schon hat mich kein Popsong mehr
so fasziniert. Das liegt wohl an der tollen Verbindung von Pet
Shop Boys-beatmeter Pop-Elektronik und U2-esker Kitschmelo-
die, die zudem noch von dieser wunderbar beknackten Refrain-
zeile »Are we human or are we dancer?« gekrönt wird. Wahrscheinlich haben schon allerhand kluge Menschen in allerhand
klugen Medien allerhand kluge Sachen über diesen Satz geschrieben (ich gehe von mehrseitigen gemeinsam verfassten Essays von
Roger Willemsen, Dietmar Dath und Henryk M. Broder mit Koh-
lezeichnungen von Günter Grass aus). Aus diesem Grund werde
ich die Zeile mit dem faszinierenden grammatikalischen Stolper-
stein hier nicht weiter interpretieren, bin aber stets bereit, dies an
den Theken der Welt mündlich nachzuholen. Ich will lediglich
anmerken, dass mich a) die Verwendung des Singulars »dancer«
nachhaltig fasziniert und dass ich b) die Behauptung eines Ge-
gensatzes zwischen »human« und »dancer« poetischer finde als
das Lebenswerk von Kurt Cobain.

Es sei hier eingeschoben, dass ich nicht eben der weltgrößte Fan
der Killers bin. Die Band wirkt auf mich immer ein bisschen wie
vier scientologische Tiefkühlbeauftragte aus der Zukunft, und die
Musik erscheint mir – von zwei, drei wirklich famosen Songs abgesehen – spekulativer als drei Michael Jackson-Musicals gleichzeitig. Zudem hatte ich vor Jahren mal das ausgesprochene Nicht-
Vergnügen, Brandon Flowers, den Sänger, zu interviewen. Es war
in jener Phase, als Flowers einen zünftigen Oberlippenbart trug.
Während des gesamten Gesprächs hielt er seinen Schnäuzer fest,
als sei er nur angeklebt; gleichzeitig guckte er mich nach jeder
Frage an, als hätte ich ihm eine tückische versetzungsrelevante
mathematische Aufgabe gestellt. Trotzdem: Auch wenn ich mich
in diesem Leben wohl kaum mehr für rare B-Seiten der Killers

interessieren werde, so ist »Human« doch eine Granate von einem Popsong. Sollte ich je zu musikjournalistischen Aufklärungszwecken ins Weltall geschossen werden, dann bitte zu diesem Stück.

Diese Single jedenfalls galt es zu kaufen. Doch oh Schreck: Sie war nicht da. Früher wäre das kein Problem gewesen. Ich hätte stattdessen einfach irgendetwas anderes gekauft: eine Laibach-Box, eine »Die wunderbare Welt der Panflöte«-Compilation, alles von Moon Martin und Ian Hunter oder eine mir noch fehlende Barclay James Harvest-Platte. Doch es ging mir um GENAU DIESEN SONG! Und um nichts anderes. Ich wollte die Posen des Killers-Sängers zu Hause vor dem Spiegel nachahmen, immer und immer wieder die Nadel aufsetzen und zunehmend wässrigen Auges aufs Cover starren. Doch es sollte nicht sein. Mit einem Gefühl der Leere schlich ich noch einige Zeit durch den Laden, beobachtete neidisch Migrantensprösslinge mit Metrosexuellen-Frisuren beim Kauf von Lady Gaga-CDs und Schlimmerem und kroch danach betrübt nach Hause. Die Folge dieses desaströs verlaufenen Einkaufsversuchs war mein erster Download-Kauf überhaupt. Die Freude hielt sich in Grenzen, aber immerhin dudelt nun, während ich dies hier schreibe, der Killers-Song. Die Single muss dennoch bald her. Es könnte ja sein, dass ich mal auf einer Hochzeit auflegen soll und sich jemand dieses Stück wünscht.

Um mich von der Download-Initiationserfahrung zu erholen, ging ich abends auf eine Burlesque-Veranstaltung. Zwei Freunde waren so nett, mich mitzunehmen, nachdem ich ihnen kürzlich in einem Gespräch meine schmalen Erfahrungen auf dem burlesquenen Sektor kundgetan hatte. Und das, obwohl doch derzeit alles und jeder – von Lady Gaga über Klaus Wowereit bis hin zu meiner Oma – mit vor Erregung bebenden Lippen von der Retro-Anrüchigkeit des Burlesken faselt.

Um es kurz zu machen: Burlesque-Abende sind noch beknackter und überflüssiger als Michael Jackson-Musicals und rare B-Seiten der Killers auf Rollschuhen unter Wasser. Zumindest, wenn die Veranstaltung, auf der ich zu weilen das Pech hatte, halbwegs repräsentativ ist. Burlesque-Abende muss man sich in etwa vorstellen wie »Klimbim« – nur ohne Peer Augustinski: Frauen, die wahlweise als Betty Page-Lookalike, als Indianerin oder als Badenixe verkleidet sind, springen augenrollend und grimassierend durch pointenlose Sketch-Szenarios wie »Rodeo«, »Strand« oder »Wilder Westen« und ziehen sich nach und nach immer mehr aus, wobei sie am Schluss an den prekären Stellen kecke Troddeln oder anderes Baumelzeugs präsentieren. Dazu läuft meist Fünfzigerjahre-Exotica, im von mir besichtigten Fall umdudelten aber auch einige äußerst nahe liegende Surf-Instrumentals, wie Lieschen Müller sie vom »Pulp Fiction«-Soundtrack kennt, und andere altertümliche Musikstile die Darbietung. Bald schon machte sich Ödnis breit; die Kölner Burlesque-Szene, so scheint es, hat dringend noch Beratungsbedarf.

03.08.2009

Der heutige Tag verlief gewinnbringender. Endlich nämlich kam ich dazu, mir den vorzüglichen Film »Alle anderen« mit der von mir sehr verehrten Birgit Minichmayr anzuschauen, der in etwa denselben Effekt hat wie eine beklemmende Beziehung. Übrigens mal wieder ein Film ohne Filmmusik im engeren Sinne. Allerdings hören die Protagonisten in etlichen Szenen Musik, sodass doch ganze sieben Lieder im Film erklingen, darunter Stücke von Cat Stevens und Gianna Nannini. Einmal wird sogar im Film gesungen – und zwar Heinos famoses Lied »Komm in meinen Wigwam«, dessen Refrain lautet:

Komm in meinen Wigwam, Wigwam, ruh dich bei mir aus!
Komm in meinen Wigwam, Wigwam, hier bist du zu Haus!
Komm in meinen Wigwam, Wigwam, ist er auch noch so klein,
Regenbogen-Johnny, Regenbogen-Johnny,
    komm und lass uns glücklich sein!
Regenbogen-Johnny, Regenbogen-Johnny,
    lass mich nie mehr allein!

Die beste Szene hat der Film, ja er friert geradezu sein Thema ein, als die Schauspieler in einer Szene mehr oder weniger zufällig einen besonders ekligen Grönemeyer-Song (»Ich hab dich lieb« in der Live-Version!) hören. Es ist unglaublich, wie dieses bollerig-deutsche Stück, während es von zwei Nebendarstellern verspottet wird, die beiden Hauptpersonen packt, an einen schmerzhaften Ort trägt und alles bloßlegt, wie es nur die falsche Musik im falschen Moment vermag. Wie es überhaupt nur Musik vermag.

Ich war trotzdem recht erstaunt, als ich im Abspann einen »Musikberater« aufgeführt sah. Für sieben Songs. Den Job würde ich auch gerne machen! Sollte jemand in nächster Zeit einen Film drehen wollen und noch einen Musikberater benötigen – ich werde da sicherlich ein Zeitfenster finden, in das man sich hemmungslos hineinlehnen wird dürfen! Auch der Burlesque-Szene würde ich mich als Musikberater zur Verfügung stellen. Und wenn man mich nicht als Musikberater buchen will, dann vielleicht ja als Hochzeits-DJ. Man müsste mir nur vorab versprechen, dass ich weder »It's Raining Men« noch »Lady Marmalade« noch »I Will Survive« auflegen muss. Vermutlich spiele ich aber sowieso den ganzen Abend nur »Human« von den Killers. So lange, bis alle dancer sind.

08.08.2009

Erfahre abends von Stietenroth, dass Willy DeVille verstorben ist.
    Melancholie weht mich an, schließlich mochte ich die frühen Platten seiner Band Mink DeVille immer sehr gerne.
    Ohne die auf diesen Alben zelebrierte Vermengung von New Yorker Coolness, Southern Rock, Soul und Tex-Mex wäre ein Epigone wie Moneybrother heute allein auf das Zitieren von Bruce Springsteen angewiesen. Wer dem Mann seine Ehre erweisen will – und dafür ist es nie zu spät –, der greife zu solch großartigen Mink DeVille-Platten wie »Cabretta«, »Return To Magenta«, »Le Chat Bleu« oder »Coup De Garce«. Oder man tanze einfach daheim den »Spanish Stroll«. Man kann nur gut aussehen dabei!

Ich beginne den heutigen Tag deutlich vom Vorabend gezeichnet unter dem Motto »Eric Pfeil – Elend, wohin man auch sieht«.

Der Sommer schickt sich langsam an, das sinkende Schiff zu verlassen. Für mich wird das Sommerende immer von Lady Di's Todestag am 31. August markiert. Danach geht gar nichts mehr. Das liegt daran, dass ich seinerzeit vom Dahinscheiden der Prinzessin während eines Fototermins mit meiner damaligen Band erfuhr. Dieses Fotoshooting fand im Swimmingpool der Eltern unseres Bassisten statt, und ich weiß noch, dass Außen- und Wassertemperatur deutlich ins Grenzwertige spielten und wir darob weniger Robert Palmer-mäßig ausschauten (so unser Ziel), sondern ziemlich verkrampft. Am nächsten Tag war der Herbst da.

Also – nur so zum Merken: Wenn allerorts die Lady Di-Fahnen flattern, ist der Sommer vorbei.

Ich bin völlig erschöpft.

Als einer der wenigen deutschen Zeit- und Augenzeugen, die das Woodstock-Festival miterlebt haben, musste ich in den letzten Wochen an die 50 Interviews geben. Unzählige ARTE- und Kultursendungsmikrofone ragten mir tagein, tagaus ins Gesicht, aber ich möchte meine Erinnerungen auch meinem Tagebuch anvertrauen.

Fast 40 Jahre ist es nun also schon her, dass ich mit Freunden zum Woodstock-Festival fuhr. Ich wohnte damals in der Nähe des Festivalgeländes in einer pink angestrichenen Blockhütte und studierte im zweiten Semester Bootsbau in Bearsville. Nebenbei spielte ich ein bisschen Querflöte in einer Band namens »Mother Father & His And Her Sons«. Wir waren stark von der aufkommenden Batikmode und den nudistischen Theorien unseres Gurus Sky M. Purpletree beeinflusst. Ich war kein besonders guter Querflötenspieler, und auch die Bandeinnahmen hielten sich in Grenzen, aber es reichte, um für mich, meine schöne Freundin Amber und unseren Labrador Ike zu sorgen.

Als wir vom Festival hörten, kauften wir uns sofort Tickets unten im Dorf beim alten Sam an der Vorverkaufsstelle. Wir waren danach völlig pleite, aber das war uns egal. Endlich würden wir all unsere Helden live erleben können: Country Joe & The Fish! Joan Baez! Keef Hartley – und den Bassisten von Santana!! Wir waren völlig aus dem Häuschen und warfen erst mal alle einen Trip.

Als wir drei Tage später erwachten, wussten wir nicht mehr, wie wir hießen, da man sich aber damals ohnehin ständig neue psychedelisierte Namen gab, war das nicht weiter schlimm. Wie Amber vorher hieß, weiß ich nicht mehr, aber seither heißt sie Amber. Ich gab mir damals den Namen Denny Starchild, erst in den frühen Siebzigern benannte ich mich dann in Eric Pfeil um.

Auf dem Festival machte ich in erster Linie freie Liebe und knüpfte ein paar nachhaltige Geschäftskontakte. Natürlich standen wir der ganzen Sache auch enorm kritisch gegenüber (Stichwort: Kommerzialisierung), was sich wohl am deutlichsten darin manifestierte, dass Amber, Ike und ich uns irgendwann an Joe Cocker festzuketten versuchten, um seinen Auftritt zu verhindern. In unseren vor lauter Drogen in ungeahnte Richtungen ausgebeulten Hirnen ahnten wir schon damals, dass weiße Bluessänger potenzielle Garanten eines fiesen Spätwerks sein könnten.

Das Telefon klingelt, die Selbstkritik ruft an.

Die Selbstkritik ist auf 180.

Ob ich nicht der Meinung sei, dass Joe Cocker ein etwas einfaches Opfer darstelle?

»Joah, schon.«

»Und?«

»Was – und?«

»Findest du nicht, dass du deine wertvollen Buchseiten, statt sie mit Schmähungen vermutlich sehr freundlicher und bodenständiger Rockonkel zu verplempern, lieber für scharfsinnige Analysen des popmusikalischen Hier und Jetzt nutzen solltest? Was soll überhaupt der ganze Unfug mit Woodstock?«

»Ich hab nicht mit Woodstock angefangen. Das waren die Hippies!«

»Das ist doch Quatsch, es geht doch nicht um …!«

»Und ich kann auch nichts dafür, dass die ganzen jahrestagslüsternen Medien jetzt voll sind mit Analysen zu einem Thema, über das längst jeder alles weiß.«

»Das ist trotzdem kein Gr…«

Zack. Einfach aufgelegt. Kann man auch mal machen. Einfach auflegen, wenn die Selbstkritik am inneren Telefon in Plauderlaune gerät. Da sie aber nicht ganz unrecht hat, schreibe ich eben über etwas Zeitgenössisches. Zum Beispiel über das Konzert der Band Tomte, das ich am Sonntag zu besuchen das Vergnügen hatte.

Wenn der Wahl-Berliner Thees Uhlmann singt, dann klingt das immer ein bisschen wie volltrunkenes Deutsch mit englischem Akzent. Der Sänger und Texter der Band Tomte hat sich vor Jahren bei Oasis-Frontproll Liam Gallagher einen Gesangsstil abgeschaut, bei dem zwecks besserer Intonation mehr Vokale zum Einsatz kommen, als das jeweilige Wort tatsächlich bietet. »Uall der Krach uond Schmuotz und Staub/Uall die Määnschen in meinen Uarmen«, singt er beispielsweise. Das klingt manchmal hoch amüsant. Das wirklich Bemerkenswerte aber ist: Fast alle singen diese Texte mit.

Thees Uhlmann und Tomte haben sich in den letzten Jahren viel anhören müssen, vor allem von indierockverdrossenen Journalisten wie mir. Nicht ganz zu Unrecht: Nachdem es lange schien, als könnte die Band im Alleingang den Geist dessen, was einst selbstironisch als Hamburger Schule bezeichnet wurde, in die gefühlsduseligen Nullerjahre tragen – was auf dem Album »Hinter all diesen Fenstern« auch gelang –, hatte Uhlmann, seines Zeichens Klassenkasper, Besserwisser und Nervensäge des Deutschpop, den Befindlichkeitsmuskel zuletzt doch arg überspannt. Der Mann, der wie kein Zweiter Überschwang, Theken-Aphorismen und Bier-Pathos in kantige Zeilen überführen konnte, war auf dem letzten Tomte-Album der eigenen Larmoyanz auf den Leim gegangen. Wenn man ihn mit seiner Band live erlebt, verflüchtigen sich jedoch bald alle Bedenken und man stellt, bald gerührt, bald amüsiert, fest: Was Uhlmann kann, kann nur Uhlmann.

Mir fällt wieder ein, wie er mir vor ein paar Monaten mal mailte. Das sei ja alles ganz schön, was ich da schriebe, aber dieses ewige Rumhacken auf Indie-Rock gehe ihm doch arg auf die Nerven. Wenn in einigen Jahren alle wieder zum Indie-Rock zurückgedackelt kämen, dann würde er dort an der Theke stehen und die Rückkehrer bereitwillig wieder in Empfang nehmen.

Tomte spielen am Sonntagabend ein Umsonstkonzert im Rahmen der Computerspielmesse Gamescom auf dem Kölner Rudolfplatz. Kurz bevor sie auf die Bühne kommen, flackert noch Werbung für das Heavy-Metal-Spiel »Brütal Legend« mit grafisch animierten Metal-Ikonen wie Lemmy Kilmister und Ozzy Osbourne über die Seitenleinwände; Veröffentlichung ist »im Rocktober«. Ich glaube, für Computerspiele interessiere ich mich noch weniger als für eine feministische Neuauflage des Woodstock-Festivals auf Norderney.

»Kein fake, alles real«, sagt Uhlmann, und Tomte eröffnen mit »Schönheit der Chance«. Der Sound ist von katastrophaler Mumpfigkeit, und das krankheitsbedingte Fehlen von Gitarrist Dennis Becker sorgt für zusätzliche Probleme. Doch rasch stellt sich unter den jungen Zuschauern wohliges Wippen ein, und der Selbstdarsteller Uhlmann haut ordentlich auf die Zauberpauke. Er erzählt Anekdoten über Band-Alltag und Tour-Erlebnisse, verbietet sich stilvollerweise den Applaus für einen NPD-Seitenhieb und gedenkt des vor fünf Jahren verstorbenen Kölner Musikjournalisten Rocco Clein, mit dem ich zu VIVA ZWEI-Zeiten viele schöne Erlebnisse hatte; »Das nächste Stück erinnert an die wunderbaren Zeiten, als es noch Britpop gab«, moderiert er den Song »Wilhelm, das war nichts« an. Den Anwohnern des von trinkfreudigen Jugendlichen belagerten Brüsseler Platzes wiederum widmet er ortskundig ein improvisiertes Lied, in dem er den armen RTL-Angestellten, die nun in ihren teuren Wohnungen ob des Krachs verzweifeln, scheinheilig Trost spendet. In diesem fordernden Hin und Her zwischen Selbstironie, Sentimentalität, Eigenkult und idiosynkratischem Pop-Humor besteht Uhlmanns größte Gabe. Sie wird sich hoffentlich bald auch wieder in seinen Liedern bemerkbar machen.

Es ist spät geworden. Ich schalte den CD-Player aus und fahre gleich den Computer herunter. Das Telefon klingelt. Ich erkenne die Nummer meiner Selbstkritik und gehe nicht ran. Wind weht ums Haus, ab und zu ist das Gegacker der Truthähne zu hören, die der alte Sam auf der Wiese neben unserem Haus hält. Auf der Veranda höre ich das kehlige Lachen von Amber, die mit dem im vorletzten Herbst erblindeten Ike Schiffeversenken spielt. In der Ferne sehe ich die Lichter von Bearsville funkeln. Noch eine Pfeife, dann muss ich mich um die Pferde kümmern …

27.08.2009

Mein 40. Geburtstag droht bald in Kraft zu treten. Erwäge, ihn gemeinsam mit Stietenroth, der ebenfalls das Portal der Pflegebedürftigkeit durchschreiten wird, zu begehen. Das Motto wäre dann: »Stietenroth und Pfeil – Heaven can't wait.«

29.08.2009

Noel Gallagher verkündet seinen Ausstieg bei Oasis.

Obwohl ich dieser Band stets zugetan war – bald mit vor Liebe überschwappendem Herz, bald gütig –, regt sich ob dieser Nachricht eher wenig bei mir.

Es ist ein bisschen wie beim Tod Michael Jacksons: So wie dieser künstlerisch längst tot war – die musikjournalistische Binse des Jahres –, kamen mir auch Oasis schon länger aufgelöst vor. Trotz des großartigen Clubkonzerts, dem beizuwohnen ich im letzten Jahr die feuchte Freude hatte.

Und so schlimm ist es ja dann auch wieder nicht, denn die Trennung wird, ja: muss bessere Musik nach sich ziehen: Von Liam- und Noel Gallagher-Soloalben erwarte ich mir einen deutlich freilaufenderen Irrsinn, als man ihn auf den letzten Alben zu demonstrieren gewillt war, die doch alle nach Wahnsinnsverwässerung und gut organisiertem Ü-30-Gemucke mit großzügig verstreutem Mitspracherecht klangen.

Man muss allerdings sagen, dass vor allem Liam Gallagher zuletzt ein paar gar nicht dumme Eingebungen hatte. So untersagte er jüngst während eines Konzerts dem Publikum rhythmisch mitzuklatschen. Alle Achtung, dafür würde ich den Mann gerne in irgendeine staatstragende oder doch zumindest verantwortungsvolle Funktion wählen!

Bemerkenswert – und vielleicht den Stellenwert von Oasis illustrierend – finde ich, dass bei einem Festival in Konstanz, für das sie als Headliner gebucht waren, nun Deep Purple in die Bresche bringen. Schmorende Orgeln, pralle Bäuche und Trude Unruh-Gitarrensoli statt stoischem Fahnenschwenkerrock – wenn das kein Coup ist!

Eigentlich wollte ich heute Abend auswärts ein wilder Mann sein.

Doch es kam anders. Eine überraschende Trägheit hielt mich vom Ausgehen ab, und ich versackte auf dem Sofa vor einem »Rockpalast«-Special über das Haldern-Festival.

Freundliche Menschen hatten mich dorthin, auf das Gerüchten zufolge schönste Festival Deutschlands, eingeladen, aber da ich zeitgleich auf der c/o Pop zu tun hatte, musste ich das Angebot einer bezahlten Übernachtung nebst Ausleihe eines Fahrrads leider ablehnen.

Zuerst sehe ich die mächtigen Soundtracks of Our Lives, die mich immer an Rocco Clein erinnern, auf dessen Beerdigung sie auch zugegen waren. Mehr noch begeistern mich The Thermals. Famose, mitreißende Trio-Musik. Der Bass spielt Achtelnoten, das Schlagzeug klopft, tuckert und scheppert, und die Gitarre schrubbt milder Verzerrung; dazu Melodien, die selbst hartgesottenen Sofasitzern ein verzücktes Lächeln ins Gesicht zaubern können. »hardly art...«

Und dann diese Bassistin, die Herrin der Achtelnoten, die strahlt, auf und ab hüpft und headbangt, ja sie headbangt, dass es nur so eine Art hat. Ich will sofort ein Trio gründen. Die Gründung eines Trios scheint geradezu wie die naheliegendste, wichtigste, zwingendste Sache der Welt.

Dann kommen Bon Iver, die mir das wohl schönste Konzert des letzten Jahres geschenkt haben. Gott, was sind das seltsame Menschen: Wirrhaarig und struppbärtig stehen und sitzen sie da herum, in Sandalen, kurzen Hosen, ausgeleierten Unterhemden und spielen diese scheinbar von allen Dingen losgelösten Lieder, die sich dünnhäutig, aber unbeirrt vorantasten und am Ende meist in Raserei ausarten. Es ist ein rares Vergnügen zu sehen, wie die Musiker miteinander spielen, wie die Instrumente ineinanderblenden und sich der Harmoniegesang verschränkt.

Unglaublich, dass Sänger Justin Vernon die Songs für das Debütalbum alleine aufgenommen hat und dass diese Stücke erst später zu dieser Bandmusik wurden, von der man sich einfach nicht vorstellen kann, dass sie anders als im intuitiven, konzentrierten, genau hinhorchenden Zusammenspiel entstanden sein könnte.

Die Kamera fährt noch einmal über Vernons von rustikalen Sandalen bekleidete Füße und über sein zauseliges, sich lichtendes Haar. Gebannt sitze ich vorm Fernseher und muss zugeben: Wilder als diese Kerle da auf der Bühne hätte ich heute Abend ohnehin nicht sein können.

01.09.2009

Kaum haben sich Oasis aufgelöst, sind die Beatles wieder zurück.

Demnächst erscheinen alle Alben als remasterte Wiederveröffentlichung; »The Beatles – die 100 besten Songs« titelt der Rolling Stone eins seiner so detailverknallten wie herausnehmbaren Specials an, und in Hamburg widmet sich gar eine Ausstellung der Band. Wenn jetzt auch noch Oliver Geissen und Hugo Egon Balder davon erfahren, wer die Beatles waren, ist mit gruselerregenden Sondersendungen zum Thema zu rechnen, bei denen sich ausgewiesene Experten – Hella von Sinnen, Wigald Boning, irgendeine DSDS-Type und Vader Abraham – zum Thema äußern und sentimentale Beatles-Anekdoten zum Besten geben können. Auch ein Auftritt der Belegschaft des Beatles-Musicals wäre im Rahmen einer solchen Sendung eine farbenfrohe Bereicherung. Gibt es ein Beatles-Musical? Bestimmt gibt es ein Beatles-Musical. Es gibt von allem, was sich nicht wehrt, ein Musical. Passen Sie da bloß auf, geneigte Leser, dass man nicht auch aus Ihnen ein Musical macht.

Mein Nachbar, Herr Unkelbach, beispielsweise erfuhr neulich erst aus der Zeitung, dass in Hamburg ein Musical über ihn geplant ist.

»Aber ich bin doch für das Musicalpublikum gar nicht von Interesse«, wandte er, halb empört, halb verstört, in einem unverzüglich getätigten Anruf bei den Produzenten des Musicals ein.

»Das denken Sie«, kam die Antwort zurück. »Aber wir dachten bei den bekloppten singenden Katzen und dem entstellten Mann mit der Maske am Anfang auch nicht, dass das irgendwen interessieren könnte.«

Aber zurück zu den Beatles.

Ich habe mir einige der remasterten Aufnahmen in meinem dreigeschossigen Hi-Fi-Lab mal angehört – kopfüber an einer trapezartigen Vorrichtung hängend, da man auf diese Art (so mein Sound-Ingenieur) den besten Klang hat –, und ich muss sagen: Alles klingt lauter. Ob das jetzt tatsächlich einen Gewinn darstellt, weiß ich nicht. Womöglich klingen die Überarbeitungen sogar »druckvoller«, um ein etwas ekliges Musikjournalistenwort zu benutzen. Wie nötig es war, die Beatles-Aufnahmen tontechnisch aufzuplustern, weiß ich nicht. Mir haben sie so gereicht, wie sie waren, aber ich bin ja auch nicht die Zielgruppe.

Und das, obwohl ich lange Jahre ja als fünfter Beatle gehandelt wurde, eine Bezeichnung, die ich, bescheiden wie ich bin, verlegen lachend von mir weisen muss. Sicher, wir hatten damals eine tolle Zeit – aber »fünfter Beatle«? Wohl kaum.

Kennengelernt habe ich die Beatles während der Dreharbeiten zu »Help!«, wo ich als Double Ringo Starrs für diverse Liebesszenen eingeplant war, die selbst zu spielen dem Schlagzeuger zu heikel war. Letztlich wurden alle Liebesszenen aus dem Drehbuch gestrichen, aber wir freundeten uns an, denn die Beatles verehrten mein Panflötenspiel, das ich mir kurz vorher während eines Pyrenäen-Aufenthalts »draufgezogen« hatte, wie wir Jugendlichen damals sagten.

Tatsächlich war ich auch an etlichen Songs der Beatles beteiligt, doch es waren nur minimale Details, die ich beisteuerte. So stammt beispielsweise von mir die Idee, bei »You've Got To Hide Your Love Away« vor jedem Refrain »Hey« zu singen. Ich kann mich noch erinnern, dass John die Idee blöd fand, er sagte, das klänge irgendwie »kosakenmäßig«, aber Paul war sofort auf meiner Seite und lieh mir im Gegenzug für meinen Einfall viel Geld, das ich für schnelle Sportwagen verjodelte. Eine Zeit lang bauten die Beatles daraufhin in all ihre Songs vor dem Refrain derartige »Heys« ein, entfernten sie aber bald auch wieder. Auch die Idee, über ein »gelbes U-Boot« zu singen, stammte von mir, denn ich besaß damals tatsächlich ein gelbes U-Boot, was mitten in den Swinging Sixties natürlich eine dolle Sache war, zumal für einen Deutschen.

Später – unsere Freundschaft ging schon langsam den Bach runter, weil Yoko Ono mich »aufdringlich« fand und nicht mehr in der Nähe der Band wissen wollte – inspirierte ich die Beatles zum Verwenden seltsamer rückwärts abgespielter Botschaften auf ihren Platten. Bei »A Day In The Life« etwa ist – gerade jetzt auf den remasterten Aufnahmen – zum Beispiel zu hören, wie jemand den Namen »Otto« mehrfach rückwärts sagt – damals eine Sensation!

Ich werde oft gefragt, ob die Beatles wirklich so viele Drogen genommen haben. Ich kann dazu nur sagen: Ich habe John, Paul, George und Ringo nie in der Nähe irgendwelcher Substanzen gesehen. Allerdings waren die Beatles besessen von seltenen Käsesorten, die sie für teures Geld einfliegen ließen. Ständig hatten sie die Taschen voll mit dem Zeug, bei den Aufnahmen zu »Strawberry Fields Forever« war der Geruch im Studio kaum noch auszuhalten. Erst beim »White Album« war Schluss mit Käse. Es ist zugleich das erste Beatles-Album, auf dem ich tatsächlich zu hören bin. Bei dem Song »Glass Onion« hört man mich, wenn man den rechten Kanal komplett wegdreht, wie ich rhythmisch eine Zwiebel esse.

Am Schluss gerieten wir uns in die Haare. Das ist oft so bei guten Freunden. Die Beatles hatten mir nie verziehen, dass ich schon früh starke Kritik an Georges Sitar-Songs geübt hatte. Auch meine Empfehlung, Phil Spector als Produzenten heranzuziehen, war umstritten. Vor allem aber wurde mir plötzlich von der Band vorgeworfen, dass sie komplett für meinen teuren Lebensstil – Autos, alberne Kleidung, teure Mountainbikes und Spielzeug, an dem ich schnell wieder die Lust verlor – aufkommen musste. Da war etwas dran. Der Kontakt riss dann auch bald völlig ab, lediglich Ringo schickt bis heute zu Weihnachten immer noch ein Paket mit seltenem Käse. Zuletzt sah ich die vier zusammen auf einer Kostümparty im Jahr 1969, bei der wir fünf als Pferd verkleidet waren.

03.09.2009

Und dann bin ich doch wieder bei den bekloppten Beatles gelandet.

Höre mich seit Tagen durch meine Beatles-Platten, entdecke Neues (»Eleanor Rigby«, das mich in seiner zuckerig schweren Sonntäglichkeit früher immer deprimiert hat, ist völlig grandios!), schüttele den Kopf über einstmals Geschätztes (»And Your Bird Can Sing«, mein ehemaliger Favorit von »Revolver«, gefällt mir gar nicht mehr so, Arrangement und Wucht überragen doch deutlich die eigentliche Komposition), und es will kein Ende nehmen. Wie groß bitte ist »Long Long Long«, wie magisch »Julia«? Überhaupt: das »Weiße Album« – was ist das bitte für ein wunderbarer Steinbruch, was für eine prächtige, sich auflösende, zerbröckelnde Platte!

Ausgelöst wurde diese neuerliche Begeisterung durch diverse Specials und Texte, die ich in den letzten Tagen über die Beatles las. Das ist umso schöner, als es mir mal wieder die inspirierende Kraft von Musikkritik verdeutlicht.

04.09.2009

Und trotzdem: Musik? Ist das alles? Und: Schreiben über Musik – wie lange soll ich das noch machen? Müsste ich nicht, statt mich auf die neue Flaming Lips-Platte zu freuen, einen Sinn in neuen Distelmeyer-Songs zu suchen und auf Nachwuchsbands in alberner Kinderkleidung herumzuhacken, auf Kamelen durch nepalesische Bergdörfer reiten, dort Menschen mit erleuchtender Weltanschauung treffen und der Welt hernach davon berichten? Oder falls es in Nepal keine Kamele geben sollte: Müsste ich nicht Kamele dorthin bringen, weil die Verfügbarkeit von

Kamelen das Leben für die Menschen in Nepal verbessern würde? Natürlich, man könnte beides machen: Kamele zum fai-
ren Preis nach Nepal exportieren und nebenbei Plattenkritiken
schreiben. Aber das scheint mir aus meiner Warte gerade wie ein
diffuser Kompromiss.

Es geht um einen Standort.

Der Herbst kommt, die Baggerseen frieren zu, und es ist wieder Hitchcock-Zeit.

Nach 70 Tagen umtosten Totseins wird Michael Jackson heute endlich beigesetzt. Im Elektra, meiner Stammkneipe, dürfen
seit einer Woche keine DJs mehr auflegen, eine Entscheidung,
die auf einem Gesetz aus dem Jahr 1970, dem Auflösungsjahr der
Beatles, basiert. Für mich versiegt somit eine wichtige Inspirati-
onsquelle. Ich kann nicht mehr länger zwischen den Gläsern zum
DJ-Pult schlendern und fragen, was das denn bitte gerade für ein
unfassbar gutes Stück ist. Jetzt kann ich nur noch trinken. Oder
in Clubs gehen, aber da läuft meistens nur Klang, keine Musik.

Damit aber nicht genug: Bald werde ich 40 und überschrei-
te somit eine psychologische Grenze, begebe mich ins Land des
langsamen Verfalls. Das Glas ist halb leer getrunken, die Welt immer noch eine Kugel, und Tonträger sind wohl nicht mehr lange
in Scheibenform verfügbar. Die Frage indes, womit das Glas gefüllt ist, wird fast nie gestellt.

Es gibt so viele Leute – gerade hierzulande, wie ich in zugegebenermaßen allzu reflexhafter Deutschlandverdrossenheit hinzufügen möchte –, die statt etwas Besonderes, Einmaliges (das sind
letztlich dumme Wörter, ich meine eher »etwas, das sich von allem anderen abhebt«) zu tun, einfach irgendetwas machen. Irgendetwas! Warum wollen so wenige etwas Besonderes machen?
Das große kulturelle Irgendetwas ist der kulturelle Fluch dieses
Landes. Da ist die Kunst einfach nur ein Spiegel dessen, was im
Alltag passiert: einfach irgendetwas machen, sich keine Gedanken um das Aufregende, Besondere machen, das ja nur aus Nähe
zu sich selbst kommen kann. Warum gute Produkte herstellen,
wenn man mit Irgendetwas genauso durchkommt? Mit irgendeinem Essen, irgendeiner Fernsehsendung, irgendeinem Kaffee,

irgendeiner Kleidung, irgendeiner Musik. Ich packe mich gerne mit in diesen zu beknüppelnden Sack.

Wirklich: über Musik schreiben – wie lange soll's das noch sein?

Andererseits: Ich habe in der Popmusik immer alles gefunden. Manchmal auch nur gesucht, aber immerhin habe ich es gesucht. Und es steckt ja auch alles darin: Welterklärung, Zweifel, Infragestellung, Größenwahn, Liebe, Seele, Unmittelbarkeit, die schiere Freude, totale emotionale Zerschelltheit, Versicherung, Trost. Warum fällt mir gerade jetzt Springsteens »No Surrender« ein, das ich etwa zwölfjährig ganz gerne mochte: »We learned more from a three-minute-record than we ever learned in school.«

Ich muss dieses Buch hier langsam beenden, sonst kann ich mich nicht auf die Sache mit den Kamelen konzentrieren.

In einem guten halben Jahr wird es erscheinen. Was dann ist, weiß ich nicht.

Wird Noel Gallagher zu Oasis zurückgekehrt sein und mit dem Satz »Oasis sind größer als Hitler« für heftige Proteste gesorgt haben?

Werden dann alle Alben der Höhner als remasterte De-luxe-Editionen (mit Bonustracks, interessanten Studio-Aufnahmen und Liner Notes vom ersten schwarzen Prinz Karneval, der leider kurz vor VÖ als Frau enttarnt wird) vorliegen?

Wird der Taz regelmäßig eine CD mit Northern-Soul-Klassikern beigefügt sein?

Werde ich endlich das Buch »Grunge oder Brunch« veröffentlicht haben, das auf geplanten 573 Seiten der Frage nachgeht, was schlimmer ist: langhaarige Musiker mit Kinnbartflaum in Karohemden und kurzen Hosen, die rückwärtsgewandten Rüpelrock spielen und sich selbst wahnsinnig ernst nehmen – oder Menschen, die sich sonntagmittags ab 12 Uhr treffen, um stundenlang Lachs, diverse Kräuerquarks, Aufschnitt und entschieden nicht frisch gepressten Orangensaft in sich hineinzufüllen? Am schlimmsten wäre vermutlich eine Verquickung: brunchende Grunge-Musiker. Ein Grunge-Brunch. Männer in Karohemden, denen der Kinnbartflaum in den Lachs hängt.

Gerade ist das neue Flaming Lips-Album mit der Post gekommen. Ein erster Hördurchgang hinterlässt mich ratlos. Ich habe zum ersten Mal das Gefühl, dass meine Lieblingsband mich nicht mehr erreicht. Warum? Weil sie einen entscheidenden Schritt weiter gemacht hat (der Fluch der »künstlerischen Entwicklung«)? Weil sie eine schlechte Platte gemacht hat? Weil bei mir etwas nicht stimmt? Immer diese in der Landschaft umherstehenden Fragezeichen, eines Tages werde ich mich daran noch empfindlich verletzen.

Ich will kein Kulturpessimist werden. Aber ich will mir meine Genervtheit gerne weiter leisten. Trotzdem wäre es schön, wenn das, was mir gefällt, das, was mir missfällt, überwiegen würde. Und sonst ist es ja auch nicht weiter schlimm. Ich habe ja noch die Beatles.

Ich bin der Eiermann.
Ich bin das Walross,
goo goo g'joob!

Register